# 陈光中口述自传

# An Oral Autobiography of Prof. Chen Guangzhong

陈光中　口述　　陈夏红　整理

陈光中先生

## 自　序

我曾有三次撰写学术性自传的经历：

第一次是 2000 年《陈光中法学文集》出版。我决定“趁文集面世之际，对自己七十年的生涯和近五十年的学术活动的体验，加以回顾、总结，作为文集的自序”。在这篇“自序”中，我对七十岁前的学术经历作了比较细致的叙述。

第二次是 2010 年《陈光中法学文选》（三卷本）。我在“自序：风雨阳光八十秋”中，以前述《陈光中法学文集》“自序”的部分内容为基础，“增写近十年的学术生涯与教学成就，夹叙夹感怀，愿与同仁共勉，并为此生给后人留下一鳞半爪”。在八十寿辰祝贺会上，我曾赋诗一首：

风雨阳光八十秋，未敢辜负少年头。
伏生九旬传经学，法治前行终生求。

第三次是在 2019 年《司法改革与刑事诉讼法修改》（陈光中法学文选第四卷）出版之际。我在序言“学术人生耄耋年”中表示：“九年来，我体力上逐渐衰退，但学术上仍孜孜以求，不敢有所懈怠。不仅实现了当初的承诺，而且超出了原有预期。”在该序言中，我主要对八十岁以后的学术经历，作了提纲挈领的概括。在九十岁时，我也有三首“九旬感怀诗”：

（一）

东边太阳西边雨，半生波折逢际遇。

冷对花开又花落，愿留芳香在人间。

（二）

走笔蛇龙七十年，敝帚自珍结四篇。

文章得失任人说，人权之声响云天。

（三）

杏坛传道终身业，诉讼法学创新篇。

百余俊杰齐抖擞，法治伟业竞争艳。

之所以在不同时期出版的文集中，对学术性自传情有独钟，甚至即兴赋诗纪念人生中的重要节点，跟我的人生和学术经历有很大关系。

早在中学时代，我就根据“立功、立德、立言”的古训，以“立言”为目标，下定决心要做一个学问家。在九十多年的人生经历中，尽管有曲折、有坎坷，但我始终在“立言”的道路上努力前行。1952 年从北大毕业后，先是留校，后来转到北京政法学院，其间亲历诸多政治运动，供职机构屡经变化，一直到 1983 年中国政法大学成立，我才又回到中国政法大学执教至今。在七十年学术生涯中，我始终以刑事诉讼法为对象，通过著书立说、传道解惑，来构建自己的学术田园，贯彻学以致用、求真务实的治学理念。

在 1970 年代，我曾在广西大学教历史，改革开放后还在人民教育出版社编写过《中学历史》教科书。在这之前，我就有一定的历史功底，也对史学始终有浓厚的兴趣。这可能让我身上始终有比较浓郁的历史感，“以古观今、以古鉴今、通古今之变”始终是我治学的指导思想之一。

在历史的长河中，我们每个人都是过客。但一代人有一代人的遭遇，一代人也有一代人的贡献。我也一直在思考：我们这一代人到底有什么样的遭遇和贡献，能够为后来人提供精神的养分，或者哪怕是反面教材？我心底始终有个念想，就是为后世了解我们所处的时代，提供一个比较个人化的切口。

回望人生路，感慨万千。我的人生历程中，年轻时政治运动频繁，有过一些教训。在后来的人生经历中，我吸取了年轻时代的教训，努力秉持学者的良知行事，不写违心文、不做违心事、不说违心话。2011 年 6 月，时任重庆市副市长兼公安局长的王立军，成立了一个“中国有组织犯罪对策研究中心”，聘请了许多专家作为高级顾问，并派人给我送来聘书。当时我已察觉到，王立军在重庆的“打黑”活动中存在严重的程序不公，随即在电话中予以拒绝。被我拒绝后，来人将聘书送至我所在的工作单位转交。在这种情况下，我写了一封谢绝信，签字、盖章后连同聘书一并寄回重庆市公安局。信中，我明言自己经过考虑，“不拟接受，并退回聘书”，同时，我也指出“贵局打黑，名震全国，如能重程序正义，则更符合法治精神”。半年多以后，王立军叛逃事件爆发。2012 年 12 月，《南都周刊》在《起底王立军》一文中也刊登了此事。此事多少说明，我在处事上尽量让自己秉持学术良知和学术品格。

人生难百岁，法治千秋业。我自己看这九十多年的人生历程，有光明有曲折，改革开放后也还为我国法治建设作了一些力所能及的贡献。回头来看，我这一生为人上尽量待人以诚，始终尽量努力，学以致用，大节不亏，了无遗憾。如果能够把这一切记录下来，留给后人，可能还是有点意义的。

原来，我并没有撰写回忆录的想法。因此，在过去二十年间出版的三套文集中，我始终很看重“自序”的分量，也愿意多花时间和精力回顾自己的学术人生，精心撰写了学术自传，并以十年为界，两度修订和更新。我想着这些“自序”，将会是后人了解我和我所处这个时代的基本途径。我原本以为，这样就足够了。

但跟中国政法大学青年教师陈夏红的多次交流，逐渐改变了我的想法。

几年前，北京政法学院首任院长钱端升先生的后人，撰写了一部钱端升的传记，想请我写个序言。我知道陈夏红主编过《钱端升全集》，对钱端升有比较深入的研究，所以邀他过来聊聊。2018 年 4 月 18 日，他来到我家畅谈。聊完正事，他首次提出跟我合作，协助我完成口述自传的想法。

在法律人物研究方面，陈夏红已经有比较深厚的积累，也出版过不少著作。在口述自传领域，几年前他协助江平整理完成的《沉浮与枯荣：八十自述》十分成功。要论能力、论积累、论经验，在法学界几乎找不到第二个这样经验丰富的合作对象。

当然，我也有点顾虑，陈夏红毕竟不是刑事诉讼法学界的同行。尽管他在破产法领域已经小有名气，也是全国人大财经委破产法修改起草小组成员，但对于刑事诉讼法来说，他是外行。我担心专业知识的不足，可能会影响他跟我的交流，可能也会影响他对我的深入了解，还可能影响口述自传的最终质量。刚开始，我确实不是特别确定他能胜任刑事诉讼法学者口述自传的整理工作。

后来，我们又有几次比较深入的交流，最终在 2020 年 8 月达成合作协议，这一口述自传的浩大工程，从那个时候起步。在过去两年多的时间里，我和陈夏红通力合作，共同努力完成这本摆在读者面前的《陈光中口述自传》。

在合作过程中，陈夏红的努力与专注，令我印象很深。他每次访谈准备都很认真，知识积累也比较丰富。在采访过程中，他对很多历史事件或者人物张口就来，采访过程中给了我不少有益的提示，让我的回忆和口述丰富不少。他的资料检索和搜集能力很强，找到了很多我从未听过或者见过的资料，甚至有一些是我的中学母校等机构编辑的非公开出版物，这在书后的参考文献中可以看出来。这些工作，为我早年经历的口述和史料印证，奠定了坚实的基础。

初稿完成后，我们又一起对书稿共同校订了一遍。2023 年 2 月到 5 月，有近四个月时间，他几乎每天都来我家里，我们共同逐字逐句校订。对于一个青年学者来说，时间本来就稀缺，养家糊口压力也大，但他十分愿意在这本书上投入时间，毫无怨言，踏实勤恳，对此我十分感激。

事后来看，我对陈夏红刑事诉讼法专业知识储备不足的担忧也完全是多余的。在整个合作过程中，他不仅认真读了我个人几乎所有的文章和专著，对我国当前刑事诉讼法学领域的重要著作和文章也有广泛涉猎。这种大量的阅读和学习，让他在处理刑事诉讼法专业相关内容时，显得游刃有余，毫不困难。

随着年事增高，我体力上逐渐衰退，但学术上仍孜孜以求，不敢有所懈怠。目前来看，我思维尚清晰，每天也能通过微信等途径获得最新资讯，但动笔能力衰退得比较厉害。显而易见，这本五十万字的书稿，没有陈夏红的协助，将是一件几乎不可能完成的任务。在这里，特别感谢他的奉献。

完成了这本《陈光中口述自传》的所有工作后，我深感欣慰。经过逐章、逐节、逐句、逐字通读书稿，并和陈夏红一道精心校订后，我对这本《陈光中口述自传》的内容完全认可。

1952 年我从北大毕业，其间在北京政法学院、中国政法大学度过了大部分学术生涯；七十年后，我的口述自传由北京大学出版社出版，这很圆满。感谢北京大学出版社蒋浩副总编、陈康编辑等，为这本书完整、及时出版所做的所有努力。

陈光中

2023 年 5 月 24 日

# 目　录

## 第一部分　青少年时代

## 第三部分 学术与人生

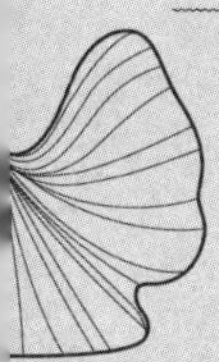

# 第一部分

# 青少年时代

# 第一章　幼年记忆

## 出生日期的“秘密”

1930年4月21日，农历三月二十三日，我出生在浙江省温州市永嘉县大若岩镇的白泉村。

白泉村位于著名的楠溪江畔，这里溪曲峰叠，景色迷人。清朝时永嘉当地诗人朱步墀有诗云：“楠川山水甲东嘉，十里澄潭五里沙。”“溪山第一溯珍川，渠水潆回出白泉。”白泉村地理环境得天独厚，山水环抱，依山而建，前临楠溪，视野开阔，环境优美。

白泉村已有近千年的历史。北宋神宗年间（1068—1085），大理寺评事陈灏退仕归隐，看到这里“东连陶公洞幽深，西接百丈瀑如帘；南面琴山钟秀气，北有白水起波纹”，正好耕读养身，遂携带家眷在此定居。据说陈灏建村之时，发现北面山脚下有一眼从白石穴里流出的泉水，水白如玉，清冽甘甜，遂稍加修葺成一“白泉井”，并将村子取名为“白泉”。

祖上的详细事迹已不可考。到我们那一辈，都是“光”字辈。家里给我取“光中”这个名字，寓“光大中华”之意。

这个出生日期需要解释下。我的农历生日是三月二十三日。1950年，我在中山大学读书时，响应组织号召，准备加入中国共产主义青年团，要按照组织要求填写个人简历。这是我平生第一次填简历。

这次填简历时，我并不知道阳历生日是哪一天，当时也没有万年历等途径可查询确认。于是，我就根据阳历比阴历快、大致差一个月的常识，填了 1930 年 4 月 23 日。因为填表要统一，所以我在后来的其他档案材料里，凡是涉及出生日期，我也都一直填的是 1930 年 4 月 23 日。

没过几年，我看到了万年历，核对了一下。我的出生日期，实际上是 1930 年 4 月 21 日。但那时候我没有改，因为要改的话，所有档案都要改，弄不好会有人说你不忠诚、不老实。这就是为什么我的所有档案材料里记载的出生日期都是 1930 年 4 月 23 日。

2020 年我迎来九十岁生日。我的学生们编了一本《陈光中教授九十华诞贺寿文集》，里面我的出生日期依然遵从惯例，写为 4 月 23 日。

## 两个第一之争

我的小学阶段，在白泉村里的白泉小学度过。

小学期间，我的学习成绩总是全班最好的。我并不是那种死读书或者特别刻苦用功的孩子，我也贪玩。农村里小孩能玩的游戏，我都会学、会玩。课外时间，我喜欢写写字，我还参加过写大字比赛。唱歌我也喜欢。尽管不是十分用功，但在小学阶段，我的成绩总是第一。

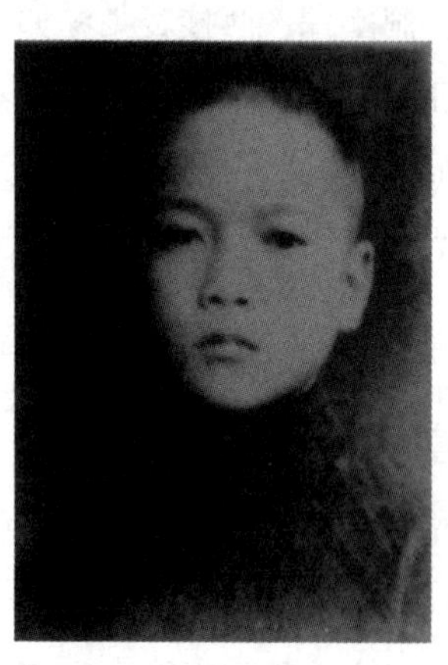

图 1-1　小学毕业照

农村里没多少可以玩的东西。我上小学时，主要玩两个游戏：一个是象棋，一个是乒乓球。乒乓球也不是现在那种正规的乒乓球台，我们就是找块水泥板或者木板，用棍子、砖头支起来，凑合着打。学校里有个正规的乒乓球台，但是大家都抢。我们就在家里自己动手，支起简陋的乒乓球台。

小学毕业时，我们要公布成绩和排名，学校要往上报小学毕业成绩的第一名。这跟上初中有关系。当时另外有一个同学，成绩也很好，跟我是并列第一，我俩的分数和排名完全一样。我现在也搞不清楚，并列第一的分数是怎么打出来的。

老师有点发愁。两个并列第一，怎么往上报？后来听小道消息说，因为我年龄比较小，所以老师把我作为并列第一里面的第二，这样往上报时我就会被刷下来。我听说后，急得不行，就跟家里说了。最后经过各方面的努力，学校还是给解决了上报问题，两个第一都往上报了。因为有两个第一之争，我印象非常深。

## 文言文的启蒙

上小学时，我白天在学校学习，晚上则由堂伯父教我们几个孩子读古诗文。

大伯家的孩子，天资一般，不怎么会念书。主要是我和我姐姐，还有陈光陆、陈光平，我们几个一起上小学。

到了晚上，祖父就会把我们集中在他住的偏房中间的小中厅里。小中厅里有一张桌子，我们就在那儿学习。祖父不自己教我们，而是请了堂伯父陈应如，到家里来教我们几个。那个时候，祖父就在旁边一边抽大烟，一边看我们学习。

堂伯父跟我们不算亲，属于同宗同族。这位堂伯父那时候大概五十多岁的样子，有个清朝的功名，大概是生员，还没考取举人。他应该是刚考完生员没多久，还没到考举人的时候，清政府就在1905年废除科举了。

我对堂伯父印象最深的，就是他对古诗词、古文名篇非常熟悉。他晚上来我们家，先教我们几个孩子读书，包括古诗词。我现在依然清楚记得《古文观止》里的名篇，比如《前赤壁赋》《后赤壁赋》，还有《陈情表》《前出师表》《后出师表》等，《陋室铭》等就更不用说了。学完《古文观止》后，堂伯父又教了《大学》《中庸》《论语》和《孟子》。我印象中《孟子》没有读完，刚开始读，时间不长。

堂伯父教我们读古文，都要求我们背诵。他先教我们读，遇到我们不懂的，他也讲一讲。讲得不多，最重要的是你得认识字。他闭着眼睛讲一句，我们就跟着背一句。他不仅要求我们理解，还要求背诵。这一次讲完，下一次讲课就是背诵，考我们。每人背一段，看谁背得最准确。

我小时候还算聪明，记忆力也比较好。在背诵这些古文时，我一般都是表现最优秀的，经常受到表扬。

这样的学习持续时间不长，也就三年左右。我古诗文背了不少。背诵的时候，我不知道内容、意思，一知半解，但背来背去，就慢慢触类旁通，文言文的之乎者也规律也就慢慢掌握了。后来上初中时，我可以用文言文来写简单的作文。当然不是全用文言文，有时就是兴之所至，文言文也可以简单写一写。而且上初中后，语文课上要学的古文，有相当一部分以前都学过了，所以学得很轻松。主要精力都用在学习数理化和英语上。

我上初中时，这位堂伯父在中学教书，还教过我语文。有一次我接受《温州商报》采访时，我就讲："对我一生最有帮助的事情，就是少年时代读了不少古书。那时候对古文不一定懂，但却让我在似懂非懂中，掌握了古汉语知识。后来我写了一些中国古代司法制度方面的文章，出版了专著，就是得益于那时候打下的基础。"

时隔七十多年后，当我走进曾经跟随堂伯父读古诗文的故居，仿佛听见儿时的琅琅书声。故居的容貌如旧，经历了漫漫岁月，苍老而质朴。当我再次走进白泉小学，虽然现代化的建筑取代了木材校舍，但当我追寻七十多年前的自己的脚步，走在操场外的溪边小路上，小路两侧昔日的小树苗，在经历了历史的风雨后，已长成参天大树；小路外溪水清清，仿佛看见自己儿时和小伙伴们游泳的身姿。

# 第二章　家族杂记

## 陈氏家族

要论我的出身，我家的情况应该算乡绅。

祖上的情况，我只了解到祖父那一辈。据我所知，祖父往上，家境比较好。尽管也没有在清朝有个一官半职，但多少有点土地，同时念书，耕读传家。在我祖父这一代后，土地不算多，开始衰败。

尽管家道中落，多少还是有点大家族的遗风，也还有书香门第的底子。我父亲这一代，几个兄弟都能上学，并在当地的师范学校毕业。单凭这一点就能够看出来，在我祖父这一代，家境还可以，也还有耕读传家的传统。

我们那边的耕读文化，很有传统。当地农村人普遍喜欢读书。不仅是我的家乡白泉村，其他地方也一样。南宋时，永嘉县有个进士村，一个村里有几个进士，确实了不起，这跟耕读文化也有关系。尽管南宋时考进士也好考点，但那也不是谁都能考取的。现在大家去永嘉，都会去进士村看看。

1950 年代土地改革，我们去广西，发现那些地方真穷，而且文化水平较低。我们家乡不一样，哪怕是贫下中农，也要千方百计把孩子送到学校上学，普遍文化水平比较高。我印象中同班同学里头，初中时很多同学家里条件不好。在我们当地，上个小学不算啥；但是在外地，有的地方小学毕业的在村里就是知识分子了。

耕读文化是相对穷苦的，一边耕地、一边读书。但我家受耕读文化影响不大。我家基本没有耕，条件相对好一点。

祖父没有正当职业。据我所知，他也没有真正务农。在当地，祖父算比较有文化的。但他并没有考取清朝的秀才、举人等科举功名。

祖父自己也写诗。他写出来后，就贴在自己家里的墙上，贴得到处都是。可惜我没有留下它们，也没有记住任何一首。

另外，祖父还会一点外科技术。他能做简单的外科手术，在农村帮远亲近邻处理脓包或者跌打损伤。他有个外科用的小手术刀，很尖。每次做手术前，他有个简单办法消毒，就是拿火把小刀烧一下；消毒之后，就给人家开刀处理伤口。

祖父七十多岁过世时，我已在上初中。

## 父　辈

祖父有三个儿子：大伯陈佰农、父亲陈躬农、叔父陈素农。

父亲他们三兄弟，都上了当地的师范学校。那时候的师范，相当于现在的中专，但实际上比现在的中专水平要高很多，应该说是很不错的。师范学校毕业后，我叔父喜欢体育，毕业后在小学当体育老师。父亲干了什么工作，我不是很清楚。

我家有姐姐、妹妹，还有两兄弟。我弟弟叫陈光白。

叔父有几个孩子：除了两个大姐姐，还有比我大两岁的陈光陆，跟我同岁的陈光平，小我两岁的陈光汉。

我们陈氏家族，在温州当地很有名。主要是因为抗日战争期间，陈氏家族出了四个抗日将士，这在当地并不多见。2015 年，时逢抗日战争胜利七十周年。这年 12 月 25 日出版的《温州日报》，在“穿越 70 年的家国情怀”“和 80、90 后一起寻访——我家的抗战故事”系列报道中，还发表了一篇专题报道《满门忠烈，热血报国》，专门报道陈氏家族走出的四位抗日将士的光辉事迹。

我叔父在地方属于“抗日名将”。堂哥陈光启是“抗日烈士”，另一个堂哥陈光初是“抗日人士”。我父亲当时也算“抗日人士”。这里先讲讲我的叔父和我的两位堂哥，我父亲的故事下一章再讲。

## 叔父陈素农

叔父陈素农，1913 年考入浙江省第十师范学校，后来于 1924 年 12 月进入黄埔陆军军官学校第三期。

黄埔军校成立于国民革命时期。当时国内军阀割据、列强环伺，孙中山等革命先烈深感有必要打造一支革命之师。在那个时候，全国的时代青年也都以“到黄埔去”作为革命救国的主要途径。黄埔军校试图通过短期学习，在军事和政治上展开集训，为国民革命积蓄力量。从 1924 年 6 月黄埔军校创办，到 1949 年 10 月，黄埔军校及中央陆军军官学校在大陆前后举办二十三期，培养学员 23 万余人；其中前五期都在黄埔，总共三年多时间；从第六期开始，学员们开始在南京中央陆军军官学校受训，学制也逐渐从半年短期集训，变成三年长期专业训练。

翻看黄埔军校史料，可以发现一个奇特的现象。在黄埔军校前四期毕业离校的 4900 多位学员中，第一、二期几乎没有永嘉人，第二期只有后来的国民党将领邱清泉。但第三期却出现永嘉同乡扎堆的现象。同期和我叔父一起编入黄埔第三期步兵队的永嘉同乡有陈藻、陈觉、徐启兴、陈祥麟、徐立、张鹏、汤复天、叶茌、叶祥宾、谢玙、胡世培、胡宝书、金家藩、周佩三、余昌舜、吴兆瑛、吴兆铮、李鸿僖、余昌舜共十九人；另外，编入第三期骑兵队的永嘉同乡有金麟、夏雷、陈椝三人。第四期只有陈于滨一人。这里的具体原因待考。这或许能够解释为什么我父亲后来也成为黄埔军校的一员。

受各种因素影响，第三期学员从入校到举办开学典礼，前后延宕近半年。他们在 1925 年 7 月 1 日举行开学典礼，1926 年 1 月 17 日举行毕业典礼。

叔父他们第三期学员入学时，黄埔军校正在东征。第三期学员因刚刚入校，成立入伍生总队留校，分驻广州市区、黄埔和虎门等地，担任治安、勤务和警戒任务。在平息杨刘叛乱（1923 年 1 月，在广东的滇系军阀杨希闵、桂系军阀刘震寰联合驱逐了广东军阀陈炯明，迎接孙中山回广州任大元帅。随着政治形势的变化，杨希闵、刘震寰逐渐与革命政府离心离德。1925 年 5 月中旬，杨希闵、刘震寰联合港英当局，发动反革命武装叛乱，企图推翻革命政府，史称“杨刘叛乱”。1925 年 6 月 6 日，正在东征的革命军回师，不到一周时间，迅速平息杨刘叛乱）时，第三期学员奉令回到黄埔，配合回师的东征军发动总攻击。1925 年 6 月 23 日，第三期学员参加广州各界声援上海“五卅惨案”反帝游行，路过沙基时遭到沙面租界英国军警开枪残杀，军校官兵死伤近百人，第三期入伍生亦有 16 人遇难。廖仲恺遇刺后，第三期学员承担了参加监管廖案囚犯的重任。

1926 年 1 月，叔父同第三期 1224 名学员一起毕业。这期毕业生，大多数被分派到国民革命军第一军（潮汕）、第四军（琼州）见习，在北伐战争中发挥了重要作用。

叔父后来一直在陆军系统。1928 年，叔父考入中央陆军大学第九期深造。1931 年毕业后，先后担任陆军第一师中校参谋、武汉干部训练班上校教务主任等职务，后转任陆军八十八师上校参谋主任及该师五二四团团长。

1933 年 5 月，他在陆军大学第九期大军统帅课笔记的基础上，参考其他文献资料，编订完成专著《大军统帅学》。曾任陆军大学教育长和代校长的周斌、陆军大学教务主任邹燮斌为该书惠赐序言，时任常州陆军第一师中将师长胡宗南亲笔写下读后感，对该书评价甚高。叔父在《例言》中指出，“本书乃研究军、方面军及最高统帅机关之指挥也。此类书籍，关于国防作战方法甚巨，故各国皆极端机密，不肯宣泄。本书专引战史实例，说明统帅之原理，以贡献国内兵学界之参考，其目的在抛砖引玉，共相探讨，期成功我中华民族之战法，以巩固国防”。

1938年夏天，叔父调任国民革命军第七十一军少将参谋长。其中有一次率领部队，与日军在河南商城的富金山一带遭遇。在仔细分析研判后，他认为日军将会猛攻，建议主力集结富金山，利用地形优势固守。两军遭遇后，叔父带兵居高临下，利用地形优势勇猛歼敌六千多人，极大地阻滞了日军前进的步伐。随后，考虑到我军亦有伤亡，叔父率部退守商城附近小界岭，等待第八十七师增援。叔父向第八十七师师长沈发藻建议，正面增援或有伤亡，可以从左翼出击，断敌补给线，迫使其后撤。这一战后，沈发藻发电盛赞叔父是中国的“鲁登道夫”。

1941年5月，率部辗转中条山的叔父，已升任预八师师长。在躲避日军的围剿中，他不慎扭伤脚踝，与部队走散，不得不藏在山岩一侧大松树下，耳边日军的刺刀声、饭盒声络绎不绝，侥幸躲过。在大山里，日军不仅大力搜捕，还发出悬赏令：如能缴获师长尸体，奖金两万元。叔父后来穿上老百姓的衣服，乔装打扮，一路艰险，最终回到部队。

这之后，叔父一直率部队辗转晋东南，抗日三年有余。1944年7月，叔父升任第九十七军中将军长。在南丹战役中，他率领两个师不足五个团的兵力，以少胜多，抵挡日寇两万多兵力达七日之久，对于西南战局的好转立下赫赫战功。

后来，日本从西南进攻重庆。我叔父当时是第九十七军军长，原来部署在重庆附近，紧急调到重庆和贵州之间的前线抗敌。与来犯的日军遭遇后，我叔父带兵同日军打了一仗，这一仗打败了。打了败仗后，上司不满意，他被撤职，于是就赋闲了。

抗日战争胜利后，内战箭在弦上。上面也不想让叔父带兵，叔父就以足患为由推脱，“一生以黄埔开始军旅生涯，那就以黄埔作为栖身之地”。国民党方面后来也没有让叔父带兵，而是给了他一个闲职。1948年，叔父出任汉口陆军军官训练班教育处处长，一面授课，一面静观战局演变。

在这期间，依据其授课笔记，叔父又完成其第二本著作，即《二次世界大战简史：地中海战争之部》。

现在看来，叔父也是因祸得福。如果他在抗战末期不打败仗，可能就会带兵参加内战，他的命运可能同邱清泉一样。因为没有参加内战，现在我们家乡的县志里面，他是“抗日名将”。

尽管如此，他还是属于国民党系统。解放战争后期，国民党不行了，他就在广州解放前夕隐居香港。但是在香港待了一段时间后，生活比较困难，而且国民党在台湾也站稳了脚跟，所以他就跑到台湾去，挂一个闲职、吃闲饭，1983 年，叔父八十四岁，病逝。

1990 年代我有机会去台湾地区访问。第二次去台北时，还专程去叔父的墓前祭扫。叔父的墓地在台北陆军公墓，坟墓的方位、面积和军衔挂钩。

我叔父的孩子中，大儿子后来去了美国，老二陈光平、老三陈光汉解放后都留在内地（大陆），没有跟着叔父去香港、台湾。

## 为抗战捐躯的远房堂哥陈光启

我远房堂哥陈光启的事迹也值得说说。

陈光启出生于 1917 年。据报道，他幼年受叔父陈素农、陈躬农及堂兄陈光初三位抗日将士的影响，从小立下“挥戈卫国保民安”的志向。十八岁时，陈光启在温州中学投笔从戎，考入黄埔军校；十九岁提前毕业，编入国民革命军预备八师，任少尉排长，直赴抗日战场。

1937 年淞沪会战爆发后，陈光启率全排五十余名战士，死守防线三个月，成功完成防守任务。奉命撤退时，全排仅九人生还，他亦受重伤。陈光启耳朵失聪，不能正常生活、工作，上级遂让他复员休养。

1938 年，陈光启身体康复后，在当地被任命为永嘉抗日自卫队分队长，镇守龙湾炮台。

1940 年，随着抗日战争的持久进行，前线人手吃紧。于是，他辞别新婚不久的妻子，奉令返回部队，以上尉参谋身份回到太行山抗日前线。

1941年5月，日寇十万兵力围攻太行山，战争甚烈。陈光启率特务连浴血奋战，在生死存亡关头，他端起冲锋枪向日寇猛烈扫射，奋勇杀敌，不幸头部中弹牺牲。国民政府追晋其上校褒奖，并赐“抗日牺牲烈士”匾额。

## 远房堂哥陈光初

陈光初出生于1910年。1937年，随着日寇全面侵华，时年二十七岁的陈光初毅然参军，投奔我叔父。

淞沪会战爆发后，陈光初右腿三处中弹。幸亏当时上海医疗条件比较好，保住了腿，如果是在远离大城市的战场上受同样的伤，可能就得截肢保命了。

陈光初腿伤痊愈后，跟随叔父去了太行山，担任预八师少校军需股长，主要负责部队后勤保障工作。

1944年夏，日军将进攻的重点瞄准西南，湖南、广西战局危急，当地驻军几近崩溃。陈光初奉令前往南丹支援。战况惨烈，国军几乎全军覆没，最后只有几百人冲出重围。

那个时候，叔父不仅自己心生去意，也给堂哥陈光初发了遣返证：“你和光启随我南征北伐，为保家国，你负伤于淞沪战役，光启战死太行，为国捐躯，尸首也不能运回故里。若抗战胜利后，国共和谈不成，难免要发生内战，死于内战不值啊！我给你发个遣返证，回家糊口吧！”

陈光初返回温州后，经营拉铁丝、制钉子的个体工作坊。后来社会主义工商业改造后，他成为制钉厂的工人，“文革”期间也受过冲击。

改革开放后，陈光初加入民革，一直活到九十岁才驾鹤归西。当时民革给他送来挽联：“八年抗战出生入死，一世勤劳奉公守法。”

# 第三章　我的父亲母亲

## 父亲侧影

我父亲、叔父都是黄埔军校的学员。但叔父入学比较早，学的是军事科；父亲入学晚，进的是政治科。

父亲比叔父究竟晚几期，我说不清楚。黄埔军校史料中，有前四期学员及籍贯清单，我叔父是第三期，1924 年冬入学，1926 年 1 月毕业。但是，第四期学员中并没有父亲的名字。所以照此推断，父亲可能是黄埔军校第五期或者以后的学员。

在北伐结束后，有很长一段时间，父亲都在国民党的南京党部工作。抗日战争爆发前，我家一直就在南京。抗日战争爆发后，父亲才把我们送回老家。我弟弟陈光白就是在南京白下出生的。

1938 年抗战开始后，叔父已经担任预八师师长。那时候国民党军队的师长，有独立的用人权。尤其是后方办事处主任，这是一个十分重要的职位，还是得用自己人。所以叔父就让我父亲过去，担任预八师后方办事处主任，最高军衔是上校。因为我父亲有北伐资历，给他上校军衔也名正言顺。

父亲的工作，主要是驻扎在西安、成都等地，负责整个预八师的枪支弹药和军需补给等后勤工作。叔父在前线带兵打仗，父亲在后方做后勤。他们兄弟俩有一张照片，是叔父从前线回到西安时所拍，现在还保留着。父亲很少给我们讲他的经历，很多细节无从得知。但因为这段经历，父亲也被视为抗日人士。

抗战胜利后，国共内战在即，叔父萌生退意。父亲身体不好，也就回家了。

父亲还是有一些文采的。他喜欢写诗，但作品几乎都没能留下来。父亲唯一留下来的一首诗，就是得悉我远房堂哥陈光启壮烈牺牲的噩耗后，在西安写了一首悼诗：

城郭人民半已非，江山为重一身微。
西移仓卒遇顽敌，东返张皇误战机。
碧血已随剑气尽，忠魂应化鹤来归。
关河烽火连天黑，玉树凋伤泪满衣。

父亲回永嘉时，我已经快读完初中。我上高中后，有两三年时间，我一直是走读，平时都是住在家里，所以一直到我高中毕业，父亲都和我在一起，几乎朝夕相处。

解放前，我们父子之间有点父尊的传统。父亲和我之间的交流不太多。我感觉父亲也很喜欢我，对我也很好，看我学习很优秀，也不操心。父亲偶尔也跟我谈点古诗词。印象中就是我念我的书、他忙他的事，我似乎没有什么事情必须和他交流，他也很少找我。

那时候堂伯父陈应如的儿子、我的堂哥陈光复，比我大几岁。他上高中，在县城没地方住，我家在城里有房子，就给他一间屋子，借住在我家。我住楼上靠窗户的房间，比他的房间亮堂一点。陈光复古文很好，数理化不行，后来没有上大学。解放后，他因为古文很好，当了中学师资培训班的老师，专门给中学老师们讲古诗文。后来他作了不少古诗和对联，还出版了著作。

高中阶段，我的主要任务就是努力学习。学习之余，自我娱乐。陈光复的象棋下得挺好。我俩一有空，尤其是周末，就一起下象棋。

## 母爱如山

就父母亲而言，我印象最深也最多的，是我母亲。

母亲名讳汤银茶。我出生后，从小到大，都是母亲照料着我长大。母亲幼时没有读过书。她同父亲结婚后，因为要跟父亲通信，通过自学能够勉强认识几个字，也能够写有错别字的信。

母亲没有文化，但脑子很聪明，记忆力很强，对数字很敏感。我一直觉得，自己天赋比较聪明，可能遗传自父母，但是更多来自于母亲。

母亲也很勤劳，家里生活上的事都是由母亲操劳。父亲胃不太好，也不怎么做家务，在家里从来都是母亲做饭。

母亲很疼爱我，可以说疼爱到极致。因为在我出生前，一连生了几个女儿。在农村，生了几个女儿，没有儿子，她心里头还是觉得十分遗憾。所以我出生后，她特别疼爱，特别珍惜。有些细节，我现在还记得很清楚。比如每年我的生日到了，母亲一定要在家里宰一只鸡，中间加一些栗子。为什么会这么做呢？我猜是有“鸡”有“栗”，谐音“大吉大利”。

当然这种待遇，还有另外一种解释。我的生日是农历三月二十三，而这一天也正是妈祖诞辰。南方农村都会在这一天祭拜妈祖，祈求平安，比如南京一带就有“三月二十三，乌龟爬下关”的说法。那么宰鸡，既祭奠了妈祖，也给我过了生日。大家都说我出生的日子好！不管怎么说，我每次过生日，都能吃到鸡肉。

母亲还多次跟我讲过一段经历：我大概四五岁的时候得了一场重病。那时候农村孩子夭折的几率很高，可把我母亲吓坏了。母亲说她一直在身边守着我。她跟我讲的时候，一边讲，一边哭，我现在还记忆犹新。

我上中学和小学的时候，需要自己带一点干菜。比如梅干菜之类，高级一点的还有腌制带鱼、炸鳗鱼等。母亲每次都精心准备好，给我带上。我小的时候，母亲在生活上对我特别照顾。上高中后，晚上我一般十点钟睡觉，母亲怕我吃不饱就睡觉，晚上九点多了，还煮个鸡蛋亲自送过来。

关于母亲的记忆，细节比较多。这些事父亲不会做，都是母亲做。所以我跟母亲感情很深。母亲晚年一直留在永嘉，我在外面工作，每个月都给她寄钱。那时候，我每月寄十元给母亲，有时寄十二元，逢年过节再加几元。刚开始我每月工资只有七十几元钱，后来涨到八十九元。那时候我也要养家糊口，还有孩子。对母亲来说，那时候十几元钱，在温州凑合过日子也够了。

母亲去世时，我在广西大学教书。当时我没有赶回去，后来一直很内疚。没有回去，因为当时还在“文化大革命”（简称“文革”）期间，母亲的家庭成分是地主，我感觉不便于太亲热。那时候，我自己也背着历史包袱，有个需要划清界限的问题。母亲过世后，家里给我发了电报。但我经过考虑，没有赶回去。路途远是一个原因，阶级成分也是一个原因。我这个人从小受儒家的影响，主张孝道，但当时却没能赶回去送母亲最后一程，到现在还是很内疚。

## 父亲是温州和平解放的有功人士

抗战胜利后，父亲就回家了。有一段时间，他无所事事，后来在温州建华中学教国文，加上前面在南京工作期间也多少有些积蓄，就买了一些土地出租，在温州也算是地方乡绅。后来因为历史机缘，父亲全程参与了温州的和平解放。

温州之所以能够和平解放，与时任温州主政者叶芳和我父亲的交往有一定关系。

叶芳也是永嘉人，黄埔军校第七期学生。叶芳曾跟随我叔父多年，是我叔父的部下。1947 年，叶芳担任整编第五军挺进纵队少将司令、邱清泉第二兵团骑兵团团长。1949 年 1 月，叶芳又被委任为第八区专员。随后，叶芳又被陈仪任命为第五区（温州区）行政督察专员兼保安司令。

就这样，叶芳在当时军政合一的体制下，成为国民党在温州地区的最高领导。

但是，1948年下半年，国民党颓势已现。尤其是辽沈、淮海、平津三大战役后，国民党主力基本歼灭。进入1949年之后，国民党方面更是溃不成军。1949年4月23日，解放军赢得渡江战役，解放了南京。随着解放军继续挺进，江浙一带迎来解放的曙光。

当时温州归中共浙南地委管辖。到1949年3月，浙南游击纵队已形成三个支队、两个大队的战斗规模，主力部队约两千人，区县队一千人，还有民兵四五万人，形成主力部队、地方部队和民兵三结合的武装力量体系。渡江战役后，为配合解放军解放全中国，中共浙南地委也率领浙南游击纵队，向瓯江两岸的国民党军队发起进攻，并取得节节胜利。

温州一带的形势极为明朗：共产党方面，军事斗争的胜利再加上群众运动的配合，全面胜利指日可待；国民党方面，除驻守温州城内的第二师两个团及其他零散部队近两千人尚有一定战斗力外，其他驻守各县的国民党军队残部千余人，整体士气低迷，战斗力薄弱，屡战屡败。

对于温州究竟是和平解放还是武力夺取，浙南革命力量已做好两手准备。和平解放当然是最好的选项，可以避免生灵涂炭，关键取决于叶芳能否起义投诚。

1949年3月，叶芳的靠山一个个倒台。尤其是1949年1月邱清泉在淮海战役前线被解放军击毙的消息，对他的刺激很大。他看到国民党内部有识之士为寻求个人出路，纷纷向人民靠拢，他自身思想转变也很大。叶芳是个明白人，他知道大势已去，需要在历史的紧要关头有所改变。

叶芳开始有点犹豫。有一次经过上海时，他同两个方面都有接触。共产党方面，他求助于永嘉同乡胡公冕。胡公冕在土地革命时期曾担任红十三军军长，土地革命失败后，胡公冕主要在上海从事统战和兵运工作。胡公冕答应转请中共上海地下党，尽快派人到温州跟他联系。国民党方面，叶芳找到国民党第五军军长熊笑三，为自己在温州征募的新兵要番号；熊笑三也答应报请叶芳为第五军第二师师长，下辖三个团。

叶芳回到温州，未等国民政府国防部下令，即成立第二师师部，自任师长，同时向新任浙江省主席周喦请辞温州行政督察专员兼区保安司令职务。他本来预期周喦不会马上批准，没想到周喦立即批准并任命新人，1949 年 4 月上旬就要交接工作。叶芳知道，一旦交接，不仅不能继续指挥和控制保安独立团和自卫团，手下新兵团的补给也会受到影响。叶芳一面拖延交接，一面派亲信到上海，催促中共上海地下党尽快派人来温州。

叶芳同我父亲既是黄埔校友，加上他早年一直跟随我叔父，自然亲切。他主政温州后，跟我父亲来往甚多，经常来我家里做客、聊天。因为两人私交甚好，所以叶芳一方面派亲信前往上海与中共地下党联系，另一方面也同我父亲秘密筹划和商量。对于叶芳弃暗投明，我父亲是积极支持的，同他一起谋划。

1949 年 5 月 1 日，叶芳的代表与中共浙南地委和浙南游击纵队代表，在郭溪岭头的历史古刹景德寺相聚，围绕温州和平解放事宜展开谈判，并在当天达成原则性协议，商定 5 月 6 日夜里叶芳宣布起义，浙南游击纵队进入温州城。但因为一些关键细节需要叶芳审定，双方约定 5 月 4 日再次会谈，并就双方关切的所有问题达成一致。

在和谈达成一致之后，起义的具体事项和其他各界的动员也在齐头并进。5 月 6 日下午，叶芳在他的住宅召开当地开明乡绅座谈会。这个会表面上是征求大家对温州前途的意见，实际上是给大家放风，要大家支持他和平解放。这个会他要我父亲参加，我父亲也发言表态。因为事先有沟通，我父亲在会上的发言鲜明表态，支持温州和平解放。1984 年 7 月，叶芳曾写过一篇《国民党陆军二师起义经过》，关于这次会议他是这样回忆的：

> 起义前夕我在信河街西河头住宅召开社会各界名流会议。参加者有张千里、刘景晨、梅冷生、金嵘轩、谷寅侯、陈纪方、

杨雨农、吴百亨、陈躬农、戴萱庭、王纯侯以及王思本、金天然等三十余人。我首先发言说："目前形势已临紧急关头，请各位父老贤达来共商应付大计，如果打怎样打法？撤退又怎样撤法？和平解决怎样和法？请诸公多多指教。"张千里说："我是在乡将领，国民党不败不亡、天理难容，堂堂首都都不击自溃，我们浙南一隅还能打个屁，撤逃不是办法，只有听凭叶兄决定一切。"陈纪方说："八年抗战，温州三次沦陷，部队闻风而逃，百姓遭殃，人心厌战，就是大势所趋，如今也只有老兄承担这个历史任务，勿使故乡受糟蹋就好了。"其余陈躬农、金嵘轩等发言大致吻合张、陈的意见，言外之意是支持我的起义行动。

另一位叶芳方面参与温州和平解放的王思本，也在《我参加温州和平解放》一文中，提及这次会议：

五月六日下午在叶芳住宅召集地方开明士绅、有关法团领袖、学校校长等十余人会议，出席的有金嵘轩（温中校长）、谷寅侯（瓯中校长）、梅冷生（图书馆馆长）、吴伯亨（实业家）、王纯侯（商会）、张一鸣（商会）、杨雨农（救济院）……会议由叶芳主持，我作了形势报告，并公开向他们宣布准备反蒋起义，但不说起义日期，叶芳提出要求请他们支持，并声明如有泄密从严惩处。全场鸦雀无声，唯面面相觑未敢发言。经再三启发，刘景晨首先发言表示拥护，对国民党政府腐化无能，痛骂一顿，继之金嵘轩、梅冷生均表示赞同，会议不到两小时就结束了。

王思本在另一篇《叶芳将军与温州和平解放》的文章中，再度提及这次会议，部分细节略有差别，也提及我父亲的名字：

五月六日下午，在西湖头叶芳临时指挥部召开地方开明人士、有关法团领袖、中学校长等十余人座谈会，到会者有金嵘轩（温中校长）、谷寅侯（瓯中校长）、陈纪芳（建华中学校长)、开明士绅刘景晨、梅冷生(图书馆馆长)、陈躬农、杨雨农(救济院院长)、王纯侯(商会会长)、吴百亨(实业家)等。会议由叶芳讲话,说明了开会宗旨,并宣告为了保障人民生命财产和地方安全起见,决定在温率部反蒋起义。我在会上也讲了话。叶芳即席要求大家支持我们的正义行动,并宣布如有泄密从严惩处。此时全场鸦雀无声,大家面面相觑,未敢发言,经再三启发,刘景晨首先发言表示拥护,并对国民党政府腐败无能痛骂一顿,继之金嵘轩、梅冷生、陈纪芳等均表示赞同,会议不到两个小时就结束。

民革温州市委相关综述也表明,“5月6日起义前夕,叶芳召集社会各界名流会议,陈述当前紧迫的形势,听取社会贤达们的意见。有识之士都认为战或逃均不是上策,老百姓只希望勿使家乡再受战乱。言外之意都是支持起义行动的”。

就这样,1949年5月7日凌晨,温州城迎来和平解放,避免了生灵涂炭的局面。

我父亲在幕后参与温州和平解放的事情,开始我们都不知道。在解放初期,温州地方政府也没有把他当作和平解放温州的有功人士,毕竟很多事情只有他和叶芳清楚来龙去脉。解放初期,叶芳还被当作和平解放的统战对象,但1957年被打成右派,加上我父亲早早谢世,这些经历就无人知晓了。目前出版的有关温州和平解放的材料里,会提及部分开明士绅的作用,但几乎没有提到我父亲的作用和贡献。这段往事重见天日,要到1980年代以后。

## 父亲自杀

前面提到,抗战胜利复员后,父亲回到永嘉,一边教书育人,一边买田置产。他名下土地数量倒是不多,但是解放后划成分时,按照那时候的观念,属于不劳而食阶层,所以被划为地主。

在土改期间,我父亲受到了批斗。他之所以受到批斗,除地主成分外，还有其他两个因素：一个是他在抗日战争结束回到永嘉后，作为地方乡绅，曾被推选为永嘉县参议会的参议员；在解放初期，这个身份被视为旧官僚。另一个前面提到过，我叔父在解放后经香港去了台湾，尽管那时候音讯全无，但依然被视为有海外关系。

在这种情况下，我父亲既是地主，又是国民党的县参议员，另外加上我叔父的因素，在土改的时候，他就被视为官僚地主。

村民把他拉回村里去批斗，在批斗开始的前一天晚上他就自杀了。

父亲是 1951 年 4 月自杀的。当时我正好转到北大，在北大学习。家里姐妹写信告诉了我具体情况。

当我知道父亲自杀的时候，应该是 5 月份左右。那时候，我思想上还是很震惊，既没有思想准备，也不懂党的政策。作为共青团员，我认为这种情况属于家庭的重大事件，具有政治性质，应该向组织交代。所以父亲自杀后过了一段时间，我就主动把家里的情况向组织作了交代；但是细节没讲，因为我也不知道。

我在广西参加土改时，组织上已经掌握了这些情况。土改结束后，有思想总结环节。我根据自己的家庭情况，作了比较深刻的思想总结。回来以后分配工作，我也向组织交代了相关情况。

## 家庭出身有问题

父亲在土改中自杀，随后变成我们兄弟姐妹一个很大的历史和思想包袱。包括我 1950 年代在北大提出入党申请，党组织不批准我入党的理由就是家庭出身问题。

我家庭社会关系有什么问题呢？前面详细介绍过我的家庭背景，问题主要出在父亲和叔父身上。

一方面，父亲早年上过黄埔军校，参加过北伐和抗日战争，属于抗战有功人士。抗战胜利后，他复员回家，一边在温州的一所中学教书，一边用手头闲钱购置了一些土地用于出租。解放后划成分，父亲被划为地主。后来在土改中，他被拉到农村批斗，就自杀了。

另外，父亲在解放前还担任过永嘉县参议会的议员，这也是政治上的不良记录之一。

像我父亲这种情况，确实给我很大打击。我在土地改革时处理别人时，会不会同情呢？应该说，我还是很注意立场问题的。我深有感触，但是组织上还是很信任我。我在土改后期分工负责一个乡，组织和领导斗地主等活动。那时候我才知道，土改斗地主是怎么一回事，也才知道我父亲被批斗、要自杀是怎么回事。因为广西那些所谓的大地主，实际上还不如我父亲；有些被斗的地主，地位比我父亲低很多。像我父亲这种情况，按照我在广西的经验，不是乡里就能处理的，如何对待像他这个级别的，应该属于县里要掌握的情况。

另一方面，我叔父作为国民党高级将领，在抗战期间曾担任第九十七军军长，军衔至中将。抗战后期，他遭遇日军，不幸被日军打败。国民党方面遂撤去他的军职。开始还要惩罚，后来因为他资格比较老，没有处分。内战期间，他没有实际参战，主要在军校系统培养学员。中华人民共和国成立后他在香港过渡了一段，就跑到台湾去了挂个虚职。当时叔父同我们已经中断联络了。但不管是不是虚职、是不是有联络，只要人在台湾，中华人民共和国成立后都被视为有重大海外关系。

对我当时来说，这属于重大、复杂的社会关系。组织认为我家庭出身有问题，没有批准我的入党申请，我也很有压力。

整风反右前，我的家庭社会关系复杂；整风反右中，我犯了严重右倾错误。我始终背着沉重的思想包袱。一直到改革开放以前，我觉得有个大学教书的工作就不错了，也不敢有更多的想法。

当然，在改革开放初期，在我父亲平反前，我也入党了。改革开放后，组织上认为家庭出身问题，搞清楚怎么回事就行，不再追究。入党问题解决后，我心理上也解脱了。所以现在我的简历上写我父亲身份，就写开明士绅。改革开放以后，大家都看开了。

## 父亲平反记

改革开放后，叶芳获得平反，担任民革浙江省委副主委。

1983年前后，他主动找到我妹妹。他说："你父亲参加和平解放的事情，有些秘密活动，只有我能说清楚，别人说不清。我有责任把这事情说清楚，为你父亲恢复名誉。"随后，关于我父亲的情况，他写了一份很长的材料，提交给当地统战部门，也给了我妹妹一份。

那时候，我已经在中国政法大学担任研究生院副院长。我妹妹把这个情况告诉了我，我就从北京跑到杭州，拜谒叶芳，然后以我们兄妹三人名义，给浙江省委统战部和温州市委统战部写了一份报告，要求给我父亲落实政策。我们不仅写报告，也找了统战部负责人。他们也很重视，展开很负责任的调查。

在这个过程中，叶芳再次发挥了很大作用。他不仅提交书面材料，同统战部的人讲得也很恳切。因为除了我父亲在温州和平解放座谈会上的谈话，几乎没有相关情况的旁证。绝大多数情况，都只有叶芳和我父亲两人知道。按照叶芳的说法，和平解放的决定，是他和我父亲两个人商定的。

1986年3月，叶芳在杭州逝世，享年七十六岁。我们很感谢他仗义执言，说出这段与我父亲有关且鲜为人知的历史。

最后，统战部门给我父亲平反，把我父亲视为温州和平解放的有功人士。温州市委统战部专门发了个平反的文件。后来我们几个兄弟姐妹在父亲坟前立了个碑，碑文就是按照这个文件记载的情况客观记述。我只要回家，肯定都会去扫墓。原来我们为父亲的事情都背着思想包袱，父亲平反后，我们全家也都放下了包袱。

# 第四章　中学时代

## 考入济时中学

1942 年 2 月，济时中学春季学期开学，招收春一新生三个班。我是新生之一。

济时中学是现在永嘉二中的前身。当时，日寇铁蹄蹂躏中华大地，温州被占领后，许多农村孩子没法上中学。为解决这个问题，1938 年 7 月，永嘉当地名士徐石麟、陈修仁等会同楠溪贤达王骏声、陈铎民、陈云扉、徐端甫、叶蕴辉、孙孟晋、郑商贤、李仲芳等组成校董会，在枫林小学的基础上，创立私立济时中学，并延聘金嵘轩担任校长、王亦文担任教导主任。

金嵘轩是瑞安人，早年毕业于日本东京高等师范教育系，受章太炎、陶成章等革命党人影响，立志教育救国。回国后，曾任浙江教育厅第三科科长、浙江第十中学（省立温州中学前身）校长、浙江地方自治专修学校教务长等，是当地名重一时的教育家。

在抗日战争特殊背景下，济时中学校址几经变迁。先在枫林，后在渠口，1950 年后又迁徙到岩头镇。我在济时中学求学的那三年，就是在渠口校址。对这三年，陈光复在《永嘉济时中学简史》有如下记述：

> 1942 年 2 月招收春一新生三个班，学生日益增多。当时学校爱国的教职员工，为了焕发学生精神，实施晚操制度。卫生

组成立医务室，实行学生体格检查。在学生中成立军事训练团，对高年级学生开始实行军事训练。在师生员工中成立济中剧团，积极排演宣传抗日节目。于5月2日晚上，在岩头公演抗日歌剧。11月下旬，举行全校学生作文初赛、复赛，题目分别是《青年应有的生产技能》《国家兴亡，匹夫有责》。12月25日，全校师生举行寒衣献金。1943年5月9日，学校宣传队在珠岸宣传日寇暴行及世界大战战况，激发人民群众的爱国主义精神，奋起抗日。这样，将教育与抗战结合起来，使学校在群众中扎了根。

上述记述基本准确。“济时”二字，有“共济时艰”之意。按照金嵘轩校长的解释，济时中学办学要“适应时代需要，补充时代短缺，促进乡村文化，培育战时人才”。也是基于这个办学目标，金嵘轩校长为济时中学制定并手写“整齐勤朴”四字校训：“整——一起振作精神；齐——全体团结一致；勤——大家为公努力；朴——随处实事求是。”

那时候济时中学的校歌，由金嵘轩作词、陈乐书作曲，旋律至今犹在耳边：

大时代，大时代，我校创于民族抗战开始后一年。枫林起基，渠口建新舍地。跨两溪，汇通大小源。命名济时，适应时代需要，补充时代短缺，通过时代动荡，赶上时代趋势。大家努力，努力共同建设新济中。

大时代，大时代，我校创于民族抗战开始后一年。枫林起基，渠口建新舍地。跨两溪，汇通大小源。命名济时，推行地方自治，促进乡村文化，提倡生产教育，发挥劳作精神。大家努力，努力共同爱护新济中。

大时代，大时代，我校创于民族抗战开始后一年。枫林起基，渠口建新舍地。跨两溪，汇通大小源。命名济时，推行自治在整，促进文化在齐，提倡生产在勤，发挥劳作在朴。大家努力，努力共同发展新济中。

在这种特殊的时代背景下，济时中学的教育呈现出明显的特色。当时的校领导，大都是留学日本东京高等师范学堂的高材生，熟悉现代教育，办校治学都十分严谨勤奋，对于教育救国、通过教育力量改造社会，有极深的认同。他们认识到农民对于农业生产的重要性，也意识到农民文化素质低下对于农业生产力的阻滞。另外，由于日寇侵华，蚕食鲸吞，也意识到国防教育和爱国主义教育的重要性。

基于上述认识，学校进一步改良制度，在新生礼貌训练、入学训练以及农业生产和教育相结合方面，做了不少探索。济时中学把劳作课改为劳动课，甚至还征集农田十五亩，开辟学校农场，试图在教育实践中培养学生的如下品格：第一，刻苦耐劳，坚忍不拔；第二，专心改造，学以致用；第三，精诚团结，统一意志，服从集体纪律；第四，树立“我为人人、人人为我”的人生观，强调“立志为公”。

正是在这种校训、校歌和校风的教导、激励下，我们开始立志，努力学习，团结一致，做一个对国家和社会有用之才！在济时中学的三年里，我不仅打下了扎实的知识基础，也养成了良好的学习习惯。

校不在大，有师则兴。济时中学虽然地处乡下，交通不便，校舍简陋，但师资力量雄厚，对学生的管理也很严格。济时中学早期的部分师资，比如徐承轩、陈应如、徐济川等，都是清末时期毕业于浙江两级师范学堂的温州籍毕业生。

教我们数学课的陈修仁先生，学问渊博，讲课条理清晰，课堂妙趣横生。下课前，他会饶有风趣地教我们唱郑板桥的《道情》：“老渔翁，一钓竿。靠山崖，傍水湾。扁舟来往无牵绊，沙鸥点点轻波远，荻港萧萧白昼寒。高歌一曲斜阳晚，一霎时波摇金影，蓦抬头月上东山。”此歌此景，至今记忆犹新！

教国文课的是陈应如先生，他是我的堂伯父，前面已提过他。他是清朝生员，对古文古诗倒背如流，深受学生爱戴。我当时岁数小，个子也不高，坐在第一排，听课自然不敢不认真。

我们还有晚自习课。当时既没有电灯，也没有煤油灯，靠点着菜油灯学习。记得有一次，我提前回宿舍睡觉，被老师发现，批评了我一通。可见当时济时中学学习纪律之严格。

由于温州城区沦陷，我们处于日寇侵略的高压之下，因而全校师生更加同仇敌忾，洋溢着抗战爱国的气氛。为激发学生的精神，学校时常举行抗战时局报告会、出征军人家属招待会等，并在学生中成立军事训练团，对高年级学生实行军训。

初中三年，印象比较深的就是抗战氛围。当时正处于抗日战争期间，日军在温州来了又撤走，反复好几次。温州几次沦陷，人心惶惶。济时中学在农村，日军兵力不够，不敢到农村去，但有时候飞机也来，在头顶转来转去。当时，大多数中学都处于停办状态，但济时中学坚持办学，为抗战期间培养人才、共济时艰作出了贡献。

为了躲避日军空袭，我们有时还疏散到溪边树荫下上课。夏天天气炎热，同学们便到清澈的溪水中游泳。我记得有一次，学校突然通知我们说，城里的日本鬼子要到乡下扫荡，让我们立即回家躲避。日本鬼子虽然不敢深入到偏远山村，但激起了我们少年学生对日本更深的仇恨。

还有一次，一位年纪大的同学参军抗日，全校师生列队欢送，高呼“打倒日本帝国主义”等口号。音乐课上，老师还教我们唱抗日歌曲，如《义勇军进行曲》《松花江上》等，激发同学们的抗日热情。

我同级同学金可棉，对于我们的校园生活回忆如下：

> 1942年春，我考入济时中学读书，一进校门就看见一副金光耀目的对联：“发展溪山文化，振作劳动精神。”……我深深记得在母校学习时，老师管教热心，纪律严明。我们的学习生活是军事式的，每天作息信号不是打钟摇铃，而是吹号。一天有三操，即早操、课间操和晚操。一日三餐总是先在操场上排队唱歌，然后再行用膳。天晴日，必在早、晚餐前举行升、降国旗仪式。一听号声便快速集合，时间不得超过三分钟，并要求做到“快、齐、静”。每次集会，教导主任或值日导师往往给

> 我们一番训话。然后排队入饭厅按席就餐，时间只限10分钟。早晚自修雷打不动，学科成绩要求很严格。学校纪律在当时是闻名全省的，我们的学习生活紧张而活泼。

初中期间，我还是比较调皮好动，也不是最守纪律的学生。我从来没当过班干部，但我是班上学习成绩最优秀的几个学生之一。有一次我父亲曾经去学校拜访陈修仁、郑虔等老师，他曾问郑虔："陈光中在学校怎么样？"郑虔老师回答说："学习不用功，但是成绩很好，将来是国家的栋梁之材。"

1944年，我们这一级学生作为第七届毕业生，人数恰好七十二人。当时堂伯父陈应如担任我们这一级毕业班的班主任，他常以孔门弟子三千、贤人七十二来自慰，曾赋诗云："七十二贤六艺通，者番毕业数相同。"

1945年春，我完成济时中学的学业，毕业时以第一名的成绩考入永嘉县立中学（今温州市第二中学）。

图4-1　2002年10月12日为母校题词

济时中学桃李遍天下，一直视我为优秀校友的代表之一。饮水思源，我现在之所以能取得的一点点成就，要感谢曾教过我的老师，更感恩母校济时中学。2002 年 10 月 12 日，我再次回到永嘉，应邀重访母校。这次访问期间，学校翻出 1942 年的学生花名册，我很高兴地找到了自己的名字，也看到昔日同学的名册，往事历历在心头，十分激动。我以第七届校友身份，欣然为母校题词“济时育才，功在千秋”。2005 年 11 月 2 日，我曾写下《回忆母校济时中学》一文。2018 年 12 月 30 日，永嘉二中迎来建校八十周年，当时我已八十八岁，未能回去，但还是应邀为母校题写了校名，写了一篇文章《在新征程中勇往直前，再创辉煌》，并录制了一段视频庆祝母校八十华诞。

## 从永嘉县立中学到浙江省立温州中学

我的高中阶段也是三年，但分为两个阶段。

1945 年春，我先是从济时中学考入永嘉县立中学（今温州市第二中学）。当时因为永嘉县城沦陷，永嘉县立中学被迫搬迁到岩头镇。1945 年 8 月 15 日，日寇投降，永嘉县立中学也搬回永嘉县城了。我也随永嘉县立中学从乡下来到县城。

在永嘉县立中学读完高一后，1946 年春，我又转学到浙江省立温州中学（今温州市第一中学），继续读高二和高三。当时浙江有几所省立高中，省立杭州中学、省立宁波中学、省立温州中学等，这些中学教学质量还是相当高的。

图 4-2　1947 年温州留影

我求学时代，更换了多所学校，主要的原因就是我上学时追求卓越。哪个地方最好，我就往哪儿走。尤其是到永嘉县立中学后，听说温州中学更好，我就有心想去温州中学。正好有机会转学，我就坚决去考。最后，我是在浙江省立温州中学念了两年毕业。

浙江省立温州中学创办于1902年，当时叫温州府学堂，国学大师孙诒让出力甚多。这所高中，现在叫浙江省温州中学，简称“温中”，至今仍然是浙江中等教育的重镇。

温州中学以“英奇匡国、作圣启蒙”作为校训。校歌由著名作家朱自清作词、阮湘咸作曲：

> 雁山云影，瓯海潮淙。
> 看钟灵毓秀，桃李葱茏。
> 怀籀亭边勤讲诵，中山精舍坐春风。
> 英奇匡国，作圣启蒙。
> 上下古今一冶，东西学艺攸同。

我在温州中学上学时，校长是曾任济时中学校长的金嵘轩先生。他曾三度担任温州中学校长：1924年8月，金嵘轩首度担任温州中学校长，其间呕心沥血，毁家纾难，为温州中学作出很大贡献；1946年10月，他二度执掌温州中学；1949年5月温州解放后，金嵘轩受人民政府委托继续担任温州中学校长，其中有很长一段时间，他是以温州市副市长身份兼任温州中学校长。我进入温州中学时，正逢金嵘轩校长第二次执掌校务。

和温州中学有关的教职员工和知名校友就很多了，比如朱自清、郑振铎、苏步青、夏承焘、夏鼐等，都是各个领域的翘楚。据温州中学1990年代编辑的校史资料，1949年以前温州中学毕业生2373人，其中大学教授以上职称的校友就有两百多人，副教授更是数不胜数。温州中学的优秀校友遍及各个领域，而在数学领域尤其多。

法学界的温州中学校友，比如已经过世的北京大学法学院李由义教授，还有大家很熟悉的中国人民大学高铭暄教授。其中，高铭暄是温州中学1947届秋季班校友，我是1948届春季班毕业的校友，他是比我高半级的高中学长。

2017年时，温州中学迎来建校一百一十五周年。学校曾组织编写了一本《钟灵毓秀英奇学思：浙江省温州中学五十位校友的成长故事》，汇集了1990年代中后期年轻一代温中校友的精彩人生和故事。

## 高中立志当教授

追求进步、追求最优，这是我从小养成的一种习惯。小时候因为老考第一，就形成自己学习上的一种优越感，或者说上进心。每次考试，不管考什么，我都想要考最好，培养了这么一种心态。我的应考能力还是可以的，凡是考试，几乎没有不成功的。

这种自信的心态，后来就转化成要“立言”，要做一个著名的教授。高中毕业前后，我就有了这样的人生志向，并往这个方向去努力。我一直认为，一个人不应当庸庸碌碌虚度一生，应当有所建树。

为什么会有这样的志向呢？我上高中时，也看了一些杂七杂八的书。我的家庭背景，可能比较容易倾向于让后代当官从政。但我恰恰相反。我不羡慕大官，就羡慕那些名教授。我高中时代就立下一个志愿，未来绝不当官、绝不从政。

这个想法，解放前就很明确。本来学法律，从政很容易。但我学法律，是想着出国、做学问、做学者，不打算从政。如果想去从政，也不是没有机会，比如大学毕业填报志愿，可以选择去实务部门。

后来成为小有名气的学者时，也有实务部门希望我去。比如群众出版社，就要我全脱产，调到他们那去担任副总编辑，给我副司局级待遇。但我不假思索地拒绝了。我说，我要在学校里专心教书、搞科研，不到实务部门去工作。在群众出版社做副总编辑，尽管也是搞业务，但也属于公务员编制。当时不是没有机会，也有人去了。我坚决不去，就留在学校。

正因为有志向“立言”，我在中学时代学习一直很好。从初中到高中，有六年时间，我从来没担任过班干部，唯一亮点就是学习好。

中学阶段，我对什么政治活动都不积极参加。后来我才知道，在我们上中学时，国民党在学校里就有发展，三青团有很大的势力。但这些，当时我完全不知道，三青团也从来没找过我。从后来的校史资料来看，中共地下党及其外围组织在中学里也开展过活动，当然也从来没找过我。国民党发动反共产党的游行，共产党也发动反国民党的游行，活动不少，但我都没参加过，整个中学阶段我没有参加过一次有政治色彩的活动。解放后，组织让我交代历史，我的历史不光清楚，而且清白，什么样的党团组织和政治活动，我都没有参加过，也不需要交代。

图 4–3　1948 年高中毕业照

解放前的大学教授，大部分都是从美国回来的。那时候，从美国留学回来评教授比较快。如果没有美国留学经历，只在国内读书，进入大学后想提升为教授很难。我当时就想，念好书，考上名牌大学，到美国留学，然后成为有名的大教授，基本是这个路子。但时代变幻，我出国留学的梦想，后来只能放下。

## 课余爱好拉二胡

中学阶段，我的课余爱好有两个：一个是下象棋，另一个是拉二胡。

那时候我还学会了拉胡琴、吹笛子。在农村，天天吹吹打打，现在想来也很有意思。我看到人家拉胡琴，觉得好玩，就跟别人学。开始时，借别人的玩。后来觉得不行，就想有一把自己的胡琴。正好有亲戚帮忙，帮我搞到一条大蛇，用蛇皮做了一把胡琴。我就一直拉这把胡琴，吱扭吱扭地拉到高中毕业。这个爱好，坚持了很多年。高中毕业后，我才买到一把正规的二胡。

拉二胡的时候，曲谱都是自己手抄。我抄得非常工整。像《步步高》《良宵》，基本都会拉。当然有的曲子太难了，我拉得就不是特别好。但在业余乐手里，应该说还有一定水平。

正是因为有拉二胡的特长，1950 年我转学进入北大后，还参加了乐队并参加演出。

## 为什么报考法律系？

高中毕业时，我选择报考法律专业。为什么选择报考法律专业呢？当时是经过一番考虑的。

高中时我是在理科班。我文理科成绩比较平衡，但是我爱好写作，高中时就喜欢写点东西。所以高中毕业考大学时，需要在文理科之间作出选择。

在高考报名时，我犹豫了好久。究竟该报考理科还是文科？我总觉得，一个人不应当庸庸碌碌、虚度一生，应该做一个对国家和社会有贡献的人。我当时很喜欢社会科学，更想在社会科学方面有所建树，最后毅然决定报考文科，走学者、教授的道路。前面说了，我对当官没兴趣，发自内心的比较钦佩知名学者，当时的志向也想走知名学者的道路。那时候学习不错，有这个可能和条件。

但是学术道路也要分专业。那时候文科中比较受青睐的是经济和法律。因为经济、法律应用性比较强，哲学比较虚，中文要靠写作……比较来比较去，还是经济、法律比较实用。

我家里没有学法律、从事法律职业的背景。我就是感觉，学法律比较能够兼顾两个方面：一方面，我自己想当学者，学法律有助于实现这个梦想；另一方面，法律行业有退路，当不成学者，还能当律师。

我这个人，还是有点自由倾向，不是特别向往当法官。我当时就想，人生在世，无非立功、立德、立言，我想走立言的道路；立言如果不成，我就去当律师，饭碗比较可靠。

这个想法，跟当时身边的环境有关系。温州经济比较发达，解放前也有不少律师。早在1916年，温州就成立了永嘉律师公会。据统计，1942年在永嘉地方法院登记的律师就有九十人；1947年时仅永嘉律师公会就有会员四十人。我父亲的朋友圈里，也有几个律师。其中有一个律师，已经忘了他的名字，我还去过他的办公室。他在当时的社会地位、经济条件都不错。那时候小汽车比较少，出门坐黄包车，甚至常年包车，就是比较奢侈的生活。他出门有黄包车，经济条件很好，而且很自在，没有人管，吃的也很好，应该说是个成功的律师。我当时觉得，如果退而求其次，当个这样的律师也不错。在我设计的人生退路里，有这么一个活生生的样板。

回过头来看，一个人的小学、初中和高中都很重要。但是如果硬要找一个突出点的话，我认为是高中。小学和初中是打基础，到

图4-4　1948年夏高中毕业之际，欢送同学赴法国留学

了高中，差不多就是人生的转折点了。十五岁到十八岁，正是走向成年人的阶段，高中最重要的是要确立人生观和价值观。一些人高中期间就懂得自己要去用功学习、明确了人生方向，这样的人，高中毕业了就会很懂事。高中做好了选择，很可能就决定了这一生的路该如何走。如果高中没有学会读书做人，胸无志向，以后的人生道路就没有奋斗目标、缺乏前进动力。

这就是我选择报考法律专业的主要想法。既有比较现实的考虑，但最大的动力还是我喜欢文科，愿意走学者、教授的道路。

到了解放前夕，国共内战的形势已经很明朗了。中共中央发布《关于废除国民党的〈六法全书〉和确定解放区司法原则的指示》，废除了国民党的法律体系。各大学里法律系也有不少学生退学。大家普遍觉得，《六法全书》都没有了，学法律没有啥希望，就退学或重新参加高考。解放初期有一段时间，法律系学生人数明显减少。但我还是坚持学习法律。我当时觉得，一个国家可以一时没有法律，但不可能永远没有法律，法律还是有用的。

## 情系桑梓

如果从 1948 年考上大学开始算，我离开温州有七十多年了。

这么多年，我依旧情系永嘉，每隔几年总会回去看看桑梓故里，也会尽自己的力量帮温州做点事。来自温州的邀请和请求，我都尽量满足。我接受过《永嘉报》的采访，也应邀担任北京永嘉商会的法律顾问。同乡求我题字题词之类的，几乎有求必应。前几年同乡在北京的聚会，我只要在京，总会想办法参加。我的儿子、女儿都出生在北京，但我也会提醒他们，我们的根在温州。

这么多年，和温州相关的行程和活动中，印象比较深的，诸如：

1997 年年底，《永嘉报》新闻大楼落成暨创刊三周年庆典在永嘉举行，我专程回去了一次。

2002 年 10 月 11 日，温州中学迎来百年庆典，我专程回去参加庆典，顺道重回大若岩镇的白泉村探访，祭扫祖父和父亲坟墓，并且专程去济时中学参观访问。

图 4-5　2002 年重返故乡，参加温州中学百年校庆活动

2011 年 10 月 9 日，我在八十一岁之际再次回到家乡永嘉县，访问少年时就读的母校白泉小学（现大若岩镇中心小学）。这次回乡，我捐资十万元，并动员乡亲们一起捐资设立“永嘉县陈光中教育基金会”，用于对大若岩镇中心小学的优秀学生和贫困学生的资助。2012 年农历正月初五，“永嘉县陈光中教育基金会”宣告成立，我担任理事长，胡献旁担任基金会秘书长。这之后，每年基金会年会都在正月初五召开。这个基金除我的捐赠外，更多是当地同乡的捐赠。不仅平时承诺的捐赠款会在此时到位，还有不少大若岩镇的企业家慕名到场捐款。2015 年 10 月 21 日，永嘉县民政局正式批准“永嘉县陈光中教育基金会”为该机构登记管理的慈善组织。目前，“永嘉县陈光中教育基金会”已募集资金一千万元，对永嘉当地的教育事业起到十分重要的推动作用。2017 年 8 月，“永嘉县陈光中教育

基金会”获得第三届“温州慈善奖”机构捐赠奖。

2014年10月，我再度回乡祭祖。11日，我致函温州同乡，再叙乡谊。

2015年11月11日，我受聘为温州大学法政学院名誉院长、兼职教授。

2022年12月24日，“陈光中教授执教理念与实践研讨会暨陈光中教授执教七十周年座谈会”在线上线下同步举行。在这个会上，我郑重宣布，再向“永嘉县陈光中教育基金会”捐款三百万元。

……

故乡的山水培育了我，故乡的人民更给了我很多荣誉。

2011年10月，永嘉县人民政府颁发给我首届“瓯江之子”永嘉籍十大杰出人物特别荣誉奖。我专程回去参加了这次颁奖典礼。从级别来说，县一级的奖项应该是很普通的奖项；但是，对我来说它不关乎级别，而是家乡给我的荣誉，因此弥足珍贵。对一个从十八岁出来并在外面待了七十来年的游子来说，这是家乡对我一生事业上的成就的肯定。对此，我很高兴，也很感激家乡父老对我的厚爱。

2012年5月，温州市人民政府颁发给我“2011世界温州人年度人物特别荣誉奖”。

古人说，“居庙堂之高则忧其民”，我虽非居庙堂之高，但我喝着楠溪江的水长大，家乡的一草一木、发展变化，都牵动着我的心。我毕生从事高校教学和法学研究工作，温州的高校教育和法治建设我尤其关注。

鬓发早白，乡情未改。我一直为温州的发展而欣喜，更期望有生之年能为温州的教育事业和法治建设尽微薄之力。

# 第五章　大学阶段

## 1948 年的高考

1948 年春，我高中毕业。解放前，中学入学通常分春季班和秋季班，半年一届。我是春季入学，所以春季毕业。确切时间应该是 1948 年 1 月。

等到 1948 年夏天，我就要参加当时的高考了。中间有半年在家里备考，相对清闲。这半年还跟一位英语老师学英语，每周去学习几次，提高英语水平。

那时候的高考，跟现在不太一样。当时不是全国统一的高考，而是由各个大学自己组织考试、自己命题、自己定时间。北大、清华、南开等西南联大组成高校联合招生，共同组织考试；除这三所高校外，其他高校都是各自组织考试，考试科目也不尽相同。

比如中央大学 1948 年大一新生考试科目设置中，文、法、师范、地理等学系的考试科目，就包括国文、英文、数学乙（高等代数、平面几何、三角）、公民理化、中外历史、中外地理等。

1948 年 7 月，各高校开始组织报名和考试。我当时也报了几个学校。

高考放榜后，我成绩优秀，考上清华大学法律系和中央大学法律系，而且都是奖学金考取。奖学金考取的比例是百分之二十，只有前五分之一的同学能获得奖学金。考取奖学金的学生，入学之后学校会每月发放生活费。

这两个学校都是名牌大学，而且都有奖学金。那么，到底选哪个？我有一阵颇为犹豫，举棋不定。

当时，我个人更想去清华大学，主要是考虑读清华留学美国比较方便。但最终还是去了中央大学。最主要的原因，是当时解放战争期间，津沪铁路已经不通车了，去北平要坐很长时间的海船。这样就很辛苦，而且还有点小风险。那时候岁数也小，家里也觉得不太安全。中央大学就在南京，也是名牌大学，而且也有奖学金，距离家乡还近。

就这样，我就选择了中央大学法学院。

## 在中央大学只上了半年

我入学中央大学，是在 1948 年 9 月。实际上，我在中央大学只念了半年，从入学到寒假，大概三四个月。

在民国时期，中央大学是国内顶级学府之一。罗家伦、朱家骅等民国教育、政界的风云人物，都有过执掌中央大学的经历。罗家伦在 1932 年至 1941 年担任校长时期，提出中央大学一定要办得比日本东京帝国大学好，否则中国不可能战胜日本。在此基础上，罗家伦提出“诚、朴、雄、伟”四字校训，推动航空系的开设，系统且全面地为国家培养人才。

当时，中央大学法学院下设好几个系，除法律学系外，还有司法组、政治学系、社会学系、经济学系、边政学系等。法律学系也是名重一时的法学重镇。早年在中央大学法律学系、政治学系执教过的知名学者，有钱端升、马洗繁、张汇文、王铁崖等人。我们入学时，戴修瓒、吴传颐等都还在法学院执教。

因为待的时间太短，而且刚入学上课也不是很规律，现在记不清楚在中央大学法学院的其他老师和同学了。

那时中央大学在南京有好几个校区，四牌楼校区是主校区，另外还有丁家桥、文昌桥等校区。法律系在其中一个校区。大学生活和中学毕竟不一样，也就听课、选修，其他生活没人管，很自由，有点大学生的感觉。

当时，中央大学已经有一定的民主活动，中共地下党及其外围组织日渐活跃。我记得进中央大学之后，新生迎新会上大家就唱《团结就是力量》。像这样的歌曲，实际上都是北方进步高校常唱的歌，以前是不太可能在国民党统治区的大学里听到的。

那三四个月时间，没什么很深刻的印象。当时同学之间的交往不多，我也没有参加过进步活动，就是听听法律系的课程。

随着国共内战形势的发展，1948 年年底，解放军在辽沈、淮海、平津三大战役中大获全胜，南下南京指日可待。这个时候，时任中央大学校长周鸿经、训导长沙学浚等校务班子，打算把中央大学南迁厦门，然后迁往台湾。此举受到中央大学教授会的坚决反对，教授会成立“校务维持会”，来自法律系的吴传颐教授即是校务维持会委员之一。

## 寒假之后的转折

很快寒假来临，我就回温州了。第二学期开学后，是不是继续回中央大学，我有了新的考虑。

1949 年春，解放军已经逼近南京，跟国民党隔江对峙。当时我岁数还小，家里人很难判断渡江之战的前景，国民党能不能较长时间守住还是未知数。

作为普通人，我们当时很难预料局势的走向。当时国民政府教育部已经研究过解放军南下的预案。考虑到有些学生不愿意留在南京，学校就推出寄读方案。也就是说，只要你是国民党统治区大学的在校学生，就可以提出寄读申请；经批准后，就可以在国民党统治区其他大学寄读。

当时，我叔父已经从武汉调到广东花县，担任国民党陆军军官训练班主任。我父亲就说，你叔父在广州附近，要不你就到中山大学去寄读？去广州的话，生活上叔父也能有所照顾。

就这样，我就按照家里的意见，向学校申请后，从 1949 年春季开始，前往中山大学寄读。

## 刑事法的启蒙

在中山大学，我一直寄读到广州解放。

中山大学的班上，有十几个同学，有本校的，也有寄读的。同班同学中，还能记住名字的不多，比如江振良、刘和正，寄读的还有张竹天、吴仕宦等。吴仕宦跟我在中央大学时就是同班同学。刘和正同我关系比较好，他不是本地人，讲普通话，后来毕业后分配到石化部工作。

图 5-1　1950 年大学期间

中山大学的法科历史十分悠久，其前身是 1924 年成立的国立广东大学；更久远的历史，可以追溯到 1905 年的广东法政学堂。1926 年，国立广东大学为纪念孙中山先生，更名为国立中山大学。就其法科来说，也是民国时期法政学界一支重要力量。我转学寄读时，国立中山大学法学院共有法律、政治、经济和社会四个系。在不同时期，史尚宽、萨孟武、周鲠生、王世杰、李达、何思敬、邓孝慈、邓初民、梅龚彬、吕复、王伯琦、王亚南、曾昭琼等先贤，都曾在中山大学法科执教过。就在我转学寄读中山大学期间，史尚宽再度回中山大学执教，后来去了台湾。

较之中央大学，中山大学对我的影响就深多了，对我后来的学术人生也有明显影响。我印象最深的，就是时任中山大学代理法学院院长和法律系主任曾昭琼教授和他的刑法课。

曾昭琼 1912 年生于湖南临武，早年就读于国立武汉大学，1935—1937 年在日本东北帝国大学法文学部就读，专攻刑法学。抗战开始后，曾昭琼回国，辗转广西、重庆，1940 年 12 月开始执教于中山大学，一直到 1952 年院系调整才离开，后来辗转执教于武汉各高校。

曾昭琼在中山大学执教期间，主要开设刑法总则、刑法分则及刑事诉讼法学等课程，主要著述有《刑法学讲义》《刑事诉讼法学讲义》等。

我在中山大学寄读期间，曾昭琼给我们讲授刑法课。这是我大学期间听得最有收获的一门课，印象最深，对我很有吸引力。

现在我都记得很清楚，曾昭琼讲课时，有一张卡片，基本上就是一支粉笔，偶尔在黑板上面写几个字。他的整个知识都装在脑子里，哪一讲、讲什么问题，看似很随意，但整个讲下来，他讲、你记，笔记就像精心编订的教材一样。在课堂上，他既不讲国民党的刑法，也不可能讲新中国的刑法，而是讲刑法理论。我记得很清楚，他讲龙勃罗梭，讲贝卡里亚，讲奠定今天刑法基础理论的古典学派。在大学里，我感觉到最有收获、最爱听的，就是曾昭琼教授的刑法课。我的笔记记得很认真，也从此开始对刑事法产生了浓厚的兴趣。

## 在中山大学思想开始转变

在中山大学期间，除了专业上的启蒙，我的思想也开始转变。

那时候，广州尽管还属于国民党统治区，但中共地下党和外围组织已经很活跃。1948 年 8 月前后，广州爱国民主协会（又称为“广州地下学联”）已成为民主运动的中流砥柱。1949 年 1 月，南京国民政府宣布迁往广州，币值狂跌，人心浮动。5 月以后，南方大部分省份已经获得解放，胜利的曙光正在降临广州。我们在国民党统治区，耳闻目睹时局动荡，怎能毫无所感？

当时中山大学法律系的中共地下党，也在观察班上的学生。我在中山大学才知道，大学生里有进步的，也有保守甚至反动的。都是同班同学，但政治色彩各有不同。有的人看不出来，有的人看得出来。

图 5-2　在中山大学学习期间留影

当时，国民党在国内的形势一泻千里，全面溃败已不可避免。时局如此，耳闻目睹，我开始思考：国民党在军事上节节败退，而共产党势如破竹，从北边打到南边。共产党在军事上的胜利，没有政治上的保障不可能；反过来，国民党溃不成军，也一定是政治层面有了问题。

通过思考，我认为国民党在政治上出了大的问题。这些问题，现在当然已经很明确。但是对当时只有十八九岁的我，刚刚开始思考政治问题，要理出个头绪不容易。

通过上述思考，我的思想更倾向于进步方面。中山大学法律系的中共地下党，显然看到我的倾向，也找我参加读书会。那时候的一些读书会，就是中共地下党领导的外围组织。当时中共地下党并不明显暴露，主要都通过读书会、社团等各种外围组织来开展活动。

在读书会上，我们经常会开展一些秘密的、进步的读书活动。我们一个小组有四五个人，到了某一个晚上，就集中在一起。主持人会临时发放参考读物。读物当然都是充满革命气息的，比如《新民主主义论》《在延安文艺座谈会上的讲话》等。而且不是大厚本，都是单篇的。我们坐在一起阅读和讨论，会后马上就收了回去。

那时候中山大学接近解放，国民党特务对各大学的进步活动也很警觉，晚上会突击搜查。记得有一次，我们正在开读书会，国民党特务突然前来搜查，军警搜查了我们的宿舍。我们宿舍还推我当代表，让我去交涉并质问："你们为什么搜查我们宿舍？"

整体上看，解放前我还是有一些进步表现的。在这样的学习过程中，思想必然就越来越倾向中国共产党了。我读了毛泽东的文章，不仅思想上有触动，也很钦佩毛泽东的文笔。尤其是读了《在延安文艺座谈会上的讲话》，我觉得毛泽东的思想和文采都很让人折服。

## 亲历广州解放

到了1949年5月，解放军占领南京，国民政府被迫南迁广州。广州也是人心惶惶，市场混乱，整体处于一个乱哄哄的状况。

在广州，国民党势力一方面负隅顽抗，一方面提出"总撤退、总罢工、总破坏"的口号，制定对广州市大破坏的计划，水电、厂矿、铁路、桥梁等都在破坏之列。当时国民政府教育部也作出决定，计划把中山大学迁到海南岛，并决定提前在5月17日考试，提早放假让同学们离校。

1949年5月4日，广州学联在中共地下党的领导下，发表

《告全市同学书》，提出五点任务：第一，巩固与扩大校内外师生员工的大团结，争取社会支持；第二，反对迁校、反对撤退，保护校内一切，使人民公产完整无缺；第三，反对特务威胁学校，注意他们的阴谋，调查搜集他们的罪证；第四，有计划地展开深入的学习运动，改造落后思想，确立新的人生观；第五，展开宣传运动，提高群众觉悟，为解放军打下更深广的群众基础。

在这种背景下，地下党发起组织紧急行动，发动群众保护广州的重要企业和城市公共设施。除了在报刊上发动全社会共同行动，也周密布置各大厂矿企业和大专院校的护厂护校斗争。

在地下学联的领导下，中山大学也积极组织“护校”活动。中山大学教授会出面向学校提出成立“应变委员会”，积极开展各方面的活动。中山大学应变委员会由校方代表、各院院长、教授会、院系联合会代表组成，下面还设有宿舍安全、校车管理、水电管理等委员会和消费合作总社，核心成员都是进步教授或者中共地下党员。

各个小组展开了细致的工作。宿舍安全委员会组织同学们晚上轮流值班，在宿舍里堆积铁棍、石块等自卫性武器，约定各个宿舍之间通过手电、警报等联络的暗号，防备敌特分子撤退前偷袭。校车管理委员会则将往返于广州和石牌校区的校车管理起来，随时作为应急交通工具。水电管理组主要参加管理校属水电厂，调查校内水井等情况。消费合作社则通过合作社方式吸引师生认股，通过出售粮食和生活必需品，储备应急物资。

“护校”运动的关键，是不给敌人搬走、不让敌人毁掉。所以核心任务不在法律系，而在理工等涉及重要设备仪器的院系。针对学校试图将贵重仪器装箱搬走的计划，护校工作队先是拖延装箱，然后将废旧物品装箱并制造假的表册，这样即便搬走也只是将废物搬走。后来听说，化工系的教工在地下室砌墙，把贵重物品藏在里面；机械系的师生则自己开车把贵重仪器运到市内隐藏。

在舆论方面，地下学联也积极行动起来，尽最大可能争取群众，瓦解敌人。为了让大多数教工更好地理解中国共产党，消除不实传言和误会，地下学联刻印《中国人民解放军布告》《论人民民主专政》等文件，分发给每一位教职工。

这些努力，使得广州在解放时，全市水电和交通运输都一如往常，大部分厂矿企业和大专院校都完好无损。

1949 年 8 月，叶剑英率领的解放军南下已到达赣州。9 月初，在中共中央华南局扩大会议上，作出解放华南的部署。1949 年 10 月初，国民党军队全面溃败，在粤军政机关纷纷逃跑。

为了保证师生员工安全，中山大学地下党决定在 10 月 12 日把石牌校区的全体师生员工和家属以及能搬动的设备，都撤到广州市区的大东门中山大学旧校区。当天晚上，同学们集中住在大钟楼，分批把守各大门和巡逻校区，不让一个坏人闯进来。

我和法律系的同学们一起，亲历了这一切。

1949 年 10 月 14 日，广州迎来解放的曙光。国民党残部撤退时，已经在海珠桥、飞机库、军械库等重要设施周边埋设炸药。当天傍晚，广州市东北郊陆续传来飞机库、军械库爆炸的声音。下午五点半左右，市区南面传来震天巨响，国民党残部炸毁海珠桥，作为总撤退的信号。当时我们正好在城里，海珠桥被炸时，发出一声很大的响声，我们都听到了。

由于国民党全面溃退，当天晚上解放军进城，没打仗广州就和平解放了。

考虑到海珠桥的重要作用，广东解放的第二年，有关部门在粤汉铁路通车后，就决定修复海珠桥。经过前期打捞和勘察设计，海珠桥复建工程从 1950 年 7 月开始施工。本来计划 10 月 14 日广州解放一周年之际通车，但后来因为施工进度问题，延迟到 11 月 7 日胜利通车，耗时约半年。在当时的人力、物力和技术力量严重不足的情况下，这是一项了不起的成就。

## 取缔“剃刀门楣”

广州解放之后不久，我还以中山大学学生的身份参加了整顿金融工作。

当时，国民党政府发行的法币由于通货膨胀，大幅贬值，一泻千里。国民党的公务员发工资都发法币，一发就发一大堆，据说有人能领一麻袋法币。人们领到法币以后，马上就兑换成港币或者“袁大头”。

所谓“袁大头”，官方名称叫光洋，也就是银圆。为什么叫“袁大头”呢？因为银圆上有袁世凯的头像。当时，人民币并未取得广泛的认可。市面上流通的货币不仅有港币，还有“袁大头”。那时候的奖学金，用人民币发放。一领到奖学金，我们就马上换成银圆或者港币。我手里头的银圆，经常是五到十个。我们在食堂买饭票，都是用“袁大头”。

鉴于银元和港币成为华南地区主要的流通货币，地下钱庄和街头小贩炒作外币、哄抬物价的情况十分严重。在一德路、十三行、长堤、靖海路一带，出现很多“剃刀门楣”，煽动遏止使用人民币，非法兑换港币，并从中赚取手续费，成为扰乱金融秩序的主要隐患。据说，当时广州经营黑市外币的门店就有五六百家，街头巷尾黑市交易的更是不计其数。

为什么会叫“剃刀门楣”呢？这些金融投机商在当时的特定背景下，趁着全国物价波动大，携带大批游资进入广州，趁机套汇炒卖，兴风作浪。投机者公开散发传单，抵制人民币，市场价格水平扶摇直上。地下钱庄甚至私设电台，与香港联络，散布给街头的投机分子，更是肆无忌惮地通过炒卖货币获利。因为他们无论是购进还是售出，都要赚一笔，所以老百姓把金融投机分子称为“剃刀门楣”。

为了尽快稳定金融秩序，广州市军管会发布公告，一律以人民币为流通货币，市场一律用人民币交易，以人民币记账；允许港币、银元兑换人民币，禁止直接使用港币等货币；禁止法币兑换人民币。归根结底，解放后整顿货币，就是用人民币换港币和“袁大头”。我参加了回收“袁大头”的活动。

另外，上面也准备全市统一行动，取消表面上卖香烟、暗地里炒卖外币的“剃刀门楣”。为了扫除“剃刀门楣”，共青团组织学生发动了扫荡行动。1949 年 12 月 5 日上午，同学们就集合并分好组，全市公安机关、警备队、工人和学生准备统一展开行动。下午三点左右，约好的行动信号出现，插着红旗的军用卡车鸣着警号开过来。我们迅速戴上红色袖章，采取突击行动。

学生分成若干组，三三两两为一组，跟着税务人员行动，一直忙到晚上。同学们先把街头游走的“剃刀门楣”围起来，然后收缴并登记他们的外币，最后把他们请进公安机关，分别甄别审查和处理。在那之后，广州城内密布街市的“剃刀门楣”被扫荡一空。

据统计，这次行动共查获地下钱庄 170 家，扫除“剃刀门楣”470 档，拘捕金融投机分子 1016 人。

这次行动，沉重打击了社会上炒作货币的不法行为，配合政府稳定了金融秩序，对于同学们来说也是一次机会难得的社会斗争锻炼。老百姓都说：“国民党那么长时间都没搞好的东西，共产党一天就搞好了。”

## 入　团

广州解放后不久，学校逐渐恢复正常。10 月 24 日，中共中央华南分局作出重建广州市委的决定，市委下设青年工作委员会；10 月 25 日，中国新民主主义青年团广州市工作委员会正式成立。两个机构属于两套班子、一套人马。

机构成立后，原来广州地下学联的一千多名成员的身份，即从秘密转为公开，大家用一周时间集中在石牌校区学习团的章程、纪律、组织和任务后，再以这批团员为骨干，展开共青团建设工作。

在这个过程中，原来中山大学地下党的人就找我谈，说我解放前思想是进步的，他们也知道我个人没有什么政治问题，“你如果愿意参加新民主主义青年团，我们就直接推荐你参加”。

我当然很高兴，马上就填表了。这是我生平第一次填简历。之前哪怕是上大学，也没有填过简历。而且前面讲过，我就是在这次填写简历时，错误地把生日填成了 4 月 23 日，后来就将错就错一辈子。

入团以后没多久，组织又跟我谈了一次话，让我做法律系团支部宣传委员。法学院建立总支后，我继续担任法学院团总支委员。因为当时新民主主义青年团刚刚创建，干部都是上级直接指定的。所以我很早就担任了法学院的团干部。

## 考取北大转学生

寄读中山大学，是我进步的转折点。

解放后，我可以留在中山大学，但是按正常情况，我应该回中央大学。解放后，中央大学已经改名为南京大学。我内心还是愿意回南京大学，毕竟南京大学离家近一点。

就在将回未回的时刻，我偶然看到北京大学发布的招收转学生的通告。新中国成立后，北京成为中华人民共和国首都，北京大学法律系理论上也更好，这让我动了心。而且招收转学生就是参加考试，没有其他手续。我就报名参加考试，直接报考三年级。

我不知道当时究竟有多少人参加转学生考试。但从事后的录取情况来看，三年级录取一个，二年级录取一个，四年级就不招了。

我就是考上北京大学三年级转学生的那个人。考上北大转学生后，我就放弃了回南京大学，直接从中山大学转学去了北京大学。

## 在北大学习

1950 年 9 月，我正式转学到北大法学院，直接成为法律系三年级本科生。

我在北大，前后待了正好两年。这两年可以分为两个阶段：第一个阶段是日常学习和生活，第二个阶段是参加土改。

当时，北大法律系正经历解放前后的转型，一些传统的课程逐渐停开，而与时代形势密切相关的课程，诸如新刑法原理、政策与法令、新民法原理等逐渐开设。在新旧更替的时代，课程转型也在进行，但比较缓慢。到我进入北大的时候，已经进入全面转型时期。

图 5-3　1950 年，在北京大学学习期间

1950 年 6 月第一次全国高等教育会议上，通过了教育部课程改革委员会修订的文科八系课程草案。7 月 28 日，当时的政务院批准教育部提交的《关于实施高等学校课程改革的决定》。在此基础上，教育部于 1950 年 8 月印发《高等学校文法两学院各系课程草案》，北大也从新学期开始，执行上述草案。尽管文、法学院暂缓实行学分制，继续维持学时制，但我们却成为新课改方案后亲历该变化的第一批学生。

当时法律系的办学要求是这样描述的："为了巩固人民民主专政，适应国家建设需要与社会发展之前景，以新民主主义为领导思想，培养了解当前政策法令及新法学的为人民服务的法律工作干部与师资。目前主要是培养一般的司法干部。"

我转学后，就直接上北大法律系三年级的课程。印象比较深的必修课有以下几门：芮沐讲授的“新民法原理”、汪瑄讲授的“国际公法”以及黄觉非讲授的“新刑法原理”。

另外还有一门“名著选读”，有十个学分，要求三、四年级本科生分两学年修满，其中涉及的名著有《共产党宣言》《社会主义从空想到科学的发展》《家族私有财产及国家之起源》《国家与革命》等，还有其他文献诸如《论国家》《论人民民主专政》《斯大林在第十八次党代表大会上关于联共（布）中央工作的总结报告》《斯大林〈关于苏联宪法草案〉的报告》等。

在我们年级的课程之外，我也旁听过其他一些课程，比如李祖荫的“婚姻法”、蔡枢衡的“新刑法原理”。

就我个人而言，那一年听得比较多的课程，就是芮沐的“新民法原理（二）”。中华人民共和国成立后，废除了国民党的《六法全书》，这对课堂教学带来很大的影响。包括芮沐在内，老师们不能再讲国民党的民法，但共产党刚刚建立政权，还没有民法，所以他们在讲台上只能讲一些基本的民法原理。就讲课而言，芮沐很有学问，对国外民法也很熟悉。

汪瑄教授的“国际公法”我印象也比较深。汪瑄因为在 1949 年以前担任过戴笠的秘书，后来被打成历史反革命。但在我们上学的时候，他还可以正常讲课。汪瑄的课，讲得也不错。他很努力，解放后才开始学俄语，翻译苏联的国际法材料。现找资料、现编教材，内容比较好，条理比较清楚。

这几门课，我印象相对较深，尤其是“新民法原理”。当时我们有期末考试，考完成绩在布告栏公布。我清楚地记得，“新民法原理”我只考了七十几分。我平时学习成绩很优秀，历来大小考试，成绩一般都是高分。民法得这么低的分数，当然感觉情绪不高。当年考过的高分，记得不是很清楚；但是民法七十几分，现在都记得很清楚。

张志让当时是最高人民法院副院长，在北大担任兼职教授。他给我们讲过“国家法”，但他的课不是特别系统。比较系统地给我们讲课的，只有芮沐和汪瑄两位老师。其他比如讲刑法的黄觉非和蔡枢衡，都是零零星星地授课。

之所以出现这种情况，最主要的原因就是自1950年9月开始，教育部组织京津二十所高校教师三千多人，开展以改造思想、改革高等教育为目的的学习运动，为期六个月。学习运动主要通过听报告、读文件、联系本人和学校状况，开展批评与自我批评。这场思想改造运动，持续时间比较长，一定程度上改变了原有的教学秩序。在这之后，思想改造运动推行到全国各地高校和中等学校，1952年秋季才完全结束。

## 北大学习风气十分浓厚

作为一名学生，我进入北大后，明显感觉到北大的学习风气十分浓厚，讲究“孜孜以求”，而且百家争鸣，很讲民主。“五四运动”以来北大民主、科学的风气还是很明显。在我进入北大后，这一点让我直接受到感染，给我带来终生的影响。

同学们很热衷于写文章，有个别同学在大学期间就已经很有名。印象最深的是薛谋宏。薛谋宏当时是北大政治系国际政治专业的学生，跟我同届，对朝鲜问题很有研究。抗美援朝战争爆发后，大家对朝鲜的情况不了解，他就在《人民日报》和其他报纸杂志，连续发表了多篇文章。作为三年级的大学生，能在这个级别的报纸杂志连续发文章，我们很羡慕和敬佩。薛谋宏毕业后，分配到外交部，后来成为优秀的外交理论家。

法律系高我一届的同学中，当时比较冒尖的有吴家麟。他编了婚姻法的资料，在著名的《新建设》杂志发表。那时候大学生编辑资料在知名杂志发表，也是很突出的。

高铭暄当时比我高一届，是他们班上学习优秀生之一。我们是同乡，都是温州人，高中就是校友。他毕业后，到中国人民大学读刑法学研究生，从这个时候他开始走上刑法学研究之路。我如果不在北大留校当助教，也可能会去中国人民大学读研究生。

图 5-4　在北大学习期间和同学合影

我收藏的影集里，还有一张部分北大同学的照片。我在北大的同班同学，总共有十几个，大部分都是男生，只有两个女生。

同班同学里，后来真正从事法律工作的，记不清有什么人。两个女生中，记得比较清楚的是邓可因。她是宋史专家邓广铭的女儿，还没毕业就被北京市委宣传部调走，先在北京市委宣传部担任干事，后来曾在《北京日报》当编辑和记者，担任过文艺部副主任，发表过一些散文、传记和专著，在社会上有一定影响。

同学里面还有个男生叫林欣，他当时是团支部书记、预备党员，学习上、政治上表现都很好。林欣在北大毕业后，先去中国人民大学外交系执教，后来又辗转到中共中央政治研究室、《安徽日报》社、《中国社会科学》杂志社等，最后去了中国社会科学院国际法研究中心做研究员。林欣大我几岁，主要研究国际刑法和国际私法，在学术上造诣很深。

在北大读书期间，在校大学生经常奉命外出做宣传工作，主要是做一些政策的宣传。有些临时且小型的政治任务，一有通知，我们就去参加。现在想来，那段时间政治活动还是比较多的。

图 5-5　在北大期间，欢送参加抗美援朝的学生

中国人民志愿军跨过鸭绿江以后，国内才开始宣传抗美援朝运动。我们不仅在校园里掀起批判“恐美”“崇美”和“媚美”的三大运动，也承担了在社会层面展开宣传抗美援朝的工作。同学们经常走上街头，通过街头演讲、唱抗美援朝相关歌曲等各种方式，向老百姓讲为什么要抗美援朝，说明唇亡齿寒的道理。

## 北大乐团的二胡

由于我在中学时代有一定的胡琴基础，进北大后，我还有幸被选入北大乐团。

我在北大学习时，正是解放初期。因此，解放区的一些传统也被带到了北大。这其中就有对交谊舞的热爱。一到周六晚上，学生们就聚集起来跳交谊舞。跳舞没有专门的场地，就在食堂搞。每星期六晚上，同学们吃完饭，大家七手八脚把餐桌拉开，中间空地就成了简易舞池。

跳舞需要伴奏。现在伴奏直接放音响就可以；但那时候，没这条件，伴奏全靠北大乐团。

那时候的北大乐团，分中乐、西乐两个组。西乐组主要用小提琴、钢琴等乐器，而中乐组则主要用中国传统民族乐器，有胡琴也有扬琴，有二胡也有板胡。我有幸被吸收进北大乐团，被编进中乐组。当然，我不是独奏。我合奏还可以，还没达到独奏的水平。

每到周六晚上大家跳交谊舞时，我们中乐组、西乐组两个乐队，就轮番上阵，给舞会伴奏。这种情况持续了有差不多几个月时间。我在伴奏时，看到同学们翩翩起舞，心里头很高兴，演奏起来也感觉很来劲。

## 担任北大团刊编辑

我在北大期间，还有段经历值得提一下，那就是曾经参与北大团刊的编辑工作。

原来在中山大学时，我就是法学院团总支宣传委员；来北大后，他们发现我学习很优秀，也能写东西，就调我到北大团委宣传部当宣传干事。我的主要任务就是编辑团刊。

当时北大团委书记是胡启立，我和他没有直接接触。北大团刊编辑工作，由北大团委宣传部主管。当时北大团委宣传部的部长是汤一介，副部长是乐黛云，现在也十分有名。汤一介是著名哲学家汤用彤的长子，后来也成为哲学家。乐黛云是贵州贵阳人，很有才，1952 大学毕业后，乐黛云也留校了，在中文系担任助教。同时担任北大团委宣传部副部长，后来是北大中文系教授，研究近现代文学与比较文学。1952 年 9 月，乐黛云和汤一介结为伉俪。

那时候的北大团刊编辑部，实际上就我一个人。乐黛云的回忆录里，对北大学生时代的经历有一些涉及，但她没提团刊编辑的事情。当时，有人会组织、提供材料给我，也有人帮我刻蜡版，但文字编辑工作全部由我一个人做。作为编辑，我经常要为页面上的空白添加内容。

# 第六章 在广西参加土改

## 法律系全员出动参加土改

我在北大学习的时间，从 1950 年 9 月开始到 1951 年 7 月，刚好持续了完整的一个学年。

1951 年 7 月，按照教育部的要求，北大教务处发出关于政治、经济、法律三系于本年秋季参加土地改革工作的通知。按照该通知的要求，政治、法律两系二、三、四年级的学生及研究生，经济系二、三年级的学生及研究生，都要参加土改工作。也就是说，除了 1951 年暑假录取的新生和专科生不参加土改，法律系几乎是全员出动。

按照通知要求，参加土改的师生团 8 月 20 日集中，9 月 5 日前出发，分布地区为中南、西南、西北三大行政区，1952 年 3 月回校。

就这样，1951 年 9 月，我们北大、清华两校政法各系学生八百多人，浩浩荡荡分赴西北、中南和西南，参加当地的土地改革工作。

## 为什么土改?

中国共产党在建立全国性政权之前，长期以农村为根据地，以农民作为革命的主要依靠力量，走“农村包围城市”的道路。

在革命年代，中国共产党在各地组织和领导了多轮土地改革。尽管不同时期政策略有调整，但积累了充分的土地改革经验，也奠定了解放区的根基。1949 年 10 月 1 日中华人民共和国成立后，全国还有很多地方刚刚解放，或者等待被解放。当时，中国共产党面临的新问题之一，就是如何通过土地改革，改变新解放区旧的土地关系，满足农民的土地要求，让长期遭受地主阶级压迫和剥削的农民大众翻身做主人。在新解放的地区发起土地改革运动，实施《土地改革法》，对于巩固革命胜利成果具有重要意义。

据统计，在中华人民共和国成立之前，中国共产党已经在有1.19亿农业人口的老解放区（总人口约1.34亿）完成土地改革；但在中华人民共和国成立时，还有约2.9亿农业人口的新解放区（总人口约3.36亿），需要完成土地改革。

这种情况下，需要根据新解放区的具体情况，分批次、分步骤完成土地改革。解放较早的华北和中原地区优先，解放较晚的西南稍后。因此，1950年6月《土地改革法》颁布后，在清匪、反霸、减租、退押运动基础上，新解放区的土地改革运动次第展开。

## 担任北大法律系土改团副队长

我们参加土地改革，则是在这一轮土地改革的中后期。

北大法律系师生主要被分配到广西。法律系土改团的队长由系里一位教师兼任，我则被任命为副队长。那时候，尽管我转学进入北大才一年，但因为是团干部，具备一定的工作能力，在政治上还是很受器重。

1951年9月中下旬，我们抵达广西。

抵达广西后，我们先是学习。当时，时任中共广西省委代理书记陶铸担任土改委员会主任。广西方面还专门开大会，给我们做报告，重点讲了土改要注意的事项。陶铸的口才很好，很能讲，我印象很深。

广西原来的基础是比较差的。解放初期，当地武装土匪比较猖獗。经过解放军大力剿匪，1951年上半年才基本稳定局势。我们去的时候，广西当地的土匪暴乱已经被镇压，但各地尤其是基层，还有匪患残余，不是很太平。

## 集中培训闻枪声

学习完毕后，我们统一到广西柳州下面的柳城县开展工作。

土改团当时是混合编组，除了北大的师生，还有辅仁大学的师生；北大的也不完全是法律系的，也有经济系的。

在柳城县，我们成立了柳城县土地改革分团。团里有教师、青年党员，也有老教授。但老教授下去，不是真正工作，而是学习，一般担任虚职。真正参与土改工作的，学校这边主要是青年学生和少数年轻教师，另外还有当地的干部。

第一期土改进行一段时间后，我们回柳城集中培训总结。在这期间，好多人住在一起，突然就发生了惨案。当地有个别“阶级异己分子”，在某个晚上，对同他们混住在一起的队长开了枪。

这个队长是辅仁大学的学生，我印象中当时至少死了一个人。

这件事发生在我们开始集中培训、总结经验时。我们还临时组织悼念会悼念逝者，同时对开枪的犯罪分子，召开大会审判并宣布死刑。处理凶手后，我们才继续开展土改工作。

刚下去土改，就发生这种事，可见当时广西当地的形势还是有一定的复杂性的。当地干部一般都是配枪的，目的是防止散匪。他们还要通报，比如“散匪在哪里，距离你们这边不远，你们要提高警惕”等。这样一通报，晚上我们都不敢睡觉。

那时的新解放区基本都是这种状况。社会秩序比较混乱，环境很不安定，残余土匪时不时在各地兴风作浪，烧杀抢掠，无恶不作。另外，农村基层政权还未来得及改造，在边远地区都是土匪、恶霸及其爪牙控制乡村社会。新解放区的广大农民也没有组织起来，农民觉悟普遍比较低，加上社会环境不安定，基层政权未改造，农民还不敢起来为改变自己的地位而斗争。还有一个很重要的问题，就是新解放区农村干部特别缺乏，仅靠有限的抽调干部，数量有限，对于新解放区的了解也有限，真正培养新解放区的农村干部，也需要一个过程。这就是我们开始土地改革工作时面临的基本情况。

## 土改的过程

对于土地改革，经过多年革命中土地改革的历练，我党已经有比较成熟的经验。一般情况下，土地改革分为三个阶段，一般需要三四个月时间。

开始叫扎根串联。土改团成员下去，到最贫困的贫下中农家里，同吃、同住、同劳动，跟着他们住在一起，跟他们交朋友，把他们作为“根子”，启发他们觉悟。

然后再团结中农，组织农会。农会组织起来后，就是让贫下中农觉悟，同地主阶级划清界限，能够积极投身于斗争地主运动中。通过斗争，把地主的政治威风和经济实力弄垮。

最后阶段是分土地。如何分，则是由政策统一安排。

当时除了《共同纲领》，法律很少。那时候虽然没有保护私产观念，也没有详细的法律，但是有《婚姻法》《土地改革法》《镇压反革命条例》。我们下去时，也学习了《土地改革法》。但是，《土地改革法》里只有基本原则，没有规定如何斗地主。因此，土地改革期间的具体部署另有一套。如何分阶段、每个阶段干什么，上级都有层层统筹。

因为我是团干部，下去参加土改，就成为工作组骨干。作为北大土改团副队长，我既是小领导，又是第一次全程参加土地改革，非常受教育。

## 成为土改工作的骨干

土改一个周期有半年左右，我前后参加了两期。

一开始，我们是在柳城县下面的一个村里开展土地改革工作。当时一个村设一个小组，每个小组三四个人，我是组长，负责这个小村子的土改。

土地改革在不同阶段各有侧重。到了斗地主阶段，对地主斗得很厉害。地主名下的土地，肯定是跑不掉的；但是地主的浮财，比如金银财宝，可以转移给亲戚朋友。土改期间的任务，就是要地主交代这些浮财的去向，并千方百计地追回。追回来的浮财越多，可以分给当地贫农的土改成果当然也就越多。

因此，从当时的政策来说，就有一个导向，即把地主的浮财搞出来越多，工作组的功劳越大。

但这样就有逼迫地主交代的问题。如何掌握政策尺度，也很复杂。如果你只是和颜悦色地和地主聊家常，他肯定什么也不交代。土改工作队要逼迫地主、斗争地主，让他不能睡觉，问他浮财到哪里去了。被逼到没办法的时候，他们就说假话。工作队去那边核实，都是空的，落实不了。难就难在既要斗地主、分浮财，也不能过分严厉，有的地方把地主逼得都自杀了。

第一期结束后，我们到柳城县总结，然后再下去搞第二期。

第一阶段，我的表现比较好。那时候很缺干部，上级领导也很信任我，所以到了第二阶段，我就被任命为土改团下面一个中心组的组长。

当时在每个乡成立一个土改中心组，领导全乡的土改工作。中心组下面有十来个村，又分若干个小组，有二十来个干部。学生同当地干部混合编组，其中学生占很大部分。我们中心组，组长是我，副组长是当地干部。

在整个土地改革期间，我们的任务很重，劲头也很足。我领导的那个乡，还开过全乡斗地主的大会，搞得轰轰烈烈。我们那个地方土地改革搞得还不错，最后我被评了二等功。

## 土地改革对我的思想触动很大

对于我来说，开始还真不知道什么叫土改。在下乡前，确实从未想到斗地主是什么样子。我们原来理解的土地改革，就是把地主的土地分给农民。后来下乡才发现，土改要斗地主，政治上要把地主的威风打垮，经济上要分其浮财。

斗地主的关键是要扎根串联，要真正把穷苦农民发动起来。

在土地改革刚开始时，那些农民既不接近我们，也不搭理我们。我们去同贫下中农“三同”，同吃、同住、同劳动。“三同”之余，通过聊天交心，慢慢地才跟农民建立了感情。

在“三同”期间，我们也向农民交伙食费。整个土改期间，当地农民吃什么，我们就吃什么。整体上，生活很苦，只喝稀饭，没有干饭。有时只有盐，没有咸菜。我们下去后，才知道老百姓这么穷，土改不是简单分地，要把农民组织起来，要把地主斗倒……

土地改革对我的思想触动很大。土改以后，对于我们党搞的那些政治运动究竟是怎么回事，知道了不少。土地改革中，我作为基层领导，直接受到教育，也很长才干。

## 给朱德写讲话稿

1952 年 4 月，我们结束土改回京，当时面临毕业。

毕业前夕，我还有一段不平凡的经历：当时教育部有紧急任务，来北大抽调应届毕业生。他们需要写作能力强、笔头快的笔杆子。我很荣幸地成为学校推荐的人选。

去教育部报到后，我被借调到高教司下面一个负责应届大学毕业生的部门。

当时刚刚解放没多久。按照前两年的惯例，每届大学生毕业时，北京市要召开毕业生大会，中央高级领导也会莅会并发表讲话。领导的讲话稿当然都是教育部提前起草并经过多轮修改的。我在教育部借调期间，主要任务就是参与起草中央领导讲话稿的草稿。

印象中，这个讲话稿光是初稿就改了好几遍。开始时，我还不知道是给哪位中央领导写讲话稿。之后在北京市召开的毕业生分配大会上，朱德总司令发表了重要讲话。这个时候，我才知道这个讲话稿是给朱德总司令准备的。

## 留　校

土改回来以后，就等待分配工作了。

分配工作要填志愿，我个人志愿是到中国人民大学读研究生。当时中国人民大学在苏联专家支持下，搞了不同专业的研究生班。我们同班同学好多人报名，我也报了“国家与法权理论”专业。

报名后不久，有一天，北大法律系的系主任费青突然找我谈话。这也是我进北大后，第一次见到系主任。

费青在系主任办公室等我。他一边吸着烟斗，一边和蔼地开始了解情况。“你是陈光中同学吧？”因为是第一次见面，也不知道找我什么事情，我一开始比较紧张。

费青是国际私法著名专家。他笑了，比较和气，面带微笑同我说：“你坐下吧，跟你谈一件事。”他说：“根据系里头一些助教的建议，经我们系里研究，决定把你留校当助教。你看你的意愿，是不是同意？”我一听，心里非常高兴，符合我继续在大学工作的愿望。我马上爽快地表示同意和感谢。

就这样，经过这次谈话，我就留校了。

那时候我学习不错，在班上属于学习最优秀的学生之一。按照当时的标准，我学习上很优秀，政治上追求进步，土改期间表现也比较好，符合留校工作的条件。

学校把我留下来，安排我在法律系担任助教。但还没明确做什么，就说要进行院系调整了。北京政法学院成立后，我就跟北大法律系大部分同事和学生一起，到北京政法学院了。

以上就是我的大学时代。我实际上了三个学校：中央大学半年、中山大学一年半、北京大学两年。而且，在北大的两年中，还有一年实际上是去广西参加土改。那时候的大学生活，说实话，学习谈不上，主要还是参加各种政治活动，学习党的路线、方针和政策等。

# 第七章　北京政法学院的人生小辉煌

## 院系调整

1952年夏天，我从北大法学院毕业留校，在法律系担任助教。

在我留校前后，上面实际上已经在研究高校的院系调整方案。但我们在基层，还没有听到任何风声。1952年8月中旬，北大教务处公布了教育部发布的《高等学校文法学院各系课程暂行规定修正草案（初稿）》，要求文法学院各系教师讨论并制订本系的教学计划。包括北大、清华、燕京等高校文法学院的教师们，以系为单位展开讨论，准备据此制订下学期的教学计划，丝毫未预料到本系即将被取消。

但几乎与此同时，教育部已经确定"以培养工业建设人才和师资为重点，发展专门学院，整顿和加强综合性大学"的方针，准备在轰轰烈烈的思想改造运动之后，对全国高校展开院系调整。

院系调整是1949年以后我国在高等教育领域开展的一场重大改革。院系调整主要是学习苏联模式。像原来的综合性大学，比如北大变成文理科综合大学，不搞工科；清华则变成工科大学，主要是工程，不搞文科、理科；像燕京、辅仁等教会大学，则成建制撤销，原有师资分流到其他院校。

然后，在北大、清华、燕京、辅仁等高校分流师资基础上，按照苏联模式，成立"八大学院"，即北京地质学院、北京矿业学院、北京钢铁工业学院、北京航空学院、北京石油学院、北京农业机械化学院、北京林学院和北京医学院等专科性大学。“八大学院”都被安排在北京的西北郊，也就是现在的学院路一带。现在很繁华，但当时都是郊野之地。

在这个过程中，政法教育又有一些特殊情况。中共中央在 1949 年 2 月就宣布废除国民党的《六法全书》。废除《六法全书》的基调，否定所有旧的、资产阶级的法学观念。这样的话，政法教育面临两个新情况：一方面，没有东西可以教、可以学了；另一方面，开始强调法律是阶级意志的体现、阶级斗争的工具，强调政法教育“枪杆子”“刀把子”的政治性。在解放初期的历次政治运动后，1952 年 6 月开始的司法改革运动，清除了一些所谓的“旧法”人员，政法系统大量岗位空缺，急需新型政法人才。

基于上述情况，中央针对政法系统人才培养，趁着院系调整，成立专门政法学院。

按当时的筹划，政法学院以培养各种政法干部为任务，每个大行政区如条件具备，得单独设立一所，由中央或大行政区政法委员会直接领导。其中在华北，由原来北大、清华、燕京、辅仁等高校的政治系、法律系、社会学系等合并起来，成立北京政法学院。此外，还成立西南政法学院、华东政法学院、西北政法学院、中南政法学院等几个专门的政法院校。1952 年 8 月 25 日，京津高等学校院系调整北京大学筹备委员会办公室公布刚编制完成的《新北大系、专业及专修科设置方案》，其中第 12 条规定，“北大、清华、燕京、辅仁四所大学的政治系、法律系调整到北京政法学院”。实际上，后来实际并入北京政法学院的还有辅仁大学的社会学系。

大方向定下来后，北京政法学院成立的筹备工作立即推进。1952 年 8 月 23 日，由中央政法委、华北行政委员会、最高人民法院华北分院及北大、清华、燕京、辅仁等高校代表，组成北京政法学院筹备委员会，并举行第一次会议。

接下来，北京政法学院成立的筹备工作一直在紧锣密鼓地进行。北京政法学院筹备委员会先后在8月25日、9月17日、11月11日召开第二、三、四次会议。1952年9月27日，政务院文化教育委员向政务院提交报告，请求核批成立北京政法学院。1952年11月13日，北京政法学院正式启动教学工作。开学典礼是在两周后的11月24日才举行的。

在这种情况下，我当时作为北大法学院刚刚留校的年轻助教，就跟着过来了。

## 第一份工作是担任副班主任

跟当时成立的其他几所政法学院一样，北京政法学院兼具革命和传统的混合气息。

一方面，当时华北大学、华北人民革命大学等人民革命大学的部分干部和师资，以及华北行政委员会的分流人员，成为北京政法学院的骨架。学院各级领导，主要由华北人民革命大学和华北行政委员会的老干部担任。人民革命大学既是建国初期培养建设人才的基地，也是改造旧公务员、知识分子和国民党官员的基地，更强调政治性、革命性。

另一方面，北大、清华、燕京、辅仁的师生们，尽管已经在解放前后经历了多轮改造，但学术传统和风骨犹存。在原有传统大学中，北大法学院是主角，师生和员工数量各占了一多半以上。当时，课程设置和讲课方式发生了较大变化，学生有抵触情绪，部分老师也有意见。

当时北京政法学院尚无独立校区，还在北大沙滩红楼办学。那时候的沙滩红楼，除了一小部分区域由北京政法学院专用外，绝大部分校园设施都由北京政法学院和北京大学共用。

按照校史资料，北京政法学院成立初期，学生由这几部分构成：第一，北大、清华、燕京、辅仁四所大学相关学系的1950级、1951

级本科生，共计有 287 人；第二，北大、清华、燕京、辅仁四所大学相关学系 1952 级新生，共有 148 人；第三，来北京政法学院参加一年期轮训的华北地区县级法院正副院长、审判员及公安司法干部等在职的政法干部，共有 331 人。

由于北京政法学院刚刚成立，把学生分为调干训练班和专修科两种方式培养。

调干训练班的学制是一年。学生主要是华北局调训的公安、司法干部。这些学生多在一线从事公安、司法工作，具有一定的革命斗争经验，文化程度整体偏低。一年制短期速成教育，既不会让他们太长时间脱离本职工作，同时也基本符合他们理解、接受能力较强的特征。调干生刚开始实行小班制，每个小班配备脱产干部 2~3 人，分别担任班主任，兼管行政和党务。

专修科学制为两年。以原来四所大学转来的 1951 级学生和 1952 年 10 月新招收的高中生及速成中学毕业生为主。招生时是以北大、清华四年制法律系、政治系本科的名义招生的，但是学生入学时则改成了北京政法学院，而且变成两年制。另外，教学体制也改变了。这样引起了学生思想的动荡。1953 年开始明确招收两年制，这部分同学，大多是在解放后接受中学教育，思想纯洁，政治热情高。对他们的教学任务，更多聚焦于对新中国司法实践经验的总结。

在班级编制上，这几级学生按照原先的年级高低，分别编成第 4 班、第 5 班和第 6 班。

我在北京政法学院的第一个工作岗位，就是担任第 6 班的副班主任。这个班的学生是北京政法学院 1952 级新生。学生里面后来留在学界的，有北大的储槐植以及中国政法大学的徐杰、严端伉俪。

第 6 班的管理团队，由三位脱产干部构成：一位班主任，一位副班主任，还有一位班干事。班主任由老干部杨达担任；我担任副班主任，主要分管学生的学习；班干事由潘华仿担任，分管同学们生活的相关事宜。

从学生学习角度，这个阶段的学习任务主要是了解和掌握相关政治理论和国家政策，法律方面的课程相对较少。学校经常会邀请中国人民大学、中央党校或者其他学校的老师来讲课。著名的学者比如艾思奇、杨献珍、胡绳、邓拓等，都来北京政法学院讲过课；另外，党内外高级干部谢觉哉、彭真、史良等，也来北京政法学院做过专题讲座。

调干班我只带了半年，后面因为岗位变化，就没有直接带他们了。

北京政法学院的调干班前后办了三期，共培训学员 1174 人。应该说，当时的调干班出色地完成了轮训政法干部的工作，为充实解放初期华北地区的政法工作队伍作出了突出贡献。

## 第一次上课，定下一生的专业

1953 年 9 月，随着教学规模的展开、师资的增加，学校教务体系开始调整。教研室规模不断扩大，增设马列主义经济建设问题教研室、国家法教研室、理论政策教研室及研究组、语文组、俄文组和体育组，负责政治理论及专业课的教学和教研工作。再往后，教研室的数量大幅度增加，专业也越分越细。

我也在这次调整中，被调到教研室，开始做教学工作。

为了适应教学工作需要，我受学校指派，前往中央政法干部学校参加有关司法改革的培训。当时，司法改革是北京政法学院全部学生都需要学习的课程。

回来后，我就在全校大会上，围绕如何贯彻司法改革的精神，做了辅导报告。这是我生平第一次正式上课，也是大学毕业后正式走上讲台。

原来做副班主任时，更多是跟学生讲如何学习，但不是正式的课程，而这次辅导报告是正式上课，我终生难忘。因为是第一次上课，而且全体学生都听，老师们也旁听。我很兴奋，同时也很紧张，但准备得很充分。那次讲课，反响还是很好的。

1953 年下半年，学校正式明确，调我到刑事法教研组，让我讲授刑事诉讼法，从此定下一生的专业。

不久之后，原来在华北人民革命大学工作的老干部张子培同志，调任刑法教研室副主任。刑事法教研组主要讲授刑法、刑事诉讼法和法院组织法三门课程。

## 前往中国人民大学旁听苏联专家授课

按照学校的安排，张子培同志带我们几位同事，一起到中国人民大学旁听苏联专家讲授苏维埃刑事诉讼和法院组织法等，我们旁听了好几个月时间。

作为中华人民共和国成立后设立的第一所新型正规大学，中国人民大学起源于 1949 年 6 月刘少奇访苏。设立中国人民大学的目的，是在苏联帮助下培养建设人才。从 1950 年到 1957 年期间，先后有 98 位苏联专家应聘来中国人民大学工作，其中法律专业就有 10 人。

我们作为兄弟院校的教师，也在这个过程中纷纷前往中国人民大学进修，后来逐渐把这种模式移植到北京政法学院。1954 年以后，中国人民大学进一步调整工作方案，苏联专家主要作为“工作母机”发挥作用，以专题讲授为主要授课方式，不再作为普通教师承担教学工作。

在中国人民大学法律系，按照苏联法律课程体系，开设系统的与苏维埃相关的法律课程，其中包括国家与法的理论、宪法、刑法、民法、劳动法、刑事诉讼法等。

重要的苏联法律专家有以下几位：（1）谢米里亨，1950 年 9 月至 1953 年 6 月在华，讲授“国家与法权理论”；（2）贝斯特洛娃，1950 年 10 月—1952 年 6 月在华，讲授“苏维埃刑法”“苏维埃刑事诉讼法”“苏维埃法院组织”等课程；（3）瓦里赫米托夫，1952 年 3

月—1955年6月在华，讲授“国家与法权历史”“国家与法权通史”“政治学说史”等课程；（4）柯尔金，1954年11月—1957年5月在华，讲授“苏维埃犯罪对策学”。

我同张子培重点听了苏维埃刑事诉讼法、法院组织法等。

也正是在这前后，北京政法学院学院路校区逐渐建成启用，我们也从沙滩搬迁到了学院路校区。

## 为苏联专家楚贡诺夫担任助手

从1955年开始，北京政法学院学习苏联进入新的阶段，教学工作计划提出全面系统地学习苏联先进经验。当时苏联派出大批专家援华，支援我国社会主义建设。1955年9月，北京政法学院首批研究生75人报到入学。为培养这批研究生，北京政法学院从苏联聘请的两位专家，也很快莅校。

两位苏联专家，一位是来自苏联罗斯托夫大学的刑法学副教授约·楚贡诺夫；另一位是民法学副教授玛·克依里洛娃。

按照学校的安排，这批研究生将按照专业方向，分别跟随苏联专家和本校导师，学习犯罪对策、苏维埃刑法、苏维埃刑事诉讼法、苏维埃民法、苏维埃民事诉讼法、司法鉴定等专业。

根据1956年2月高等教育部批准的《北京政法学院研究生教学计划》，民法、民事诉讼法放在一个专业，刑法、刑事诉讼法、犯罪对策等放在一个专业，每个专业开设的专业课都在七八门左右，累计700多个学时。两位苏联专家将各带部分学生，按照不同专业，组成不同研究生班，在两年时间内通过授课、集体讨论、个人自学等多种方式，完成研究生阶段的学习。北京政法学院组成刑事法律组、民事法律组两个研究生班，由两位苏联专家分别讲课。

为了配合苏联专家搞好教学工作，学校根据当时的政策和实际需要，配备了强大的服务团队。在院办下面，专门设立“专家服务组”，院办秘书卢一鹏担任组长，组内有秘书吴昭明，还有七位专职翻译，分别是祝钟毅、严敬敏、吴焕宁、张广贤、张尧、蔡秀珍、黄清萍；工作组还有一位专职打字员。吴焕宁原来是学经济的，不是俄语专业，但俄语学得很好。后来苏联专家离开后，翻译组的几位成员基本都成为俄语教师。

在“专家服务组”之外，学校还为苏联专家指派了业务助手，由教研室青年教师担任。我作为刑事法教研组的青年教师，成为苏联专家楚贡诺夫的业务助手。

## 楚贡诺夫这个人

楚贡诺夫是苏联的副博士。他的主要业务领域，是刑事诉讼法和刑事侦查学。

在北京政法学院，楚贡诺夫的主要任务是为研究生授课。他的讲稿都是手写的。写好以后，交给翻译组翻译成中文。

在指导研究生的同时，楚贡诺夫还兼任北京政法学院的行政顾问。他会参加行政会议，提出一些行政建议。在一定程度上，楚贡诺夫不是单纯的学术顾问，在行政上也有一定建议权，对北京政法学院的行政事宜有相当大的影响。

尽管被指派为楚贡诺夫的业务助手，但他跟我没有什么私交。那时候，我的俄语水平整体不高，阅读、笔译能力是过关的，但口语不行，所以跟楚贡诺夫没有什么特别深的交流。印象中，楚贡诺夫还是比较精干的。

## 开始学俄语

我是在新中国成立以后才开始学俄语的。当时我年轻，业务上好强，就马上放下英语，突击学俄语。为了把俄语水平突击上来，花了好几年时间。

我的俄语水平达到什么程度呢？就是一般俄语文献，特别是业务专著，基本上不需要查字典，就能顺利看下来。对我来说，业务上的专有名词都比较熟悉。另外，从语法规则上来说，俄语比英语更规范，也比较好学。

作为楚贡诺夫的业务助手，我的主要工作之一，是整理他的讲稿，并协调翻译组翻译，或者我自己动手翻译。翻译成中文后，我再结合业务上的知识，负责校对。讲稿形成过程中，跟业务相关的事宜也都由我负责。

实际上，我也是课堂上的辅导老师。除了日常翻译、校对楚贡诺夫的讲稿外，我的工作还包括对研究生的业务指导，做研究生的辅导员。楚贡诺夫给研究生讲完课后，我就组织研究生开展课堂讨论。

有时候，我也会给研究生讲讲课。我现在还记得，给研究生讲过英美法中的刑事诉讼法。因为楚贡诺夫专门讲苏联的刑事诉讼法，他不讲英美法。我就专门给学生补充辅导一些英美的刑事诉讼知识。我当时也是现学、现讲。

从 1955 年到 1957 年近两年时间内，我都在带研究生班。这一段时间，我教学方面的工作做得还是很不错的，得到领导的信任，也受到同事、学生的好评。大家觉得我业务能力比较强，工作也比较认真负责。

## 发表第一篇学术论文

那段时间有件值得一提的事情，就是我发表了人生中第一篇学术论文。这篇文章的题目叫《苏联的辩护制度》，发表在《政法研究》（现名《法学研究》）1955 年第 2 期。

《政法研究》是当时中国政治法律学会唯一在全国正式发行的政法类学术期刊。在《华东政法学报》（《法学》）创刊之前，《政法研究》一直是一枝独秀。同一期杂志上的作者，都是像梅汝璈、李浩培、李光灿、王之相、戴修瓒这样的名家。对于当时只有二十五岁的我来说，在如此高级别的学术期刊上发表学术论文，当时是很显眼的，确实是很了不起的成就。对我是莫大的鼓舞！

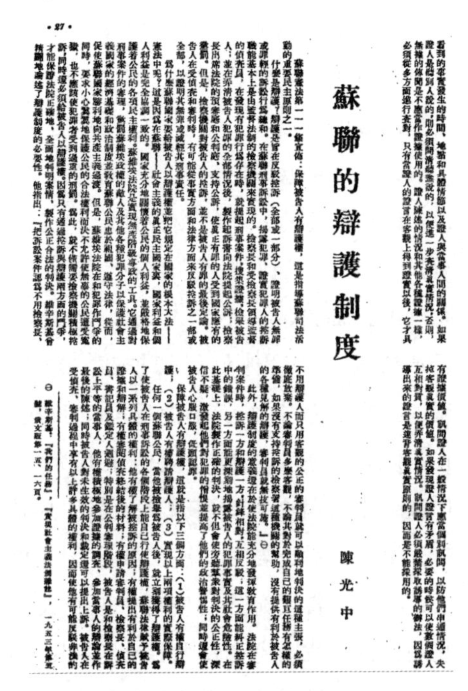

·27·

看到的事實發生的時間、地點和具體情節以及證人與當事人間的關係。如果證人是聽到人說的，則必須問清楚誰說的，以便進一步弄清真實情況，否則，無據的傳聞是不應當作證據使用的。證人陳述的情況和其他各種證據一樣，必須從多方面進行查對。只有當證人的證言在客觀上得到證實以後，它才具有證據價值。訊問證人在一般情況下應當個別訊問，以防他們串通情況，失掉客觀真實的價值。如果發現證人證言有矛盾，必要的時候可以使數個證人互相對質，以便弄清真實情況。訊問證人必須嚴禁採取誘導的辦法，因爲誘導出來的證言是違背客觀真實原則的，因而是不能採用的。

蘇聯的辯護制度

陳光中

蘇聯憲法第一一一條宣佈：保障被告人有辯護權，這是指導蘇聯司法活動的重要民主原則之一。

什麼是辯護？辯護是旨在反駁控訴（全部或一部分）、證明被告人無罪或罪輕的訴訟行爲總和。在蘇聯刑事訴訟中，揭露犯罪、證實犯罪人的控訴職能基本上是由監督法制的檢察機關來實現的。檢察長和受檢察長領導監督的偵查員，在發現有犯罪行爲存在時，就提起刑事案件，搜集證據，檢舉被告人；並在弄清被告人犯罪的全部情況後，製作起訴書向法院提起公訴；檢察長出席法院的預審庭和公判庭，支持公訴，使真正有罪的人受到國家應有的懲罰。但是，檢察機關對被告人的控訴，並不是被告人有罪的最後定論。被告人在受偵查和審判時，有可能從事實方面和法律方面來反駁控訴之一部或全部，以證明其無罪或減輕其刑事責任。

爲什麼蘇聯國家要給被告人以辯護權並把它規定在國家的根本大法——憲法中呢？這是因爲在蘇聯——社會主義的真正民主國家裏，國家利益和個人利益是完全協調一致的。國家充分地關懷着公民的個人利益，並嚴格地保護着公民的各項民主權利。蘇維埃法院是實現無產階級專政的工具。它通過對刑事案件的審理，懲罰蘇維埃政權的敵人及其他各種犯罪分子以保護社會主義國家的經濟基礎和政治制度並教育蘇聯公民忠於祖國、遵守法律，從而，促使蘇聯國家勝利地向共產主義過渡。但是，蘇維埃法院在和犯罪作鬥爭的同時，要求小心翼翼地保護公民的合法權利而決不允許使無辜的公民遭受冤獄，也不應該使犯罪者受到過重的刑罰。爲此，就不僅需要檢察機關積極控訴，同時還必須給被告人以辯護權。因爲只有通過控訴與辯護兩方面的鬥爭，才能保證法院正確地、全面地判明案情，製作公正合法的判決。維辛斯基曾精闢地論述了辯護制度的必要性。他指出：『把訴訟案件認爲不用檢察長、不用辯護人而只用客觀的公正的審判員就可以順利地判決的這種主張，必須徹底放棄。不論審判員多麼客觀，不論其對於完成自己的艱巨任務有怎樣的準備，如果沒有支持控訴的檢察署這種機關的幫助，沒有提供有利於被告人的各種見解的辯護，審判員就無技可施。』㊀

此外，辯護制度的意義還在於使法院能充分地發揮教育作用。法院在審判案件時，控訴一方和辯護一方，針鋒相對，互相反駁；這一方面能糾正控訴中的錯誤，另一方面能更深刻地揭露被告人的犯罪事實及其社會危險性。在此基礎上，法院製作正確的判決，就不但會使旁聽羣衆對判決的公正性，深信不疑，激發起他們對犯罪的憎恨並提高了他們的政治警惕性；同時還會使被告人心服口服，低頭認罪。

保障被告人有辯護權，這就是指以下三個方面：（1）被告人有權自行辯護；（2）被告人有權聘請辯護人；（3）實現以上兩項權利的實際保障。

任何一個蘇聯公民，當他被檢舉爲被告人後，就立刻獲得了辯護權。爲了使被告人在刑事訴訟的各個階段上能自己行使辯護權，蘇聯法律賦予被告人以一系列具體的權利：他有權了解被控訴的原因；有權提出有利於自己的證據和辯解；有權審閱偵查終結後的材料；有權申請審判員、檢察長、偵查員、書記員及鑑定人迴避；特別是在公判審理階段，被告人是和檢察長在訴訟上平等的當事人，他有權積極地參加證據的調查、參加當事人的辯論並作最後的陳述；同時被告人對未生效的判決和裁定還可以提出上訴。被告人在受偵查、審判過程中享有以上許多具體的權利，因而使他有可能反駁與挨的

㊀ 維辛斯基：『我們的任務』，『實現社會主義法制論集』，一九五三年俄文版，第一五、一六頁。

图 7-1　第一篇公开发表的学术论文

《苏联的辩护制度》一文，主要聚焦于对苏联辩护制度的介绍。这篇文章在今天看来，最重要的意义在于强调了辩护的价值，“苏维埃法院在和犯罪作斗争的同时，要求小心翼翼地保护公民的合法权利而决不允许使无辜的公民遭受冤狱，也不应该使犯罪者受到过重的处罚”。另外，辩护制度还具有教育作用，既能够纠正控诉工作中的错误，也能够更深刻地揭露被告人的犯罪事实及其社会危害性。因此，不仅需要检察机关积极控诉，也需要给犯罪者辩护权，最后实现全面判明案情、制作公正合法判决的目标。

我在文章中也强调，保障被告人的辩护权，需要从如下三个方面来落实：（1）被告人有权自行辩护；（2）被告人有权聘请辩护人；（3）实现以上两项权利的实际保障。在这篇文章中，我还特别强调了辩护人和控诉人对立的问题，以及辩护人是独立职能的诉讼当事人，并因此具备一系列特殊的权利。而从实际保障来说，必要的律师队伍、宪法及法律保障，则是实现辩护权不可或缺的后盾。除了从正面介绍苏联的辩护制度，我在文章中也用了部分篇幅，按照当时的文风，从反面论证了资产阶级辩护制度的虚伪性、形式性

以及一定程度上的可利用性。

完成上述论证后，我在文章最后一部分，更是花笔墨论证了中国创建辩护制度的必要性、正当性，特别是反驳了几种潜在的反对辩护制度的观点：

第一，我援引 1954 年《宪法》第 76 条规定的辩护权内容和《人民法院组织法》的相关规定，正面肯定了我国当时正在试行的辩护制度。在当时特定的时代背景下，并不是每个人都认同辩护制度的正面价值，不少人认为，“被告人既然是犯罪者，甚至于是反革命分子，给他们以辩护权，岂非有失革命立场!”对这种论调，我在文章中作了正面反驳：我援引无罪推定原则，指出被告在法院判决有罪之前，应假定其无罪；正因为假定其无罪，所以侦查、审理就必须要客观、冷静，应该给被告人以辩护权。

第二，对于当时司法实践中，少数人办案时先入为主、偏听偏信，不让被告人充分行使辩护权，或者形式主义地对待辩护……这些现象，与我国宪法及无罪推定原则相违背。

第三，针对部分人认为辩护人专门找侦查、审判工作中的岔子，或者怕辩护工作开展起来工作太麻烦的顾虑，我也指出这种看法的错误之处：辩护人和法院、检察机关三者职能不同，是为了互相制约、分工合作，确保正确地揭露犯罪、惩罚犯罪，而辩护人行使辩护权，也要根据法律和事实，不能强词夺理、故意为难，因此站在国家利益、人民利益的角度，三者的根本立场是一致的，“只有在辩护人参加下，才能保证侦查、审判的质量，做到既打击了犯罪，又保护了人民”。

第四，在辩护实务中，呈现两种倾向：一种是辩护人不敢坚持原则、大胆地为被告人辩护；另一种是辩护人过于偏激，缺乏实事求是的精神。这种状况主要是对辩护人的立场和任务认识不清造成的，需要明确：“新中国的辩护人，和苏联的一样，是巩固革命法制、维护国家利益的战士，他所持的立场只能是革命的立场。然而辩护人不是检察长或是审判员，他参加刑事诉讼的基本任务是提出有利于被告人的情况以维护其合法权益并协助法院全面地、客观地了解案件材料，制作出证据确凿、公正合法的判决。因此，辩护人既不应该放弃辩护职责，使错误的不当的控诉不能得到反驳和纠正；也不应该歪曲事实、混淆是非、增加法院审判案件的困难；更不能允许利用辩护人的身份敲诈勒索、贪赃枉法、故意包庇犯罪。”

第五，针对部分人认为我们实行辩护制度，只需要机械地搬用苏联的全部经验观点，我也提出自己的看法：中国和苏联虽然是同一类型的国家，但两国具体条件不尽相同，因此，我们必须从我国的实际情况出发，不断地创造和总结实行辩护制度的经验，并吸取苏联及人民民主国家的经验，才能使我国的辩护制度切合国情，日趋完备。

这篇文章篇幅不长，但对我来说，作为学术研究的起点，却是十分重要的里程碑。这是我生平第一篇公开发表的学术论文，也符合并体现出我一贯的学术思想，就是保障人权。

这篇文章写作的细节我现在还记得。那是在 1955 年，我只有二十五岁，白天工作很紧张。当时，我的第一个孩子已经出生，家里房子小。夜里，我爱人带着孩子在一边睡觉，我一个人坐在一个小桌子旁，开着灯奋笔疾书，这篇文章就是这么写出来的。写出来之后，就给《政法研究》投稿了。投稿以后没多久，就通知我要发表，当时也是比较缺这方面的研究。

## 苏联专家：“我亲自带陈光中试验副博士”

前面讲到，我那两年一直在给苏联专家楚贡诺夫担任业务助手。在这个过程中，楚贡诺夫看中了我，给我带来新的机会。

当时，北京政法学院负责苏联专家相关工作的院领导，是雷洁琼副教务长。有一天，楚贡诺夫向雷洁琼提出，他想在北京政法学院搞试点，即按照苏联的副博士培养模式，培养中国的副博士。他

图 7-2　1994 年探望原北京政法学院副教务长雷洁琼

告诉雷洁琼副教务长，“我亲自带陈光中，试验副博士”。当时中苏关系尚在蜜月期，副博士大约需要两年时间，他认为他还能够在中国待好几年。

副博士是苏联的一种学位。跟我们现在的学位制度相比，应该比硕士要高，但又低于博士，是一种硕士以上、博士之下的学位。我国学者中像王家福、曹子丹等，都是在苏联获得副博士之后回国的。中国当时还没有开始博士教育，也没有引进苏联的副博士制度。后来教育部认定国外学位时，对副博士都统一按照博士学位来认定。

按照苏联的副博士制度，完成全部学业，需要通过三门课程的考试。楚贡诺夫根据这个要求，制订了专门的培养计划，候选人需要完成如下三门课程：一门是法理学，一门是刑事诉讼法，一门是俄语。

确定培养计划后，楚贡诺夫开始在青年教师中物色人选。他选中了我。楚贡诺夫对我一直很欣赏。

对我来说，这是个难得的机遇。我当时只是本科毕业。那两年，国内经常有人到苏联留学，我也申请过。当时特别强调政治审查。因为我父亲被划成地主并在土改中自杀，组织上没有批准我的申请。当时有攻读副博士学位的机会，退而求其次，我也很高兴。

学校完全赞成这个项目，很快就予以批准。因此，这个建议马上就开始实施了。

当时，我已经通过了副博士培养计划中法理学的考试。当时法理学的考试是雷洁琼亲自组织的一个考试小组，小组成员有程筱鹤等。顺利通过第一门考试后，接下来准备刑事诉讼法的专业课考试。专业课考试通过后，实际上就剩下写论文了。

但是，就在我正准备专业课考试的时候，整风反右运动轰轰烈烈开始了。随着运动的深入以及中苏关系的巨变，楚贡诺夫 1958 年提前回国，我这个副博士计划实际上就搁浅了。

## 小荷才露尖尖角

在整风反右前，北京政法学院的办学情形，一切都想往正规化方向发展。不仅北京政法学院如此，其他政法院系也是如此。

为推动政法教育的正规化，司法部和最高人民法院组织编写了全国统一法学教材，这里也包括《刑事诉讼法》统一教材的编写。

这次教材编写，分两个步骤：第一步是编写统一教材的大纲，第二步是根据大纲，来编写教材。我不仅参加了大纲的编写，也在教材编写中承担刑事诉讼中证据这部分的内容。

当时，我的初稿已经完成。但我印象里，没有正式开会讨论。我只是把初稿的部分内容拿到北京政法学院《教学简报》上发表。

《教学简报》不是正式出版物，是由北京政法学院教务处编辑出版的校内出版物，1954 年 10 月 9 日正式创刊。《教学简报》采取铅印方式，主要是配合教学工作、反映教学情况、交流教学经验，经常有一些同事的教学经验或者业务文章发表。在创办校刊前，《教学简报》实际上也起到传达学院教学方针和安排学院工作的作用。我这篇文章在《教学简报》发表时，印象中还有个编者按，表明这篇文章是我参加统编教材编写时，我分工负责部分的阶段性成果。

这不是我在《教学简报》上第一次发表文章。之前还发表过一篇苏联刑事诉讼法教材的翻译稿。不知道现在《教学简报》有没有保留。如果有的话，应该能找到我的这两篇文章。

这是一段我早期参加全国性刑事诉讼法活动的经历。现在我的简介中，常说我是新中国刑事诉讼法的开拓者和主要奠基人之一。背后的原因，就是我不仅最早参加刑事诉讼法的教学科研，而且参加了全国性刑事诉讼法统一教材的编写。只是，此事后来因为整风反右运动而中断，十分遗憾。

## 证据法史上早期的学术辩论

我与时伟超在《政法研究》1956 年第 2 期合作发表了《关于刑事诉讼中证据分类与间接证据的几个问题》。这也是我早期学术研究成果之一。

· 48 ·

手草拟結合科学院、高等学校和產業部門 3 个方面的科学研究工作的十二年規划。我覺得这也可以適用到法律科学研究工作上。我們要加強法律科学研究工作的計划性、研究并制定我國法律科学發展的远景計划。并且还应該積極努力，如中國政治法律学会年会中所指出的：协同有关方面積極籌建我國法律科学的專門研究机構。

同时中國科学院也要建立学位制度、院士制度和学術獎勵制度，以便確定学術标准，鼓勵从事科学研究工作者的積極性，加强國际間的科学合作以及加强学術領導。我覺得这些制度，对法律科学的研究，也是適用的。

至于就法律科学工作者本身說，要加重自己的責任，專心致志于自己的科学研究事業，自是更不待言的。科学研究工作，絕不能貪近功，求速效。某一个問題的研究，某一个学理的完成，需要積年累月、甚至于需要付出一个人的終生的生命。我們并且还应該充分学習、利用苏联和人民民主國家的先進法学理論和工作經驗，整理有关我國法学的歷史遺產，以完成我們在法学上前人从来没有做过的事業。

希望中國法律科学在党和政府大力支持帮助之下，在法律科学研究工作者全心全意奋發鑽研之下，在最近的將来，随着國家經济建設事業的开展，政法工作实踐的需要，开出鮮艷燦爛的花朵，結成繁榮飽滿的果实，把它的水平，逐步提高到國际先進法学的水平！

以上所述，为个人的水平所限，只是一点極初步、粗淺的認識，目的在于把問題提出来，引起大家的注意。錯誤的地方，希望大家糾正；至于作更深一步的探討，还需要同志們共同努力！

**关于刑事訴訟中証据分类与**
**間接証据的几个問題**

陈光中　　时偉超

〔政法研究〕1955 年第 2 期，刊載了郝双祿同志〔关于刑事証据的几个問題〕一文，这篇文章对刑事訴訟中証据分类与間接証据的論述，有若干原則性的地方需要商榷，同时有的地方論述得不够全面。〔政法研究〕同年第 4 期發表了胡复申同志、戈風同志的兩篇短文，对郝同志的观点提出不同意見。但是，我們認为胡、戈兩同志的某些認識，同样是不妥当的。現在把我們对这 3 篇文章的意見与补充闡述于下。

一

要正確地解决証据的分类問題，必須先明確証据分类的目的。証据的分类，并不是只为了在理論上便于叙述与分析，而是有重大的实际意义。在刑事訴訟中，司法工作人員运用証据的目的在于正確的認定案情（犯罪事实、犯罪人及其他有关情况），从而根据案情適用法律，对有罪者加以懲罰，以实現國家審判权的任务。科学地解决証据的分类，就是为了帮助司法工作人員正確地了解各种証据的特点，更好地進行調查研究工作，以达到上述目的。

在刑事訴訟中，証据的分类有以下 3 种：（1）控訴証据（有罪証据）和辯护証据（無罪証据）①；（2）原始証据和傳来証据②；（3）直接証据和間接証据。

① 控訴証据(Обвинительные Доказательства)辯护証据 (Оправдательные Доказательства) 或譯为有罪証据和無罪証据。但我們認为前者比較確切。例如証明減輕被告人罪責的証据是辯护性質的証据，但并不是証明無罪的証据。因此，在本文中，除引証別人原文外，都用控訴証据和辯护証据这一譯名。

② 原始証据和傳来証据的俄文是 Непосредствен-ные (или производные) Доказательства 在〔苏維埃法律上訴訟証據理論〕一書的中譯本（人民出版社 1954 年版），把这兩字也譯成〔直接証据〕〔間接証据〕，沒有把它們与直接証据（Прямые Доказательства）及間接証据（Косвенные Доказательства）加以区別，因而很容易使讀者混淆不清。

图 7-3　参与早期刑事证据问题的辩论

这篇文章发表的背景，是当时刑诉法学领域围绕刑事证据问题展开的一场辩论。先是郝双禄在《政法研究》1955 年第 2 期发表《关于刑事证据的几个问题》一文，随后《政法研究》在 1955 年第 4 期发表胡复申的《关于刑事证据的分类问题》、戈风的《关于间接证据》，与郝双禄展开争鸣。

郝双禄的《关于刑事证据的几个问题》，

是结合天津市人民法院工作的经验，围绕什么是证据、证据的分类（有罪证据与无罪证据、直接证据和间接证据）、通常使用的几种证据（被告人的口供、鉴定的意见、物证及其他以及证人的证言）等三个问题展开论述。胡复申和戈风都援引维辛斯基的《苏维埃法律上的诉讼证据理论》，认为郝文对证据从性质上分为有罪证据与无罪证据、从使用价值上分为直接证据和间接证据，值得商榷。

我和时伟超的文章，主要针对这三篇文章，提出如下三点意见：

第一，解决证据分类问题，首先需要明确证据分类的目的，即帮助司法人员正确了解各种证据的特点，更好地展开调查研究工作，从而正确认定案情，根据案情适用法律，对有罪者加以惩罚，实现国家审判权。在此基础上，我认为刑事诉讼中证据主要分为如下三种：（1）控诉证据和辩护证据，亦即有罪证据和无罪证据；（2）原始证据和传来证据；（3）直接证据和间接证据。因此，在控诉证据和辩护证据问题上，我们支持郝文，反对胡文。当然，我们对郝文中按照性质来区分有罪证据和无罪证据的提法，也提出保留意见。

第二，郝文并未提及原始证据和传来证据的分类，胡文、戈文亦未提及，而这个分类在我们看来是十分重要的。我认为，尽管原始证据相对可靠，侦查人员和审判人员应首先尽量注意搜集与利用原始证据，但在刑事诉讼中，传来证据同样有十分重大的作用，其表现在：（1）传来证据可以作为发现原始证据的手段；（2）传来证据可以作为审查原始证据的手段；（3）在原始证据不可能获得时，可采用传来证据来证实案情。

第三，郝文之所以未提及按照来源把证据区分为原始证据和传来证据，主要是因为其对这种分类和按与所调查事实的关系的分类混淆了。如果按与所调查事实的关系区分，证据可以分为直接证据和间接证据。因此，证据分为直接证据和间接证据、原始证据和传来证据，是按照不同根据而区分的，二者不能混为一谈。胡文和戈文对此同样有所混淆。我认为理论上贬低间接证据的作用，会助长实践中单纯追求口供、不深入调查研究的主观主义作风，应该同等看待直接证据与间接证据，根据两者的特点加以利用，不可偏废。

第四，在刑事诉讼中研究运用间接证据的规则，具有很大的实际意义。在刑事诉讼中如果缺乏直接证据，而完全根据间接证据定案时，应该遵守如下规则：首先，在利用各个间接证据前，审查其是否真实可靠。其次，必须确定间接证据与犯罪事实之间的因果关系。最后，间接证据仅仅是与犯罪事实有关的一些片段与线索，它不可能单独地证明犯罪事实及指出犯罪人，只有把这些线索搜集在一起，互相对照、审查，互相配合、补充，才能构成一幅完整的犯罪图景。

这场学术辩论，并未到此为止。《政法研究》1956 年第 4 期发表了张景明、阮伟昕的《刑事诉讼中间接证据与犯罪事实间是不是都存在着因果关系?》一文。后来郝双禄在《政法研究》1957 年第 1 期又发表文章《刑事诉讼中证据的分类问题和间接证据问题》，对我们的商榷作出回应。在这篇文章中，郝双禄尽管还有部分保留和辩解，但整体上，明确承认其在刑事证据分类方法上对原始证据和传来证据的忽略和错误，也明确承认其在区分证据的依据上存在的错误，即片面根据证据性质区分而未确切反映出这种区分方法的真正依据，对我和时伟超的意见完全接受。

当时，法学界不仅围绕证据问题持续争鸣，其他领域也有讨论，比如法律的阶级性与继承性问题、审判体制的审级划分问题、刑诉法中无罪推定问题等。在整风运动和反右派斗争之前，学术界确实呈现出百花齐放、百家争鸣的景象。

## 评上讲师

就我个人而言，1957 年以前，我的业务发展总体上相当快。在业务上，我不仅在校内，在全国刑事诉讼法学领域也已经冒尖，并且小有名气了。那时候能在权威期刊发表文章，很不容易。1979 年北京政法学院复办后，我很快就成为刑事诉讼法方面的业务骨干，这同原来的基础是有关系的。

1956 年，北京政法学院建校后第一次评定职称，评了一批讲师。我被评上了，当时算是比较年轻的讲师。

被评上讲师后，学校给我在花园路分了一套小两居。我现在有点记不清楚了，好像是两家在一起，住个大三居。在当时，这已经是很不错的条件了。

可以说，从 1952 年北京政法学院成立，到 1957 年整风反右之前，是我工作以后第一个小辉煌的时期。

总体来说，因为业务表现比较突出，我在 1957 年整风反右前，还是受到了组织上的重用。当时我记得被评上讲师以后，我的级别是高教九级，每月工资 89 元，而评讲师前每月只有七十几块钱。

## 沉重的政治包袱

在大学毕业前后，我就向北京大学党组织提出过入党申请。北京政法学院成立后，我的入党申请也转到北京政法学院，由北京政法学院的党组织进一步审查。

那时候要入党，组织就会调查申请人的家庭社会背景；如果不入党，组织一般不会管那么多。作为申请人，也需要自己证明社会关系确实简单清白。前面讲过，我父亲的问题，还有叔父在国民党军队系统高层任职且在台湾的问题，我没法证明社会关系简单清白。

因此，组织审查后，认为我的家庭社会关系有问题。根据内部规定，由于家庭社会关系复杂，这种情况不能入党。

鉴于上述情况，尽管我解放前就积极参加地下党外围组织的读书会活动，表现也比较好，但入党还是受到限制。从我自己感受来说，组织还是比较赞赏我、培养我的，在工作上还是很信任我的，包括我留校等都不受影响。但在入党问题上，组织严格执行政策，他们也给我讲清楚了。

当时，像我这种情况的应该不是少数，也没有什么，组织上该用还是用。但后来，像我这种情况，审查就比较严了，留校、招生就都不行了，会受到一定限制。

后来，我也想明白了。尽管我早就是团员，也是北大校团委的宣传干事，但是政治上我已经知道没有发展前途了。我要想追求进步，也只有在业务上全力发展。

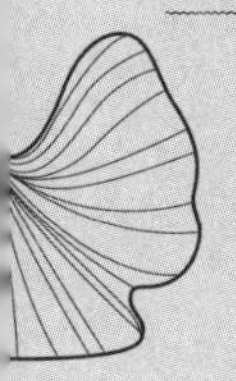

# 第二部分

# 曲　折

# 第八章 整风与反右

## 酝 酿

我在整风反右运动期间的经历，可以分为两块：一块是我自己的言论，以及最后被处分的情况；另一块就是我对钱端升先生的揭发批判。

整风反右运动是中华人民共和国成立以来一次重大的政治运动。这次政治运动实际上分为两个阶段：开始是整风运动，后面则是反右派斗争。

1957 年 4 月 27 日，中共中央发布《关于整风运动的指示》。这个指示按照中共中央八届二中全会的决议，决定在全党开展一场以正确处理人民内部矛盾为主题，以反对官僚主义、宗派主义、主观主义为主要目的整风运动，发动各界群众向党提出批评建议。

整风运动的端倪，在 1957 年年初就已出现。1957 年 2 月 27 日，毛泽东在最高国务会议第十一次（扩大）会议上，发表了《关于正确处理人民内部矛盾的问题》的讲话。在该讲话中，毛泽东针对匈牙利事件的教训，指出在我国有两类社会矛盾：敌我矛盾和人民内部矛盾。毛泽东指出，敌我之间和人民内部这两类矛盾的性质不同，解决的方法也不同。简单地说，前者是分清敌我的问题，后者是分清是非的问题。另外，除了两类矛盾问题，毛泽东还分别论及肃反、农业合作化、工商业者、知识分子、少数民族、不同思想百花齐放和不同政党长期共存互相监督、少数人闹事、坏事能否变成好事、节约、中国工业化道路等问题。

1957 年 3 月 8 日，北京政法学院召集部分教职工开会，钱端升院长在会上传达了该讲话精神。

1957 年 3 月中旬，中共中央召开全国宣传工作会议。毛泽东在会上重点讲了整风的问题。4 月 27 日，中共中央正式发布《关于整风运动的指示》，在全党范围内开展整风运动。

随后，整风运动在中央和地方各个层面同步展开。在中央层面，各个民主党派和党外人士纷纷应邀对党的工作提出意见。在北京政法学院，院党委也专门成立整风办公室。从 5 月 9 日开始，北京政法学院院党委集中邀请民主党派和党外人士举行系列座谈会，对党的领导工作中存在的官僚主义、宗派主义和主观主义提出意见。

## 旁观整风

整风运动开始后，北京政法学院开始组织"鸣放"。部分教职工和学生都积极利用座谈会、大字报、自由论坛等方式"大鸣大放"，对学院党委的工作提出各种意见。校园里贴满了大字报，还有人发表演说。

从一开始，我对整风运动没有任何介入。当时，我正在跟楚贡诺夫攻读副博士学位，一门心思、全心全意地准备专业课考试，主要精力都放在副博士学习上，对整风运动以及校内的大字报不太关心，没有去看大字报，也没有参加整风的会议。

就在"鸣放"过程中，中央层面政策有了调整。1957 年 5 月 15 日，毛泽东写了一篇文章《事情正在起变化》。这篇文章的核心，是说在社会上存在百分之一、百分之三、百分之五到百分之十的右派，"最近这个时期，在民主党派中和高等学校中，右派表现得最坚决最猖狂"。"现在右派的进攻还没有达到顶点，他们正在兴高采烈。党内党外的右派都不懂辩证法：物极必反。我们还要让他们猖狂一个时期，让他们走到顶点。他们越猖狂，对于我们越有利益。”这篇文章一开始并没有公开发表，而是党内层层往下传达，分层内部通报，要求各地继续组织“鸣放”。说白了，就是要引“蛇”出洞。

有一天，刑法教研室党支部书记找我谈话。他说，“光中同志，党领导的整风运动正在热烈进行中，大家都对党的整风提了很多意见。你怎么没有任何表示？你是年轻人里面的业务骨干，你是有影响力的人物，你没有对党整风作出贡献，这不行啊！”

我当时还是团支部的宣传委员。尽管我入党时候遇到障碍，但是党内一些同志对我还是很欣赏的。领导专门找我，我能不讲吗？我想这个时候，必须要响应党的号召。那时候，谁也不知道背后有什么阴谋、阳谋。领导既然找我，我说：“那行，我准备一下，参加会议，谈一下自己的看法。”

接到领导要我发言的任务，我才去校园里转了一圈。我看了一下别人的大字报都写的什么，找找灵感，结合自己的情况，准备发言。

我讲的这些，都是真实的，对历史负责。在这之前，我确实什么活动都也没参加，连大字报也没看过。

## 我的三点看法

看完大字报以后，内心还是有一些共鸣。

我理解，既然是给党整风，整风肯定要针对官僚主义、宗派主义之类，要在这方面提提意见。

在内心里，我对学校的现实也不完全满意。我是从北大过来的。北京政法学院刚开始搞两年制、搞阶段性学习，还有老同志占领了主要领导岗位……对这些东西，我多少也还是有一定的看法。

于是，我把这些东西综合后，准备了一篇发言提纲。等某一天开会时，我就按照提纲，做了发言。实事求是地说，我对学校有一定的了解。我这个人，不说则已，一说就说得比较系统，各方面都说了。当时的发言时间估计在半小时以上。

发言的内容，依稀还记得有几点：

第一，学校过去教学方针不正规。在教学改革上，存在老华北革大的那种非正规办学思想，不能适应时代的要求。实际上，这个问题当时已经基本解决。但作为整风运动，我认为这个事情还是要提，要吸取教训。

第二，在人事方针上，对青年知识分子重视不够。青年知识分子当时多少还能用，老知识分子基本都靠边站了。我自己觉得，作为青年知识分子，是骨干，但是毕竟是老干部掌权，感觉不被重用。

第三，关于肃反问题，我看到学校里有老师被审查，但是也没有什么结论。我怀疑肃反是不是有扩大化的现象。

我印象里主要是这三条。发言的具体日期，现在记不清了。因为我不是一开始就参加整风运动的，考虑到后来被教研室领导动员，极大可能就是在《事情正在起变化》传达或者发表之前。

当时，学校有一份油印的《整风简讯》，反映北京政法学院整风运动的动态。我的这次发言，因为比较系统，《整风简讯》还把发言的要点，比较详细地刊登了出来。现在我想不起来是登一期还是两期，但肯定是登出来了。

后来组织给我平反纠正错误时，说《整风简讯》不能留在档案里，销毁了。销毁有好处也有坏处。实际上留下来，可以再看一看怎么回事。现在就只能靠回忆。

我的发言公开发表后，白纸黑字，不仅领导看到了，大家也都看到了。这个发言之后，我也没有再继续参加整风运动。

## 同领导的一番对话

1957年6月8日，中共中央发出《关于组织力量准备反击右派分子进攻的指示》。

同一天出版的《人民日报》发表社论《这是为什么?》，向外界发出反击右派的信号，整风运动全面转向反右派斗争。这篇社论指出，“有极少数人对社会主义是口是心非，心里向往的其实是资本主义，脑子里憧憬的是欧美式的政治，这些人就是今天的右派。在‘帮助共产党整风’的名义之下，少数的右派分子正在向共产党和工人阶级的领导权挑战，甚至公然叫嚣要共产党‘下台’。他们企图乘此时机把共产党和工人阶级打翻，把社会主义的伟大事业打翻，拉着历史向后倒退，退到资产阶级专政，实际是退到革命胜利以前的半殖民地地位，把中国人民重新放在帝国主义及其走狗的反动统治之下”。尽管这篇社论也强调，“共产党仍然要整风，仍然要倾听党外人士的一切善意批评，而人民群众也仍然要在共产党的领导下坚持社会主义的道路”。

我感觉大事不妙。我内心直觉认为，我的发言有问题，不符合这个社论精神。

反右派斗争刚开始，运动还没搞到我头上。我主动找领导。我说：“我的发言现在看来是有一定的问题。但是，这不是我主动要发言，是您作为支部书记找我，我作为团支部委员、共青团员，响应党的号召才发言的。”

当时，领导脸色很严肃。他跟我讲：“是我找你来作帮助党整风发言，这个没错。但是你来发言、怎么发，是你的事儿！”

我当时也不服。我说，“当时的情况下，只要发言，就肯定得从这方面来发”。

他说：“那不一定。也有的人当时就表态，对有些言论不满意。”

领导说的这种情况，当然也有，但不具有普遍性。当时大家只要发言，整体上都还是本着全心全意帮助党整风的诚意，坦率表达出自己对官僚主义、宗派主义、主观主义的真实态度。

我和领导的这次对话，不欢而散。谈完后，我就等着被处理。

那时候，我只是一个年轻的讲师，并不属于冒尖的处理对象。反右派运动开始后，批判和处理的都以冒尖儿的为主。我尽管讲得也比较系统，但不属于冒尖的。相当于被引“蛇”出洞“引”出来的，而且我的发言本身，还是有一定分寸的。

这位领导是老同志，属于老同志里头的“左”派。他调到北京政法学院后，开始在院办做行政领导工作。但是他主动提出来，愿意调过去搞业务。后来就转到业务口，领导刑法、刑诉这一块，这样我就归他领导了。他作为老同志里有代表性的人物，有优点，而且还有点锋芒。后来反右派斗争中，该领导在政治上、学术上一马当先，批判无罪推定等。

反右派斗争一开始，我既没有积极性，也没有让我参加批判，我就靠边站了。

## 批判钱端升的来龙去脉

在我感觉到自己有错误，但是还没被批判、下放、处理时，有一天，一位同事主动来找我。

当时，我和这位同事都是从北大过来的年轻教师，关系比较熟悉。北京政法学院反右派斗争中所谓的“六讲师反党集团”，包括余叔通、宁汉林、程筱鹤、张鑫、欧阳本先、张国华，也都是北大过来的，而且都是党员。当时他们中间的个别人，已经不在北京政法学院，比如张国华已经调回北大了。“六讲师反党集团”成员中，有两个被划成右派，一个是余叔通，一个是宁汉林，其他都作为“六讲师反党集团”分子被公开批判，但都是作为党内错误处理的。

“六讲师反党集团”是怎么回事呢？他们六个人，因为张国华搬家，乔迁之喜，大家都过去庆贺。在吃饭过程中，东聊西聊，天南地北，对于学校的情况有一些议论。这次聚餐显然不是专门组织的。程筱鹤很谨慎，事后专门向校党委副书记鲁直汇报，说庆祝张国华乔迁之喜，在吃饭时我们部分从北大过来的党员，说了一些对学校的看法，也有点议论。而这次聚会，就成为他们反党的主要依据。后来，他们就被打成反党集团，其中余叔通、宁汉林被打成右派。

不管怎么说，我们都是一块从北大跟着钱先生过来的。

从我个人来说，尽管我们都是跟着钱端升一块过来的，但是我不像他们跟钱先生有直接交往。1952 年我从北大毕业后，系主任费青建议我留校当助教。留校以前，我在广西搞土改，跟学院里交往很少。我留校后，同这些党员、助教，比如余叔通、宁汉林等，也只是略微有点认识。

这时同事突然找我，意思说，“钱端升已经出问题了，报纸上已经开始揭发批判了。我们从北大一块过来的，不能没有态度。你是否考虑要做个发言？”他的意思我能感觉出来，他是根据组织的意见，让我在批判钱端升的会议上发言。

那时候我跟这位同事关系还算可以，但算不上有深交。毕竟都是从北大过来的，感情上互相比较认可。

这位同事一开始找我时，我没有任何思想准备。整风运动我前面没有积极参加，反右派斗争开始后，我感觉自己的发言很有问题，惴惴不安，没有进一步马上检讨，也没有去揭发批判别人。

而且，不管是在北京大学还是在北京政法学院，平常我和钱端升等院领导也没有任何接触。到北京政法学院之后，钱端升是院长，是民主党派的负责人。我是一般的助教，后来是讲师，并没有任何联系。钱端升也没有找过我。大会就不说了，小型的座谈会我都没有参加过。我和钱端升没有任何直接的关系，更不要说个别谈话。这一点我跟从北大来的其他人不一样，他们同钱端升有些接触，我是毫无接触。

这位同事问我：“你要不要做个发言？”

我说：“我不了解情况。这是什么意思啊？”

他就隐晦地说，这个意见是经过领导考虑的，意思是上面定的。但也没有说得很明确。

那时候我作为一个年轻人，没有什么运动经验。整风运动中的发言，确实是响应组织的号召，去帮助党整风。后来出问题后，比较忐忑，现在又要安排我去发言。我感觉很突然。所以我说："我什么情况也不知道啊。"

同事回答："组织负责给你提供材料。材料统一准备，然后提交给你。你根据材料准备发言。"实际上关于钱端升的材料，他们内部已经有准备。很快，他们就把整理好的材料给了我。

当时，我心理压力很大。这是领导交代给我的任务。而且我自己前面发言有错误，心里觉得，现在不发言、不表态，领导会觉得你态度更不行了。我面临着巨大的双重压力：一个是领导交代给我的任务，另一个是自己觉得有问题。在这种背景下，我做了批判钱端升院长的发言。

## 我对钱端升的批判

北京市法学界在 6 月 21—25 日连续开会，揭发批判钱端升。

我是在哪天参加的会，记得不太清楚。根据后来《光明日报》对法学界揭发批判钱端升的报道，报道中有我、曾炳钧、于振鹏、周仁等的揭发和批判。这里头我是打头的。于振鹏是教授，民盟盟员，图书馆馆长。曾炳钧是清华过来的老教授，同钱端升院长关系不熟，他很低调，即便发言，也没有讲那么多。周仁是院办副主任，他也是从北大过来的。

在发言中，我就按照组织提供的材料，照本宣科，从几个方面来讲。实际上有很多东西，我根本不知道。比如揭发材料里，学生给钱端升写信，然后钱端升就及时回信。当然，还有其他细节。类似这种情况，我确实一无所知。

因此，我批判钱端升的发言，没有一条材料是我自己掌握或者主动提供的，全部是组织事先准备好提供给我的。

1957 年 9 月，北京政法学院院刊编辑委员会、北京政法学院《教学简报》编辑部曾经联合编辑过一本《反击右派斗争专刊》。这本专刊收录了一些北京政法学院师生、校友揭发和批判院内右派分子的文章；揭发和批判的重点是钱端升，但也有针对于振鹏、罗典容、陶和谦、周仁等教职工和在校学生章文岳等的文章。不仅有揭发和批判的文章，也有个人的交代，比如杜汝楫的《一贯反共的钱端升》和《交代我在党整风期间所犯的反党反社会主义的罪行》。

我对钱端升的揭发和批判，以《钱端升是政法界的右派阴谋家和章罗联盟中的大将》为题，收录在专刊中。

这篇文章共分为四个部分：第一，从哪几个主要方面向党发动进攻。主要涉及：（1）主张取消党委制，叫嚣要政法部门向旧法人员“开放”，妄图篡夺党在政法方面的领导权；（2）反对院系调整和教学改革，阴谋复辟资本主义政法教育制度；（3）攻击党的干部政策和人事工作；（4）诋毁我院的肃反运动。第二，如何组织反党力量，有计划、有策略地向党进攻。主要要点如下：（1）利用政法学院民盟支部作为反党反社会主义的工具；（2）进行私人拉拢和挑拨活动，与党争夺群众并企图分裂党；（3）在整风期间，煽动群众向党进攻，并公开鼓励、支持反动言行。第三，与章罗联盟的关系岂止思想共鸣而已?！第四，原来是披着学者外衣的反动政客，美国文化特务的知心密友。

当时，就是这么个情况。回头来看，我对钱端升的批判，就是组织给我布置的任务。

## 道歉、理解和原谅

钱端升先生在落实政策后，没有回中国政法大学。他家就在政协礼堂后面的一个胡同里，离教育部很近。逢年过节，特别是春节，余叔通都约我一块去看望钱先生。余叔通原来做过钱先生的党员秘书，我又在中国政法大学担任校领导，都和钱先生有交集，所以我们常一起去。

有一次看望钱先生时，余叔通主动提起来 1957 年的往事。我们当着钱先生的面，表达了歉意。余叔通的大致意思是，在反右运动期间，我们北大过来的人也参加了对钱先生的批判，感觉很对不起钱先生。这是余叔通主动讲的，我也跟着表达了类似的意思。地点就在钱先生家的东厅。

听到我们这么说，钱先生很大度。他说："你们都别说啦！这都是当时的形势所迫，不是一个人的问题。"钱先生丝毫没有一点怨言或责备，表现出理解和宽容。

我担任校领导后，看到钱先生家里哪里有破损，比如烟囱坏了、窗户破了之类，就让中国政法大学的后勤部门帮忙修缮。那时钱先生的人事关系不在中国政法大学，这些事按说不应该由中国政法大学处理。但我跟后勤部门说："这是我们的老院长，你们不管他的人事关系是不是在中国政法大学，该修缮就给修缮。"

2018 年 2 月 24 日，大年初六，正是千家万户迎新春之际，钱端升先生的次子钱仲兴造访我家，邀我为他所完成的《父亲钱端升》一书作序。钱仲兴以钱端升的部分日记作为基础材料，加上他作为儿子与父亲一起生活的所见、所闻、所感，历时四年，完成了这本钱端升的传记，写他记忆中的父亲钱端升。他作为钱端升的后人，邀请我给这本书写序言。

事先，我并不知道他们是出于什么原因来邀请我。我说，这事儿我当然很高兴，但我不是很了解钱先生的详细情况。我跟他讲了原委：1950 年夏，我转入北京大学法律系学习，当时钱端升先生任法学院院长；1952 年我从北京大学法律系本科毕业，留校任助教。其间，我和钱端升先生并没有什么直接交往。当时正值中央启动院系调整，我们北大政治系和法律系师生员工，又跟随已经担任北京政法学院筹备委员会主任的钱先生，一齐转到北京政法学院。我告诉钱仲兴，尽管我和钱先生并没有什么直接的接触，对他了解也不多，但我在内心里对他是充满师生之情的，我很愿意写一篇序言。

钱仲兴就把他的初稿发给我。我读完 17 万多字的书稿，倍增对钱先生的了解和敬仰之情。拜读完毕后，我结合这本书稿的内容反复斟酌，写了篇约四千字的序言，主要肯定钱先生五个方面的事功：第一，他作为一位卓越的政治学家、法学家所取得的学术成就；第二，他作为一位杰出的爱国主义学者，在数十年人生历程中的所作所为；第三，他作为一个不畏强权的民主主义斗士，秉承读书人兼济天下的入世态度，以满腔的报国热情反对强权、追求民主的英雄事迹；第四，他作为一位成就巨大的教育家，在教书育人方面所取得的重大成就；第五，他作为一位重视亲情友情的学者，日常生活中对家人、对亲友关怀备至，十分重视亲情和友情的生活点滴。

写这篇序言，我花了不少时间。写完以后，就发给了钱仲兴，钱仲兴看了我的序言，觉得我写得很认真。他对个别不准确的地方提了修订意见。这件事到现在有几年了，但这本书似乎还没有出版。

讲这些背景，主要也是想说：尽管在反右运动中，我奉组织的命令批判过钱先生，但钱先生以及他的子女，在这个问题上并没有耿耿于怀，并没有不谅解。不管是钱先生和我之间，还是钱先生的后人和我之间，都保持正常的关系。

整风反右涉及个人的这段历史，是一段让人心痛的经历。人生的不幸，又对别人做了有害的事，两头加在一起，感觉心里不舒服，所以也不愿意经常碰触。而且就我个人说，人生做一件错事，尽管有客观的历史原因，但还是深感遗憾吧！

## 我生怕被划成右派

对我的处理结果是在1958年中秋节前后宣布的。那时候，反右派斗争已经到了组织审定阶段，最后“补课”。有少数人被补定为右派。

院党委最后给我的定性是严重右倾错误。领导跟我谈话时说：“你的言论已经够右派标准，条件不是不够。但是考虑你的情况，以及我们北京政法学院到现在为止，右派分子已经比较多，不宜再多划，有些可划可不划的就不划了。”

这也就是说，我实际上获得了宽大处理。我当时深感这是不幸中之幸事。不管怎么说，幸免于被打成右派，有一种劫后余生的感觉。

处理结果出来后，团支部对我组织了一次团内批判会。我先检讨，然后大家批判。批判后，团支部宣布，决定开除我的团籍。在共青团内部，这属于团内最高级别的处分。但学校在行政层面，没有处分我。

没有被打成右派和被打成右派的还是有很大差别的。在反右派斗争中，北京政法学院共有 176 人被划成右派，其中教师 49 人，学生 127 人。这些师生先后受到劳教、开除、留校察看、劳动察看等处分，甚至有 3 人受到刑事处理。

跟这些被划为右派的师生比，我就幸运多了！不管怎么说，被开除团籍也好，被定性为严重右倾错误也好，对没有被打成右派这一点，我就很知足。

处理结果出来时，快要中秋了。有一段时间，我就在学校里接受审查，学校都不让我回家。审查完了，学校才让我回家。回家以后，我跟爱人见面，谈处理情况。我说，这就是从轻发落，已经很好了，中秋节快到了，我们一起吃顿饭“庆祝”一下。我就领着我爱人、孩子，去了西单那边的谭家菜，大吃一顿，表示庆贺。一晃多少年过去了，我还记得有些细节。

处理之前，作为待处理对象，我们开始接受劳动锻炼。我们属于有问题，但又不是很冒尖儿的。有一段时间，是在学校劳动；后来去了下面，继续劳动。在一起劳动的，后来大部分最后都被定为右派，只有少数没被定为右派。我就是属于一起参加劳动待处理的同事里头，没定右派的几个人之一。

这些是我个人处理情况。这些经历，在当时让人紧张万分，今天看来都是笑话。

年轻的时候，我想当学者，想成为知名法学教授，而且在 1950 年代初期，就小小辉煌了几年。从 1957 年开始，我的人生就进入长达二十二年的曲折期。整整二十年，有很多变化。但整个心情很压抑，郁郁不得志。

# 第九章　国家新阶段，人生曲折期

## 从刑诉到历史

整风反右之后，国家进入新阶段。我的人生也进入曲折期。

反右派斗争结束后，学校教学并没有回到正轨。那几年政治运动多，深翻土地、除四害、人民公社化、修建水库、大炼钢铁、大跃进、大办工厂等，学校都要贯彻执行。师生们去大钟寺挖过地，去十三陵水库参加义务劳动，在校园里办过烧砖厂、造纸厂，去东升公社收过麦子，甚至在校园里大炼钢铁……从学校层面看，那几年的教育秩序只能是有一搭没一搭，教学活动被各种形式的劳动代替，师生们把大量时间投入到劳动中，正常上课的时间大为减少，学院的教学科研秩序受到严重冲击。这种情况，持续到 1961 年“高教六十条”发布，才稍微好点。

从学校来说，整风反右以后，根据运动情况对教师队伍作了相当程度的调整。

右派肯定要处理。处理右派，中央政策是分好几个等级，要根据不同等级做不同的处理。一般的右派都不开除，但是都不能在业务部门待了，要从业务部门调整出来。有极个别右派分子构成反革命的，还被判刑。有的右派分子，是被开除公职以后，送劳动教养，这是属于很严重的情况。有的右派被调离北京，调到大西北。

北京政法学院的一般右派，大都留在校内，调整工作岗位。比如从业务教研室调整到语文教研室教语文、外语，或者去图书馆等部门。这是轻一点的，严重的也有被开除公职、送去劳动教养的。

就我个人来说，整风反右中被定性为“严重右倾错误”，被开除团籍，从此我就明显地成为政治上有问题的人。这个处理带来的明显后果，就是我的工作岗位被调整。我原来是搞刑事诉讼法的，当时刑法、刑事诉讼法，都属于政治性比较强的专业，直接涉及人民民主专政。学校对我的工作的调整，是从刑诉业务教研室调去教历史。当时组织找我谈过话时明确讲：“你这个情况，不适合在业务教研室了。根据你的实际情况，组织上调整你去教历史。”应该说，组织对我还是比较宽容的。

当时教历史，也有另外一个背景。1959 年，北京政法学院受北京市的委托，组织北京市中小学政治课老师开展四年制培训，为北京市各中学培养政治课师资。为完成这个任务，北京政法学院增设了政治理论教育系，简称政教系。政教系每年招生 100 人，基本任务是培训中学政治教师。政教系主要开设如下课程：社会主义与共产主义、政治经济学、哲学、中共党史、形势与任务、国家与法的理论、教育学、中学政治课研究、中国史、世界史、体育、逻辑学、汉文以及外文等。

为完成历史课教学任务，北京政法学院不仅接收了一个从外面分配来的历史系毕业生，另外也把我调去。在当时来说，我算是有一些教学经验，只不过我确实没教过历史。

但我还是非常高兴。一方面，毕竟还让我教书。另一方面，离开刑诉专业教历史，对我来说是最好的兴趣和爱好。因为我从小喜欢读古书，小学时就读过许多古代小说，《水浒传》《三国演义》小学时就读过，也喜欢中国历史。

就这样，我就过去教中国历史了！

## 政教系新来的历史老师

我到政教系后，组织重新给我分工，让我讲中国古代史。

历史课教学原来隶属于法制史教研室。我们当时属于法制史教研室的一个教学小组。

我们那个教学小组，有个教古代史的老师叫吴起灼，他同我配合开课。吴起灼刚从武汉大学历史系毕业，没有教学经验，而且中国古代史前面部分确实比较难讲。所以，组织上让我讲古代史前面的部分，从氏族社会到魏晋南北朝；吴起灼讲后面的部分，从隋唐开始到宋元明清。

我服从组织分配，克服困难，承接了这项任务。

我讲这门课的时间，应该持续了几年。1963 年之后，政教系停止招生。

我的教学效果还是很不错的。当时政教系一次招上百个人。不是小教室上课，招进来的学生全部上大班。

我和吴起灼关系一直很好。他后来又调回武汉工作。前十来年，他到北京来，还来看过我。

对我来说，这段经历过得还是很愉快的。我的历史教学工作，也是从此开始。后来我到广西大学，又教历史。当然，在广西教历史，要我讲近代史，我又重新开始准备近代史的课程。

## 对我国刑法史的早期梳理

在这个时期，我还写了一篇文章，就是发表在《法学研究》1963 年第 4 期的《我国古代刑事立法简述》。在我学术生涯的早期，这篇文章有一定价值。

我国古代的法律，主要是刑律。这篇文章，试图介绍中国古代刑事立法的发展状况，梳理我国古代刑事立法体系的沿革。我从夏、商、周三朝的非成文法谈起，再到春秋战国时期子产铸刑鼎、李悝编《法经》、汉朝《九章律》，经历三国两晋南北朝不同幅度的增补后，再到唐朝的《唐律》、宋朝的《刑统》、元朝的《典章》、明朝的《大明律》和清朝的《大清律》等，有个清晰的轮廓。通过梳理，我基本上清楚概括了每个朝代刑事立法的基本特征。在文章中，我还根据程树德的《九朝律考》中的《律系表》，改绘了一幅“中国封建社会刑律发展线索表”。

通过梳理，我得出三点结论：第一，古代刑事立法史表明，历代封建统治者都很注重刑事立法工作；第二，中国封建法制的发展，呈现波浪式逐渐完备的状况；第三，封建社会体系下，封建统治者的“守法”具有一定的阶级属性：一方面他们相当重视通过法律来实施专政，另一方面却从未因此束缚自己的手脚。

《我国古代刑事立法简述》是我在1960年代发表的唯一一篇学术论文。当时，能够用一万多字勾勒清楚整个中国古代刑事立法的线索，也还是不容易的。那时候运动频繁，教学科研秩序严重受到冲击，大家都不写文章、不发表文章了。

改革开放初期，这篇文章还曾经过修订，以《我国古代刑法的演变》为题在《历史教学》杂志1979年第9期发表过。

·28·

我国古代刑事立法簡述

陈光中

毛澤东同志历来教导我們要重視学习历史。他曾指出：“指导一个偉大的革命运动的政党，如果沒有革命理論，沒有历史知識，沒有对于实际运动的深刻的了解，要取得胜利是不可能的。”（《毛澤东选集》第二卷第521頁）因此，对于我們政法干部来說，不仅必須学习馬克思列宁主义、毛澤东思想，要了解和参加国内国际的阶級斗爭，还需要了解一些法制史知識。为此，本文試图簡单地介紹中国古代刑事立法的发展概况，以供参考。

懲罰犯罪的刑法是随着阶級、国家的产生而产生的。公元前二十一世紀夏朝的建立，标志着中国进入了阶級社会，产生了奴隶制国家。在夏、商、周三代的奴隶制国家里，奴隶主貴族为了保护他們的私有财产，鎮压奴隶和平民的反抗，便制作了刑法。“夏有乱政而作禹刑，商有乱政而作湯刑，周有乱政而作九刑。”（《左傳》昭公六年）这說明三代之所以需要制作刑法是由于“乱政”、即由于阶級矛盾和斗爭所直接引起的。到了西周后期周穆王的时候，則进一步制定了“五刑”三千条。五刑是指墨（黥面）、劓（割鼻）、刖（砍足）、宫（男子割掉生殖器，女子禁閉在宫中）、大辟（杀头）这五种刑罰。尽管三千条之数不一定可靠，但却表明了奴隶主貴族在一千多年的专政过程中，初步积累和总結了刑事鎮压的經驗，使刑法制度逐步系統化了。

但是，夏、商、周三代并沒有頒布过成文法典。五刑三千条大概是統治者实际执行的具体刑法制度的大略总計，而不是公布过三千条法律。其所以如此，是因为：第一、当时的刑法是专門为以奴隶为主的人民大众（称为“庶人”）而設的，至于奴隶主貴族的行动准則是所謂“礼”。即便奴隶制国家对个别貴族实行懲罰，但为了严格区別統治者与被統治者之間的貴賤尊卑界限，在名义上受罰者仍不算犯罪，不适用五刑。《礼記·曲礼》：“礼不下庶人，刑不上大夫”，孔穎达解釋“刑不上大夫”說：“制五刑三千之科条，不設大夫犯罪之目也”（《礼記疏》）。既然刑法被公开宣布主要是为奴隶而設的，而奴隶“形同畜产”，根本不被当作人看待，奴隶主貴族可以任意加以杀害；那末，自然沒有太多必要来专門頒布成文法典了。第二、当时的奴隶主貴族利用以亲屬血緣关系为紐帶的氏族組織形式，实行宗法分封制度来統治奴隶。在宗法分封制度下，每个封国里的奴隶主家族对其所分封到的土地和人民，进行着基本上是独立的統治。因此国家就沒有必要来頒布統一的法律。

我国成文法典的頒布是从春秋战国时代开始的。那时候，奴隶制度趋于瓦解，封建制度开始形成。旧的奴隶主貴族沒落了，新兴地主阶級登上了历史舞台，奴隶轉化为个体生产的农民。新兴地主阶級的政治代表人物，如子产、李悝、商鞅、韓非等人，为了实行封建改革（变法）以确立地主土地私有制和君主专制中央集权制，都极力推行所謂“法治”，使法律“編之图籍，設之官府，而布之百姓。”（《韓非子·难三》）換言之，就是要公开頒布成文法来作为实行封建改革、建

图9-1　对我国刑事法律史的早期研究

# 第十章 “四清”运动前后

## 山雨欲来风满楼

接下去就是另一个重要阶段，1964 年在农村搞“四清”。

“四清”运动更正式的叫法，是“社会主义教育运动”。早在 1957 年，毛泽东就在《一九五七年夏季的形势》一文中，提出每年“向全体农村人口展开一次大规模的社会主义教育，批判党内的右倾机会主义思想，批判某些干部的本位主义思想，批判富裕中农的资本主义思想和个人主义思想，打击地富的反革命行为”。

从 1957 年开始，农村社会主义教育运动每年都在进行。人民公社化运动以及三年严重困难时期，农村地区的整风整社运动并未停止。在多年的运动中，逐渐形成一整套体系化的整风、整社步骤，成为“四清”运动的预演和准备。

1960 年代初，随着“大跃进”、人民公社化等运动的影响，叠加三年严重困难，造成国民经济和民生的巨大困境。

此外，从当时中国所面临的国际环境来看，中苏关系、中美关系也处于比较困难的境地。在这种背景下，毛泽东认为中国有必要“重新提起阶级斗争”，“要承认阶级长期存在，承认阶级与阶级斗争，反动阶级可能复辟，要提高警惕，要好好教育青年人，教育干部，教育群众，教育中层和基层干部，老干部也要研究教育”，阶级斗争必须“年年讲、月月讲、天天讲”。

1962年9月，毛泽东在八届十中全会上强调阶级斗争的严峻形势，决定在城乡发动“四清”运动。1963年2月中央工作会议后，进一步调研和凝聚共识，在5月份印发《关于目前农村工作中若干问题的决定（草案）》，作为“四清”运动的纲领性文件。随后，各地开始根据中央部署，开展社会主义教育的试点工作，“四清”和“五反”在中央和地方层面铺开。

## “四清”分为两个阶段

“四清”分为试点和全面推行两个阶段。

前期试点阶段，主要是结合河北保定的“四清”经验，在农村普遍开展清账目、清仓库、清工分和清财物。在实际执行中，下面的“四清”就相当“左”了。“四清”工作队会发动群众，斗农村的“走资派”，发动社员搞村里的队长、会计、村长等村干部。在三年严重困难时期，那些村干部可能多少有点占小便宜的行为。这都属于多吃、多占。在村干部挨整的材料中，都是所谓多吃、多占等问题。这个阶段，整体比较“左”，人为制造出阶级矛盾不断激化的事实，一些地方甚至产生打人、捆绑、罚跪等现象，自杀案件频发。

通过调研，中央也有所反思。1963年11月形成并定稿的《关于农村社会主义教育运动中一些具体政策问题》中，对“四清”运动第一阶段的目标、策略和具体政策，有较大的调整。

1964年8月，中央逐渐形成让大学生参与“四清”运动的思路。按照1964年9月发布的《关于农村社会主义教育运动中一些具体政策的规定（修正草案）》，“四清”运动进入新的阶段，旧“四清”变成新“四清”，即清经济、清政治、清思想、清组织。而且，要以大兵团作战为主，机关领导都要下去蹲点，高校成为“四清”运动的重要参与力量。

1964年9月1日，中共中央批转王光美的《关于一个大队的社会主义教育运动的经验总结》，“桃园经验”正式形成，并成为“四清”运动的主要指导。

“桃园经验”内容包括如下几个方面：第一，宣讲“双十条”，采取背靠背的开会方法，强调扎根串联，扎正根子；第二，组织革命的阶级队伍，放手发动群众，开始“四清”；第三，发动群众忆苦思甜，通过写家史、村史，登记阶级成分，然后转入对敌斗争；第四，加强组织建设，强调阶级斗争的严重性、尖锐性，挖出“钻进党内的坏分子”，追出上面的根子；第五，强调农村阶级斗争的焦点是和平演变。

后一阶段的“四清”运动，更多的是贯彻和落实“桃园经验”。

## 北京政法学院参加“四清”

1964 年 10 月到 1965 年 6 月，北京政法学院第一批师生被派往广西兴安和四川温江、乐山等地参加“四清”运动。

那时候，学校没有太多书可以教。我是属于教师里政治条件差的，业务上不被重用，多少有点受贬低。所以出去搞“四清”，首先就派我们出去。

我们先到广西桂林集训。集训结束后，去广西的和去四川的分开。我被派往四川温江的一个小村子。温江地处成都附近，这个村子条件还算比较好，至少在当地还不错。但实际上，还是很穷。

第一阶段“四清”运动结束后，中央政策开始调整。第二阶段的“四清”运动，主要是贯彻落实《农村社会主义教育运动中目前提出的一些问题》（简称《二十三条》）文件，纠正王光美的“桃园经验”。也就是说，“四清”继续搞，但比较注意讲政策了。

北京政法学院第二阶段的“四清”，安排在河北香河。

1965 年 9 月 14 日，时任北京政法学院党委副书记李进宝带领第二批师生共 500 多人，前往香河，参加第二阶段“四清”运动。

图 10-1　1966 年 3 月 20 号中共天津地委香河四清工作团代表合影

在香河搞“四清”期间，我还是一个乡里头的副队长。在那个乡，队长是当地的一个干部，指导员是我们学校总务处的一位副处长张文林。

张文林是个老同志，参加革命比较早，作风很朴实，人也很好。他给我安排一个副队长，对我来说已经是很大的信任。我们之间合作得也很不错。

当时我们队里头，有个学生秘书叫索维东，工作很扎实。索维东是 1963 级学生，“四清”运动时他已经读大三。我是副队长，他是学生秘书，我们工作、生活在一起，结下了深厚的友谊。大学毕业后，索维东被分配到新疆，改革开放后调回检察系统，在吉林省人民检察院一步一步提升起来，曾担任过吉林省人民检察院党委书记、检察长。多年以后，我们还一直保持联络。在他主持吉林检察工作期间，还曾邀请我去吉林省检察系统讲过学。

## “四清”对我是一种解脱

两期“四清”运动下来，一晃就两年。

因为参加“四清”运动，我连续两年在外面，不在学校。尤其是第二期“四清”运动，我们长期驻扎在河北香河。直到 1966 年 5 月“文革”开始，我们才奉命撤回来。

在当时来说，我们参加“四清”运动，更多的是一种学习和自我改造。在 1966 年出版的唯一一期《政法研究》上，登了我、郇名扬、薛梅卿三人联合署名的文章《在社会主义教育运动中自觉地改造自己》。我们用文字表达了参加农村社会主义教育运动后，思想上所受到的重大启迪和震动。

这篇文章里，既有经历，也有感受，还有反思，忠实地记录了我们的经历：“我们初到农村时，吃粗粮难下咽，用农民的碗筷嫌不干净，和农民同住也嫌不卫生，劳动过后的酸痛劲嫌不好受。”“在运动中，当觉悟了的群众揭发地富反革命分子的反动罪行和本质时，我们不仅对阶级敌人感到愤恨，也对自己的麻痹无知感到震惊。”“到了农村，和农民一起插秧、挑粪、打柴——每当汗流浃背、腰酸腿软之时，亦是我们对农民常年劳动的艰辛有所体会之时。”“在和贫下中农朝夕相处中，在他们的影响、教育和熏陶下，劳动人民的阶级情感开始点点滴滴地渗透到我们的思想情感中来了。庸俗、低级的资产阶级的生活方式和生活情调受到唾弃，劳动人民的革命的、乐观的、健康的生活情调树立了起来。知识分子的那种离群索居、孤芳自赏、精神空虚的状况改变了，心情开朗，精神振奋欢畅了。”现在看来，这些文字，当然有时代的痕迹，但那时候，却是我们发自内心的反思。

就我个人而言，这两年都是到农村，远离家庭、远离教学，确实有一些不便和不适。但对我来说，也是一种解脱。

整风反右以后，我一直抬不起头。学校尽管还安排我继续做教学工作，但从刑事诉讼法到古代史，专业差别大，实际上内心是很压抑的。毕竟是犯了错误的干部嘛！

因此，我自己当时的心态，是很愿意去外面参加“四清”运动。在北京待着，没事可干，也没有书好教。由于政治条件不好，在学校里没空间。下乡搞“四清”，抛开这些东西，在工作队反而比较受重用。在参加“四清”期间，我个人感觉，有一些放下思想包袱，感觉有点解脱了。因此，说内心话，下乡搞“四清”尽管离家很远，但我还是很愿意去。

整体看，我下乡搞“四清”，表现也还是很不错的。尽管我当时属于犯过错误的干部，属于戴“罪”之身，但是干起工作来，我还是很踏实、很认真，应该说也还比较能干。所以香河“四清”期间，我还曾被评为积极分子，参加过几次表彰积极分子的会议。

# 第十一章　“文革”杂记

## 在校门口遭遇“文革”

1966年5月16日，中国共产党中央委员会发出《五·一六通知》，标志着史无前例的“文革”全面发动。5月25日，聂元梓在北大贴出被毛泽东称为“全国第一张马列主义大字报”。

到了六七月间，“文革”已经全面铺开。北京的“文革”是从市委开刀，层层往下推进。在北京市层面，很快开始揪斗“走资本主义的当权派”。

从个人经历来说，还是有点惊心动魄。当时，我们还在香河开展“四清”运动，后来接到学校通知，要求我们全部回来，参加北京政法学院的“文革”运动。

我记得很清楚，我们从香河回到学校门口下车后，是从学院路校区北门那边整队，然后列队前进，两边夹道欢迎，师生们陆续有序回到校园。

实际上，所谓的夹道欢迎，也是学校里造反派提前布置好的。他们已经很有准备，提前物色好北京政法学院“四清”师生员工中的主要揪斗对象，其中就有张文林。

张文林同志我前面提到过。在北京政法学院时，他是后勤部门的正处级干部，好像是总务处副处长；在香河“四清”期间，我们在同一个乡的工作组里。他是指导员，我是副队长。张文林为人很朴实，我们配合得很好。尽管他是老干部出身，但对我很尊重。我在反右运动期间犯过严重右倾错误，他也不计较。我们合作之余，也闲聊，他也跟我讲他个人的事情，彼此比较信任。

进入校园的时候，张文林是我们这一队的领队，我紧跟在他后面。

一到学校北门，那边造反派学生里就有人走到张文林面前问："你叫张文林吗？"张文林说："是啊！""走！你要老实交代！"马上几个人过来，就把他从队伍里拽出来，带走了。

张文林当然没有想到，一脸愕然。我们大家也没有想到。

当时我们确实很震惊，搞不清楚怎么回事。那时候"文革"刚刚开始，揪斗对象主要是各级领导干部。张文林正好是处级干部，不幸就成为第一批被整的对象。这一切，都是事先计划好的。

造反派把张文林揪出来后，就开始在小范围内批斗。我没有亲眼看到批斗张文林的场面，但是进校时临时被揪出来这个瞬间，印象很深刻。

我对"文革"的印象，就是从香河回来、列队进校、张文林被揪斗这个瞬间开始的。

## 校园思见录

就北京政法学院来说，"文革"基本上和其他高校同一节拍。聂元梓在北大贴出"全国第一张马列主义大字报"后，北京各高校陷入造反狂热中。

北京的"文革"是从市委开始，原来的市委被打倒，改组成立新班子。1966 年 6 月 4 日，改组后的北京市委派工作组进入北大，代行党委的职权。随后，全国各地掀起"夺权"浪潮，工作组取代了原来的党委和行政部门，高校主要领导被定性为"走资本主义的当权派"，资深学者则被视为"资产阶级反动学术权威"。

北京政法学院当时由最高人民法院主管。1966 年 6 月 5 日，最高人民法院下派的工作组，接管了北京政法学院党委和行政班子的职权，并号召全院师生员工起来造反，大胆揭发“当权派”的问题。校园内，很快出现大字报《刘镜西是赫鲁晓夫式的危险人物》。

到了6月7日，工作组改组“北京政法学院文化革命办公室”，成为“文革”的核心领导机构，当天就有部分政治指导员和中层干部受到批斗。

时间不长，原来的院党委就被打成“北京市委黑帮的分店”，相关领导受到揭发、批判和游街示众。

这个时候，北京政法学院师生有所分化。一部分拥护原来党委和行政班子的成员，组成“保皇派”；另一部分以学生为主的群体，支持打倒原来的党委和行政班子，组成“造反派”。“保皇派”和“造反派”成为北京政法学院“文革”初期的两股主要势力。

1966年8月，中共中央召开八届十一中全会，通过《中国共产党中央委员会关于无产阶级文化大革命的决定》。随后，毛泽东亦印发其《炮打司令部——我的一张大字报》，将矛头指向主持中央日常工作的领导刘少奇等人。后来，毛泽东先后写信给清华大学附属中学的“红卫兵”，支持红卫兵组织和运动在全国的发展。之后，毛泽东在四个月内，先后七次在天安门城楼接见全国红卫兵，公开表达对红卫兵的支持。

在这种形势下，北京政法学院学生也闻风而动，在8月份纷纷成立“北京政法学院红卫兵”“毛泽东主义红卫兵”“毛泽东思想红卫兵”等组织。这几个组织也不是铁板一块，相互之间和组织内部都有观点分歧和利益分歧，既有分化也有改组。经过一段时间的整合，逐渐形成以“毛泽东主义红卫兵”为核心的“政法公社”、以“毛泽东思想红卫兵”为核心的“政法兵团”，以及新成立的“政法红旗红卫兵”。

就势力的此消彼长方面，“政法公社”后来受到上级的更多支持，在人数上吸收了近四分之三的北京政法学院师生。“政法公社”

多次组织力量冲击最高人民法院、北京市公安局，成为“文革”初期北京政法学院的核心力量。“政法兵团”也有一定的发展，但没成气候。到 10 月份，“政法红旗红卫兵”干脆就解散了。

## 我是“文革”中的逍遥派

“文革”前期，“造反派”在学校里都是揪斗各级领导，基本都是院领导、处级以上干部，科一级的一般就很少了。

随着北京政法学院“文革”的深入，“造反派”不仅揪斗原来北京政法学院的老领导，后来也开始揪斗下面的辅导员。刚开始，这些辅导员都是所谓的“保皇派”，他们觉得学生造反太过分，要制止；但后来“造反派”权势熏天，身处“保皇派”阵营的辅导员们也就难以自保了。

当时，“造反派”主要的揪斗对象是“走资派”和“资产阶级反动学术权威”。这两种对象，都有一定的要求：“走资派”必须是原来的院领导或者中层干部；“资产阶级反动学术权威”有个条件，必须是副教授、教授。

实际上，“资产阶级反动学术权威”针对的就是 1949 年之前已经有一定学术成就和地位的老教授。北京政法学院在 1956 年评过一次职称，新评的副教授没有几个。所以批斗的对象基本上都是原来的老教授，副教授也没有多少。

当然，老教授也不是个个都被揪斗。“造反派”内部，有人专门搜集材料。如果他们发现某个老教授的材料比较典型，就会开始组织力量批判。

因此，“文革”一开始，我就成为逍遥派。1956 年我被评上讲师，级别还达不到“资产阶级反动学术权威”的条件。当时像我这样的有问题的教职工，不能加入“革命”的阵营，但也没有成为打击的目标，不属于挨整的对象。

我就是靠边站！“文革”开始后，课都停了，更谈不上科研，大家都没事干。但还要来学校上班，不能在家里待着。我记忆中，因为自己以前犯过右倾错误，思想上背着沉重的包袱，小心翼翼，不仅不敢参加斗这个、斗那个的活动，现场揪斗都不敢去看，都是听说谁谁谁被斗了。

## 学校局势已经全面失控

到了 1967 年，学校局势已经全面失控。

“政法公社”和“政法兵团”之间的矛盾激化，冲突越来越白热化。先是“政法兵团”贴出反对谢富治的大字报，明确站在“政法公社”的对立面。1967 年 2 月 14 日，“政法公社”夺取北京政法学院一切大权，“政法兵团”式微并受到对方猛烈的批判。与此同时，“政法公社”内部也一直存在激烈的内斗。

一直到 1967 年 6 月，“政法公社”“政法兵团”和“政法红旗”就成立革委会达成协议，在“政法公社”的主导下，于 6 月 10 日成立“北京政法学院革委会”，学生们也开始复课闹革命，外地串联的师生开始陆续返校上课。

但到了 8 月份，第三次大串联开始，复课无果而终。

1967 年 8 月 7 日，谢富治在公安部发表“八七讲话”，提出“砸烂公检法”，重用“造反派”。谢富治秉承“四人帮”的指示，公开鼓动红卫兵：“你们小将们敢闯吗？公检法的问题很多，你们应该闯一闯！”在此之后，全国范围内的公、检、法机关大多数都被“造反派”接管，广大公、检、法机关的干部受到揪斗和迫害。

“政法公社”不仅在校内夺权，还充当急先锋，冲到社会上，夺了政法部门的权。北京政法学院的“造反派”不仅参加对北京市公安局的夺权、接管北京市公安局，还冲击最高人民法院，后来最高人民检察院被取消，闹得轰轰烈烈。“造反派”还曾在北京政法学院召开批斗罗瑞卿的大会。

现在看起来，都是瞎胡闹。这些历史事件，我们这些有问题的教师都没有参与。他们不让我们参与，我们也不敢参与。

在北京政法学院校园里，“政法公社”“政法兵团”和“政法红旗”之间，依旧围绕夺权与反夺权展开激烈的博弈。除了互相贴大字报文斗外，后来甚至在校园里修筑工事，开展武斗。

这实际上也是北京政法学院“文革”的第一个阶段。这个阶段，主要是“造反派”在社会上冲冲杀杀，在学校里斗来斗去。教师中，家庭成分、阶级成分比较好的同事，他们可以跟着学生参加红卫兵组织；而像我这样有问题的教师，就成为“文革”中的逍遥派。他们既不想要我参加，我也不敢参加。

## 为大串联加入政法兵团

“革命大串联”也是“文革”期间的一段重要过程。

当时中央说，北京“造反派”在北京造起来了，但地方还不懂得造反，要北京的红卫兵去全国各地，举行“革命大串联”。大串联到某个地方后，就在当地煽风点火，支持当地的“造反派”，造地方“走资派”的反。就这样，在毛泽东亲自支持下，首都高校的红卫兵开始外出串联，把“文革”的火烧到外地、烧到基层。

红卫兵“革命大串联”一开始很厉害，只要你是红卫兵，凭借革命组织的介绍信，就可以上火车，不要钱、不要火车票。上火车后，你愿意到哪里就到哪里。到了当地，为了支持“革命大串联”，接待单位会安排住宿，负责接待。

当然，那时候也没有什么宾馆，地方高校都是把学生宿舍和教室腾出一部分，安排来当地“革命大串联”的首都红卫兵打地铺，解决住宿问题。但红卫兵也不是白吃白喝，吃饭要自己想办法。

“革命大串联”不是自己说去就去，而是需要介绍信。当时在北京政法学院革委会的大框架下，“政法公社”也好，“政法兵团”也好，都可以开介绍信，并盖革命委员会的印章。凭借这封盖章的介绍信，你就可以去外地参加“革命大串联”。

刚开始的“革命大串联”，主要都是学生红卫兵。但后来，家庭条件、家庭成分比较好的教师，也都出去串联了。1966 年 11 月底 12 月初，北京政法学院全院师生大部分开始外出串联，校内只剩下两百多人。

我就属于留守校内的两百多人之一。前面说了，因为政治上犯过右倾错误，家庭成分也不好，我背着沉重的思想包袱，想都不敢想参加“革命”的事情。但到后来，我看全国都广泛地串联起来了，对“大串联”限制也没那么严，在北京待着也没事，就寻思趁着“大串联”，出去走一走、看一看。

到了“文革”后期，学校里“政法兵团”的人数相对少一点，力量比较薄弱。那时候“政法公社”属于掌权派，对成员的成分控制比较严。而“政法兵团”为了壮大力量，扩充自己的势力，在吸收教师方面，政策放得比较宽。像我这样家庭出身不好、政治上有一点问题的教师，如果你愿意参加，他们也可以吸收你参加。

于是我们三个人，关乃凡、许清和我，就找到“政法兵团”，问我们能不能也参加。关乃凡和我都在历史教研室，许清在宪法教研室。他们也都是有一些一般的历史问题，我们的问题，都属于人民内部矛盾。我们参加“政法兵团”的目的，就是要开介绍信，要出去串联。

“政法兵团”同意了！

## “革命大串联”的末班车

拿到“政法兵团”开具的介绍信后，我们仨就从北京出发，踏上“革命大串联”之路。

我们出去串联，煽风点火说不上，说白了，就是想趁着“革命大串联”不要火车票的机会，到处逛一逛、玩一玩。

我们刚开始的计划是从北京到上海，然后在上海沿长江逆流而上，经武汉到重庆。

出发时，我还带着儿子。我儿子当时正上小学高年级。我爱人说："你们出去串联，儿子跟着我，现在北京也很乱，还是你带着吧，跟着你跑就行了。"我就把他带在身边。

按照计划，我们第一站顺利抵达上海。在上海，我们住在华东政法学院。华东政法学院的接待任务很重。他们后来在教室里给我们找到打地铺的地方，让我们住下来。

我们在上海待了两天。原计划在上海坐船，顺着长江逆流而上。但乘船之前，大伙儿临时改变计划，提议去杭州看一看，从杭州回来，再往武汉、重庆方向走。

我儿子跟着我们。不管是睡觉还是吃饭，风餐露宿，没有家里条件好，很不愿意。到上海后，我儿子就开始闹情绪，说要回家。我们打算去杭州时，他说"不去，不去"，不愿意跟着去。我耐心做了半天工作，也没做通。因此，我们就有人留在上海，有人去杭州。因为儿子死活不愿意去杭州，把他留在上海也不放心，所以我在杭州只待了一天，就赶回上海了。

就在我们回到上海的节骨眼儿上，中央发布紧急通知，停止一切串联。

那时候"革命大串联"到了末尾，整个都乱套了，也影响社会秩序。因此，中央"文革"小组下令立即停止串联，已经在外面串联的人员，迅速回原单位，各个地方也不再接待"革命大串联"成员。

听到这个通知，我们傻眼了。

我们仨是赶着末班车出去的，还没有走得太远。人家有的都出去两次了。我们开始一直不敢参加大串联，最后末班车才出来，想转一转。但从杭州回到上海，就接到不许串联的通知。

没办法，我们只能老老实实回北京了。

这就是我参加"革命大串联"的经历。我们赶上了"革命大串联"的末班车。而且为了参加"革命大串联"，还加入了"政法兵团”，也算是有了“革命”经历。

## 一张老照片引发的审查

1967年八九月间，北京政法学院校园内“政法兵团”和“政法公社”之间的矛盾越来越尖锐。之后不久，大概到了1968年，工人毛泽东思想宣传队和解放军毛泽东思想宣传队先后进驻北京政法学院，工宣队、军宣队开始负责领导学院的“文革”，造反派不再掌权，“文革”进入新阶段。军队接管后，北京政法学院的“一把手”就是正团级政委的级别。

工宣队、军宣队掌权后，接管了整个北京政法学院。前面有一阵子搞斗批改，后面还搞了一阵子清理阶级队伍，对所有有问题的师生员工，都重新审查。在这个过程中，有的人挨了批斗，有的人挨了审查。

我也被审查了一段时间。

审查我什么问题？开始我也没搞清楚。后来“造反派”找我谈话，要我交代历史问题，主要是审查我有没有历史问题。

这一切，都起源于我影集里一张我穿着国民党士兵衣服射击的照片。

具体负责审查我的，是一个连级干部。我就交代说：

我在中山大学读书时，有一年暑假去我叔父那儿住了半个多月。在一起的还有他儿子，也是我的堂兄弟，我们当时都在广州上学。我叔父在广东花县办军事训练班。正好那时候，他那边有个保卫连，保卫连连长是一个远房亲戚，我们叫他小舅舅。保卫连有枪支弹药，有射击训练。我们年轻人没打过枪，出于好奇，就同我叔父说，“能不能让我们去打几枪试试？”他说：“可以啊。但是你们不能穿着学生制服，得跟我们换一下军装，这样才能跟着我射击。”我们答应了，后就跟着去打枪。小舅舅临时帮我们找来两套国民党士兵的军装，教我们俯卧式打枪。我们穿着士兵的军装，卧式射击。实际上也打不准，但当时觉得很有意思。这是我们第一次打枪，觉得很新鲜，就拍了一张照片留作纪念。拍照以后，就放在影集中。

那时候清理阶级队伍，揭发成风。估计是有人看我的影集，看到这张照片，看到我穿着国民党的军装，还射击，可能有了疑心，怀疑我是不是当过国民党的兵。

审查期间，审查人员让我住在学校，自由稍微受到限制。被审查的有十几个人，都集中住在学校。当然，我们都属于一般的审查对象，也没有管得特别严格，周末也让我们回家。

我很容易就交代清楚了这段历史。而且我有证明人。我伯父的儿子，另一个堂兄弟，当时在天津工作，他可以证明，也很方便调查。

审查者折腾半天，确实是那么回事。因此我被审查了一小段时间后，这事就拉倒了。

# 第十二章　“五七干校”掌勺记

## 北京政法学院停办

工宣队、军宣队接管北京政法学院后，学校内先是斗批改，后来又是清理阶级队伍。

在校外，北京政法学院的命运迎来巨变。随着高等教育部的撤销，北京政法学院先是被下放给北京市革委会代管。后来，随着1969年3月后中苏之间珍宝岛、新疆边境发生军事冲突，全国进入紧急备战状态，1969年10月，北京政法学院被疏散到延庆。

到了1970年年底，形势更是急转直下。“砸烂公检法”论甚嚣尘上，北京政法学院、中国人民大学、北京语言学院等文科类高校，被直接宣布撤销。北京政法学院作为一所高校，就此在行政建制中消失。

这个时候，在校学生大部分都已经毕业分配离校。北京政法学院被撤销后，全校教师和行政干部到底怎么办，一时还没有答案。北京政法学院教职工就在工宣队、军宣队的领导下，等待上面的指令。

## 到安徽办“五七干校”

这个时候，“五七干校”阴差阳错地成为北京政法学院教职工的出路。

“五七干校”的历史源远流长。1966年5月7日，毛泽东在阅读总后勤部关于进一步搞好部队农副业生产的报告后，给林彪写了一封信，被称为“五七指示”。这封信提出，军队应该是一所大学校，既要学政治、学军事、学文化，又能从事农副业生产、办小工厂、从事群众工作；除此之外，工人、农民、学生、商业、服务行业、党政机关工作人员，“凡是有条件的，也要这样做”，除了主业之外，要学军事、政治和文化。信中提出，各行各业都要办成亦工亦农、亦文亦武的革命化大学校。“五七指示”随后下发基层。这份指示也被视为“文革”期间毛泽东“建设新世界”的纲领。

1968年5月7日，黑龙江省庆安县柳河“五七干校”正式创办。这一年10月份，柳河“五七干校”被《人民日报》重点报道，从此举国上下掀起兴办“五七干校”的浪潮。

在此之前很长一段时间内，国际局势的演化，强化了决策者的焦虑。上面已经决定，有计划组织动员大批知识分子和机关干部到工厂、农村参加体力劳动，做实际工作，既能成为精简机构、改造思想的利器，客观上对于改善党群关系、防范修正主义、培养吃苦精神、永葆革命本色也起到明显作用。中华人民共和国成立以来的历次运动中所积累的经验，使得“五七干校”在组织、模式、方法上驾轻就熟。而且，“五七干校”既能够解决被夺权后“靠边站”的干部问题，同时也与毛泽东“文革”战略不谋而合。因此，从中央到地方，从党政机关到高等院校，全都将大批干部、知识分子送往农村，“五七干校”遍布全国。

据统计，全国先后办过2751所“五七干校”，各地兴办的“五七干校”亦多达2455所。在这种背景下，北京政法学院“五七干校”，只是这场运动中的一朵小浪花。

1971年年初，上级指示，在工宣队、军宣队的主持下，北京政法学院教职工集体搬迁到安徽濉溪县五铺农场，创办北京政法学院“五七干校”。濉溪县地处安徽北部。北京政法学院的“五七干校”

就在皖北地区的宿县专区，行政隶属关系也因此转到安徽。据说在选择安徽濉溪之前，有关部门也曾先后在黑龙江佳木斯、山西晋南等地区考察过选址，但都没能落实。安徽濉溪成为最后的选择。

1971 年 2 月，我们去安徽办“五七干校”时，工宣队已经撤离；军宣队开始还跟着过去主持工作，后来才撤走。

当时北京政法学院共有在册教职工 562 人，其中下到“五七干校”的超过 400 人，只有少数教职工要么在北京安置，要么留在北京治病，要么在北京留守处工作。

## 在安徽的日常情况

在“五七干校”期间，北京政法学院的教职工，集体住在农场里。这不像以前土地改革或者“四清”时，都住在老百姓家里。

农场实行军事化管理。为便于管理，全体南迁教职工集体编队，按照军队的体系整编。北京政法学院教职工被编为两个连队，连队成员都是教师。按照当时的政策，一般工人是不下放的，教师一般都下放。我印象中，我是隶属于第二连。

“五七干校”的日常生活确实十分艰苦。“五七干校”的劳动任务，春天时主要是春耕，夏天割麦子、秋天收花生之类，活不太多。

大家都没事干，但总得找点事做。因此，我们有相当多的时间是组织学习中央文件，开展“斗批改”运动。

北京政法学院的“斗批改”，当时面临三大任务：第一，清查“五·一六”反革命集团；第二，为在“文革”期间受到审查的部分校领导和教职工落实政策；第三，按照中央的政策和要求，开展“整党”工作，将不符合党员条件的人清除出党。

## 炊事班亲历记

在“五七干校”期间，北京政法学院教职工的伙食问题通过集中开灶来统一解决。每个连队都有一个厨房，组织一个炊事班，开始由大家轮流来干。

我恰好参与了这一段。在我看来，在“五七干校”的经历中，我个人感觉最有意义的经历，就是做炊事员。

炊事班人选是轮流的，但也需要挑选。挑选的标准起码有一条，就是责任心要强。我印象中，我大概是第二期参加的炊事班的工作。

炊事班的伙食，涉及大家的日常福利。不敢说让大家大吃大喝，但得保证大家吃得都过得去，所以每隔几天，就要打个牙祭吃点肉，或者去周围的鱼塘买鱼。当时，从市场上买鱼太贵，我们都是去周边鱼塘买。现捞出来，然后用扁担和竹筐直接挑回来。

炊事班专门垒了个灶。垒灶的过程我没参与，不太清楚细节。

大师傅是北京过来的，大锅、小锅等都有。其实那个小锅也不算小，蒸馒头、花卷、炒菜等，都可以。大锅就很大了，铲子就是大铁锹。刀也不是普通菜刀，而是大师傅用的菜刀，很长也很沉，平时单手举起来都有点费劲。

在炊事班，我们开始先跟大师傅学怎么用大锅做主食，米饭、馒头、窝头等，然后学怎么用大锅炒菜。炒菜也不光是青菜。改善伙食的时候，还要炒个回锅肉、红烧肉。如果买了鱼，还得会做鱼。开始，大师傅带着我们做，边做边培训。

我是受培训的成员之一。刚开始，我们老挨骂。大师傅的口头禅就是“你们怎么那么笨呢？你们怎么那么笨呢？……”我们可能确实笨，因为大部分人在去安徽之前，根本就不会做饭。我在北京时，在郊区下放过一两个月。当时也是集聚一些人，轮流做饭，还算是有一点点经验。但那时候人少，二十来个人，集体做饭。但“五七干校”是上百人，这饭可不好做。

炊事班的主要工作，都是专人负责。两个人负责烧火，两个人负责主食，两个人负责副食，一个人负责管账……我印象是八个人左右。但我们只是相对有分工，有活还是大家一起做。

## 副食厨师

烧火也需要技术。晚上睡觉前，我们得想办法把火封住。这样，第二天早上天亮时才不需要重新生火。怎么把封了一晚上的火给打开，也需要经验和技巧。

我还很幸运，给我安排的是做副食。当然我们做主食、副食的相对分工，互相帮忙。说起来，这段最值得回味。

做副食比主食要复杂。做副食涉及的主要工作就是炒菜。我在那儿刚开始的主要工作就是切菜、切肉。

刚开始一天下来，手臂酸痛，简直受不了。主要是因为菜刀又大又沉，几乎都举不起来，慢慢地才练会。

切菜好办点，只要防止切着手，切菜的技术要领相对好掌握。但是如果切肉，尤其是切肉块，确实很累。有时候还要切肉丝，要先把块肉切成薄片，然后再把薄片切成肉丝。切肉丝那更是细功夫，相当费劲。当然我们也不是老做，老做受不了。

那时候，大师傅教给我们副食的好多做法。我那段时间还真是长了本事，学了知识。苦一点，但苦中很乐。

肉食中一般的红烧肉、回锅肉，这些都是常见的，我是知道的。但有一个，叫咕咾肉，这就不知道了——咕咾肉就是带糖醋的肉。还有，做红烧肉也有个小技巧，即把鸡蛋跟红烧肉煨在一起：鸡蛋煮好后，剥皮，先过油炸一下，然后同肉一起炖，这样炖出来才更香。打饭时，给每个人半勺红烧肉、一个鸡蛋。

那一阵，我还真学会了炒菜、做菜的一些技能。原来在家里，好吃的菜都要在外面饭店吃。自己在家炒肉，一炒就变硬。如何能炒出来滑熘肉片，让里头很嫩，不懂。这个后来就学会了：先切成肉片，勾一点芡粉，然后过油；在过油前，拿佐料煨一下；捞出来后，等其他菜炒得差不多，再把肉片倒回去一起炒……这些我后来才知道。这么炒肉，才能皮焦里嫩，原来人家厨师是这么做菜的！

偶尔我们也会包饺子，要大家一起参与。尤其是女同志，需要她们过来一起擀面皮、包饺子。准备肉馅也很不简单。肉馅买来时有碎的，但还是要再剁碎一点。

做馒头也很辛苦。现在我们吃的馒头，是用发酵粉来发面。那时候不是，做馒头发面是用酵母。发酵之后的面团，保留一部分，当作酵母。酵母要保持一定的温度，晚上放在那，第二天大清早，往里头掺一些新的面粉，然后用来蒸馒头。发酵后的面是酸的，掺面粉的时候，要适当地放点碱。不管怎么样，做出来的馒头不能酸，也不能有碱味。这个尺度，不容易摸得准。开始先闻，酸味、碱味太明显的闻得出来。但是为保险起见，还要拿出一小块，放在火上烤一烤、尝一尝，确保没有酸味也没有碱味。然后再擀成条，切成小块。我们一般不做圆馒头。面揉成一长条，切成一块一块，切得相对比较匀称。

在“五七干校”期间，我们不是每个人都在厨房待过，只有少数人待过。

炊事班的工作，是要轮换的。这个活是大家比较羡慕的活，有两个原因：一个是在炊事班干活的话，把饭做好就可以，不需要下地去劳动；另一个，做饭需要有点技术，但也辛苦。所以大家轮流来炊事班。

但即便如此，还是让我在炊事班干了两期。现在我记不清楚是两个月还是三个月，得到了群众的认可。所以一期结束后，留下来再继续干。

在“五七干校”，炊事班没有公家补助，都是自负盈亏。给大家发菜票、饭票，有主食票、副食票。同事们买了票，然后用票买主食、副食。我们要算成本。原则就是肯定不能亏，但也不能赚得太多。最理想的状况，是稍微有一点盈余。所以炊事班管账的同事，由懂财会的人专门负责。我负责做副食，有时也做主食。

“五七干校”的回忆，印象最深的主要就这一块，一辈子忘不了。到现在我家里保姆做饭，端上来我还能指点，比如这个菜味道差点啥、什么菜怎么做，还能提点意见。

## 住在“五七干校”

在“五七干校”期间，我们的住宿条件很艰苦。

校史资料上写道：“四百多名北京政法学院的老师来到安徽之后，生活条件非常艰苦，一大排平房被隔成许多窄小的单间，分配给各家使用，室内空间只够放一张床，没有任何家具，老师们带来的行李只能叠放在墙角。伙食问题统一解决，集中开灶。”

实际上，我们睡觉是在一个很大的房间。类似于我们的大教室，一个人一张床，床底下放行李。很长一段时间都是如此。

在五铺农场，也有一个小的房间。我们平常都是住大房间。只有亲属来了，住个两三天，才会安排住小房间。

我在“五七干校”那一阵子，我原来的老伴也跟随教育部机关在安徽凤阳的“五七干校”下放。教育部被撤销后，1969 年 10 月，教育部及其下属单位人民教育出版社、高等教育出版社、中央教育科学研究所等全体干部、职工共 1258 人，下放到安徽凤阳县办教育部“五七干校”。

濉溪和凤阳两地，相距近两百公里，那时候交通很不方便。而且，大家在“五七干校”行动也不是特别自由，不能说走就走。我老伴儿有时候回北京看孩子，她方便路过时，也会来我这边先住一两个晚上，再回北京；或者从北京回来，路过我这边住一两个晚上，然后再回她自己的“五七干校”。

## 今后是拿笔头，还是拿锄头？

我们在“五七干校”时有很多空余的时间。现在看来，当然有点浪费。那时候我是十分踌躇：今后是拿笔头，还是拿锄头？

我们去向不明，什么业务、外语都谈不上。除了极其个别的同事还坚持学外语，我们大部分人都是晃荡来、晃荡去，而且还要“夹着尾巴做人”。

除了晃荡外，我在那段时间最主要的消遣方式就是下象棋。

我的棋友是程筱鹤。他比我岁数大，体力不好，劳动不行，但是他好下象棋。有空的时间，特别是周末，他放假，我也休息，我们就在卧室里，或者找个更清净的地方坐下来，一下就是大半天。下棋很耗时间。我俩的水平，也是不相上下，下起来有棋逢对手的感觉。

## 北京政法学院被撤销

1972年4月，北京政法学院的“五七干校”在持续一年多后，临近结束。

这个时候，中央有了新政策，要撤销北京政法学院。“五七干校”临近结束，军宣队准备撤离，北京政法学院成立了革命核心领导小组，作为新的领导机构，负责善后事宜。

当时北京政法学院在安徽的有四百多人，这四百多人的出路是个大问题。按照基本政策，北京政法学院的干部、教师分配工作，由军宣队和安徽省委组织部、人事局制定，然后征求学校意见。北京政法学院的教职工原则上都要由安徽省就地分配。

这一段情况，校史里介绍得很清楚，最终，除了部分教师和干部回京外，约有320名教师和干部在安徽省就地分配。其中，分配到安徽省直机关的有33人，分配到安徽各高校的有94人，分配到安徽省各市的有52人，分配到安徽省各地区的有141人。此外，还有部分老师调回原籍。

当时的实际情况，可以说是“八仙过海，各显神通”。北京政法学院被解散后，实际上也是乱了套。分配的时候，也有三六九等。条件好一点的，可以分配到当地大学去教书，甚至也有极少数特别根正苗红的年轻老师，可以被分配到安徽当地的党政机关。但这毕竟是少数。另外，有的人回北京另找工作，实际上都是自谋出路。

北京政法学院被撤销后，在安徽还设了个留守处，跟原来在北京的留守处合并，处理学院撤销后的遗留工作。留守处主要处理一些具体的行政事务。留守处的主要工作之一是开介绍信。凡是北京政法学院教职工，只要有单位愿意要，都由留守处开具介绍信。另外，留守处也负责管理学院有限的资产、图书，给申诉人员落实政策，还得动员少数自己跑回北京的教职工回安徽报到。

一开始，我被分配到淮北师范学校，教语文和历史。在刚分配完、还没正式报到前，我还专门去那个学校看了一下。淮北师范学校规模不大，条件也不是太好。看完后，我觉得不太满意，没有去报到。中间正好有个空闲期，我就先回北京了。

整个“文革”期间，我整体上很幸运，没有直接受到批斗。但心情还是很压抑，郁郁不得志。年轻的时候想当学者，想成为知名的法学教授，1950 年代初期还小辉煌了几年，但从 1957 年开始，就跌入了这种苦闷的深渊……

# 第十三章　广西七年

## 想去河北，去了广西

回到北京后，我就琢磨着不回安徽了，想在北京周边看看有没有机会。

当时，北京政法学院的部分同事都留在安徽，但也有相当一部分回到北京或者自己老家自谋出路，都是自己找工作。

有一批同事去了张家口的河北师范学院。我记得杨荣馨、余叔通他们几个，都到那边去了。那个地方条件也不是很好，也很缺老师，总体上很欢迎我们这些人去。看到相当一部分同事都去了这个学校，我当时也想去。

这个时候，我爱人那边也有了点新情况。“五七干校”结束后，教育部也面临被解散的命运。按照当时的看法，教育部被认为是修正主义部。因此，教育部的工作人员都不能留，需要分配下去。分配的原则有两点：一个是要离开北京，另一个是要到边远地区。也就是说，不仅要离开北京，还不能在北京近郊，而是要去边远地区。

我爱人是做行政工作的。教育部决定把她和二十来个同事都分配到广西，而且定下来要去广西大学。

我们就商量了一下。我们觉得，两个人都在外地，还在不同地方，不是长久之计，也不是个办法。她作为行政干部，到哪儿也无所谓。我这边问题也不大，反正在北京得自己找工作。我主要考虑，行政工作干不了，去个正规大学教书感觉好一点。商量的结果，就是我跟着她去广西大学，她做行政工作，我去教书。

那时候我觉得广西大学也不错，毕竟是省重点大学。就是远了一点，照顾孩子有点困难。但不管怎么样，总比师范要好一点。

于是，我爱人就向教育部申请，请求我作为家属一同调到广西大学。教育部也同意了，广西那边多一个人，他们当然欢迎。所以很快就和广西大学联系好了。

当时从北京去广西的一群人中，有个带队的副司长叫陈泽然，人还不错，后来在广西大学做革委会副主任，改革开放前夕被调到北京中央广播事业局。有个研究鲁迅的文艺出版社副总编辑王士菁，当时学术地位就比较高，后来评上了正教授。在广西的几个老人，改革开放后就陆续调离了，有的回到原来的单位。大家刚开始有联系，后来也没有联系了。

## 广西大学也有辉煌校史

在全国高等院校里，广西大学不算特别出类拔萃，但也有着十分辉煌的历史。

广西大学是当地创办最早、历史最久的综合性大学。

1925 年后，新桂系李宗仁、白崇禧、黄绍竑等年轻军人崛起，借助于和广东革命政府的互相支持，逐渐夺得广西军政大权。尤其是黄绍竑担任省主席后，考虑到广西子弟外出求学不便，为培养广西发展急需的人才，他们决定创办广西大学。1928 年 10 月 10 日，广西大学正式开学，礼聘时任上海大夏大学校长、留德工学博士马君武先生回乡出任首任校长。马君武早年留日，也是民国元老之一，此时已从政坛退隐，专心办学。广西大学办学之初，就以“保卫中华、发达广西”作为办学宗旨，延聘名师前来执教，极一时之盛。

后来因为军阀混战、抗日战争及内战等时局变迁，广西大学经费无着，几度停办。广西大学早年的历史，受制于内忧外患的大背景，简直就是一部流浪史：从 1928 年在梧州创办开始，近三十年间，先后落脚于桂林、柳州、南宁等地，这还不包括抗战后期短期流落到贵州榕江的经历。

即便如此，广西大学依然是民国时期全国十多所国立大学之一，先后在此执教过的学术大家有李达、陈望道、陈寅恪、竺可桢、李四光、王力、梁漱溟、薛暮桥、千家驹、张志让、陶大镛、邓初民等，可谓群贤毕至，群星闪耀。这种坚韧的生命力以及一流学者的加入，使得广西大学拥有深厚的学术传统。

1952—1953 年院系调整期间，广西大学奉命撤销，相关学院、师生被分散到广西农学院以及中南地区的不同院校。1958 年，广西大学在南宁重建。

## 广西大学中文系的创建

广西大学重建之后，百废待兴。

时任自治区主席韦国清担任首任校长、黄传林担任党委书记。重建之初，广西大学即设有数学、物理、化学、机械、电力、土木、化工、矿冶和外语等 9 个系 14 个专业，共有教师 182 人、学生 840 人，还是一所不错的重点大学。在“文革”期间，复建未久、初具规模的广西大学，跟其他高校一样，受到运动的严重冲击。

进入 1970 年代以后，暴风骤雨式的“文革”有所止歇，教学科研工作有所复苏。1972 年 2 月，广西大学在中断五年后，开始恢复招生，大多数教师也回到了工作岗位。

我去广西大学时，正是其在“文革”中有所复苏的阶段。

广西大学说是重点大学，实际上是个偏理工科的大学，文科很少。因此在复苏过程中，也想补一补文科。1972 年起，经自治区党委决定，广西大学恢复、增设一批专业，由此形成 7 个系部、18 个专业的格局，其中新设中文系，下设新闻、文学创作、理论写作等专业。

因为增设新闻等文科专业，广西大学也一改 1958 年重建以来的理工科大学性质，成为理、工、文各科齐备的综合性大学。

恢复和增设专业后，广西大学面临诸多困难，最严重的困难是缺乏师资。1988 年广西大学校史编写组编写的校史里，提到这段困难，特别是中文系创设之初的困境：

> 增设和恢复一批专业，遇到了较多困难。首要的是缺乏师资。学校在 1971 年 4 月一份落实知识分子政策的《情况汇报》中说道："社会上'臭知识分子'的舆论虽不像以前那样厉害，但仍然存在，使教师感到有压力"。在这种情况下，承担教师工作，是很需要勇气和事业心的。负责招贤纳才的同志，也要冒被打成"招降纳叛"的风险。尽管如此，许多同志仍然怀着对社会主义祖国、对人民教育事业的赤胆忠心，不患得患失，毅然承担起教师工作。不少很有才学而横遭贬斥、生活道路坎坷的知识分子，就是这样来到广西大学的。
>
> 突出的如中文系 1972 年 4 月起，学校采取多条渠道配备教师：向北京有关部门打听，从原文化部、教育部下放到"五七干校"劳动的知识分子中调来了一批；向区内外兄弟院校等单位和人员物色、征寻了一批；在区党委支持下，从新闻出版等部门延请了一批；在校内挖掘潜力，调整充实了一批；等等。鲁迅研究专家王士菁、作家秦似、副教授沙少海等，就是这时来到中文系任教的。

这段记述，客观地描述了当时的情况。我和我爱人她们教育部的同事们一道，就是在这种情况下来到广西的。

广西大学中文系由于是临时创办，并没有多少老师。我们这些刚调到广西大学的师资，不管原来是不是老师，只要大体相关，比如说出版社的文艺编辑等，就都被安排到中文系。

## 在中文系讲授中国近代史

当时广西大学的中文系，并不是像我们现在大学里的中文系，以汉语相关的教学和学术研究为主，他们刚开始打算着重培养文艺创作人才。中文系成立后，为了更好地培养作家，要求专业基础课都要上。其中专业基础课之一，就是“中国近代史”。

这是比较特殊的课程设置。可能是因为从鸦片战争以来，中华民族一直被侵略、被压迫，打一次仗、输一次、签订一个条约，然后就是割地赔款、丧权辱国。当时中央也引导要好好学近代史。在这种背景下，广西大学中文系不上古代史课，专门开设“中国近代史”这门课。

我原来在北京政法学院时，因为整风反右中犯了严重右倾错误，组织上把我调离业务岗，不能搞刑诉、刑事政策等业务，而是去教历史和法制史。在我们去安徽办“五七干校”前，我一直讲“中国古代史”，讲了好几年。

向广西大学中文系报到后，我就按照组织分配，开始给学生讲“中国近代史”。

我原来讲过“中国古代史”，应该说教“中国近代史”难度不是很大。从1972年去到1978年回京，前后六七年时间，我在广西大学的主要授课任务，就是讲授“中国近代史”。

“中国近代史”有两个老师讲。另一个老师叫李英庭，1947年毕业于国立桂林师范学院教育系，1956年任广西师范学院历史系教员，也是在1972年从广西师范学院调到广西大学中文系。李英庭是1926年生人，比我大四五岁，当时头发已经花白，属于“少白头”。他讲课效果很好。李英庭后来一直在广西大学工作，直到1986年退休。

我讲“中国近代史”，讲课效果也比较好。我备课比较认真，一般都写出详细的讲课要点，讲课基本不用看稿子，尽量默默记在心里。因为内容比较熟悉，往往一节课一口气讲下来，不需要照本宣科，可以完全脱稿。

在当时，“中国近代史”不是中文系的主课。但因为教学效果特别好，系里每次评奖，这门课都得优秀奖。那时候全系评奖，每次差不多都有我。

中文系的学生，大部分都不记得名字了。按照广西大学校友会1985年编印的校友通讯录，那些年在中文系就读的同学还不少，毕业后大部分都去了新闻、图书出版机构。

## 从近代史到哲学史

由于广西大学文科初创，专业太少，后来又增加了哲学专业。

当时，哲学属于政治课，因此政治老师也都集中到哲学专业。整体而言，哲学专业也没有什么老师。这中间，要把“中国哲学史”独立成为一门课，但没有专门的师资来教。

因为我原来教过“中国古代史”，也教过“中国近代史”，他们就来征求我的意见，问我能否讲授“中国哲学史”。当时还特别强调，要求比较简短但有体系性地讲授。

对中国古代哲学史，我历来有兴趣。前面提到过，我原来读过一点古书，对儒家学说和思想还是比较了解的。冯友兰的《中国哲学史》是中国哲学史的经典著作，对冯友兰《中国哲学史》古代部分，我过去曾经认真阅读过。

在大学期间，我偶然看到费青主编的《新建设》杂志上曾经发表过一篇杨荣国的文章。杨荣国当时是中国哲学史的大家之一，后来在“批林批孔”运动中很红。杨荣国一贯尊崇法家、贬斥儒家。当时他写了一篇文章，就写法家如何如何好。作为青年学生，看了这个文章，很不赞成，因为我看儒家的东西比较多，我觉得孔孟之道还是很不错的。兴之所至，我就到图书馆专门把《韩非子》借出来，从头到尾读了一遍，然后写了一篇文章，投给《新建设》。

寄去时间不长，编辑部给我退回来了。编辑也很客气，他说："你的观点已经转告作者了，稿件就不用了，退回给你。"现在看，我当然也是自不量力。

但当时，我确实对中国古代哲学史有兴趣，因为《韩非子》确实是讲为君之道，以刑去刑，残酷用刑。讲这段往事，我是想说，我对中国古代哲学史还是有一点基础，而且也有点兴趣。

当时也正好是林彪事件后，"批林批孔"运动正酣，学校觉得中国哲学史必须要讲。当广西大学中文系征求我的意见时，我说我可以讲点"中国古代哲学史"的专题。因此，我在广西大学中文系，主要是讲"中国近代史"，后来兼讲"中国古代哲学史"。

其间，随着科研工作的逐步恢复，中文系的同事也陆续出版了一些作品。1975 年，广西人民出版社出版了秦似编撰的《现代诗韵》，王士菁主持的注释《三闲集》等工作，也开始有序推进。其他同事除完成教学任务外，在学术研究和文学创作方面也都有不少进步。

## 跟风"批林批孔"运动

广西大学的经历中还需要讲的，就是参与"批林批孔"运动的经历。

"批林批孔"运动是"文革"期间的另一个大事件。起因据说是"九·一三"事件之后，有关部门在林彪的住处搜出一些肯定孔子、孟子的材料。按规定上报后，毛泽东在若干场合提及批孔，以此证明林彪极右路线的错误。

按照毛泽东的看法，法家属于历史上前进力量的代表，而儒家则是开历史的倒车，林彪"尊孔反法"即属于复辟和倒退。毛泽东将批林和批孔等量齐观，主要是防止所谓"复辟倒退"以及防止否定"文革"。到了 1974 年 1 月，中共中央一号文件转发了北京大学、清华大学大批判组汇编的《林彪与孔孟之道》，同时配上毛泽东的按语。之后，在江青等人的撺掇下，“批林批孔”成为文化乃至政治领域的重要事件，持续时间长达大半年。

在“批林批孔”运动中，毛主席特别提到了郭沫若过去的作品《十批判书》。郭沫若的《十批判书》是尊孔、批法的，毛主席对此不赞成。毛主席的观点是尊崇法家、批判儒家。他不赞成郭沫若的《十批判书》，还专门写了首诗说“《十批》不是好文章”：

读《封建论》呈郭老

劝君少骂秦始皇，焚坑事业要商量。
祖龙魂死业犹在，孔学名高实秕糠。
百代都行秦政法，十批不是好文章。
熟读唐人封建论，莫从子厚返文王。

在这种背景下，儒法之争就成为中国哲学史的核心问题。由于政治形势的影响，当时法家受尊崇、儒家被批判。

对于孔子，我历来是尊重的，对于批判孔子我内心不是很赞成。但当时全国“批林批孔”运动方兴未艾，我也只能随大流。我在广西大学教“中国古代哲学史”，肯定不能违背当时中央定下来的基调，所以也得跟着讲。

在那段时间，我和中文系同事陈梧桐合作，写过两篇批判孔子的文章：一篇是《孔子是没落奴隶主阶级的卫道士》，另一篇是《孔子是奴隶主贵族的反动教育家》。这两篇文章，都发表在1973年《广西大学》创刊号上。《广西大学》是现在《广西大学学报（哲学社会科学版）》的前身，1973年10月创刊，创刊号推出“批判孔子专辑”。这个“批判孔子专辑”，不仅有我们这两篇文章，也有中文系同事王士菁、高言弘以及矿冶系、土木系、机电系、基础部等来自广西大学各二级单位同事的文章，还有1972级和1973级理论写作、文艺创作、新闻等部分专业学生的文章。

在上述文章中我们认为，孔子的几乎所有学说，其反动实质首先都在于，企图通过奴隶主阶级的内部关系来稳定宗法等级制度，进而加强对奴隶的统治，巩固奴隶主阶级的专政。而孔子的所有学说，反过来又被奴隶主贵族作为统治广大奴隶的一种手段。孔子政治思想的反动实质还在于，其矛头针对新兴地主势力，妄图制止他们的夺权斗争。我们认为，孔子的“天命论”会成为维护奴隶制度的精神工具。

当时我印象很深，我们批判孔子的整个思想，其中最具代表性的就是“克己复礼”。所谓“复礼”，就是恢复周朝礼制，也就是恢复奴隶社会的制度。当时郭沫若认为，周朝是奴隶制的典型代表，春秋战国时期是奴隶社会向封建社会过渡的阶段；而范文澜则认为，周朝就是封建制。当时郭沫若的观点是尊儒，毛泽东支持郭老，但是毛泽东反对孔子。

在当时特定的政治背景下，我们在文章中也写道，林彪集团对孔子顶礼膜拜，是因为“孔子和林彪虽然相隔两千多年，但他们都是反动剥削阶级的代表人物，都是要搞反革命复辟的，心心相印，黑线相连”。我们认为批林必先批孔，批孔才能从思想根源上彻底清算林彪的反革命修正主义路线，进一步揭露其实质。

现在来看这些文字，可以说不忍卒读。但在当时，基本是主流基调，我们只能顺着说，也只能那么讲。这是深刻的历史教训！

## 编写《桑弘羊的故事》

那段时间，我的部分工作之一，就是与部分中文系的同事、学生一起编写《桑弘羊的故事》。

桑弘羊当时被认为是法家代表人物之一。在尊法批儒的背景下，像桑弘羊这样的法家人物很值得关注，但当时并没有成形的作品。所以我们组建团队，自己编写。

公元前 152 年，桑弘羊出生在洛阳一个商人世家，从小机敏过人，精于算术，志向远大，年仅十三岁即被朝廷官员举荐并担任汉武帝的侍中。桑弘羊熟读《韩非子》等法家人物的作品，对于治国理政颇有心得，在国家的经济工商事务方面有一定见解，也很受汉武帝重视。

当时，由于常年抗击匈奴，地方诸侯坐大，中央财政空虚，汉武帝无计可施。在这种背景下，桑弘羊积极建言，推出一揽子经济改革计划，其核心即盐铁官营。按照桑弘羊的看法，汉朝财政困境的根源在于大商巨贾和地方诸侯实力强大，私自经营盐铁、铸造钱币，完全控制国家经济命脉，不仅经济上会与国争利，政治上也逐渐会留下诸侯割据的隐患，形成新版的“七国之乱”。基于此，桑弘羊建议推行经济改革，实行盐铁官营，推行政府垄断，同时收回铸币权，对商人加重征收财产税，这样既充实了中央财政，同时削弱了地方势力。正是因为如此，桑弘羊成为西汉盐铁官营政策的操盘手，尽管面临各种反扑与斗争，但在较长的一段时间里，极大改善了中央财政空虚的窘境。由此，桑弘羊的政治地位亦得到节节攀升，四十三岁时即总管全国财政事务。

后来，桑弘羊在经济领域又推出几个重要的改革措施，比如均输平准法，由政府出面在全国范围内调拨物资、平抑物价，严厉打击各地商人囤积居奇、投机倒把的情形，既增加了财政收入，也避免了物价飞涨对民间的冲击。再比如酒榷制度，即由政府把私人酿酒改为官府统一经营，将行业利益控制在国家手中。

1975 年 9 月，广西人民出版社出版了我指导学生编写的《桑弘羊的故事》。这本小册子在儒法之争的大背景下，既突出了法家代表人物桑弘羊的正面形象，同时也借助桑弘羊之口，将孔子的言论和行为批判得体无完肤。而作为“历史的启示”，我们也从桑弘羊同儒家的斗争中，得到一些当时看来“有益”的启示……

现在说起来，不仅是中国古代哲学史，中国近代史里也有过“左”的东西。比如中国近代史里，有所谓改良派和革命派的斗争，涉及对改良派的合理评价问题。因为“戊戌变法”的失败，当时认为改良派想要改良的道路走不通。对于改良派和革命派的斗争，当时确实有争论。但是改良派的“百日维新”也不能简单否定。可是当时学术界整个是在“四人帮”的主导下，总的来说很“左”。这些极“左”的东西，也影响我们的教学和学术观点。从我来说，我们远在外地，只能看《人民日报》和“梁效”等的文章，有些观点不管是不是真认可，但在备课、讲课时必须要参考、贯彻。

## 人在广西，心系北京

广西大学的同事中，曹子丹跟我原来在北京政法学院就是同事。他跟我一样，1950—1952 年在北京大学上学。北京政法学院成立后，他也来到北京政法学院。1955—1959 年，他受国家公派，前往苏联列宁格勒大学研究生院深造，师从苏联著名刑法学家米·德·沙尔戈罗茨基教授学习刑法，最后获得副博士学位。

我前往广西大学教书后，曹子丹就联系我，看是否有机会也调到广西大学。曹子丹是湖南永兴人，但是他爱人是广西南宁人。北京政法学院解散后，曹子丹被安排在安徽工作，他不是很想留在那里，就想跟她爱人来广西。他听说我在广西大学工作，就联系我，看广西大学有没有工作机会。

后来我报给学校。他们条件不错，学校就把他们两口子都给调进来了。但曹子丹来广西大学后，也没教专业课，而是教党史。当时中文系系里，北京去的占绝大多数，包括系总支书记，也是教育部的处级行政干部。

南宁的气候，整体偏热。广西大学坐落在近郊区，校园很大，比原来北京政法学院大很多。那时候我们两口子在南宁，儿子和女儿在北京。

那时候我儿子已经初中毕业。他们初中毕业时，北京郊区正好要搞个石油化工厂，就把他们这些初中毕业的孩子，统一招过去当工人。当时也是对他有所照顾。他们那个年龄段大部分初中、高中毕业的同学都上山下乡，去了北大荒。那时候能在北京郊区有个工人当，也不错了。

而我女儿当时还小，就在北京上小学。那时候家里有个保姆，专门陪着她。我们两口子在南宁，保姆带着小女儿，家就托付给保姆了。我们每个月从工资里拿出一部分钱交给保姆来管，保姆的工资、家里头的费用都从里面出。这个保姆人很实在，就给我们管家。

那时候工资也不高，印象中我的月工资是 89 元，可能到后面才一百零几元。我爱人正科级行政干部，每个月 78 元。除了每个月寄给保姆的工资和家里的生活费，我还要寄点钱给我的母亲，我们实际上每个月也剩不了多少钱。

我们在广西，因为同孩子不在一起，最牵挂的就是孩子。在那种拮据的情况下，尽管我们都想着多回北京，但两个人一起回去路费太贵，所以往往都是我爱人一个人回去，而且都是坐绿皮火车，路上时间很长，需要花费好几天时间。那时坐飞机对我们来说太贵了，几乎不可能。

有时候暑假期间，我们还能把女儿接到广西来待一段时间。

当时主要是牵挂孩子，工作上没什么问题。我当老师，我爱人一直是科级干部待遇，开始在物理系党总支工作，后来去了广西大学附中做党支部书记。

## 广西大学第一批副教授

1976 年 9 月 9 日，毛主席逝世。10 月 6 日，中央采取果断行动，粉碎“四人帮”。在这之后，我国逐渐走出“文革”的阴霾，全国局面和各地形势都发生了巨大变化，拨乱反正措施逐步到位，改革开放也在萌芽之中。

从我个人的经历来说，这种大变化带来的直接影响，就是长期停止的评职称工作恢复了，我有幸第一批被评为副教授。可以说，我是在广西赶上了改革开放的开始。

我二十二岁时大学毕业。1952 年来到北京政法学院后，四年期间，我专心搞业务，教学效果很好，1956 年被正常评为讲师。

整风反右运动之后，上面提出要“彻底破除资产阶级的法权思想”，认为“资产阶级法权思想的核心是等级制度”，而职称之类的学术评价体系都属于资产阶级的法权，所以全部不搞了。这之后，又赶上“文革”，职称评审一停就是近二十年。直到粉碎“四人帮”后，广西比北京恢复评职称还要早。而在广西各个单位中，广西大学又起了带头作用。

早在 1978 年 4 月，广西大学就成立“恢复职称领导小组”。按照广西大学校史的写法，“这是经过十年浩劫后第一次确定、提升教师职称，是拨乱反正，落实党的知识分子政策，提高教学质量的一项措施”。这次职称评审工作持续了近半年时间。既充分发动群众，也有领导和群众相结合，都是严格按照国务院规定的条件评议和评审的。1978 年 11 月下旬，广西大学共评定讲师 281 名，提升副教授 14 名、教授 3 名。

我们这些评定为副教授的，大多数都是讲师，而且资格比较老，像我都是 22 年的老讲师了。因为教学效果比较好，所以当时我和曹子丹在广西大学第一批评职称时，都被评为副教授。

当年整个广西，才评了若干个正教授、若干副教授，各方面都很重视这次评职称。结果确定后，《广西日报》头版头条隆重地专门登载相关报道。

## 广西生活漫记

我在广西整整待了七年。这么多年下来，对广西还是很怀念的。那时候的生活整体来说是比较困难的，但也是暂时困难、局部困难。广西整体供应还可以。那段在广西的工作生活，也有值得留恋、回味和珍惜之处。

从气候角度来说，广西的气候跟浙江比，就是热一点，也更加潮湿。相对来说，我是浙江人，气候我是能适应的。但我爱人是北方人，她适应起来就差一点。

印象中广西的小蚊子特别多。可能跟皮肤、血液有关，有的人特别敏感，小蚊子一咬就一个包。但我这人对蚊子叮咬不太敏感。蚊子咬我，就是一个小小的红点，抹点万金油就好了。

广西大学的同事来自全国四面八方。尽管也有本地人，也会跟我们讲些本地的风土人情，但对广西的风土人情，我们了解的也不是很多。

从饮食角度说，印象比较深刻的是在广西吃白斩鸡。广西人做白斩鸡，对原材料比较讲究，最好的原材料是没有下过蛋的小母鸡，这在白斩鸡里是最高档的，但也是最贵的。因为母鸡还没下蛋，刚刚长成，吃起来又嫩又脆。广西当地人吃白斩鸡，就讲究吃没有下过蛋的小母鸡。但我们不在乎，像我作为浙江人，从小就知道鸡肉是好东西，但我们浙江都不是吃小母鸡，而是吃老母鸡或者公鸡，觉得吃小母鸡太可惜。老母鸡当然也好吃，但就是油大；所以我们吃老母鸡，就把油整个拿掉再吃。

广西大学校园面积很大，校园里有个很大的鱼塘。后勤部门就在鱼塘里自己养鱼。每年放鱼苗下去，到一定时候，就组织人手捕捞。捕捞出来后，就给教职工分鱼，一家能分好几斤。

整体来说，在广西那几年，有满足也有遗憾。

比较满足的，就是那几年整体比较安定，是人生中安安静静教书的一段时间。我在去广西之前，不断参加各种各样的运动，不管是土地改革还是“四清”，都是东颠西跑，老是安定不下来。即便在学校，教学工作也不太稳定。

在广西期间，尽管不能碰业务，主要讲“中国近代史”，也讲“中国古代哲学史”，但比较稳定。

尤其难能可贵的是，在广西几年，除了偶尔带学生到外地实习，但是没有参加过劳动，也没有参加过政治运动，没在外面搞乱七八糟的事情。广西文化教育不够发达，当时也很希望自己能够迎头赶上，自治区领导和学校领导总的来说都希望稳定。所以那时候全国比较乱，但广西因为偏远反而比较稳定。在这一点上，我很知足。

那几年我也有遗憾。最大的遗憾，就是纯粹教历史，法律摸不着。离开法律专业去教历史，跟法律完全不沾边，感觉有点失落。当然，这也不是我一个人的遭遇，全国的法律专业都被撤销了。

# 第十四章　回京与返岗：人教社、社科院与北京政法学院

## 回京的转机

在广西大学评上副教授后不久，我们就踏上了回京之旅。

当时在广西的原北京政法学院的同事中，我是先回来的，曹子丹是后回来的。曹子丹回京时，刚好赶上北京政法学院复办要人，他就从广西大学直接调回北京政法学院，可以说后发先至。

而我，则是在北京绕了一大圈才回到北京政法学院。

我为什么没有直接回北京政法学院呢？也是碰巧了。1978 年年底北京政法学院复办时，我还在广西，他们联系过我，希望我能够调回来。当时我也在考虑。但编写中学历史教科书，为我带来更早的回京机会。

1950 年 12 月，人民教育出版社正式成立，由叶圣陶担任社长兼总编辑，是我国基础教育教材、教育图书和其他各类教材的主要出版机构。原先我国全国范围内通用的中小学教材都由人民教育出版社编订出版。1966 年之前，人民教育出版社先后编写并出版四套全国通用中小学教材，在我国基础教育领域占据十分重要的地位。

“文革”中，教育领域受到极大冲击。人民教育出版社被停止工作，全国通用中小学教材也被停止使用。“四人帮”当政期间，搞中学教育体系改革，取消全国统一的教科书，让各个地方自己编教材。

各省各自为政，搞地方乡土教材。统编教材没有了，教材质量大幅度下降。

在大办“五七干校”的过程中，人民教育出版社全体干部、职工也都被下放到安徽凤阳教育部“五七干校”劳动。1972 年 1 月，人民教育出版社被撤销，全体干部职工被分配到全国十余个省份。在周恩来总理的关心下，1972 年 8 月人民教育出版社得以重建，但由于人才流失和工作重心调整，再也没有力量去编写全国通用中小学教材。

1977 年 7 月，邓小平复出，恢复原来担任的党政军职务；8 月，在中共中央第十一次全国代表大会上，邓小平当选为中共中央副主席。当时，邓小平自己申请分管科技和教育工作。

在接下来的一段时间里，邓小平多次召开座谈会，狠抓科学、教育，领导和推动科教领域的拨乱反正。

1977 年 8 月 4—8 日，邓小平在人民大会堂主持召开了科学和教育工作座谈会。这次座谈会前期已经经过较长时间铺垫，邓小平希望邀请一些敢说话、有见解、有才学且与“四人帮”没有牵连的知识分子座谈，广泛听取知识分子对于科学和教育工作的意见。应邀参加这次座谈会的学者共有 33 位，都是各个领域名重一时的学者。在邓小平全程参与和主持下，这次会上与会者畅所欲言，达成的共识不少，改革招生制度和提高教学质量两方面意见尤其集中。这次会上，邓小平当场拍板，决定当年恢复高考，改变了很多人的命运。

1977 年 8 月 8 日，科学和教育工作座谈会最后一天，邓小平的一段发言，为我带来回京机会。邓小平指出：“关键是教材。教材要反映出现代科学文化的先进水平，同时要符合我国的实际情况。”后来，邓小平在同教育部负责人谈话时再次强调：“不抓科学、教育，四个现代化就没有希望”，“教材非从中小学抓起不可，教书非教最先进的内容不可，当然，也不能脱离我国的实际情况”。随后，邓小平指示教育部，尽快组织一个很强的班子，编出一套统一的大中小学教材，自1978年秋季开始向全国供应。

随后，教育部责成人民教育出版社落实这一指示。1977年9月，我国全国通用中小学教材的重新编写工作全面启动。

当时，全国大多数地方中小学都是九年制，但也有个别地方是十年制，教育部决定以十年制为基本学制，制订教学计划，编订全国统编教材。

另外，为贯彻邓小平“要引进国外教材，吸收外国教材中有益的东西”的指示，人民教育出版社用中央划拨的10万美元专款，从苏联、美国、英国、联邦德国、法国、日本等国家进口了大量大中小学教材，多达2200册，供编写全国通用中小学教材时参考。

## 调到人民教育出版社

人民教育出版社启动全国通用中小学教材编写工作后，面临的一个大问题，就是无人可用。

第一阶段的任务主要靠借调人员完成。后来人民教育出版社编订的大事记中这样总结这段历史：教育部“……以人民教育出版社的中小学教材编辑人员为基本力量，并从全国18个省、自治区、直辖市借调了一批大中小学教师和教材编辑人员，共200余人，以‘全国中小学教材编写工作会议’的形式，开始进行编写工作”。但仅靠借调人员，在堆积如山的重任面前，依然是杯水车薪。

为了推动全国通用中小学教材编写，集聚各方面的人才，中央计划临时从全国各地调人，紧急突击统编教科书。

1978年2月5日，为增强人民教育出版社的编辑力量，适应编写教材的急切需要，教育部报请中央批准，从各省市抽调一批编辑干部。教育部的报告在回顾历史和当前任务后，对于当时面临的情况报告如下：

目前人民教育出版社大部分学科没有编辑，从编到印各个环节也不配套，虽暂借调了部分编辑人员，以济燃眉之急，但要保证从今年秋季新生入学起能陆续用上新教材，和把中、小学十年，大学四至五年的全套教材编写出来，并不断加以改进、重编，则是一个经常性的长期任务，不可能依靠借调干部来解决，必须立即着手充实加强人民教育出版社的编辑出版干部。根据工作急需，目前必须迅即调入编辑和技术人员240人。除拟在已借调的人员中选留110人左右，并办理正式调入手续外，还须从各省、市调入130人左右（其中北京只能选调一小部分，约30人左右）才能基本上适应工作的需要。因此，我们意见，为了使人民教育出版社的编辑出版力量尽快充实和健全起来，考虑到教材的编辑出版工作，业务性较强，完全依靠中央国家机关和北京市解决确有困难，请能准予从各省、市调人，这样也有利于吸收各省、市在教学和编教材工作中的经验。

1978年2月10日，邓小平同志在报告上批示："编好教材是提高教学的关键，要求足够的合格人才加以保障，所提要求拟同意。"

邓小平同志的批示，向教材编辑人才的汇聚吹响了"集结号"。人民教育出版社会同教育部列了一份名单，报到中组部；中组部同意后，按照名单直接下达调令，下发到各单位。命令强调，各单位不得以任何理由阻止调人。凡是在地方的，要立即回北京，向人民教育出版社报到，任何单位不得阻挠、扣留；而且家属可以一起回北京，同时解决户口问题。当时，中组部的调令是非常强有力的。

当时我爱人在教育部工作，她很快就听说了这件事儿。从人民教育出版社来说，他们要临时组建一个历史编辑室，包括世界史、中国古代史、近代史和现代史，需要从各方面调人。

她告诉我之后，我们觉得是个好机会，应该努力争取。从专业来说，我在广西大学一直教历史，业务上完全对口，符合政策要求，也能够解决我们回京的问题。

于是，我就是趁着这个机会，申请调往人民教育出版社，参加全国通用中小学教材中《中学历史》的编写。

文件下来后，名单里有我。

当时，我在广西大学刚评上副教授，广西大学还是把我们当作宝贝，当然不愿意放我们走。但是接到中组部的调令后，广西大学一句话也不敢说，放我们回京了。

当年去广西时，我的户口还在北京。而按照教育部当时的规定，我爱人的户口随人一起迁到了广西。后来根据中组部的调令，户口和人事问题一并解决了。就这样，通过全国通用中小学教材编写的机会，我和我爱人就调回北京，来到人民教育出版社。

从我个人角度来说，既有庆幸，也有遗憾。庆幸的是，我们能够在当时特定的情形下抓住千载难逢的机会回到北京，解决了和孩子长期分离的问题。遗憾的是，我先调到人民教育出版社，后来又去中国社会科学院法学研究所（简称“社科院法学所”）担任刑法室主任半年时间，最后兜兜转转一大圈，才回到北京政法学院，归队时间相对比较晚。

## 铺　垫

我们刚开始参与教材编写工作时，除了人民教育出版社职工，其他借调人员连办公地点都没有。后来还是在邓小平同志亲自关怀下，由中央批准，先后在北京西苑饭店、香山饭店租房办公。

教育部对教材编写工作十分重视。一方面，组建了由时任教育部副部长浦通修、教育部中学司司长肖敬若等牵头的领导小组，集体研究确定中小学教材的编辑方针和各科教材的编辑原则，并领导制订各科教学大纲，重大问题则报教育部党组审定。另一方面，在“全国中小学教材编写工作会议”确定政治、小学语文、中学语文、数学、英语、俄语、物理、化学、生物、历史、地理、体育等 12 个编写组，并计划完成教学大纲 15 种 15 册、课本 32 种 106 册、教学参考书 27 种 90 册的目标，教育部在全国范围内聘请了 45 名各学科的泰斗级专家，分别担任各科教材的顾问。其中历史学科的顾问，是历史学家白寿彝、考古学家夏鼐。1977 年 9 月 25 日，当时的中央领导还集体接见了参加“全国中小学教材编写工作会议”的代表，人民教育出版社的同事同时被接见。

从 1977 年 11 月开始，人民教育出版社主要由叶立群分管中小学教材领导小组的工作，张玺恩偶尔也参加中小学教材领导小组，但他主要是协助戴伯韬主持社内的日常工作。

经过前期的多次调研和努力，教材编写工作会议历史组草拟完成了《中学历史教学大纲和教材中几个原则性问题如何处理的初步意见》。1978 年 2 月 24 日，教育部把这个报告报到中宣部，随后由方毅副总理转报中共中央政治局常委会。这份报告不仅得到几位常委的同意，3 月 9 日邓小平同志还作了具体批示。该报告正式发布后，成为全国高等学校文科教材会议的重要参考文件。

## 编写“中学历史”教材

大方向定下来后，我们开始具体教材编写工作。我们先编出了“全日制十年制学校课本”《中国历史》第一册（试用本），我主要负责编写氏族社会到魏晋南北朝这一部分，后面隋唐宋元明清部分由臧嵘负责。

臧嵘比我小几岁，江苏扬州人，北京大学历史系 1961 届毕业生。他刚毕业去了河北师范学院，后来又在唐山二十一中教中学历史。跟我一样，也是 1978 年人民教育出版社从全国各地调人时调入人民教育出版社的。他后来一直深耕史学教育领域，也出版了很多著作，比如《历史教材纵横谈》《编外史谈》等，对隋唐史、中外交通史尤其熟悉，有一年还被评为“国家级有突出贡献社会科学专家”，也一直领取国务院特殊政府津贴。

教材编写工作整体进展顺利。1978 年 5 月 13 日，《人民日报》作了题为《教育部编写出部分全国通用中小学试用新教材》的报道，确认54种全国通用中小学新教材已编写出来，将于该年秋季开始试用。1978年9月，全日制十年制学校中小学各科教学大纲15册及小学、初中、高中各学科的第一册课本共22册和相应的教学参考书16册，同时向全国供应。新编教材正式进入课堂，其中就包括这本《中国历史》第一册（试用本）。

按照前述《人民日报》的报道，时任中国社会科学院院长胡乔木在住院期间，抽时间亲自看了语文、历史教材的全部稿子，并提出许多重要的指导性意见。

后来，我和臧嵘又在“全日制十年制学校课本”《中国历史》第一册（试用本）的基础上，负责“初级中学课本”《中国历史》第一册“中国古代史”部分内容的编写。

我和臧嵘通力合作，各自完成了好几万字的内容。从编写过程而言，应该说十分认真。中学教材那可不能随便开玩笑，我们逐字逐句推敲，经过大家多轮次认真讨论后才定稿。

各方面对这套教材的反馈还不错。整体上说，这套教材的出版结束了十多年来国内教材内容参差不齐、鱼龙混杂的局面，对于规范中小学教育、逐步恢复正常的教学秩序和提高教学质量，发挥了重要作用。

这套教材发行量也很大，陆陆续续有几十万册。1980年9月，人民教育出版社与日本霍尔布出版株式会社达成版权出口协议，人民教育出版社编辑出版的《中国历史》（共4册）课本，由霍尔布出版株式会社翻译成日语，在日本出版。

教材编写工作完成后，当时从全国各地借调的工作人员大多数都回到了原单位，一小部分正式调入人民教育出版社。我的情况跟先借调、再调入的同事还不一样，我是直接从广西大学调到人民教育出版社的。

当时的教材，都是有署名的。《中国历史》第一册封底的版权页上，就分三行写明：“编者陈光中、臧嵘；历史地图编绘者王剑英；

审订者邱汉生”等字样。

因此，很多人在上中学时所用的历史教科书，第一册主要是我和臧嵘编写完成的。后来我调到北京政法学院后，有学生用过这本教科书，就问我：“怎么我们‘中学历史’教科书背后，也写着‘陈光中编写’啊？不是您吧？”我说：“就是我，就是我，哈哈。”他们说，“很荣幸读陈老师编写的‘中学历史’教科书。”我说：“我也很荣幸啊！”确实是肺腑之言，能够参与全国通用中学历史教材的编写，我自己也觉得十分荣幸。

## 解放思想，冲破禁区，一切从历史实际出发

教材发行后，我们并没有停下来，一方面结合各方面的反馈着手教材的完善，另一方面也针对“中学历史”课程的教学写文章，发表自己的看法。

第一篇比较重要的文章，是在《历史教学》1979年第3期上，我和臧嵘联合署名发表的《谈谈中学〈中国历史〉第二册古代部分的几个问题》。

《中国历史》第二册主要内容是我国历史古代部分，编者是王剑英和王宏志，我和臧嵘没有参与，但中国古代史阶段划分和分期问题，是这两册都需要面对的。

在这篇文章中，我和臧嵘对于中国古代史的分期问题谈了自己的看法。关于我国封建社会内部的分期，史学界当时并无共识。《中国历史》为便于教学，把前、后两期分为四段来叙述：战国秦汉时期、三国两晋南北朝和隋唐时期、辽宋夏金元时期和明清（鸦片战争以前）时期。其中转折点是明朝中叶；明朝中叶以后，封建社会走向衰落。前两段大体上属于封建社会前期，后两段大体上属于封建社会后期。

我们认为，《中国历史》第二册通过叙述宋元明清时期的经济、政治、文化变化，以及农民起义和人民反封建斗争的发展，勾画出

封建社会进入后期继而走向衰落的时代特征：

第一，从经济上看，土地集中进一步加剧，货币地租渐成常态，农民和土地的依存关系大幅度减弱，资本主义萌芽出现并缓慢发展。

第二，从农民起义和人民反封建斗争来看，从封建社会前期的反暴政、反徭役、争取起码的生存条件，转变成北宋往后平均主义色彩渐浓的特征，对于平等、平均更加重视，民众的反税监斗争也颇具特色。

第三，从专制主义日渐加强的角度看，以北宋“杯酒释兵权”为标志，封建社会后期专制主义和中央集权都逐渐加强，地方军权、财权、行政权都收归中央，清朝军机处的设置更是专制主义和中央集权的顶峰。

第四，从思想文化上来看，封建社会后期对封建礼教的鼓吹与鞭挞日渐成为常态，讽刺小说、长篇小说都呈现出这种特征。

第五，从民族关系的角度看，封建社会后期少数民族政权此起彼伏，元、清时期更是由少数民族建立了全国性政权，教科书对此从马克思主义民族观视角出发作了客观评价，也对少数民族王朝的兴亡更替按照历史本身的面目作了论述，充分肯定了少数民族领袖的进步作用，同时对战争的性质究竟正义还是非正义，按照是从民族压迫还是反抗民族压迫为具体标准作了界定。

第六，针对近现代以后反侵略斗争成为主旋律的史实，这本教科书对封建社会后期列强侵华历史作了客观陈述，充分肯定了人民大众和先进历史人物的功绩。

除了上述六点，我们在“中学历史”教科书编纂中，牢牢把握的一个原则就是尽力解放思想，冲破禁区。当时，全国上下刚刚走出“文革”的阴影，“四人帮”流毒犹存，以往那种拾取革命导师的只言片语来表述的现象依然存在，在包括历史科学在内的科学领域设置了许多禁区，造成思想和理论上的极大混乱，历史被搞得面目皆非，历史科学被糟蹋得不成样子。因此，不解放思想、冲破禁区，就无法编写好中学历史课本。这就要求我们必须完整地、准确地学习马列主义、毛泽东思想的理论体系，一切从历史实际出发，实事求是地分析历史事件，评价历史人物，而不要被“四人帮”横行时期所定下的框框所束缚。在编写教科书时，我们是努力这样做的。

解放思想、冲破禁区体现在各个方面，其中对《水浒传》的评价尤其明显。课本没有把这部书说成是“宣扬投降主义的大毒草”，一棍子打死，而是采取一分为二的态度：既肯定它暴露了封建社会的矛盾，歌颂了农民的斗争精神，也指出它有浓厚的忠君思想，同情宋江的投降。我们认为这样处理是符合《水浒传》实际的，也是符合马克思主义关于对待文化遗产的精神的。

当然，我们对解放思想的认识有一个逐步加深的过程。回过头看，有的问题在论述上不尽妥当。以对《红楼梦》的论述为例，课本强调它是“一部形象的封建社会末期的阶级斗争史”，而对贯穿全书的主要情节——贾宝玉和林黛玉的爱情悲剧却只字未提，这是不妥当的。其实，鲁迅早就说过，《红楼梦》写的“不外悲喜之情，聚散之迹”，是一部“人情小说”。如果抛开贾宝玉、林黛玉的爱情故事，《红楼梦》的深刻社会意义也就无从谈起了。

另外，《中国历史》第一册关于孔子、孟子的叙述也否定过多，评价不全面。所以在这篇文章中，我们也提出，类似这些问题，在今后修改课本时应当加以改正。教师在使用课本时，也应该参考史学界对一些问题逐步深入的讨论，作一些解释和补充，以弥补课本之不足。

## 对《中国历史》课本的修改

另一篇比较重要的文章，是我和臧嵘、李隆庚在《历史教学》1980 年第 8 期发表的《关于修改初中〈中国历史〉课本情况的介绍和说明》。

原来编订的初中《中国历史》课本第一、二、三、四册，从1978年秋季开始，在全国依次试用了两年，其中第一、二册用了两次，第三、四册用了一次。在试用过程中，许多中学教师热情地来信，既肯定课本的优点，又提出了中肯的批评和建议。

我们也在各地和有关单位召开各种座谈会征求意见，并向史学界的专家学者请教。在此基础上，我们又对《中国历史》课本作了修改，并重绘和增绘了一部分历史地图。修改的课本从1980年秋季开始使用。

修改主要涉及如下几个方面：第一，调整了古、今之间的比例，适当增加了中国古代史的课时。第二，篇章结构安排方面，把三国两晋南北朝和隋唐分别设为独立一章。第三，细节方面，根据各方面反馈的意见和建议，经研究后作了调整。第四，适当调整对农民战争的评价，避免过分渲染，对农民战争中的口号和农民起义领袖的评价也更加实事求是。第五，客观评价封建社会的太平盛世，增加相关内容。第六，回应关切，按照内外有别的原则，审慎使用"民族英雄"等称谓。第七，客观评价孔子、孟子等历史人物，更加实事求是地对待历史人物的优点和缺点。

在这次修订之后，我和臧嵘还联名在《历史教学》上连续发表两篇答问，对读者比较关心的修订细节，进一步以答问的形式，通过共计13个问题作了回应。

## 入党一直是我政治上的追求

我调到人民教育出版社之后，在政治层面也有十分重要的经历。

其中最重要的，就是北京政法学院在拨乱反正的过程中作出决议，纠正1957年反右运动期间对我所作出的"严重右倾错误"定性。

这对我在政治层面是个重大的解放。接到平反的消息后，我思想上顿感轻松，马上向人民教育出版社党组织提出入党申请。

前面已经讲过，我入党的经历比较坎坷。原来在北京大学时就向党组织提出过入党申请，那时候主要的阻力是家庭出身问题。后来家庭出身问题还没解决，再加上整风反右中的“严重右倾错误”，入党就完全不可能了。在北京政法学院作出平反决定后，我认为这个时候我有条件入党了。

我提交入党申请后，人民教育出版社历史编辑室党支部就展开慎重的考察工作。当时，我已经被评为副教授，已经算是高级知识分子，而且曾经在整风反右中受到错误的打击和处分，他们也知道我被耽误了，有个历史渊源。因此，收到我的入党申请后，人民教育出版社就抓紧对我进行考察。

经过慎重考虑和研究，历史编辑室党支部很快就决定批准我加入中国共产党，成为中国共产党的预备党员。一年后的 1981 年 7 月 16 日，预备考察期满，我正式转正，成为一名共产党员。

我为什么心心念念地想要加入中国共产党呢？原因很简单——

解放以前，我对中国共产党没有什么向往和认识。但是后来随着认识深入，在中山大学时，就积极参加中国共产党的外围组织，接受地下党领导，参加进步组织，一直要求进步。到北京大学后，作为共青团员，而且还是团干部，我一直积极追求进步。参加广西土改期间，我的表现也不错。

入党一直是我政治上的追求。我从来没有加入民主党派或者做无党派人士的想法。我的观念很明确，就是想要成为中国共产党党员，一边做学术研究，一边做中国共产党党员。所以大学毕业之际，我就正式提出入党申请。只是因为家庭出身问题和整风反右期间的处分问题，这个愿望一直未能实现。到 1981 年正式成为共产党员的时候，追求三十多年的愿望，终于成真。

2021 年，中国共产党迎来建党百年。中国政法大学科研处的网站推出“建党百年话初心”活动，对我作了介绍。作为一名有四十年党龄的老党员，我特别发表了一段感言："对我个人而言，体会最深的是党的改革开放政策，它决定着我们国家和我个人的命运。改革开放实现了国家经济的高速发展，我个人也焕发了青春，能够实现立言的梦想，创造了许多重要的研究成果，还让我成为中国政法大学的领导，驰骋于法学领域。没有改革开放，就没有国家的富强，更没有我个人的一切！新的百年，我们怀着新的期待，踏上新的征程，必将创造新的辉煌！"

## 开始在北京政法学院兼课

在我们编辑《中国历史》课本的时候，北京政法学院也复办了。

北京政法学院复办后，开始招研究生，想调我回去。学校曾派人来联系过我，问我能否回去。我内心当然还是愿意"归队"。但人民教育出版社把我从广西调回来，占了他们的指标，而且也需要人手，不想让我回去。

当时北京政法学院百废待兴，工作力度有限。后来，北京政法学院也没勉强，就让我给研究生兼课。当时诉讼法已经招硕士研究生了。北京政法学院派人对我说："那你就先来兼任一些课程吧！"他们说："'中国诉讼制度史'没人讲，正好你搞历史，请你来讲。"我说："这个可以呀！"就答应了。

这门课，别人还真讲不了，既要懂历史，还要懂诉讼法学。

那时候，也没有正式的教科书。我就参考一些资料，一边编《中国历史》课本，一边加班加点写"中国诉讼制度史"讲义。当时，人民教育出版社有个得天独厚的条件，就是因为编写大中小学教材，各方面的参考书不少，史料、古籍还是比较多的。

因此，我一边在人民教育出版社编《中国历史》课本，一边在北京政法学院给研究生讲"中国诉讼制度史"专题。每次去上课，我都有讲稿，印象中前前后后写了五六个专题。

## 从人民教育出版社到社科院法学所

在人民教育出版社干了一段时间后，我又去了社科院法学所。这是怎么回事呢?

当时，我在社科院法学所也有几个熟人，比如研究民法的王家福、研究刑事诉讼法的张仲麟等。张仲麟当时担任法学所副所长，兼任诉讼法研究室主任。张仲麟在刑事诉讼法领域属于前辈，他曾经参与翻译过《苏俄刑事诉讼法典》，也曾经在1993年主编过一本《刑事诉讼法新论》。王家福、张仲麟都知道我，了解我的专业水平，也知道我回北京的情况。

从地理上来说，社科院法学所和人民教育出版社离得很近，两个单位在一条路上，一个在街这边，一个在街那边。茶余饭后，我们去景山公园散步，法学所的人和人民教育出版社的人经常碰面。

由于大家相互之间都比较熟，他们一开始就要拉我过去。张仲麟推荐我接任刑法研究室主任。他们跟我说，职位都给我安排好了。北京政法学院也在联系我回去的事情，但是稍微晚一点。

就我个人来说，在人民教育出版社当然也挺好，但心里还是觉得及早“归队”更好。历史毕竟不是我的专业，我个人更想“归队”。当时，不管是回北京政法学院，还是去社科院法学所，我认为都可以。

北京政法学院时任领导也在四处找人，但工作不是很得力，对我这边抓得不是很紧。而社科院法学所抓得很紧，很有诚意，刑法研究室主任虚位以待，还是有一定工作的空间。所以我就决定去社科院法学所担任刑法研究室主任。

但具体办理调动手续稍微晚一点。实际上去社科院法学所这个事，法学所和我都已经决定了，但我得等到入党问题解决后再调过去。我在人民教育出版社待了几年了，入党问题已经有了眉目，我认为法学所也不可能刚到就给我解决入党问题。最终，人民教育出版社在放我之前，我正式加入中国共产党。

我去社科院法学所时，人民教育出版社也有点舍不得。他们对我在历史方面的业务能力很认可。但是他们也知道，我本身的专业是法学，"归队"是合情合理的选择，他们也觉得不好意思不让我"归队"，而且社科院法学所给我刑法研究室主任也是正处级了。最终，人民教育出版社还是很愉快地让我调离了。

我在人民教育出版社时间虽然不长，但工作也还算有点成绩。1990 年人民教育出版社建社 40 周年时出版的《人民教育出版社大事记（1950—1990）》中，有一份材料是《1950—1990 年曾在人民教育出版社工作的人员（包括调离人员）名单》，里面就有我的名字。这是我人生中一段珍贵的经历。

## 在社科院法学所的短暂经历

在社科院法学所，我作为刑法研究室主任主持日常工作。

他们不叫教研室，而是叫研究室。而且刑法研究室包括刑事诉讼法学、犯罪学等，同现在不一样。现在刑法研究室、诉讼法研究室分开了。

当时社科院法学所刑法研究室还有个副主任，叫徐益初。徐益初原来是搞实务的，过去做过实务部门领导的秘书工作，后来从检察院调到学术机构，在刑法研究室担任副主任，也研究刑事诉讼法。

我在社科院法学所刑法研究室主任位置上待的时间不长，干了不到半年。司法部计划在北京政法学院基础上成立中国政法大学，这为我的人生提供了新的转机。

在筹办中国政法大学过程中，计划要成立研究生院。但要想把中国政法大学办成全国政法教育的中心，关键是要有一支高水平的师资队伍。这在当时来说，是最大的困难。中国政法大学计划在校生 5000 人，需要师资 800 多人，但当时北京政法学院师资只有不到

300 人，相差甚远。解决师资问题，需要新思路。

1982 年 2 月 5 日，时任司法部副部长邹瑜、朱剑明出面，邀请北京大学法律系教授王铁崖、副教授沈宗灵，中国人民大学法律系主任李焕昌、副教授高铭暄，教育部高教一司副司长夏自强，北京市高教局局长刘镜西、中共北京市委大学部副部长谭元堃等，开了一次关于中国政法大学建校方案和政法教育改革问题的座谈会。

专题讨论

应当批判地继承无罪推定原则

陈　光　中

关于无罪推定原则是否适用于我国刑事诉讼的问题，目前法学界正在展开讨论。有的同志认为无罪推定“是唯物主义在诉讼法中的反映”，“无产阶级专政的国家，应该在诉讼过程中，运用无罪推定原则”；有的同志持相反意见，认为无罪推定原则“内容是反动的，形式是不科学的，对无产阶级来说，它是内容和形式都不能用的糟粕。”也有同志认为“对无罪推定、有罪推定原则，不能不加分析地予以排斥和抛弃，对于它们有利于无产阶级的一面可以汲取。”以上三种看法，我认为都有值得商榷之处。我的看法是：有罪推定原则必须彻底摒弃；无罪推定原则则既包含合理的内容，又存在不科学的东西，社会主义刑事诉讼应当取其精华，去其糟粕，批判地加以继承和适用。现论述理由如下。

在中世纪的封建刑事诉讼中，实行着有罪推定原则。这主要表现在：一个人一旦被控犯罪，就被先人为主地看成是犯罪者，因而受到严刑拷问，强迫其承认自己有罪。而且对犯罪证据不足的“嫌疑犯”，也推定其为有罪而加以惩罚。例如德意志帝国十六世纪颁布的《卡罗琳娜法典》第三十一条规定：“假如某人被怀疑对他人有背叛行为，而嫌疑犯被发觉在后者之面前躲躲闪闪，形迹可疑；同时，前者又是可能犯这类罪的人时，那末这就是足以适用刑讯的证据。”在当时的德国、法国等封建专制国家里，法院的刑事判决分为有罪判决、无罪判决和存疑判决三种。存疑判决实际上是变相的有罪判决。在我国古代的封建专制主义统治时代，同样实行着有罪推定。如唐律规定：“诸疑罪各依所犯以赎论。”注云：“疑谓虚实之证等，是非之理均。或事涉疑似，傍无证见；或傍有闻证，事非疑似之类。”疏议曰：“疑罪谓事有疑似，处断难明。”①对于这种证据不足、“处断难明”的“疑罪”，仍然处以所犯之刑，只不过允许以铜赎刑，表示从轻而已，这正是有罪推定的典型表现。

显而易见，有罪推定是封建专横、野蛮统治在诉讼上的表现，是人民没有人身权利保障在法律上的反映，是主观唯心主义的东西。它早已被资本主义法制所摒弃（当然资产阶级不可能彻底抛弃它），更与我国社会主义法制水火不相容。“四人帮”横行时期，他们大搞封建法西斯专政，大搞有罪推定，不少人一被点名，便成罪人，刑讯逼供，锻炼成狱，致使冤、假、错案遍于国中。血的教训告诉我们：社会主义刑事诉讼必须彻底摒弃有罪推定，而绝不能对之有所汲取。汲取有罪推定，就意味着践踏民主，破坏法制，意味着复活封建主义。至于在侦查、审判案件中，要全面客观，既要注意被告人无罪的情况，又要注意被告人有罪的情况，这决不是对有罪推定有所汲取的表现。恰恰相反，这只有在否定有罪推定的条件下才有可能做到。

表现资产阶级诉讼民主的无罪推定原则，比起封建的有罪推定原则，无疑是一大进步。但是我们社会主义的刑事诉讼法，是否适用和怎样适用此项原则，却要作具体分析。这里，我们有必要从资产阶级国家的立法怎样表述无罪推定原则入手来进行探讨。

资产阶级国家的立法对无罪推定原则的表述是不尽相同的。最早从法律上确认无罪推定原则的一七八九年法国《人权宣言》规定如下：“任何人在其未被宣告为犯罪以前，应当被假定为无罪。”（第九条）假定即推定，来自拉丁文 Praesumptio。这里的宣告当指法院的宣告，即判决。后来其他资产阶级国家的立法也有作类似规定的。一九四八年联合国大会通过的《世界人权宣言》第十一条第一款也规定：“被告人在未经获得辩护上所需的一切保证的公开审判而依法证实其有罪以前，有权被视为无罪。”可见，无罪推定原则的一种表述是：被告人在被法院确定有罪以前，应推定为无罪的人。

我以为，无罪推定的这种表述，不论在实际上或法律上都存在着矛盾，是不科学的。众所周知，所谓被告人，在刑事案件中就是被控诉为犯罪的人。在资本主义国家刑事诉讼中，较重的刑事案件的控诉，是由检察或警察机关来执行的。当检察或警察机关对被告人向法院起诉时，自然认为被告人犯罪有根

① 《唐律疏议》第三十卷《断狱上》，“疑罪”条。

图 14-1　参与改革开放初期有关无罪推定的讨论

根据当时的座谈会纪要，解决教师问题的方案有二：一是选调原有教师，二是新培养。座谈会纪要指出：“北京政法学院教师，除现在在校的外，还有一批分散在北京地区兄弟院校和单位。这些教师仍是一支不小的力量，其中还有一些具有相当水平的骨干，应该争取让他们回来。同时，要下决心从北京和外地有关院系调集若干高水平的优秀教师。这些教师以调入为主，也可同有关院系或教师签订合同，采用一定期限的聘请制，期满后可续聘。”

在这种背景下，中国政法大学开始物色人选，计划调干部和师资进来，招贤纳士力度比较大。比如从中国人民大学挖过来张晋藩，

由他担任研究生院第一副院长。

当时中国政法大学党委书记由时任司法部党组成员陈卓兼任。陈卓当时很有雄心壮志，他知道我的业务能力强，所以下定决心要把我从社科院法学所调回中国政法大学。

中国政法大学派余叔通来联系我，明确提出要调我回去。余叔通跟我关系一直很好。这种情况下，我也就把内心的想法对他直言相告。我说："我到社科院法学所，法学所就任命我为刑法研究室主任，刚到半年，我不好意思走。我内心还是愿意回中国政法大学，但我不好意思自己提出来。你们可以以单位名义去要人，我不主动提出。"

这次调动，可是费了很大劲。陈卓、余叔通他们当时先找了社科院法学所所长王叔文。王叔文态度很坚定，坚决拒绝。王叔文说，陈光中来了才半年多，又担任刑法室主任，工作也需要，不能放回去。

找王叔文不行，就去找张友渔。张友渔是原来社科院法学所的老所长，当时担任中国社会科学院副院长，兼管法学所。王叔文是张友渔的博士生，也是他的下级。

陈卓他们就直接找了张友渔。张友渔比较开明，比较顾全大局。后来我听他们事后讲，张友渔说："陈光中调到我们法学所，我是知道的，他还是比较有才的嘛！"他问："你们把他要回去，承担什么工作？"陈卓他们就讲，把我调回中国政法大学后，准备让我担任研究生院的副院长，级别提高到副司局级。

张友渔思考了一下，答应了。他说："一方面，北京政法学院现在要扩大了，要搞中国政法大学，这是好事儿，应该支持；另一方面，陈光中原来是北京政法学院的老师，现在你们要他回到中国政法大学，也是理所当然。"他说："这样吧，我给王叔文打个招呼。"

张友渔答应后，就给王叔文打了个电话。这种情况下，王叔文不好再说什么，也不好再拒绝，就这样把我放回中国政法大学了。

但王叔文也提了个附带的要求。他说："你当刑法研究室主任才半年，我们原来一个主任的任期是三年；现在半年就走，社科院也不好临时任命什么人，你能不能先兼任一段时间？”王叔文意思也就是说，让我一方面担任中国政法大学研究生院副院长，另一方面兼任社科院法学所刑法研究室主任，兼任一段时间过渡一下，他们再安排人。

这个条件，应该说还是很宽松的，学校和我就都答应了。1983年8月，社科院法学所就放我回来担任中国政法大学研究生院副院长。

我回中国政法大学后，研究生院工作比较多，但社科院法学所那边还兼着刑法研究室主任。研究室副主任徐益初管日常工作，召开重要会议时，我会回去主持或参加一下。兼任时间不长，应该也就是半年多。后来社科院法学所物色到刑法研究室主任的合适人选，我的兼职就结束了，从此之后专心在中国政法大学工作。

当时尚处于改革开放初期。法学界原来已经展露出来的人才，无论是老的，还是年轻的，都有用武之地。老的再请他发挥作用，但不能做行政职务。我们这一批人，当时正好五十来岁，业务上、行政上都能用，正是发挥作用的时候，所以到处都抢。在这种历史背景下，我从人民教育出版社调到社科院法学所，又从社科院法学所调到中国政法大学，最终实现真正意义上的“归队”。

# 第三部分

# 学术与人生

# 第十五章　行政学术“双肩挑”：研究生院副院长的经历

## 主管教学和招生

1983 年 5 月 7 日，中国政法大学正式成立。

中国政法大学筹办工作历时近三年。北京政法学院 1979 年复办后，筹建中国政法大学事宜就被提上了议事日程。早在 1980 年，彭真就提出要办中国政法大学。胡乔木当时对办政法教育也十分支持。1982 年国务院批准了筹备中国政法大学的工作计划。同一年，中共中央也在关于加强政法工作的指示中提出，要“抓紧筹办中国政法大学，把它办成我国政法教育的中心”。

中国政法大学成立后，时任司法部党组书记兼部长的刘复之兼任中国政法大学校长。比较长的一段时间，中国政法大学校长都是司法部部长兼任，书记则是专职。陈卓是中国政法大学校党委书记，云光担任常务副校长，余叔通是副校长。

从一开始，司法部就想把整个中国政法大学的级别提上去。按照当时教育部的政策，包括北大、清华在内，全国只有二十几个大学校长、党委书记是副部级，一般的都不行，北京政法学院也达不到这个级别。中国政法大学成立后，司法部经过争取，把中国政法大学的级别提高到副部级。所以中国政法大学成立本科生院、研究生院和干部进修学院后，每个院领导都是副司局级，学校领导是副部级。2001 年中国政法大学划归教育部后，教育部认为这不符合教育部直属高校的体系，重新调整领导干部的级别，原来的副司局级没取消，但是新任的中层干部就都改成处级了。

就办学思路来说，时任校领导陈卓、云光的意见是一致的。他们当时觉得，中国政法大学要搞得气派，规模首先要大。他们计划加强发展研究生院，提出要大规模扩招研究生，本科生维持原来的规模。对于研究生院的领导班子组成，他们也十分关心。

我到任后，研究生院领导班子有四个人。党委书记是王飞，他是行政干部，从司法部调来的。他原来在司法部是正处级，调到学校担任研究生院党委书记是副司局级，给他解决了行政级别问题。研究生院院长开始是云光兼任，张晋藩是第一副院长，程筱鹤和我是副院长。程筱鹤当时应该是副教授。那时候北京政法学院百废待兴，还没恢复评职称，副教授还没几个人，还是很宝贵的。当时有个普遍的观念，副教授同讲师不一样，副教授就算是高级知识分子。印象中，程筱鹤身体不太好，开会时参加一下，不太做具体工作。研究生院日常的具体工作，主要是张晋藩和我负责。张晋藩管研究生院的全面和人事，我管教学、招生。

## 别具特色的研究生导师组

我在中国政法大学研究生院副院长任上，分管教学和招生。教学是高校里的常规工作，分管研究生院的教学，任务还是比较重的。

尤其是后来，研究生院要搞规模化招生。原来研究生数量少，每年才十几个，至多二十几个。从 1983 年开始，经教育部同意，中国政法大学要招收研究生 100 名。当时研究生扩招的一个主要目的，既是为我们自己培养师资，也是为全国政法教育界培养未来的师资。

图 15-1　1984 年 5 月 18 日参加行政法研究班合影

到 1984 年年初，中国政法大学有本科生 1709 名、研究生 143 名、进修生 300 名，另外还有函授学员 1008 名，加一起超过 3000 名。而当时在校教学人员总共才 381 名，除了 103 名教辅人员，在编教师只有 278 人。按照当时的比例，师生比为 1：8.3，大大高于教育部规定的 1：6.5 的比例指标。而且按照 1984 年的招生规划，研究生还要继续维持这个规模，师生比将扩大到 1：9.75。老师们为完成本科教学任务已经疲于奔命，很难抽出充裕时间去指导和参与研究生教学。

研究生招生规模一下要扩大到每年招上百人。学生好招，但没有那么多导师。这个问题怎么解决？

为了解决师资问题，可以说我们想尽了一切办法。其中一个很重要的举措，就是给中央打报告，要进京指标。1983 年年初，司法部出面，向时任中共中央书记处书记、中央政法委书记陈丕显同志打报告，提出为解决中国政法大学急需教师的问题，配备各学科的学术带头人，计划在1983年和1984年从京外选调一批具有真才实学的教授、副教授和“文革”前的老讲师，为此请求中央特批中国政法大学进京户口指标80户（每户3—4人），并承诺这些指标将专项专用、宁缺毋滥，要设立专门小组严格审核。陈丕显同志批示：“原则上同意，请司法部与有关部门商定。”

在调人过程中，曾出现过部分拟调入人员年龄偏大超过五十七岁的情况，其中涉及外国法副教授董璠舆、政治经济学副教授魏浩光、日语副教授张维谦、汉语副教授王思敏及拟调入中国政法大学出版社的编辑出版专家唐飞霄等。为此，学校还曾在1984年5月专门向司法部打报告，请求予以特批。

除多方物色人才调入外，解决研究生导师紧缺问题的另一个举措，就是从外校聘请任课教师和导师组成员。为了弥补中国政法大学师资力量的不足，我们从北京大学、中国人民大学、社科院法学所及其他政法院校、司法机构，聘请了50多名教授、副教授和具有丰富实践经验的领导同志，作为兼职导师。

1983年7月10日，中国政法大学在人民大会堂召开研究生导师座谈会，邀请了一百多位专家学者和部门领导参加，时任司法部部长邹瑜亦出席会议并讲话。这次座谈会的主题很明确，就是如何采取集体导师制，高质量地培养法学硕士研究生，在尽可能短的时间内为国家输送一批法学师资和科研人才。经过充分交流，这次会上达成广泛的共识。

当时参加座谈会的北京大学法律系王铁崖教授很兴奋地表示，中国政法大学将是一所具有中国特色的法律大学，未来很有希望，他愿意同大家一起为办好这所大学贡献力量。王铁崖认为，中国政法大学狠抓研究生教育是完全必要的，为做好相关工作他还提出四点建议：第一，集体指导与个人指导相结合；第二，教学与科研相结合；第三，各校加强联系，教员和学员都多沟通，利用各自优势，交叉培养；第四，办学要有气魄，要争取在国际学界占有重要地位，敢于请进来、派出去。

在发言中，邹瑜也特别肯定了集体导师制，他认为研究生院采取导师小组、专职与兼职相结合培养研究生是新尝试，是一种改革，应该支持提倡，并注意总结经验。邹瑜特别表示：“‘山不在高，有仙则名。’有各大学大批教授的支持，中国政法大学一定有可能办好。”

外聘导师的具体落实工作，我做得比较多。那时候中国政法大学的硕士生导师真是来自四面八方，兼职导师有北京大学和中国人民大学的，也有其他高校的。但北京大学、中国人民大学这两个学校的老师明显比较多，也都很有知名度。

为了邀请他们来中国政法大学，我们都亲自上门拜访，然后给他们发聘书，召开正式应聘的会议，尽量从每个细节上都体现出对这些专家的尊重。但外聘导师毕竟不是常规做法。常规做法就是一个学校拥有相应水平的老师后，才能招硕士、招博士，而不是从外面借过来。

根据校内师资和外聘导师的情况，我们组建了校内外结合的导师组。一些重要学科，比如法理、宪法、行政法结合在一起，刑事诉讼法和刑法结合在一起。

我们总共组成 16 个专业导师组和 3 个公共课教学组。比如国际法，请北京大学的王铁崖教授当导师组组长，其他校内外师资担任导师组成员。我们尽量把那些知名学者请来担任导师组组长；他们不仅仅是挂名，也要讲一两次课。但具体工作是导师组成员共同做的。这样形成多个校内外相结合的导师组，以学者为主，也有实务部门的同志参加。

导师组成立以后，具体教学组织和课程开设由导师组提出建议。有的课程是统一的，有的是单独开设。那时候我分管教务工作，这方面工作比较繁多，也花了不少时间。张晋藩和我名义上不用坐班，但我们几乎天天都得去学校。程筱鹤身体不怎么好，倒是不怎么经常去。

## 《刑事证据理论》的出版

前面我讲过，我还在人民教育出版社工作的时候，就已经开始在北京政法学院兼课，给研究生讲“中国古代司法制度”。在备课过程中，慢慢形成了一些讲稿，编写了若干个专题讲义。这些积累为我学术生涯早期的作品奠定了基础。

那段时间，正好群众出版社约北京政法学院刑事诉讼法教研团队共同撰写一本《刑事证据理论》。具体提议的时间，我现在想不起来了。根据该书的“说明”，完稿时是1981年4月，出版是在1982年2月。这本《刑事证据理论》是1949年以后我国证据科学的第一本专著，旗帜鲜明地提出“证据学是一门科学”的理念。

《刑事证据理论》全书分两编：第一编按照历史进化的脉络，分为奴隶制国家、封建制国家、资本主义国家、我国半殖民地半封建社会的刑事证据制度等，共四章；第二编聚焦中华人民共和国的刑事证据制度，包括我国社会主义刑事诉讼法中证据的意义和概念、马克思主义的认识论在刑事证据理论中的运用、刑事证据的原则、证明、证据的收集和保全、证据的审查判断、刑事证据的分类和间接证据的运用、证据种类等，共八章。

图15-2 《刑事证据理论》书影

全书共有246页，接近20万字，第一次就印刷了35000册。

这本书主要由张子培

牵头，参加编写的还有我、张玲元、武延平、严端等同事。张子培执笔撰写的“序言”中指出“证据问题历来是司法工作中的重要问题”，而这本著作就是围绕什么可以作为刑事证据、怎样收集证据、各种证据的效力如何以及怎样判断证据等问题，介绍、分析和研究古今中外的刑事证据制度，从正反两方面批判地继承和借鉴。

该书前面的“说明”中详细介绍了我们几个人的分工。其中我负责奴隶制国家、封建制国家、我国半殖民地半封建社会的刑事证据制度，刑事证据的分类和间接证据的运用及证据的审查判断中“我国刑事诉讼中的判断证据是否适用自由心证原则”部分的撰写。我撰写的这部分内容，相当于把我国古代到近现代的刑事证据制度作了一次比较系统的梳理。

除了撰写部分章节，我还参与并完成该书的统稿工作。按照该书“说明”，“全书由张子培、陈光中同志负责统一修改定稿”。实际上，在大家完成初稿后，统稿工作主要是我统一完成的。

作为中华人民共和国成立后出版的第一本证据法学专著，这本书在业务领域很有影响。囿于当时的认识，这本书的行文有着明显的时代特征，但整体观点基本保持前后衔接。

比如我执笔撰写的“我国刑事诉讼中的判断证据是否适用自由心证原则”，这个问题的背景在于，在中华人民共和国成立初期，受苏联法学理论影响，法学界整体认为我国刑事诉讼也适用自由心证原则；但是在反右运动中，自由心证受到严厉批判，被视为“右派向党进攻的武器”，从此被列为学术禁区，不许争鸣。改革开放后，禁区取消，我国刑事诉讼是否适用自由心证，又成为一个需要讨论和达成共识的问题。

我认为，自由心证在总体上来说是不可取的。我国刑事诉讼法没有规定自由心证，说明我国刑事诉讼中判断证据、认定事实不适用自由心证。基于这些认识，我提出，我们应当运用对立统一的辩证观点，正确处理使用证据中的矛盾：既要让办案人员能按自己的认识判断证据，又要规定必要的证据规则作为准绳；既要给合议庭一定的决定权，又要坚持法院独立审判、坚持审判委员会制度。在这种情况下，确立“自由心证”，片面强调内心确信，是不能保证刑事诉讼达到客观真实的要求的。

## 应约写《中国古代司法制度》

在《刑事证据理论》一书编写过程中，因为我既参与编撰，又负责统稿，跟群众出版社编辑部门联系比较多。

在与我交流的过程中，群众出版社的编辑也问我，有没有其他的书稿给他们出版。相关编辑跟我表示，他们很需要各方面的书稿。

我就跟他们讲，我有“中国古代司法制度”的讲稿，或许可以加工一下，编成一本小册子。他们表示很欢迎。但是我说：“作为专著出版的话，篇幅还比较短，还得正式加工，需要再花点时间。”我们达成协议，应该是在1982年。

约好后，我就在“中国古代司法制度”讲稿的基础上，进一步扩充、加工。因为内容比较多，时间比较紧张，加上还有其他工作和授课任务，可以说是“夜以继日”。

中国古代司法制度作为中国古代法制的重要组成部分，其主要内容包括当时国家机关的司法组织制度和诉讼制度。而时间起止，则囊括夏朝奴隶制国家形成到清朝鸦片战争以前（公元前21世纪到1840年）。如此漫长的历史进程中，与古代司法制度相关的内容也很多，到底怎么完成这本著作，我当时经过了慎重的考虑。

思考成熟后，我开始按照马列主义、毛泽东思想的指导，研究中国古代司法制度的内容、本质及其发展演变的规律，揭示其专制主义的特征，并从中总结历史经验作为借鉴。我当时认为，这种研究对于加强社会主义法治建设和法学的发展，具有一定的意义。

除前言、结语和附件参考资料目录外，《中国古代司法制度》全书主体部分共分九章，分别涉及：（1）审判组织；（2）监察组织；

（3）起诉制度；（4）强制措施；（5）证据制度；（6）法庭审判；（7）上诉、复审和复核制度；（8）判决的执行；（9）监狱。

动笔写作后，工作量很大，我感觉一个人做不了那么多。所以经过考虑，我又邀请沈国峰加入，把独著变成共同完成的作品。沈国峰的文笔还是很不错的。按照分工，我完成了有关诉讼制度的第三章至第八章和结语，沈国峰则撰写有关司法组织的第一、二、九章，并收集整理了参考资料目录。另外，原来在北京政法学院读研究生的郑禄，帮我们完成了第八章“中国古代刑罚制度的执行”初稿，郭成伟也参加了有关参考资料目录的整理工作。

沈国峰执笔完成的审判组织部分，分中央、京畿和地方、最高审判组织三个层面，根据各个朝代的史实，按照先秦、秦汉、三国两晋南北朝、隋唐、宋辽金元、明、清的顺序，介绍了不同时期不同层次的审判组织。另外，皇帝作为历朝历代的最高审判官，在我国古代司法制度中具有鲜明特色，相关章节也从亲审、奏裁、议刑等三个角度作了介绍。另外，沈国峰也对我国古代的监察组织，从机构、职责等角度作了详细介绍。

我撰写的中国古代刑事诉讼制度，按照刑事诉讼的流程，通过大量爬梳史料，详细介绍了如下内容：（1）起诉，主要涉及起诉的方式、控告犯罪的政策和对控告的受理；（2）强制措施，主要涉及逮捕、囚禁及追摄、勾问和保候等其他强制措施；（3）证据制度，主要是对我国古代刑事诉讼证据体系作了简略介绍，聚焦古代证据制度的特点概括和证人证言、物证和勘验、书证等内容；（4）法庭审判，主要涉及法庭组成、法官及其责任、回避制度和诉讼代理人、审判管辖权、审判期限、审讯及刑讯、调解息讼、案件判决等；（5）上诉、复审和复核制度，主要涉及对申诉不服的复审、对申报上级的复审、向皇帝的直诉以及死刑复核制度；（6）判决的执行，主要涉及死刑执行、体刑执行、流刑和徒刑的执行。

1982 年 12 月，我和沈国峰分别承担的初稿写作工作全部完成。

此后，我又完成全书的统稿任务，最终定稿有约15万字。

在“结语”中，我言简意赅地概括了中国古代司法制度具有的如下特点：第一，皇帝掌握最高司法权，司法从属于行政；第二，古代刑事司法以维护统治者特权为核心，实行公开的不平等；第三，中国古代的司法制度，重在维护宗法制度和家族统治；第四，刑事诉讼与民事诉讼基本不分；第五，存在刑讯逼供行为，罪从刑定；第六，实行纠问式诉讼，程序不完备；第七，具有重狱讼、慎刑罚的精神。总之，中国古代的司法制度，既有糟粕，也有精华。我们研究古代的司法制度，既要批判专制主义的余毒和野蛮流毒，也要实事求是总结经验，以资借鉴，使我国古代司法制度从正反两方面为今所用，以便有利于我们进一步发扬社会主义民主，健全社会主义法治，保卫四化建设的顺利进行。

图15-3　《中国古代司法制度》书影

这本书在出版过程中，前后持续快两年。1984年10月，群众出版社正式出版《中国古代司法制度》，首印12500册，销量很好。当时法学界专著很少，这本著作发行量过万册，在法学界产生了一定的影响。现在讲中国法学发展史，尤其是诉讼法学的发展史，应该说《刑事证据理论》和《中国古代司法制度》这两本书，还是有它们应有的地位。

《中国古代司法制度》出版后，我的教学科研工作，就完全转向当代刑事诉讼法学了。

## 重修中国古代司法史

但《中国古代司法制度》及其背后的话题，在我心目中并未因为时间的远去而淡去。

2013年，教育部认定由中国政法大学牵头、吉林大学和武汉大学共同参与申请成立国家“2011计划”司法文明协同创新中心。随后，我被选为司法文明协同创新中心的学术委员会主席，并且以首席专家的身份主持该中心的一个团队。我有兴趣继续开展中国司法制度史研究，故将“中国司法制度史”列为本团队的重点项目。

“中国司法制度史”共分三卷，分别研究中国古代司法制度（从夏商到清末）、中国近代司法制度（从清末到民国）和中国现代司法制度（中华人民共和国时期）。

这三卷写作启动时间不同，完稿付梓时间也有早有晚，各卷分别独立出版。其中最先面世的就是第一卷《中国古代司法制度》，2017年由北京大学出版社出版。

这本书的筹划、写作和修改，又把我的思绪拉回到三十多年前撰写《中国古代司法制度》的记忆中。2017年《中国古代司法制度》修订重版时，我回顾往事，感慨良多，在“出版后记”中写下这么一段话：“此书出版后，我的教学科研工作转向当代刑事诉讼法学（包括草拟立法建议稿等工作）并取得一定的成就。但是我始终未忘怀司法制度史，总觉得历史的天空风云变幻，事故叠连，引人入胜；更感悟史如明镜，鉴古观今，穷究得失，让人耳聪目明。通史如此，司法史亦然。中国四千年的古代司法制度，精华与糟粕并存，既是一部司法文明发展史，又是一部司法专制主义史，经验丰富，教训深刻，启示良多。”

2017年新版的《中国古代司法制度》，即是在1984年版的基

图 15-4 《中国古代司法制度》修订版书影

础上，大幅度增写、重写和修订。其中司法机构、监察制度和监狱制度完全重写，增写了民事诉讼部分，其他各章也有较多的修改和补充。除此之外，还增写了“中国古代司法制度之特点及其社会背景”作为全书的“绪论”。2017年新版的《中国古代司法制度》全书约38万字，比旧版增加了一倍以上。新版写作前前后后用了近四年时间，付出我的不少心力。在这个过程中，我的学生尤其是博士生朱卿、杨芹和博士后李德嘉，完成了主要的资料搜集和整理工作。

重新修订《中国古代司法制度》，让我更加深刻地认识到我国古代司法制度史的精华与糟粕。总体而言，四千年的中国古代司法制度史，是一部司法文明的发展史，彰显明德慎刑、公正断狱，强化治吏监察，重视教化调解，凝聚着古代统治者运用司法手段治国理政的智慧和经验。但是，我国古代司法制度史又是一部服务于君主专制统治的历史，纠问制诉讼，刑讯逼供，浸透着血腥气味。因此，我们必须以历史唯物主义的观点来研究中国司法制度，既要珍惜和传承优良的司法文明，又要批判和摒弃某些不文明的司法糟粕，鉴古观今，古为今用，以助推今日中国特色社会主义现代化、民主化、法治化司法制度的宏伟建设。

## 第一本刑事诉讼法教材背后的“无名英雄”

在担任中国政法大学研究生院副院长期间，我还有一段可以说一说的经历，就是1982年在群众出版社出版的《刑事诉讼法》教科书背后，充当了无名英雄的角色。

1980年代初期，群众出版社牵头编写我国高等学校法学试用教材，供高等院校各法律专业选用或参考。其中一本就是《刑事诉讼法》。这是中华人民共和国成立后，我国出版的第一本刑事诉讼法统编教材。

这本教科书编写的过程，我了解一点。因为我那时候还没有来中国政法大学，这本《刑事诉讼法》没有署我的名字，我既不是主编、副主编，也不是作者。

按照“说明”，这本《刑事诉讼法》由张子培担任主编，吴磊担任副主编。参与初稿撰写的作者包括：王存厚、吴磊、王兆生、张子培、任振铎、李学宽、陶髦、吴会长等。该书初稿经集体讨论后，由张子培、吴磊、任振铎对全书作了部分修订，其中部分编、章，由余叔通修改。

最终的定稿，这本教科书除了导言详细介绍刑事诉讼法学的研究对象、体系和方法，被分为三编，分别是：（1）总论，涉及刑事诉讼法的概念；剥削阶级国家刑事诉讼法概述；中华人民共和国刑事诉讼法的历史发展；我国刑事诉讼法的指导思想；我国刑事诉讼法的性质和任务；我国刑事诉讼法的基本原则；管辖；回避；强制措施；附带民事诉讼；期间、送达等。（2）证据论，涉及刑事证据概述；剥削阶级国家刑事证据制度的特点；运用证据的原则；证明；证据的收集、审查判断和认定案情；证据的分类；证据的种类等。（3）程序论，涉及诉讼程序的概述；立案；侦查；提起公诉；一审程序；二审程序；死刑复核程序；审判监督程序；执行等。

全书共计二十七章，主要依据1979年《刑事诉讼法》的主要规定，从学理角度作了较为充分的阐释。

这本《刑事诉讼法》教科书最后的编辑定稿工作，实际上是由我来完成的。我当时一直参与编辑部的工作。这本书的初稿文字比较粗糙，作为教材出版的话，需要加工的地方不少。因此，这本书是我从头到尾一章章、一节节审改的。但由于我是作为编辑参与其中，因此没有署名。

## 编著《外国刑事诉讼程序比较研究》一书

1988 年 1 月，为了解和借鉴外国刑事诉讼制度，我们编著了《外国刑事诉讼程序比较研究》一书，由法律出版社出版。

这本书是我国改革开放后最早出版的从比较法角度研究外国刑事诉讼程序的专著，代表着刑事诉讼法学界在学理层面“开眼看世界”的努力。

这本书由我主编，徐益初担任副主编。参加编著的有：朱育璜、刘金友、陈光中、肖贤富、周国均、徐益初、陶髦、曹盛林、程味秋、傅宽芝等。

图 15-5 《外国刑事诉讼程序比较研究》书影

在这本书中，我具体承担了如下几方面的工作：第一，撰写第一章“绪论”，为全书作总体铺垫；第二，指导学生卞建林、杨宇冠和肖胜喜等完成第十二章“采取强制医疗措施的诉讼程序”、第十三章“刑事损害赔偿程序”两章的初稿撰写；第三，我和徐益初统改全书并定稿。

这本书具体的编著工作

持续了较长时间。我们在1986年5月就写好了序言，但这本书出版是在1988年1月。

在这本书中，考虑到不同社会和不同法系的国家中，有些国家的法律制度（包括诉讼制度）具有代表性，我们主要选择了英国、美国、法国、联邦德国、日本、苏联、南斯拉夫、罗马尼亚八个国家的刑事诉讼程序展开比较研究，兼及奥地利等其他一些国家。

比较法研究 1987年第4期

外国刑事诉讼程序的近期发展趋势

陈光中

**编者按**：陈光中教授主编的《外国刑事诉讼程序比较研究》一书，即将由法律出版社出版。这是建国以来对外国刑事诉讼程序作系统比较研究的第一部专著。这本书的出版将有助于我国法律工作者对外国刑事诉讼制度的了解和借鉴。本刊先将陈光中所写的该书绪论中的第五节《外国刑事诉讼程序的近期发展趋势》发表，以飨读者。

第二次世界大战以后，由于世界政治、经济形势的变化，科学技术的发展，以及其他种种因素的影响，世界各国刑事诉讼法和刑事诉讼程序，发生了不少变化。综合各国刑事诉讼程序的发展变化情况，主要有以下四点。

**一、英美法系和大陆法系互相吸收，互相接近**

这个问题我们从英国考察起。英国是一个传统上以判例法为主的国家。但由于战后时期刑事立法活动的积极开展，明显地限制了判例法适用的范围。在刑事实体法方面，现在绝大多数犯罪行为由制定法予以规定，只有少数几种犯罪仍受判例法的调整，在刑事诉讼法方面，如前所述，战后颁布了治安法院法、刑事证据法、刑事审判法、刑事上诉法，陪审团法等一系列制定法，从而使得刑事诉讼程序基本上受制定法的调整。可以这样说，英国目前虽然没有统一的刑事诉讼法典，但在统一适用制定法这一点上，已向大陆法系靠拢了。

英国刑事诉讼程序吸收大陆法系的另一个明显例证是检察官起诉制度的建立和发展。众所周知，英国的起诉，传统的做法是国家不设立象大陆法系那样的检察机关来专门负责提起公诉，任何国家机关（实际上主要是警察机关）和个人可以对任何犯罪行为起诉，但是这种做法有明显的不足，为了弥补缺陷，英国在1879年设立了总检察长，代表国家对重要案件提起公诉。近二三十年来，英国法学界主张仿效大陆法系而建立强大的检察系统的呼声越来越高，终于在立法上得到了确认。根据《1985年刑事起诉法》，从86年1月1日起在英格兰和威尔士普遍建立检察机关，统一行使公诉权，从而实现了与大陆法系相同的检察官起诉制度。这是英国司法制度的重大改革。

英国取消大陪审团也可说是与受大陆法系影响有关。大陪审团起诉是英国刑事诉讼程序的传统特点。大陆法系国家如法国，在资产阶级革命时期，一度采用过，很快就取消了。英国也由于此制度不简便，费时过多，而逐步取消了。1933年，对于大多数刑事犯罪案件取消了大陪审团制度。《1918年刑事审判法》进一步在一切刑事诉讼中取消了大陪审团制度。

美国的刑事诉讼程序，虽渊源于英国，但它结合本国情况吸收大陆法系内容，从而形成了自具特色的刑事诉讼程序，如有成文法典，检察官负责起诉等。

大陆法系国家的刑事诉讼程序，本来就是在资产阶级革命时期受英国的陪审制和辩论制的影响而建立起来的。而在第二次世界大战后，日本在美国的影响下，采取了当事人主义的诉讼结构。虽然日本当时是在美国占领形势下，不得不接受美国的诉讼模式，

：73：

图15-6　1987年，开眼看世界

在“绪论”中，我们对外国刑事诉讼程序的历史、现状和近年来的发展趋势作了简要论述，以便读者在了解各个具体程序前先有一个概貌性的了解。

在研究方法和写作体例上，我们不采取逐国叙述其全部程序的方法，而是以各种具体程序为专题（如侦查、第一审、附带民事诉讼、未成年人刑事案件程序等），对我国的法律规定和有关情况，展开综合性对比和论述。

这本书以外国刑事诉讼程序为研究对象。证据制度及其他问题，则不作专题论述。该书侧重于对外国刑事诉讼程序作知识性介绍，提供一些具体资料，并作一定的分析。

## 纯粹去当官，我不去

整体回顾起来，1980年代初期那段时间，我比较忙碌，也比较

高产。改革开放之后，我精神上得到解放和鼓舞，多年来的压抑、不得志，烟消云散。我感觉那段时间干劲很足，除了处理基本的行政事务，就是写书、写文章，白天黑夜接连着干，那时候也正是精力旺盛的时候。

差不多整个1980年代，我就是在那种状态下过来的。我一方面很想好好做学问，但是另一方面又因缘际会，担任过一些行政职务。担任行政职务确实花时间。

我从小就立志做学问，不愿意从政、做官。我一直有个前提，那就是纯粹去当官，我不去。但对于学术机构的行政职务，我是愿意承担的，而且学术上的行政职务在某种程度上也能够帮助我在学术上开展一些组织活动。所以，学术机构的行政职务，我都乐意承担。

在跟群众出版社合作前面几本书的过程中，我一直在司法部教育司下属的法学教材编辑部帮忙。后来，群众出版社就通过别人间接征求我的意见，问我愿不愿意调过去，担任群众出版社副社长。从行政级别上来说，当时群众出版社的副社长是副司局级。从我当时的情况来说，如果能够调过去，那我的行政级别肯定是提高了，但是，我还是毫不犹豫地就婉拒了。

不管是在中国政法大学研究生院担任副院长，还是担任校领导，我都没有离开教学工作岗位。在不离开教学科研工作的同时做领导职务，这个我愿意做。对我来说，即便后来担任中国政法大学校长，特别忙碌，但我努努力，还是可以做。离开校长岗位后，我还是大学教授，没有离开教书育人这个本职工作。在我看来，副院长、副校长、校长，都是我在学校里兼任的行政职务，没有离开学校，而且自己也还是教授，没有脱离教书育人这个本职工作。这是我做事的大前提。如果要我调到外面去，纯粹担任行政职务，不管多高的级别，我都不会去。纯粹去当官，我不去。

# 第十六章　担任中国政法大学校长的前前后后

## “超龄”副校长

1988 年 6 月 27 日，司法部党组任命我担任中国政法大学常务副校长。

那一年，我已经五十八岁。当时，担任行政职务的年龄限制没现在这么严格。改革开放后，我们这一代人复出工作时，都已经是中年了。按照现在的标准，我肯定已经超过提拔担任校领导的年龄了。但在 1980 年代时，年龄限制比较宽松，不是个大问题。

当时正好赶上校领导换届。从 4 月份开始，校长邹瑜、党委书记陈卓就因为工作关系，分别辞去他们在中国政法大学的职务。邹瑜被选为第七届全国人大常委会委员、内务司法委员会副主任委员，离开司法部部长行政机构岗位，中国政法大学校长职位也空出来了。在整个 1980 年代，中国政法大学校长都是由司法部部长兼任的，这在司法部历史上、中国政法大学校史上，都是不多见的。邹瑜的卸任，意味着司法部部长兼任中国政法大学校长的传统终结。陈卓则是因为到龄退休，不再担任中国政法大学党委书记。

在这一次校领导换届中，司法部派当时的部党组成员、人事司司长杨永林担任中国政法大学党委书记；另外，从校内提拔江平担任校长。

我原来一直担任研究生院副院长，这次换届中，我也被提拔为常务副校长。我们这一届校领导班子，还有副校长张晋藩、陶髦、张廷斌，党委副书记何长顺，党委副书记兼副校长解战原。

图 16-1　1988 年担任中国政法大学校领导期间的个人照

司法部新任部长蔡诚专程来到中国政法大学宣布了新一届校领导班子的组成。在这个班子中，杨永林书记、江平校长，还有我作为常务副校长，当时我们仨算核心。

那时候的具体工作，现在记不得那么多了。但我们一上任，就赶上中国政法大学开始扩大招生。当时一下子扩招很多学生。学生入学后，没地方住，只能临时找地方。校内空间很有限，一部分学生不得不散住在外面有些不是很正规的地方。为了缓解宿舍紧张状况，学校在大钟寺一带租了一些农民的房子，适当加以改造，就当学生宿舍了。

## 常驻昌平

新一届校领导班子上任前后，正赶上中国政法大学昌平校区大兴土木的阶段。

昌平校区建设已经有一段时间了，1987 级本科生是在昌平校区上学的第一批本科学生。当时面临的情况是，一方面新生已经在那边入学，另一方面昌平校区还要搞基建，需要有人专门盯着。

那么校领导班子怎么分工呢？当时，江平作为校长，管全面工作；另外他腿也不太好，往昌平跑也不太方便。校领导班子分工时，就要我重点盯着昌平校区。因此，昌平校区这边，基建也好，教学也好，一揽子都由我管。

刚开始时，我每周至少去昌平校区三次或四次。每周一我肯定会去。当时我采取的办法是每周一上午召开行政办公会，昌平校区各处室的负责人都要参加。

那时候中国政法大学刚开始两地办学，实际上是两套班子：城里是一套，昌平是另一套。学校主要办公中心在学院路校区，但各处室在昌平校区至少得安排个副处长，实际上昌平是单独一套班子，人员相对固定。

当时主管后勤的副校长张廷斌同志身体不太好。后来找了个总务长，他们分管后勤。但这块实际上由我来总体负责。

## 主持学校行政工作

1989 年春夏之交，我国发生严重政治风波。

1990 年 1 月，司法部来学校，公开宣布同意江平申请辞去中国政法大学校长职务。在这个会上，司法部同时宣布，我以常务副校长的身份主持学校行政工作。

江平被免职后，上面并没有立即任命校长，也没有提拔我担任校长，这个岗位空着，学校的行政工作暂时由我以常务副校长的身份主持。所以 1990 届、1991 届毕业生的毕业证书上，校长印章是我的，但是是以“常务副校长”代理校长的名义。

在当时的环境下，学校大的改革没多少。我所做的工作，就是稳定局面，处理政治风波后的遗留问题。

当时面临的最棘手的问题有两个：一个是如何安抚大家的情绪，让大家尽快把重心放在工作和学习上；另一个就是如何在贯彻落实上级处理要求的情形下，尽量保护在政治风波中比较激进的师生。

政治风波之后，刚开始复课就是个大问题。上面一再强调要尽快复课、尽快恢复教学秩序。学生要罢课，不来上课，但你总不能拉着学生来上课，也不能过于严苛地强调纪律。学生们恢复情绪需要时间。第一关就是从不上街到复课，得有一个过程。学生情绪有个平复的过程，我们校领导也有一个和同学磨合的过程。那时候解战原和其他校领导，主要任务就是稳定学校局面，争取尽快复课。

政治风波后差不多一年多，学生们整体情绪都是不稳定的。有一部分同学还比较激进，大部分学生不甘心、不满意。对于我们来说，在那种情况下，学生们只要不闹，正常上课，就是好事。

好在上面当时的要求就是要稳定住局面，让学生不要再闹，恢复教学秩序。至于具体处理什么人、如何处理，上面催得不是很急，谈不上“秋后算账”。

当然，学校当时掌舵的是杨永林同志。很多决策，都是党委拍板决定的。在政治风波之后，党委书记如果很“左”，善后事宜也不好办。但杨永林同志是温和派，我们互相配合，后续事宜的处理比较圆满。

杨永林、我、解战原思路比较一致，就是最大限度地保护学生不受处分。学生一旦被处分，以后分配工作就会很难，会耽误学生一辈子。这段时间，怎么把学生保护下来不受处分，比较复杂。我们当时也很为难。对于上面的要求，我们该落实要落实，该贯彻要贯彻，要有所处理，要对过去有个交代。

整体来说，我们最大限度地保护了政治风波期间比较积极的教师和学生。当时在处理这个问题时，杨永林、我、解战原我们三个的意见和态度高度一致。当时校党委有个女同志，是从校组织部部长提拔上来的，她也认真贯彻这个精神，应该说对学生的保护做得还是比较不错的。

在这种背景下，我们与学生骨干谈心，就说：“你们要保自己、保学校、保将来就业，我们互相配合。我们不处理你们，你们也不要再闹。”基于这种理念，学校同学生骨干互相谅解，形成这样的默契。

这些事情的操作，一般是杨永林提出指导思想。但找学生谈话、沟通，多由我出面，我毕竟是常务副校长，也是学者。同学生接触时，有老师身份，相对会好很多，一般来说学生不太抵触。如果只是领导身份，尤其是党委系统的领导，学生还是很抵触的。

我的态度很明确，基本上就是劝学生复学："你们不要再闹了。再闹下去，毕业分配不出去了。"

总的来说，我同学生的关系还可以，学生对我也尊重。江平被免职后，我的职位没有提升，学生也知道，我的情况也是处于为难的地步。那个阶段有人开玩笑，都说我这个常务副校长有点"维持会"的味道。我也承认这一点。

我也有被骂的时候。学生们认为，我所提的方案，多少有点跟着官方的口径跑。我心里清楚，有骂我的人。但我也知道，大部分学生对我们还是理解的。在那个时候，你想一点不挨骂也不可能，学生中有一些人一直比较激进。

整体而言，我认为相关学生工作做得还不错。除此之外，其他学生都是能保护的尽量保护，而且在毕业档案里面不留任何痕迹。

因为政治上不稳定，当时学术上也没有什么大的举动。复课后，也没有什么教学改革，能正常上课就不错了。就我来说，除了实现海峡两岸法学界交流的破冰之旅，校内的学术交流无暇顾及，也不可能真正开展。所以在我当校领导期间，学校在教学改革方面没啥成就。维持校园稳定，教学能够正常进行，就很不错了。

这是我那段时间的整体印象。担任校长期间，昌平的基建变化比较明显，教学楼、宿舍楼都盖起来了，教学改革基本没有进行。

## 当校长的感觉不太好

以常务副校长的身份主持学校行政工作一段时间后，差不多两年多，我被任命为校长。

有些内部情况我知道。原来上面想调一个校长过来，但一时找不到合适的人。那时候，中国政法大学的校长也不好当，学生一直在闹，隔三差五就有问题。上级部门想物色其他人来中国政法大学担任校长，但是在当时的情况下，没人愿意来。

因此，从1990年开始，中国政法大学校长职位一直空着，我以常务副校长的名义主持行政工作。

过渡一段时间之后，一方面上面一直没有找到更合适的人，另一方面学校的局面也趋于稳定。据我所知，当时分管中国政法大学的司法部副部长鲁坚建议，由我担任中国政法大学校长。

图16-2　1992年在中国政法大学建校40周年庆典上发表讲话

1992年5月16日，司法部正式任命我担任中国政法大学校长。我在校长职位上干了两年。一般情况下，任何人被任命为校长后，至少要干满一届，四年或者五年。但我就干了两年。

实际上，我也没有很想当这个校长。说实在的，那段时间当中国政法大学校长，感觉不太好，很难当。一个原因是政治风波后处理师生的问题。当时，学校里面维持稳定局面就很不容易，上面还要求学校处分政治风波期间带头的学生。实际上，从学校的角度来说，我们没有处分任何人。另一个原因是那时候的学校经费很紧张，学校又在建设中，始终觉得压力很大。后来中国政法大学归教育部管后，经费拨款多了点，整体境况才有所缓解。

那段时间，我作为中国政法大学校长，疲于应付当时的局面，那时候的主要任务，就是维持稳定局面，学校的教学改革等都没怎么进行，无暇顾及。这个校长当得很辛苦，也很窝囊，当校长的感觉不太好。

1994 年 4 月，上面说免去我的校长职务。说实在话，我毫不在乎。上午宣布免职，下午我就从办公室搬出来了。我一点都不留恋这个位置。我想，我是做学问的人。不当校长的话，我就有很多时间做学问，这方面对自己也有信心，何必要当这个窝囊校长！

# 第十七章　海峡两岸法学界“破冰之旅”交流

## 时代大背景

在中国政法大学校长任上，我有一件事应该说一下，那就是同台湾地区东吴大学的海峡两岸法学界“破冰之旅”交流。

1949年以后，大陆与台湾地区一直处于分治状态。1979年全国人大常委会发布了《告台湾同胞书》，郑重宣示海峡两岸和平统一的大政方针，两岸隔绝状态逐渐结束。尤其是1987年台湾当局解除“戒严”，开放民众赴大陆探亲，结束两岸长达38年的隔绝状态。

囿于长期的封闭，两岸法学界原先几乎毫无来往。1992年下半年，台湾当局逐步放宽大陆人士赴台交流的限制，两岸双向往来的人数逐步增多，层次逐渐提高。随着海峡两岸关系缓和，两岸人员往来逐渐从单向变为有限的双向，访问范围也从探亲、旅游发展到投资、考察、求学、交流、文化、教育、科技等诸多方面。

随着两岸人员交流的频繁，大量法律问题也逐渐出现。突出表现为民事行为大量涌现，行政管理事务大量增加，刑事案件也有所增加。因为两岸人员往来所衍生的婚姻、遗产继承、投资、置产定居、捐赠、丧葬等法律问题越来越多。

另外，台湾当局也批准了公立大学校长及公务员到大陆从事文教活动。为顺应这一趋势，两岸学者在教育与学术领域的交流越来越频繁。

由此，推动海峡两岸法学界的交流有了现实的需要，也有了实现的可能。

大概从1985年以来，海峡两岸的法学家有了一些接触，组织过一些小型的交流会。但还没有比较有规模的交流。1992年，海峡两岸关系协会和台湾海峡交流基金会达成“九二共识”，为深层次的交往奠定了政治基础。

## 共襄盛举

具体来说，海峡两岸法学界的“破冰之旅”，和时任东吴大学校长章孝慈的推动有很大关系。

在东吴大学校长任内，章孝慈对推动海峡两岸法学界的交流十分重视。他安排时任东吴大学法学院院长程家瑞主动来找我。

程家瑞教授是希腊雅典大学法学博士，主要研究领域是国际法、比较法、国际航空法等，在海峡两岸法学交流中十分活跃。程家瑞奉章孝慈之命拜访我，希望由中国政法大学和东吴大学牵头，共同开展海峡两岸的法学交流活动。

我知道他们有这个意愿后，当然十分支持。我马上就回复，我个人对海峡两岸法学交流很支持，但是与台湾地区交流是大事，我个人不能决定，需要同学校党委书记杨永林商量，还需要上报司法部和有关行政部门，最终需要根据上面的意见来决定怎么办。

跟杨永林同志商量后，我们都觉得这是好事。后来，我们就以中国政法大学的名义向司法部请示。

当时司法部鲁坚副部长分管中国政法大学。鲁坚认为，海峡两岸交流“解冻”也是好事，他十分支持；但是他说，这事他也做不了主，司法部党组需要研究，而且还要同国台办沟通。

那时候，中央对台政策也在调整，整体是主张开展交流。在海峡两岸关系协会和台湾海峡交流基金会的沟通下，两岸之间各个领域的交流活动都比较频繁。1992年5月上旬，中国社科院近代史研究所组团赴台交流，成为大陆社科界首次赴台的学界代表。1992 年 9 月，由新华社、人民日报社、中央电视台、中央人民广播电台等 17 家新闻单位组成的采访团，亦应台湾海峡交流基金会之邀，在台北、高雄等地展开为期一周的采访。

在这种背景下，司法部同国台办沟通后，同意我们牵头组织大陆法学界展开对台交流。

这个信息反馈给我之后，我就立即展开了组织工作。

## 组建大陆法学家代表团

在进一步沟通过程中，东吴大学那边也提出更为具体的要求。他们希望大陆名校的校领导、法学院院长都能参加，尽量组织一个比较豪华的代表团。大陆各个法学院也有参与的积极性，毕竟这是海峡两岸第一次大规模的法学交流。

方案定下来后，我负责牵头组织这个代表团。我印象中，是我这边先提名，然后他们也提出意见。

双方的意见经过充分汇集和沟通，最后形成了规模为 11 人的大陆法学家代表团，由我带队前往台北参加“海峡两岸法学学术研讨会”。

代表团除了我以中国政法大学校长身份参加，成员包括：中国社会科学院法学研究所所长王家福、北京大学法律系沈宗灵、中国人民大学台湾法律问题研究所所长曾宪义、西南政法学院院长种明钊、华东政法学院院长史焕章、对外经济贸易大学国际经济法系主任冯大同、中国政法大学研究生院副院长曹子丹、南开大学国际经济法研究中心主任高尔森、吉林大学法学院院长张文显、苏州大学法学院副院长王耀梁。

## 成立临时党支部

大陆法学家代表团成立后，我以中国政法大学校长身份担任领队赴台。

因为这是1949年之后大陆法学界第一次正式访问台湾，大家既重视，也有点紧张。为了保证不出问题，司法部要求在代表团内部组成临时党支部。临时党支部委员有我、曾宪义和王家福，我们仨组成临时党支部的领导班子。

临时组建党支部后，开始安排行程。

行前，国台办专门给我们作报告介绍台湾地区的情况。国台办的报告主要是叮嘱一些细节。比如称谓的问题，我们不能叫对方"中华民国"，具体怎么叫，当时有统一规定。

另外，还涉及哪些地方可以去、哪些地方不能去。中山纪念堂可以去参观。但是涉及蒋介石的一些地方，则明确要求不能去。

## 记者招待会是第一场考验

1992年11月21日中午，我们一行11人经香港飞抵台北。

行前，我跟程家瑞进一步沟通行程。程家瑞说，我们一到当地，就要接受记者采访。当时我还说，我们是不是安顿下来再接待新闻媒体？实际上完全不行。我们一下飞机，刚到宾馆，就有一大堆记者在宾馆等着。程家瑞说，记者招待会不开也得开了。

就这样，我们还没从飞机的颠簸中回过神，仓促之间就得面对新闻媒体了。

东吴大学校长章孝慈先致辞。章孝慈指出，东吴大学主办此次海峡两岸法学学术研讨会，是因为两岸政策开放后，彼此往来非常密切，无论是经贸性、社会性、文化性和体育性接触，还是未来所无法避免的政治性接触，都需以法律为基础从事交流，使其在法律的范围内产生实质上的作用，因此，双方在法律层面的接触至为重要，有必要让两岸的法律学者面对面地讨论相关问题。过去，虽然已有部分台湾地区法律学者陆续访问大陆，或从事对大陆的法律问题研究与法律资料搜集等，但始终没有以大规模的方式和对岸学者进行面对面的讨论。有鉴于此，东吴大学便努力克服困难，邀请11

位在大陆享有盛誉的法律学者与台湾地区法学界以发表论文的方式展开接触。章孝慈特别强调，唯有双方不断接触，才能彼此了解；在相互了解之后，将来必然才能有所突破，最后达到互融的境界。章孝慈提出，海峡两岸法学学术研讨会应该按照一年一度的周期办下去，使双方能够长期持续地接触，化解彼此间的隔阂。

接下来轮到我发言。我接过章孝慈的话茬表示，两岸法律制度各有特色，都是人类文明进步的成果，应该互相学习，在求同存异的基础上进一步缩小差距。我希望经由两岸的法学交流，使两岸法律取长补短，促进双方友好往来。

接下来答记者问环节，考验才开始。台湾地区的新闻媒体很敏感，提问很尖锐。有记者就问：我们访问台湾地区，有没有带有官方的色彩或者态度？我就明确表明，我们就是一个学者代表团，不代表官方；我们就是一个学术团体，每位学者都不代表官方的组织，都是我们个人负责。

图 17-1　1992 年 11 月率大陆法学家代表团首次访问台湾地区，东吴大学校长章孝慈（站立者）在欢迎宴会上致辞

记者招待会上还问了其他问题……总体来说，当时都是敏感问题。回答这些问题，需要小心谨慎。我们刚到台北的第一场考验，就是记者招待会。

## 两岸法学家面对面研讨

1992年11月22、23日，第一届海峡两岸法学学术研讨会在台北“中央”图书馆举行。

其中，22日的研讨主题为“法学教育与基础法学之研究：判例法、法制史之研究”；23日的研讨主题为“债权、契约合同与智慧财产权之研究；公司法、税法与行政诉讼之研究。”

图17-2　1992年11月率团赴台湾地区交流时在台北“故宫博物院”合影

会后，我们还去了台湾地区一些地方参观访问。其中1992年11月25日去的是台北“故宫博物院”。

在离开台北前，我接受了“《中国时报》”记者吴鲲鲁的专访。

记者：请谈谈经过三天学术交流的体会。

陈光中：首先，我觉得海峡两岸在政治上的分歧并不妨碍双方的法学交流。相反，正是因为存在分歧，反而更需要交流。只要双方本着诚意、善意的态度来进行，就能够取得成效，这次会议证明了这点。

其次，我觉得法学交流应以互相切磋，取长补短，促进具体法律内容的改善为目的。因为具体的法律内容总有共同规律可循，是人类文明进步的共同成果，双方应互相吸收对方的优点。举例来说，大陆方面就应学习台湾地区在公司法上的长处，而大陆在知识产权的保护上，在行政诉讼法的规范上，比台湾地区也有其优点。同时，我认为在对话过程中应求同存异，通过求同，进一步来缩小差异。

当然，两岸人民在交往中产生的纠纷，常需用法律手段来解决，这个部分比较会受到政治上的约束。但在通过民间法学对话提出可行的方案后，再经由双方接触谋求解决，还是可以逐步找出妥善的办法的。譬如，今天在会场上台湾地区学者所提出的对仲裁方案的意见，我们也可以反映到大陆去。

记者：除了经贸法律，其他领域互动的法律规范问题是否有具体的解决展望？

陈光中：这个问题比较复杂。举例来说，在刑事法方面，双方可以通过民间渠道或组织，先共同研究如何在罪犯移送与证据的相互搜集上加强合作。但因为犯罪同商业行为不同，大陆方面也尚未找到妥善的做法。目前大陆倾向于通过福建省、广东省、浙江省等接近台湾地区的省份，与台湾地区的民间或者非民间组织，建立一定接触渠道，大陆其他省份再通过这些渠道为中介，来解决问题。

记者：为什么要这样做？

陈光中：这是因为政治上的原因。中央如果出面与台湾地区谈判，仍有些障碍存在。不过上述方法只是一种可能性，另外也有可能由具有代表性的民间团体，如海基会和海协会先商谈，然后再成立一定的组织解决实际的问题。

记者：台湾地区学者曾提出区际法律冲突的概念以解决两岸间的法律关系问题，您是否同意此一点？

陈光中：大陆学者对此问题的看法并不一致，但我个人认为区际冲突这个词大体上应该可以使用，因为我觉得区际指的是一个国家之内的不同区域，好比美国的各州之间的关系。在两岸都坚持“一个中国”的前提下，事实上并不矛盾。

记者：台湾地区已依照以上原则拟定两岸关系条例，大陆是否可能制定高层次的法律，作为两岸关系处理的最高原则？

陈光中：我的理解是制定高层的、统一的法律可能有困难，眼前只能就某些具体问题商讨出单行的解决方案。至于在哪些具体的层面正在探索，也许海基会与海协会的人员还知道得多些。作为学者，我们虽然有了解，但仍保持一点距离会比较好。

记者：是否可能在打击海上犯罪方面达成协议？

陈光中：要在这个问题上达成全国性的协议，仍然有困难，与前面的理由一样，通过中央部门与台湾地区相关机构达成协议，或许可能性大些。

记者：两岸法律用语差异很大，如何努力才能消除这种不必要的障碍？

陈光中：马上统一法律名词有困难，但可以先有对应的解释。譬如我们讲行政复议，台湾地区说是行政诉愿，意思是一样的。但是长期的用语统一恐怕要通过加强交流，先逐渐使平常用语统一，立法与法学的名词才有可能统一。

记者：最后请您谈一谈对台湾地区的感觉。

陈光中：我对台湾地区朋友的友好热情，比我原来想象的还要好，印象深刻。至于台北市容也相当整洁、漂亮，不过似乎人多地少，显得有些拥挤。我想以下面这首诗来形容我的感受：“东吴学者勇创举，两岸教授宝岛聚。满园春色关不住，炎黄子孙总是情。”

这个专访后来刊登在1992年11月26日出版的“《中国时报》”上。

整体来说，因为我们有充分的准备，包括思想准备、学术论文准备等，这次访问是成功的，政治上没有出问题，学术上开展了比较深刻的交流。

一到香港，我就给鲁坚打电话，向他报告：我们已经回到香港。我说：“我们的访问，我认为是成功的，没有出现什么政治问题。”鲁坚电话里也对我们的成功访问表示祝贺和肯定。

图17-3　第一届海峡两岸法学学术研讨会留影

## 台湾地区学者访问大陆

大陆法学家代表团访问台湾地区的“破冰之旅”圆满成功。按照预先商定的计划，第二年，台湾地区的法学家代表团就要回访大陆了。

1993 年 8 月 20 日 15 时，章孝慈率领参加第二届海峡两岸法学学术研讨会的台湾地区法学家代表团抵达首都机场。

他们的阵容很庞大，正式代表就有 60 多人。加上其他亲属等，号称近百人。这个代表团里，有台湾地区各高校的学者代表，还有一些是在职法官、兼职教授。当然，这些法官都不是以法官的名义而是以学者的名义来大陆的。法官作为公职人员，在当时还不能来大陆交流。但台湾地区很多法官都在高校兼职，所以他们不管在哪个高校兼职，就都以兼职教授的身份过来。

8 月 23—25 日，由中国政法大学主办、海峡两岸关系协会和中华全国律师协会等单位协办的第二届海峡两岸法学学术研讨会在京举行。

这次海峡两岸法学学术研讨会由于是在大陆举办，大家参会方便，同时又是两岸法学界在大陆的第一次大规模交流，大家参会十分踊跃，大陆的莅会学者数量也十分庞大，有百余人。

8 月 23—25 日，连续三天，海峡两岸的学者围绕法学教育、国际贸易法、民法债权制度、信托制度、证券制度、公司法、投资法、行政法、知识产权制度、刑事审判制度、律师制度等法学领域的共 17 个选题，展开深度交流和对话。在为期三天的探讨中，两岸法学界人士本着求同存异、相互理解的精神，围绕这些议题展开了热烈而友好的讨论，会议充满着坦诚、融洽、活跃的气氛。

大陆法学家代表团访问台湾地区时，由于受种种条件的限制，两岸法学交流的规模不大，讨论的议题一般也局限于一些专门的法学领域，这在客观上使两岸法学家的相互了解受到一定限制。

与我们访问台湾地区相比，这次海峡两岸法学学术研讨会时间比较宽裕，参与人数也更多，使得海峡两岸的学者都有比较充裕的时间对各自在相关领域的理论和实践进行比较系统的介绍和比较。

这次会后，陈瑞华撰写了会议综述，发表在《政法论坛》上。文中指出，海峡两岸同行的交流，侧重于三个方面：

第一，两岸有关制度的比较。这次会上，来自海峡两岸的代表对各自在法学教育、知识产权制度、国家赔偿、婚姻家庭、律师、刑事自诉、刑事审判结构、股份有限公司以及两岸在防治经济犯罪方面所存在的差异和共同之处作了总结和概括。

第二，市场经济立法的探讨。如何构建和完善市场经济立法体系，是当时大陆和台湾地区所面临的共同课题。1992 年邓小平“南方谈话”后，大陆对于推动市场经济发展充满热情，相关法律体系亟待更新。而台湾地区的市场经济立法尽管起步较早，但也面临更新换代。这次海峡两岸法学学术研讨会的举办，为两岸法学界在市场经济立法层面寻求共识提供了契机。

第三，海峡两岸交往中产生的法律问题之探讨。随着 1987 年台湾地区解除“戒严”，海峡两岸民众交流日趋频繁，经贸往来日益密切，冲突和纠纷也随之增多。尤其是两岸知识产权的相互保护、两岸对投资者权益的保障、两岸非法入境者的遣返、两岸司法方面的联系与协作以及两岸刑事犯罪的共同打击和防治等领域，亟待有充分的交流和共识，并在此基础上形成合作框架。在这次研讨会上，海峡两岸的学者对相关问题作了深入探讨。

会议综述对这次会议的成果褒奖有加：

> 这既是一次规模盛大的法学学术交流活动，又是两岸炎黄子孙的一次大聚会。通过这次研讨会，两岸法学界人士不仅交流了学术，而且加强了了解，增进了相互间的友谊，增强了民族认同感，这将会推动两岸关系的进一步发展……为了祖国的统一大业，为了中华民族的根本利益，两岸的法学交流只能加强和前进，这是两岸关系发展的必然趋势。可以预见，本届海峡两岸法学学术研讨会不仅会促进两岸的法学交流，而且也将会对两岸经济、贸易、科技、文化等方面的往来产生积极的影响。

## “道是无形却有形”

对于两岸的法学交流，我一直在用实际行动全力支持，可以说身体力行、乐此不疲。

图 17-4　1995 年 10 月 31 日接受台湾大学蔡墩铭教授赠书

我对大陆与台湾地区法学交流的整体看法，在 1993 年 9 月接受《团结报》的一次专访中表达得比较全面：

> 法学有着很丰富的内容，在许多问题上它是社会性的，是人类共同的文明成果，不一定要去区别姓“社”还是姓“资”。当然，法律毕竟是统治阶级意志的体现，法与政是很难截然分开的。因此，有人怀疑海峡两岸法学家在当前两岸间一些政治问题没有解决的情况下能不能交流以及有没有必要交流，我认为两岸法学界应该交流，也有必要交流。

接触、交流是解决问题的开始。只有坐下来谈，才能知道双方的法学有哪些异同、哪些特色。特别是我们同西方的法学已有了许多交流，台湾地区法学除一部分自己特殊的东西外，相当多的成分是西方世界文明的一部分。所以我们在借鉴西方法学的同时，也应借鉴台湾地区的法学。并且，由于语言文化相通，这种借鉴更直截了当。例如，搞市场经济，台湾地区已搞了多年，在用法律规划的一套市场经济制度上，如证券、房地产开发买卖、信托制度等，台湾地区要比大陆先走一步。

另外，海峡两岸从隔绝到交往，发展到经济贸易，其中必然要产生诸如遗产的继承、投资的法律保护、知识产权的侵权以及形形色色的刑事案件等许多问题和纠纷，这些问题和纠纷从法律角度上说必须加以解决。例如诈骗案，现在不仅有大陆商人诈骗台商的钱，也有台商诈骗大陆商人的钱，而我们由于同台湾地区没有司法合作关系，台湾地区法院很难受理这类案件。还有走私、劫机等案件，也都因为双方没有司法协定，使得台湾地区犯罪分子逃到大陆、大陆犯罪分子逃到台湾地区，给双方的社会治安都造成一定压力。面对这些实际情况，在目前两岸关系的形势下，法学界通过民间交流的渠道，涉及法学的各个方面，对较敏感的问题可以放开来谈，双方充分交换意见以期达成共识。

针对台湾地区在“两岸关系条例”中对大陆继承台湾地区遗产上的歧视性条款，在交流中大陆方面提了出来。台湾地区以教授身份来的法官们表示，在具体问题上可通过司法解释的办法加以变通，尽量使双方都能够接受。而对国务院制定的《关于鼓励台湾同胞投资的规定》（简称“二十二条”），台湾方面觉得还有些漏洞。我们同意加以进一步修改，使之升格，给台商以更多的法律保护。

研讨会上，大陆律师张斌生的《从律师的职业共性谈两岸交往中的律师业务合作》专题发言，引起了双方与会者的注意。他提出双方律师合作的若干种途径、措施，并建议建立有海峡两岸律师参加的某些机构或者联合机构等意见，有较高的参考价值。

另外，有些问题不是一次接触就能找到最符合双方共同利益的解决办法的，通过交流提出多种方案，以供决策参考。因此，这次两岸法学界的交流不限于学术上的共同繁荣，而是理论性的学术研究和务实性的解决两岸现存具体问题相结合，是积极的、有影响力的。

1993 年 8 月 26 日，海峡两岸法学学术研讨会闭幕后的第二天，东吴大学和中国政法大学签署了一项校际交流协议，这标志着两岸法学界的交流与合作进入新的历史时期。这个项目中包括互派教师、教授讲学，定期不定期地协助对方办研修班，定期不定期地召开学术研讨会，交流资料，等等。这项协议是大陆高校同台湾地区高校签订的第一个校际交流协议，也是海峡两岸法学学术研讨会的重要成果，推动了大陆与台湾地区高校之间的交流。

对于这些交流的成果，我认为可以用“道是无形却有形”来概括。

图 17-5　1993 年任中国政法大学任校长时与台湾东吴大学校长章孝慈签订两校学术交流协议

## 陪同章孝慈去桂林祭母

1993年章孝慈访问大陆，除了率团参加海峡两岸法学学术研讨会、代表东吴大学与中国政法大学签署校际合作协议，还有一个重要的行程安排，就是去桂林祭母。

章孝慈抵京第二天，时任中共中央总书记、国家主席、中央军委主席江泽民同志接见了章孝慈。江泽民同志对于章孝慈祭奠母亲、坚守孝道表示赞赏。

这事跟章孝慈的身世有关了。章孝严、章孝慈1942年3月3日（农历正月十七日）生于桂林。他们是蒋经国和章亚若在婚外生育的孪生兄弟，但一直不敢公开承认。当时蒋经国正担任赣南行政公署专员，章亚若原来是蒋经国的秘书。章亚若怀孕后，蒋经国安排章亚若到桂林休养待产。

两兄弟出生半年后，章亚若就在桂林省立医院意外去世。时任广西民政厅厅长邱昌渭奉命，安排由广西警察训练所教育长苏乐民具体负责安葬事宜。墓址最后选在桂林东郊白面山一带，具体位置在马鞍山西麓凤凰岭腹地。

据说章亚若生前曾算命，属于"凤凰命"，所以葬在这里，从风水角度说是"百鸟朝凤"。因为章亚若在桂林期间一直用"蒋慧云"这个名字，墓碑上也是写着"蒋慧云女士之墓"，落款是"孝男丽儿、狮儿"。1944年清明节前后，尚年幼的两兄弟曾在外婆的带领下来为母亲扫过墓。但在此之后，战乱、运动频仍，墓碑早已不知所终，最终各方面找到章亚若墓址可是费了一番工夫。

抗战期间，两兄弟回到江西万安投奔外婆，又辗转到贵州铜仁投奔舅舅，抗战胜利后回到南昌。1949年，随外婆前往新竹，生活极其艰难。1961年，两兄弟凭借自身努力，都考入了东吴大学。完成学业后，章孝严最高职务是台湾地区外事负责部门的副职负责人。章孝慈留学美国，先后获取美国南美以美大学政治学硕士、杜兰大学法学博士。回到台湾地区后，章孝慈成为法律学者，1992 年成为东吴大学校长。

从 1983 年开始，章孝严、章孝慈兄弟就念念不忘、辗转通过大陆的亲友寻找章亚若之墓。

大概到 1984 年，广西桂林文物队在桂林市东郊白面山一带科考时，找到了章亚若墓。在漫长的 1980 年代，章孝严、章孝慈也辗转通过各种关系来确认该墓，最终在 1989 年年初确认。

当时章孝严还担任台湾地区外事负责部门副职负责人，既不便修墓，也不便与大陆方面联系。1989 年 9 月，由当时在东吴大学法学院担任院长的章孝慈出面，委托《联合报》记者周玉蔻来大陆，进而转委托时任桂林文物队队长赵平，斥资 1.2 万元代为修整章亚若之墓，并在 1989 年 12 月 4 日立碑完工。

但苦于两岸之间的封闭，章孝严、章孝慈一直未能找到合适时机回到大陆祭母。

而这次章孝慈来到大陆，使得他得以实现夙愿。这是他 1949 年离开大陆之后第一次回来，所以回桂林祭拜母亲，成为他的行程中极为重要的一项任务。台湾地区的媒体也很重视这件事，台北“中视”专门提前抵达，拍摄了专题片《章孝慈在桂林扫墓》。

在他率领的代表团里，有十几个跟章家关系比较密切的随行人员都一同前往。而我作为他们这个代表团在大陆的协调人，也就陪着一起去了桂林。

抵达桂林前，章孝慈一行先去了浙江、江苏。按照日程安排，1993 年 9 月 4 日晚上，章孝慈一行抵达桂林，住在桂山宾馆，次日举办祭奠仪式。

印象很深的是，那天雨特别大。说来也奇怪，桂林的秋天雨并不多，我们去之前，听说也没怎么下雨。但从我们抵达当晚开始，桂林连续三天都下着滂沱大雨。5 日上午，我们原计划 9 点从宾馆出发，但因为瓢泼大雨，不得不一延再延。等到 10 点过，雨丝毫没有减小的迹象，章孝慈坚持出发。就这样，我们冒雨驱车从桂山宾馆赶往郊外的章亚若之墓。

章孝慈祭母是个大新闻。我们抵达章亚若墓地时，已有三四十位来自香港、台湾地区的媒体记者在冒雨等候。

车停稳后，章孝慈在车里平复情绪、稍事收拾后，才款步下车。那天特别穿了一身黑色西服，庄重肃穆。随行人员给他打着雨伞，他低头缓步登上台阶，瞬间眼睛就红润了。“母亲大人，我回来看您了！您的养育之恩，五十年来我们无时不萦思心头……”章孝慈语调平缓，悲戚万分。

墓碑两侧，已经被章孝严全家、章孝慈全家的花圈和照片围得严严实实。再外侧，则是八束鲜花，象征着章亚若冥诞八十周年。最外围，则是来自台北友人们献的二十多个花圈。

东吴大学法律系卢文祥教授主持祭礼。献祭完毕，章孝慈再次三叩首，叩毕痛哭失声。章孝慈按照主持人的指引，一边抹泪，一边宣读亲笔撰写的祭文：

> 维
>
> 癸酉年九月五日（农历七月十九日），孤哀子孝慈谨具鲜花清礼叩祭于母亲大人之灵前。曰：
>
> 劬劳我母，生于忧危。万方多难，世局崩离。
>
> 孪生二子，孝慈孝严。扶养六月，驾返瑶池。
>
> 外婆母舅，父母职司。播迁台岛，潜隐乡居。
>
> 饔飧不继，清贫自持。身世守口，兄弟莫知。
>
> 渐长闻事，母德春晖。思母唤母，音容依稀。
>
> 出入游处，心忍无归。晨昏雨夜，倍思庭帏。
>
> 人逢佳节，团圆可期。唯我兄弟，益感伤悲。
>
> 黄泉我母，存问凭谁？人等视我，身份殊奇。
>
> 我俩自视，常人无疑。负笈游学，志气不移。
>
> 幸蒙庇佑，不辱门楣。两岸解禁，探亲交驰。

桂林母墓，念兹在兹。我与兄长，皆有儿女。
两家九口，独我来斯。外婆吾父，魂应相随。
焚香祝祷，无尽哀思。人言生死，天命有常。
我怜我母，难忍情伤。善果报应，证之行藏。
我悲我母，九回断肠。灵而有鉴，幽梦还乡。
我思我母，山高水长。哀哉尚飨。

家祭之后，还有海峡两岸各界祭拜章亚若的公祭仪式。东吴大学法学院院长程嘉瑞主祭，台湾地区“司法院”四庭庭长白文漳和台湾大学总务长王仁宏陪祭。

所有祭拜仪式完成后，章孝慈绕墓一周。他站在墓后高处，向随行人员讲解“百鸟朝凤”的风水隐喻，情绪略好转。随后，章孝慈与大陆各地赶来的亲友逐一握手致意。

据报道，章孝慈在桂林祭奠母亲的同时，远在台北的章孝严，也在家里长跪祭奠。祭礼结束后，章孝慈接受新华社记者的采访时说：“我能回桂林祭扫母墓，极为激动。此刻，我和天下所有儿子跪在母亲灵前的心情是一样的。”

祭拜完毕后，回到城里。这天行程安排得十分紧凑。中午，章孝慈在桂林城里举行答谢宴会，感谢自治区和桂林市相关领导。下午，在桂林市参观章亚若在桂林期间的遗址。晚上，章孝慈一行再与从全国各地赶来的亲友相聚。

祭拜完母亲，章孝慈就率团回到台北。有了这次“破冰”之旅，后来他就有了更多机会来大陆。

## 章孝慈突发意外

1994 年 11 月中旬，章孝慈应北京大学邀请来京开会。没想到的是，那次会议期间章孝慈突发意外！

1994 年 11 月 13 日，章孝慈飞抵北京。章孝慈从香港过来，北京大学安排他住在友谊宾馆。会议间隙，他应邀到北京大学作学术报告。报告之后，北京大学校长吴树青等宴请他；章孝慈不能喝酒，喝了点饮料，当晚倒也尽兴。但次日一早，随行人员发现章孝慈突发脑出血，生命垂危，送往中日友好医院紧急抢救。

听说他生病后，我还赶去医院看他，那时候他已经不省人事了。

章孝慈突发脑出血，原因可能是他从天气较热的香港来到北京，遇到骤然降温，温差太大，素有高血压症的他，身体不能适应气温变化，造成脑血管破裂。经过全力抢救，也未能康复。

当时章孝慈的孪生兄弟章孝严还在美国履行公务。接到章孝慈病危消息后，他立即返回台湾地区，并请求台湾当局特许他来大陆见弟弟最后一面。

1994 年 11 月 16 日，章孝严首次来到大陆。对于陷入昏迷的章孝慈，他的亲人们最终决定用有“空中医院”之称的飞机包机直航台北急救。这不是一个最好的方案。因为那时候海峡两岸依然没有直航，往返大陆，不能不经停香港。章孝严后来提到：“我说希望能够不要经停香港。因为对于病人来讲，多一次起降就多一次危险。因为他是中风脑出血，起降会影响血压。”

克服各种困难后，章孝严最终把昏迷中的章孝慈接回台北。但回天无力，卧床一年多后，章孝慈于 1996 年 2 月 24 日在台北去世，终年五十四岁。

章孝慈过世后，章孝严在归宗蒋家一事上付出很多努力，原来为了纪念母亲一直维持章姓，在 2005 年后则改姓蒋。他们身上的每个故事，都是大时代的缩影。

# 第十八章　中国法学会诉讼法学研究会的经历

## 前　奏

1982年7月22日，中国法学会在经历一年半的筹建后，在京西宾馆召开成立大会。

早在1949年，我国就成立过中国新法学研究会筹备会，到1953年正式成立中国政治法律学会。但在“文革”期间，中国政治法律学会被撤销。应该说，新中国成立后，在社会主义法学领域取得一定的成就，也建立了一支法学研究队伍。由于“左”的错误影响，长期以来法学研究未能得到正常开展，十年内乱中，法制被摧毁，法学被践踏。

党的十一届三中全会提出要发展社会主义民主、健全社会主义法制的历史任务。改革开放后，法学研究工作也得到恢复和发展。在中国法学会正式成立前，就以筹备委员会的名义组织过一些座谈会。

按照中国法学会筹备委员会主任杨秀峰在开幕大会上的致辞，中国法学会的任务就是在中国共产党的领导下，团结全国法学工作者，坚持四项基本原则，贯彻党的方针、政策，积极开展法学研究活动和国内、国际法学界的学术交流活动，发展马克思主义的中国社会主义法学理论，发展社会主义民主，坚持社会主义法制，为建设社会主义法治，为建设社会主义物质文明和精神文明作出贡献。

成立中国法学会，是我国政法战线上的一件大事。中国法学会成立时，时任中共中央政治局委员彭真同志到会并发表讲话，十分重视。7月23日，党和国家领导人邓小平、彭真、万里、习仲勋、杨尚昆等同志接见了出席中国法学会成立大会的全体代表。7月28日的《人民日报》头版对中国法学会的成立作了重点报道，并配发了题为《积极开展法学研究工作——祝中国法学会正式成立》的社论。

中国法学会是全国性、群众性的法学团体。从一开始，中国法学会就是官方领导的法学学术团体，很有影响力，历届会长都是相当有社会影响的领导人担任。每逢中国法学会召开全国会员代表大会，中央领导同志都很重视，一般都会到会。

从性质上来说，中国法学会属于人民团体。按照其官方网站的介绍，中国法学会是“中国共产党领导的人民团体，是法学界、法律界的全国性群众团体、学术团体和政法战线的重要组成部分，是党和政府联系和团结广大法学法律工作者的桥梁和纽带，是加强社会主义民主法治建设，推进全面依法治国、建设社会主义法治国家的重要力量”。

## 诉讼法学研究会的成立

中国法学会成立后，具体研究工作如何展开，思路有个逐渐清晰的过程。这里面就包括在中国法学会下面成立各个学科的二级研究会。在这方面，诉讼法学研究会的成立，可以说是走在最前列的。

1984年10月21—23日，中国法学会在成都开会。这次会议的参会代表有60多人，来自全国各地的政法院校、研究机构和实务部门。会议共收到刑法学论文48篇、诉讼法学论文45篇。

这次会议最重要的议程，是同时举行刑法学研究会和诉讼法学研究会的成立大会。这两个研究会，也是中国法学会下面最早成立的二级研究会。

10 月 21 日上午，两个研究会的成立大会正式开幕。

在开幕式上，时任中国法学会副会长甘重斗致辞，讲了成立各个法学学科研究会的必要性和重要性，也介绍了两个研究会的筹备过程。甘重斗特别提出，这次会议的主要任务是成立研究机构，开展学术交流。他希望两个研究会成立后，要在中国法学会的领导下，把广大从事刑法学和诉讼法学研究的理论工作者和实务工作者团结起来，积极开展研究工作，开创法学研究的新局面，以适应新时期社会主义现代化建设的需要。

在会上，经过两个研究会与会代表的充分酝酿、讨论和协商，分别选出了“干事会”干事，并在第一届干事会上推选了总干事、副总干事和秘书长，聘请了九位年事较高的专家担任顾问。其中，刑法学研究会选出高铭暄为总干事，诉讼法学研究会则选我担任总干事。

图 18-1　1984 年诉讼法学研究会成立

这里值得说说研究会负责人称谓的来历和变动。为什么中国法学会下面的二级研究会负责机构要叫“干事会”，而研究会负责人要叫“总干事”呢？当时有个说法，因为中国法学会的领导职务一般分为会长、副会长，如果中国法学会下面的二级研究会领导也叫会长、副会长，会有点混乱。为了避免这种混乱，新成立的刑法学研究会、诉讼法学研究会，设立了“干事会”，负责人都叫“总干事”。这个叫法也算是开创了先河。从刑法学研究会、诉讼法学研究会成立开始，中国法学会下属各个二级研究会负责人都叫“总干事”。

但“总干事”叫了几年，大家还是觉得不顺。我们作为负责人叫“总干事”，其他人都叫“干事”，那时候也没有分常务理事之类的，大家不太满意。所以在第三届以后，中国法学会二级研究会负责人又开始叫“会长”了。我记得是刑法学研究会先改的，诉讼法学研究会跟着也改了。

## 首届诉讼法学研讨会的交流

中国法学会诉讼法学研究会成立后，随即展开学术交流和讨论。通过小组讨论和大会发言，交流了科研成果，提出了一些新的看法和课题。在改革开放初期，这样的交流机会还是很少的。

首届诉讼法研讨会的会议综述，随后发表在中国法学会研究部编印的《法学研究动态》上。

根据该会议综述，诉讼法学研究会成立后的研讨会，主题是怎样建设有中国特色的诉讼法学。那时候民诉、刑诉还没分开，所以大家关注的问题也是民诉、刑诉混在一起。

围绕会议主题，大家达成如下共识：

（1）对于刑事诉讼法研究的指导思想，要以四项基本原则为前提，确保刑事诉讼法研究工作沿着社会主义道路健康发展。

（2）要建设中国特色的诉讼法学，要坚持从中国实际情况出发，贯彻理论与实际相结合的方针，认真研究和总结我们自己的经验，大力加强对现实问题的研究，研究新问题，总结新经验。大家提到的主题，包括如何加强诉讼程序法制化、青少年犯罪的刑事诉讼程序、企业资不抵债的清理清偿（破产）程序、现代科学技术与诉讼制度的关系、涉外案件的程序问题等。大家认为，诉讼法学研究应该反映时代特点，跟上时代前进的步伐，更有效地为新时期民主与法制建设服务，为国家四化建设服务。

（3）诉讼法学研究的重要任务，是推动我国诉讼法的全面贯彻实施。大家认为，我国 1979 年《刑事诉讼法》及 1982 年《民事诉讼法（试行）》本身，就是理论与实践相结合的产物，具有鲜明的中国特色。诉讼法学研究需要进一步广泛而深入地宣传和解释诉讼法的立法精神和具体规定，阐明我国法律规定的诉讼原则、制度和程序的优越性和科学性，增强广大干部执法、守法的自觉性。针对实务中比较突出的问题，大家认为，要维护诉讼法的权威和尊严，克服和纠正一切不重视程序法甚至违背法定程序的错误思想和做法，真正做到有法必依、执法必严、违法必究。另外，诉讼法学研究也应该根据实践的发展和需要，对现行法律中不够完善的地方，及时提出修改和补充建议，供立法机关参考；但在未经法定程序修改之前，实务部门必须严格遵守和执行当时的诉讼法规定。

（4）具有中国特色的诉讼法学，并不意味着拒绝研究和吸收外国的及历史上的经验和成果。诉讼法学者应该具备的正确态度是，按照“古为今用”“洋为中用”的原则，实事求是地分析研究，去其糟粕，取其精华，为我所用。当时大家共同的感觉是，我们对于外国的诉讼制度和理论知之甚少，缺乏系统研究。这应该成为未来研究的突破口。

（5）现代科技日新月异，电子计算机、系统工程理论发展迅速，应该应用于诉讼法学研究，促进诉讼法制和证明手段的现代化、科学化。诉讼法学者应该重视并积极开展诉讼法学和现代科技的交叉研究。

除了上述共识，大家的讨论更多聚焦于我国当时诉讼实务中比较突出的问题：第一，公、检、法三机关在办案时，配合有余，制约不足，需要强调在互相搞好配合的同时，强化制约。第二，对于党内联合办公制度，认为能够体现党的领导和司法机关独立行使职权的统一，但要防止实践中通过党内联合办公制度取代司法机关按照“三道工序”办案。第三，在刑事辩护中，律师制度受“左”的流毒影响，历史遗留偏见较多，律师执业和履行辩护职责存在制度上、实务上的诸多困境。

这次会议，诉讼法学研究会也筹划了1985年及往后想要开展的工作。最重要的计划就是召开年会，组织学术讨论，交流学术成果，同时召开干事会。诉讼法学研究会拟讨论的题目包括：①诉讼法的作用及依据法定诉讼程序办案的必要性问题；②证据问题上如何突出“准”字，正确认定案件事实问题；③关于青少年犯罪的诉讼程序如何设计；④关于涉外诉讼程序的问题；⑤有关企业资不抵债的清理清偿问题。诉讼法学研究会计划对提交年会的论文进行选编并出版。另外，诉讼法学研究会还打算创办《诉讼法学通讯》作为内部刊物，反映动态，互通信息，交流经验。

## 时代性与大方向

从1984年开始，中国法学会诉讼法学研究会就以全国诉讼法学年会为主要交流平台，每年召集诉讼法学界的同行，共同围绕《刑事诉讼法》的实施及未来完善的方向，展开广泛而深入的交流。

2001年，在崔敏和李学宽的协助下，我们共同编辑完成《中国法学会诉讼法学研究会历次年会综述汇编》，由中国人民公安大学出版社正式出版。这本小册子为我们了解1984年到2000年之前诉讼法学研究会的活动提供了珍贵资料。

根据这本小册子，我们可以通过每年的会议综述，大致复原诉讼法学研究的脉搏。

比如1986年11月15—21日，全国诉讼法学年会在广州举办，讨论：体制改革与诉讼法的完善；如何切实保证严格执行诉讼法。与会代表提出建立刑事损害赔偿、司法责任制、涉外刑事诉讼程序、法人能否作为诉讼参与人以及健全死刑复核问题等思路。与会代表对于 1979 年《刑事诉讼法》实施中出现的问题，提出要切实纠正地方出现的“先定后审”现象，公检法之间要互相制约并妥善解决收容审查问题。另外，与会代表也对检察制度、律师制度改革提出建议。

**适应改革需要　大胆探索创新**

**——诉讼法学研究工作的回顾与展望**

陈光中　吴　磊　杨荣新　刘金友

党的十一届三中全会以来，我国诉讼法学的研究工作，和法学其他学科一样，生机勃勃，取得了十分可喜的成绩。

这几年，诉讼法理论队伍迅速扩大和成长。“文化大革命”前的为数不多的诉讼法学教学科研人员，恢复了青春活力，起着学术骨干的作用。大批中青年活跃在诉讼法学界，成为这支队伍的主力军，有的已崭露头角，卓有成就。从司法实际工作中涌现出来的诉讼法学研究者也越来越多。全国法律校、院、系和法学研究所陆续建立了诉讼法的教学科研机构。全国性的诉讼法学术团体——中国法学会诉讼法学研究会的成立，以及由该会主编的《诉讼法学论丛(年刊)》的创刊，对诉讼法学的学术交流和研究工作的发展，起着一定的推动作用。各省市法学会的诉讼法研究会(组)也在陆续建立之中。这些都为诉讼法学研究工作的发展创造了组织条件。

几年来，诉讼法学工作者深入实际，参加立法、司法工作；辛勤笔耕，发表了大批论文，出版了一批有一定质量的教科书、专著、普及读物和参考资料。这不仅初步满足了教学、普法宣传和司法实际工作的需要，而且为我国诉讼法学的进一步繁荣，奠定了良好的基础。

这几年诉讼法学的学术理论上的成绩，主要表现在以下几个方面：

一、在理论上拨乱反正，对一些原则问题统一了认识。五十年代后期到“文化大革命”的二十年里，在“左”的思想影响下，不少正确的诉讼原则、制度，如法律面前人人平等，法院依法独立审判，律师辩护，公、检、法三机关分工负责、互相配合、互相制约，等等，都被视为“资本主义黑货”、“右倾观点”而受到粗暴的批判，彻底的否定。

三中全会以后，诉讼法学工作者和整个法学界一道，在党的实事求是的思想路线指引下，解放思想，批判了“左”倾思想在诉讼法学中的表现，并根据我国法律的规定，对上述原则、制度的意义、作用作了有一定深度的论述。尽管目前在实际工作中对这些原则、制度的贯彻执行仍存在缺点，但从理论上肯定这些原则、制度，并认为它们是衡量我国社会主义民主与法制健全程度的重要尺度，这在认识上是一致的。

二、为我国诉讼法的制定和实施作出了贡献。为加强法制，部分诉讼法学工作者参加了立法工作。《中华人民共和国刑事诉讼法》、《中华人民共和国民事诉讼法(试行)》的诞生及其他有关诉讼法规的制定，都凝聚着他们的一份心血。同时，为了使刑事、民事诉讼法正确施行，许多诉讼法学工作者还积极著书撰文，阐述两法的精神，并对两法实施中出现的问题进行探讨，提出自己的看法，供司法部门参考，并协助司法机关制定一些实施细则，以弥补法律规定之不足。

三、初步形成了具有中国特色的马克思主义诉讼法学体系。建立具有中国特色的社会主义诉讼制度和马克思主义诉讼法学体

图 18-2　对改革开放初期刑事诉讼法研究的总结与展望

比如 1987 年 9 月 21—26 日，全国诉讼法学年会在南昌召开，讨论：完全与健全我国的诉讼制度;进一步加强法律监督。与会代表认为，刑事诉讼“走过场”和“形式主义”现象比较突出，上级法院“提前介入”及“上判下审”现象比较普遍，先定后审、审判脱离等问题比较突出。另外，二审中“上诉不加刑”理论意义重大，但实务中对于是否适用“上诉不加刑”分歧较大，例外较多，执行困难。对于侦查中的“刑讯逼供”及由此取得的口供是否可以采信，公检法之间配合有余、制约不足的问题，与会代表展开了充分讨论。

比如 1989 年 10 月 24—26 日，全国诉讼法学年会在长春举行。受当时政治气候的影响，那年年会是否坚持召开曾有犹豫，但最后

我还是坚持开。会上，与会者既关注刑事诉讼法学，但也关心意识形态问题。有同行提到，自由心证和无罪推定问题不宜看成主张资产阶级自由化问题。也是从1989年的年会开始，大家开始提1979年《刑事诉讼法》的修改问题。

比如1991年8月15—20日，全国诉讼法学年会在银川召开。这一届年会上，我们重点讨论1979年《刑事诉讼法》的修改问题。

在这之后，全国诉讼法学年会先后在泰安、昆明、武汉、厦门等地召开。也正是从这一届年会开始，一直到1996年《刑事诉讼法》修订通过之前，全国诉讼法学年会每年的焦点之一，都是《刑事诉讼法》的修改与完善。这部分内容下文专章另叙，此处不赘。

比如1998年11月7—11日，全国诉讼法学年会在海口召开。这次年会的主题，则根据党的十五大有关司法改革的提议，聚焦司法改革。大家对为什么要进行司法改革、司法改革的方法和步骤、司法改革的具体内容等展开充分研讨，尤其是具体内容方面，提出修改法律规范、重新界定检察院和法院的关系等。另外，同行也很关注司法公正问题，对于如何推进司法公正，从理论到主体、标准、制约因素及应对措施等问题，都展开广泛交流。司法独立问题也被广泛谈及，在司法独立的主体范围、种类、制度保障等问题上，与会代表相谈甚欢。对于《刑事诉讼法》实施中的相关问题，比如证据问题，刑事司法的国际标准和国内法协调问题，刑事立案的条件、标准和程序、管辖问题，律师会见权及律师辩护权等问题，都展开深入交流。

在这次年会之后，有比较长的一段时间，刑事诉讼领域的司法改革问题，既是国家转型的焦点，也是同行们十分关注的热点。

……

通过阅读这些研究综述，我们可以对1980年代、1990年代的诉讼法学研究有一个直观的感受。

这些年每年聚焦的主题，有一定的时代性特征。但整体来说，都是为了推动刑事诉讼法律体系的现代化。因此，刑事诉讼法学的问题，比较集中体现在《刑事诉讼法》实施中公检法机关的互相配合和制约、死刑复核权的归属、律师辩护权如何保障等，也体现在观念和制度构建层面对检察机关监督权、人民检察院对民事诉讼的监督、证据制度、涉外刑事诉程序、特殊主体刑事诉讼程序等方面的认识。

从上述梳理可以看出，诉讼法学领域的同仁们通过自身的研究，为相关制度的进化作了很多理论铺垫。1996 年、2012 年、2018 年《刑事诉讼法》的三次修订，应该说与诉讼法学研究会的学术努力分不开。

## 中国法学会《要报》与《刑事诉讼法》修改实施

作为全国性法学工作者的群众性组织，中国法学会的重要任务之一，就是通过《要报》，将法学界各个领域的重要意见和建议，上报给最高决策层。

曾任中国法学会机关党委（人事处）主任的纪大新，写过一篇文章《一份沉甸甸的内参》，专门纪念中国法学会《要报》创刊二十周年。据他回忆，创办《要报》是 1991 年 5 月中国法学会第三次全国会员大会召开之后，当时的中国法学会党组为了解决信息工作的薄弱环节，决定创办一份固定向中央反映法学、法律界重要信息的内参，因此决定创办《要报》，作为固定向中央报送重要情况的渠道。按照当时中国法学会党组的定位，《要报》是一份向中央反映法学、法律界重大研究成果和重要建议的内参，密级定位为“机密”，报送范围为中央政治局委员、中央书记处书记、全国人大和全国政协党内副委员长、副主席、中央政法委员会领导、最高人民法院院长、最高人民检察院检察长，全国人大各专门委员会和法工委、国务院法制办、公检法司等政法各部门，等等。从 1992 年 1 月创刊伊始，《要报》就以大体每周一期的频率编辑出版，通过“短平快”

的方式提交法学界的重要成果和建议，长期以来多次受到中央领导同志的批示和肯定。

中国法学会诉讼法学研究会与其他二级研究会是《要报》的重要撰稿群体，为《要报》提供了大量稿件。

比如1995年11月，中国法学会诉讼法学研究会在厦门召开年会后，即把会议上对于全国人大常委会法工委提出的《中华人民共和国刑事诉讼法（修正草案）征求意见稿》讨论的结果，汇总成11个问题，即对"征求意见稿"的总体评价、逮捕条件、人民检察院自侦案件的范围、自诉案件的范围、免予起诉、律师及其他辩护人参加刑事诉讼的时间、庭审方式、被害人的诉讼地位和诉讼权利、办案期限、检察机关的侦查手段、死刑复核等问题。然后在概括研讨内容的基础上，结合"征求意见稿"的具体内容，比较简洁地阐述了学界建议和理由，最终在1995年12月11日第203期中国法学会《要报》上发表。

再比如1996年11月上旬，中国法学会诉讼法学研究会年会在湖南湘潭召开。在这次年会上，天津市法官培训中心副主任王宝发教授发言认为，目前影响司法公正的重要原因之一，依然是地方保护主义。对于如何解决这个问题，他提出十个建议：第一，严格执法，进一步规范审判程序；第二，搞好审判方式改革，强化庭审功能；第三，摆正依法独立办案与审判监督的辩证关系；第四，严格依法执行诉讼收费制度；第五，建立办案经费保障制度；第六，改革法院领导干部任用制度；第七，建立干部定期交流机制；第八，加强对法官的培训教育；第九，严格执行《律师法》有关回避制度；第十，新闻报道要自觉维护法院权威。会后，我们觉得这个发言不错，就整理并提交《要报》，后来在1996年12月18日中国法学会《要报》发表。

1997年11月1—4日，中国法学会诉讼法学研究会年会在深圳召开。这次会议讨论的焦点是，结合党的十五大报告的精神，分析《刑事诉讼法》实施中的问题与建议。大家反馈的问题是多方面的，具体包括：党的十五大提出“依法治国”基本方略后观念的转变、公检法机构关于《刑事诉讼法》实施细则的冲突与矛盾、律师在侦查阶段介入诉讼和起诉后阅卷和调查方面的实际困难、强制措施改变在实施中面临的问题、审判方式改革中出现的问题以及改善执法环境的建议等。会后，我们也把这次年会对《刑事诉讼法》实施情况反映的问题及提出的建议通过 1997 年 11 月 25 日出版的中国法学会《要报》，提供给中央决策层。因为属于内参，整体反映问题还是比较有针对性的，也是实事求是的。在同一期《要报》上，还发表了我们提供的时任最高人民法院副院长刘家琛的讲话要点。

很长一段时间以来，我个人也有一些观点和建议是通过《要报》这个渠道反映给中央决策部门。前述纪大新的回忆文章《一份沉甸甸的内参》中，列举了十多个为《要报》投稿比较多的资深法学家，我即是其中之一。

我个人印象比较深的《要报》文章，主要是围绕 1998 年 10 月我国政府签署《公民权利和政治权利国际公约》之后，我国《刑事诉讼法》应该如何结合该公约的精神适用问题。围绕该公约一旦被全国人大批准后在刑事司法领域的影响，我和张建伟博士谈了我们的观点和看法，发表在 1998 年 11 月 19 日出版的《要报》上。

## 想下未能下，一干 23 年

在担任中国法学会诉讼法学研究会总干事期间，我因为学术地位，也因为先后担任中国政法大学研究生院副院长、副校长、校长，有一定的管理经验，诉讼法学研究会运作得比较好。我们形成一个由会长、副会长组成的领导团队。

这个领导团队，也经历了一个从小到大的过程。开始的时候，副总干事是几个人。后来改成会长、副会长，人数范围也更扩大一些。

这里有必要讲讲换届的事情。为啥讲这件事情呢？我先担任中国法学会诉讼法学研究会总干事，后来是会长，一直当到了 2007

年，当了23年诉讼法学研究会的负责人。在这个过程里，我曾经主动提出来要求换届。

有一段时间，我一方面担任中国政法大学常务副校长，另一方面担任中国法学会诉讼法学研究会会长，精力不够，而且我觉得担任会长时间太长也不好，所以主动提出来换届。那时候，我是真心实意想要下来，但诉讼法学研究会内部不太同意。

经过内部研究，我们建议江伟来接替我担任会长。江伟与我同龄，那时候民事诉讼法还没有独立出去，请他当会长也名正言顺。

后来为这件事，我和江伟等同事还到中国法学会专门向有关领导汇报过。当时的中国法学会党组书记、常务副会长是佘孟孝。佘孟孝长期在政法系统工作，1991年从司法部副部长任上转岗到中国法学会工作。中国法学会会长政治地位高，佘孟孝既是中国法学会党组书记，也是常务副会长，负责日常工作。

佘孟孝听了我们的汇报，但当时没有表态。

说白了，他并不支持我退下来。可能根据他的了解，觉得我在会长位置上工作比较好，得到诉讼法学研究会同志的有力支持。佘孟孝不明确表态，表示再商量，从态度上感觉，显然有点不太赞成。

图18-3　获评中国法学会“全国杰出资深法学家”

我们回来后，我退下来的问题依然没解决。就内部来说，本来大家都不太愿意我下，是我强烈提出退下来的想法，后来大家才勉强同意。诉讼法学研究会的同事一看佘孟孝这个态度，回来就马上又翻掉了，说：“原来的决议不算数，老陈你继续干！”包括江伟在内，也主动说让我继续担任诉讼法学研究会会长。

后来，我们同余孟孝进一步沟通。这个时候，余孟孝明确说，还是希望我继续留任。我说："工作忙一点，精力不济。"他就说："工作忙一点，让秘书长他们具体做做事。"

就这样，一直到七十几岁时，两个研究会分立时我才下来。

现在的制度已经改了，担任会长不得超过两届。像我这样一干23年的历史现象，不可能再出现了。

## "刑事附带民事"

还有一件事值得说说，那就是刑事诉讼法学研究会和民事讼诉法学研究会的分立。

中国法学会诉讼法学研究会成立初期，刑事诉讼法、民事诉讼法都在一起，统称为诉讼法学研究会。但不管从参加年会的人数，还是从领导班子成员构成看，刑事诉讼法的人数比较多，民事诉讼法的人数比较少。

这与当时的社会背景有关。但不管怎么样，事实上出现了刑字号压过民字号的现象。

诉讼法学研究会每年评中青年优秀成果奖，基本都是刑事诉讼法的比较多，开始时是刑事诉讼法一家独秀。大家开玩笑说是"刑事附带民事"。

刑诉强、民诉弱，同现实也有关系。当时刑事诉讼法的知名学者比较多，民事诉讼法的知名学者相对少些。民事诉讼法的学者也希望改变这种状况。开始的时候，他们愿意合在一起，觉得合在一起，诉讼法学研究会办得比较好，合在一起比较热闹。但是后来民事诉讼法学的相关领导，比较倾向于分开，以有利于民事诉讼法学的独立发展。

考虑到"刑事附带民诉"的问题，我们逐步加大民事诉讼法学研究的独立性。有一段时间，除统一开大会外，刑事诉讼法和民事诉讼法学者可以各自活动，也可以独立召开研讨会。再后来，为了促进刑事诉讼法、民事诉讼法两个学科的发展，我们干脆推动了两个研究会的分立，即分别成立中国法学会刑事诉讼法学研究会、中国法学会民事诉讼法学研究会。

后来，民事诉讼法研究也逐渐跟上来了，现在民事诉讼法学研究会搞得也很好。

## 为什么没有独立的行政诉讼法学研究会？

为什么诉讼法学研究会里，一直没有行政诉讼法？这个问题跟行政诉讼法自身的发展有关。

我国行政诉讼法发展比较晚，行政诉讼法学者也没有独立力量，凡是搞行政诉讼法的学者都是搞行政法的。像应松年、马怀德，现在还是这样，到现在也没有完全分离出来。但刑事诉讼法、民事诉讼法，都是和实体法独立的。所以说诉讼法学研究会只有刑诉、民诉。

我们也注意到了这个问题，毕竟行政诉讼法也是诉讼法的一部分。所以后来每次年会，也邀请、鼓励行政诉讼法学者参会，也有来参会的。苏州大学的杨海坤教授就是搞行政诉讼法的，他原来也是我们诉讼法学研究会的理事。但是，行政诉讼法始终没有成为独立力量。这主要是现实情况，现在还是如此。

《行政诉讼法》立法时，主要都是行政法专业学者参与搞的。有一段时间，江平担任全国人大常委会委员、法律委员会副主任，因为他是全国人大常委会委员，这样他可以跨学科来领导，也是因为这个原因，他参与了《行政诉讼法》的制定。

## 换　届

到了 2007 年，诉讼法学研究会又到换届之年。此时，中国法学会党组决定把诉讼法学研究会一分为二。这既是民事诉讼法学者的强烈要求，也是党组的明确决定。

那时候我已经七十七岁。这时中国法学会党组也完全同意我退居二线，找年轻学者担任会长。

经过酝酿，人选方才出来。民事诉讼法这边，比较快地酝酿出了人选，就是陈桂明当会长。在那之前，陈桂明当时已经是诉讼法学研究会副会长了，民事诉讼法那边相对年轻的一代中，陈桂明比较被认可，大家意见也比较统一。陈桂明也是我的学生，后来英年早逝。

但刑事诉讼法这边就比较困难，开始时有一些不同意见。经过酝酿和预投票，主要考虑刑事诉讼法的学科优势在中国政法大学，最后决定由中国政法大学的卞建林担任刑事诉讼法学研究会会长。

## 创设中青年优秀成果奖

在我担任诉讼法学研究会会长期间，还有一个措施是我们诉讼法学研究会首创的，后来刑法学研究会也跟着效仿。

这个举措，就是两年评一次中青年优秀成果奖。当时我提出来，老同志不要参评。老同志参评中国法学会的其他奖项。我说："我们老同志参评的话，老的都占了领导位置，不好评。这个奖专门为提携后进，给年轻人提供一个崭露头角的空间。"所以，中青年优秀成果奖一开始就有参评年龄限制。

这个奖开始评选后，影响越来越大。

开始时，我们以诉讼法学研究会的名义颁奖。后来获奖者也讲了，诉讼法学研究会是中国法学会下级单位，奖励的级别档次不高。他们的建议，我也觉得有道理。所以，我们向中国法学会争取，看是否由诉讼法学研究会评，但由中国法学会颁奖。中国法学会出面的话，就是部一级的，档次就不一样了。中国法学会同意了。所以现在是刑事诉讼法学研究会评，但是以中国法学会名义颁奖，级别提高为部级了。

现在从诉讼法学研究会来说，经常有一些年轻的学者获得这个奖项。有的年轻人教学、科研能力比较强，甚至有的在念博士研究生期间就已经崭露头角了。

## 荣获终身成就奖

2018年10月20、21日，中国刑事诉讼法学研究会年会在陕西西安举行。

这次年会上，研究会特别给我颁发了一个个人奖项，即中国刑事诉讼法学终身成就奖。颁奖词里写道：

> 陈光中先生是我国著名法学家、法学教育家，曾任中国政法大学校长、中国法学会副会长，现任教育部人文社会科学重点研究基地——中国政法大学诉讼法学研究院名誉院长，兼任教育部社会科学委员会委员、法学部召集人国家“2011”计划司法文明协同创新中心学术委员会主席。
>
> 陈光中先生六十余年来勤劳治学，著述丰硕，培养人才，参与立法，推进司法体制改革，为国家的民主法治建设作出了重大贡献，是享誉国内外的著名法学家与法学教育家。他长期从事诉讼法学、证据法学、司法制度史和国际人权法的研究，崇尚科学，追求真理，不断创新。他是全国第一个诉讼法学博士点博士生导师，是中国法学会诉讼法学研究会第一任会长。他在创建诉讼法学和繁荣民主法治理论方面取得了巨大的成就，是新中国诉讼法学的重要奠基人和开拓者，是司法体制改革的先驱者。其弘扬理论联系实际的学风，倡导学以致用，致力于推进国家法制的民主化和科学化，对《宪法》《刑事诉讼法》《国家赔偿法》《监察法》等法律的制定或修改作出了重大贡献，并且始终关注司法体制改革动态，不断推出研究成果，引领司法体制改革。陈先生是我国当代著名的法学教育家，杏坛执鞭，已培养博士、博士后百余人；提携后辈，不遗余力，还成立了“陈光中诉讼法学奖学金基金会”，为国家法治事业人才培养作出了杰出贡献。陈先生还是为人权保障事业鼓与呼的活

动家。陈先生始终保持着知识分子的人文情怀，在各种场合呼吁完善我国刑事司法人权保障制度。

陈光中先生今以耄耋之年，仍坚持治学，锐意创新，为后学垂范。其为人，“为人师表，身正为范”；其为学，“著书立说，功济于时”；其为事，“仰之弥高，钻之弥坚”，实为学德双馨！

图 18-4　中国刑事诉讼法学研究会 2018 年年会

即便我不担任会长，迄今为止我还一直是名誉会长。因此，中国刑事诉讼法学研究会的年会，在 2019 年以前我是每次必到，而且每次都提供论文。

图 18-5　获中国刑事诉讼法学终身成就奖

到现场参加中国刑事诉讼法学研究会年会，2019 年是最后一次。2019 年 11 月 16、17 日，中国刑事诉讼法学研究会在广州召开。这次年我提交的论文是《死刑复核程序的改革完善》，这篇文章是跟学生唐露露合作发表的，后来也登在司法文明协同创新中心的资讯稿上。我强烈主张律师在死刑复核程序中全程介入。现在的情况是，你请律师，就允许你参加；不请律师，就不允许你参加。我做过初步的统计，在死刑复核案件中，只有不到三分之一的案件有律师介入，都占不到一半。死刑复核程序是刑事诉讼程序最后的关口。国际公约明文规定，死刑判决在任何阶段都要得到律师的帮助。就我国刑事司法政策来说，想要做到不错杀、不冤杀，那么可杀可不杀的也不应该杀，强化律师在死刑复核阶段的介入，还是很有必要的。在当天上午的会议专题报告环节，会务组安排我围绕“我国死刑复核程序的现状与问题”作了主题发言。

2020 年 10 月 17、18 日，中国刑事诉讼法学研究会年会在山西太原召开。太原距离北京很近。但我因为患疱疹，腮腺疼，所以我请假没去。我把我给《中国现代司法制度》写的序言发给会务组，代替我的论文。这是我第一次没有参加年会。但还是象征性地提供了论文。我曾经想，要坚持去也不是不可以，太原比较近。但我想，老年人还是不要再较真了，健康第一，所以经过考虑，没有去参加年会。

## 诉讼法学研究会的作用

我在中国法学会诉讼法学研究会当了二十多年会长。应该说这些年来，中国法学会诉讼法学研究会对全国的诉讼法学起了带头促进学术交流的作用，确实促进了诉讼法学的繁荣。

这二十多年，我们一直坚持几点：

第一，每年开一次年会。年会坚持每年都开，规模越开越大，影响也越来越大。而且我们要求每一位参会者都应该提交论文，论文也越提供越多。我们每年一个主题，会后正式出版论文集。这个论文集，应该都保留下来了。

第二，在中国法学会诉讼法学研究会的年会上，我公开提出，鼓励大家围绕主题，百家争鸣、各抒己见。我特别强调学术上的民主、争鸣和活跃。

第三，诉讼法学同法理学、宪法学不一样。我们跟实务部门互动比较多，诉讼法学研究会的年会，实务部门参加的也比较多，最高人民法院、最高人民检察院、公安部都有一人担任中国法学会诉讼法学研究会副会长。公安部一般是由法制局局长担任，最高人民法院、最高人民检察院都是由副院长、副检察长担任。

这样的话，理论界百家争鸣，理论联系实际，特点非常鲜明。很多东西讨论的不仅是理论问题，实际上也涉及实务部门。

特别是1996年《刑事诉讼法》修订时，一方面因为全国人大常委会法工委委托我们起草了《刑事诉讼法》修订专家建议稿，另一方面因为法工委也想就征求意见稿听听中国法学会诉讼法学研究会的意见。所以全国人大常委会法工委主任顾昂然亲自带着刑法室的同志一起参加在厦门召开的中国法学会诉讼法学研究会的年会，把他们即将要提交给全国人大的草稿拿到会上去征求意见。当然征求意见后，他们又作了很多修改，又开了各种不同的会议。这是破天荒的第一次。

## 我的领导影响力

在我的领导下，中国法学会诉讼法学研究会在长达二十三年的时间里，核心班子一直比较团结，学术氛围也很活跃。尤其是每年的年会，越开越活跃，参加人数越来越多，可以说兴旺发达。

中国法学会诉讼法学研究会之所以能够这么好，是多方面齐心协力的结果。从我个人角度讲，我想有两方面原因：

一方面，是因为我的学术地位、学术影响。这么多年，我确实不断地在研究，写文章、写专著。要在诉讼法学界评学术创作，不管是数量还是质量，要放在一个比较长的周期来看，几乎可以说，我就是第一人。对于一个学术机构的领导人来说，大家首先是看你在学术上的地位、影响，看你的学术贡献能不能让大家认可，让大家觉得你确实有资格当领导，发自内心地认同你。我开始是中国政法大学研究生院副院长，后来是副校长、校长，后面校长不当了，但是学术影响、社会地位毕竟在那里，大家还是比较认可的。大家认同你，要看你的学术能力和科研成果，而不是简单地说你是什么单位的领导人。这方面我一直在努力，也一直不断地在出成果。

另一方面，是因为我的为人。包括当年担任中国政法大学校长期间，我这个人没什么架子，待人以诚，平等共处。我为人处世的一贯态度就是认真做事、认真办事。在诉讼法学研究会担任会长，我也很认真，我是想着认认真真把这个会长当好。我不是同任何人都能搞好关系，那不好说，我还是有自己的是非观、价值观，也有个别关系不好的。但是总体来说，我还是能够待人以诚、与人友好相处的。

基于这两方面的原因，我们诉讼法学研究会的领导班子在过去二十多来年一直是比较团结的。所谓领导班子，就是会长和副会长十来个人。副会长有北京的、有外地的，有刑诉的、有民诉的。我们彼此之间，你对我、我对你有点小看法，都很正常。但是在我领导下，大家对我还是很尊重的。

应该说，我的学术人生中，二十三年的诉讼法学研究会的总干事、副会长，带领大家通过诉讼法学研究会的活动，推进诉讼法学的繁荣，推进诉讼法学人才的培养和成长，还是起了一定的作用。这是中国法学会诉讼法学研究会的功劳，也包括我作为一把手的功劳。

# 第十九章　1996年《刑事诉讼法》的修改

## “一日七法”

改革开放后，我国法制建设重启。当时，我国刚刚走出“文革”的阴霾，百废待兴。尤其是法制领域，在“文革”“砸烂公检法”的破坏中，更是一片荒芜。

在深刻吸取“文革”教训的基础上，我国开始着手制定一些基本法律。当时普遍认为，有法总比没法要强，因此先把法律制定出来，成为立法的初衷；至于立法的质量，在当时则来不及仔细打磨雕琢。为了克服“无法可依”的状况，在缺乏立法经验的情况下，立法指导思想是“宁简勿繁”“宜粗不宜细”。

在这种背景下，中央提出“一手抓改革，一手抓法制”。1979年6月18日至7月1日，第五届全国人大第二次会议一口气通过《地方各级人民代表大会和地方各级人民政府组织法》《全国人民代表大会和地方各级人民代表大会选举法》《人民法院组织法》《人民检察院组织法》《刑法》《刑事诉讼法》和《中外合资经营企业法》七部重要法律。

此举创下我国全国人大单次会议通过法律最多的纪录，后来称之为“一日七法”。

站在刑事诉讼法学的角度，这次《刑法》和《刑事诉讼法》的颁布结束了新中国成立三十年来刑事司法领域“无法可依”的局面。

1979年《刑事诉讼法》的颁布，从无到有，做到了刑事诉讼“有法可依”，无疑是我国刑事法制建设的一个重要里程碑，整体必须要肯定。

1979年《刑事诉讼法》实施的十多年来，对于保障准确及时地查明犯罪事实，正确适用法律，惩罚犯罪分子，保护和促进社会主义现代化建设的顺利进行，保障无辜的人不受刑事追究，做到不枉不纵、不错不漏，防止冤假错案发生，发挥了重要作用，基本上符合我国当时的国情。

在整个1980年代，1979年《刑事诉讼法》的实施，既体现出其价值，也暴露出越来越多的不足。对这部《刑事诉讼法》展开全面修订，提高《刑事诉讼法》的现代化，可以说是各方面的共识。

## 1979年《刑事诉讼法》最主要的问题

限于当时的历史条件，1979年《刑事诉讼法》立法十分仓促。

这种特定历史条件下诞生的1979年《刑事诉讼法》，仅四编164条，条文之少，在现代各国刑事诉讼法典中是仅有的。这也就难以细致地规范广泛和复杂的刑事诉讼活动，失之于粗疏。

随着改革开放的深化和司法实践的不断丰富，我国社会生活各个领域发生了深刻的变化，刑事犯罪呈现出新的特点和趋势，公安、司法机关在运用刑事诉讼手段同犯罪作斗争过程中，也不断面临新的情况和问题。对这些问题，1979年《刑事诉讼法》无法解决，或者至少难以圆满解决。

这种困境，不仅催生了修改1979年《刑事诉讼法》的必然要求，也创造了更新我国刑事诉讼法律体系的契机。

我们越来越意识到，1979年《刑事诉讼法》最主要的问题就是当时确定的刑事诉讼模式。1979年《刑事诉讼法》确定的诉讼模式被称为“超职权主义”或者“强职权主义”模式。按照刑事诉讼程序，人民检察院起诉以后，法院开庭前要预先审查，认为达到“犯罪事实清楚，证据确实、充分”的，才决定开庭。这种预先审查，其实质是在已经确定被告人有罪之后，才决定开庭审判，亦即开庭审判先经过预审。如此一来，开庭之前法官实际上已经确定这个案件要定罪，所以，法庭上审查证据难免就成了走过场。在法庭审理过程中，不是由人民检察院负责出示、宣读证据，而是由人民检察院事先提供这些证据，开庭时由法官来宣读、出示。对于被告人的口头讯问，也是以法官为主来进行，证人、被害人和鉴定人几乎都不出庭。这种诉讼模式，实际上将“控”和“审”结合在一起，都由法官负责。法庭审判活动，可以说完全是走过场。

随着改革开放的深入，实务界、理论界都觉得，我国刑事诉讼中“先定后审”的模式非改不行了。

在1980年代、1990年代，法律领域的国际交往越来越频繁。当时司法机关也呈现开放姿态，允许外国人参观我国法庭，旁听相关刑事审判。有的外国人在庭审后提出质疑。我们经常听到的是三个方面的意见：一是证人不出庭，辩护方无法行使对质诘问权，也造成普通程序类似其他国家的简易程序；二是法官、检察官的制服，类似军警那种式样，他们都戴着大盖帽，仿佛军事法庭一般；三是庭审结果等于已经定好了，走个过场，庭审形骸化。有外国专家在庭后座谈时，直言不讳地提出：“你们哪里是开庭？这种审判是给我们看的，不是让被告人参加，直接审查。”这些外国同行的评价，促使我展开进一步思考。作为诉讼法学者，亲耳听到外国同行的负面评价，我感觉到刑事诉讼中庭审方式不改是不行了。

随着中外交往的频繁，法学界对国外经验的了解也越来越深入。在刑事诉讼法领域，学者们开始有意识地介绍和评价外国刑事诉讼模式，特别是英美法系的对抗制。在英美国家，为防止过于主观的预判，法官事先不了解案件情况，在开庭时才通过庭审活动获知案件情况。就证据来说，双方提出什么证据，法庭就审查什么证据。法官奉行克制主义，不主动开展证据调查取证。这种“当事人主义诉讼模式”，核心在于双方当事人都积极主动发挥作用，与我国当时实行的“超职权主义诉讼模式”有很大区别。

中外刑事诉讼模式对比，凸显了“超职权主义诉讼模式”的弊端：一方面，不容易公开检验证据和查明事实真相。如果法官事先把事实认定错了，在随后的法庭审判中，这种预断可能起主导作用，错误认识得不到纠正。另一方面，控辩双方的积极性难以发挥，辩护方的防御权难以得到有效保障。

按照《宪法》和《刑事诉讼法》规定，公安机关、检察院、法院之间存在互相制约的关系。但实践表明，这种制约经常流于形式。对于这些问题，不改革刑事诉讼制度显然是不行的。

基于此，1990 年以后每年举行的全国诉讼法学年会，都有学者提出刑事诉讼制度改革的议题，呼吁修改 1979 年《刑事诉讼法》。应该说，到 1992 年，各方面对于改革这部《刑事诉讼法》的共识就很明显。当时中国政法大学出版社出版过一本《刑事诉讼法的修改与完善》，“编者前言”开篇就指出：

> 《中华人民共和国刑事诉讼法》颁布实施已经十二个年头了。十二年来的司法实践证明，这是一部符合我国国情的好的刑事诉讼法典，它在同各种犯罪作斗争，维护社会安定等方面，都起到了积极的、重要的作用。但是我们也要看到，这是新中国成立后第一部刑事诉讼法典，难免有不足之处，特别是我国改革、开放政策的深入贯彻，国内的政治、经济形势发生了很大变化。为了适应新形势的需要，更好地为经济建设这个中心服务，刑事诉讼法需要进一步修改、补充和完善。鉴于这种情况，我们诉讼法学研究会在近几届学术年会上，就修改、补充刑事诉讼法问题，组织了专题讨论，不少同志专门撰写了刑事诉讼法修改方面的文章，本书即从这些文章中选择一部分编辑而成。

这种表述，很符合当时《刑事诉讼法》修改的背景。

## 前期研究与论证

在上述背景下，我认为适时提出修改 1979 年《刑事诉讼法》的建议十分重要，而中国法学会刑事诉讼法学研究会就是一个很好的平台。通过诉讼法学研究会年会提出修改 1979 年《刑事诉讼法》的建议，时机已经成熟。

1991 年 8 月，全国诉讼法学年会在宁夏银川召开。会前，我找了当时跟我读博士的王洪祥，跟他讲了我的主要思路，嘱咐他围绕《刑事诉讼法》的修改，合作写一篇论文，在年会上宣读。因为在这之前，我就考虑修改《刑事诉讼法》问题，很多思路都是现成的。

这篇文章就是我和王洪祥联合署名的《关于修改刑事诉讼法问题的思考》，后来也在《政法论坛》1991 年第 5 期发表。在这篇文章中，我们重点论证了修改 1979 年《刑事诉讼法》的必要性。主要涉及如下七个方面：

政法论坛（中国政法大学学报）　　1991年第5期

**关于修改刑事诉讼法问题的思考**

陈光中　（中国法学会副会长、中国政法大学常务副校长、教授）
王洪祥　（刑事诉讼法专业博士研究生）

在一个法制发达的国家，程序法应得到很大的重视，因为实体法规定的内容，如果没有程序法的有效保障，就不可能真正正确地实现，甚至成为一纸空文。正因为如此，随着我国法制建设的深入发展，建立科学、完善、具有中国特色的社会主义刑事诉讼法律制度就越来越为人们所关注。

我国现行的刑事诉讼法是1979年7月1日通过，1980年1月1日起施行的。作为中华人民共和国的第一部刑事诉讼法典，它的颁布和施行无疑是我国刑事法制建设的一个重要里程碑，从此，我国刑事诉讼活动正式纳入法制化的轨道，结束了办理刑事案件无法可依或者只凭政策、单行法规办案，甚至凭经验办案，以言代法的历史，公安司法机关办理刑事案件有了共同遵守的准则和程式。12年来，我国刑事诉讼法对于保障准确及时地查明犯罪事实，正确适用法律，惩罚犯罪分子，保护和促进社会主义现代化建设的顺利进行，保障无辜的人不受刑事追究，做到不枉不纵，不错不漏，防止冤、假、错案的发生，发挥了重要的作用。实践证明，我国刑事诉讼法作为较早颁布的基本部门法之一，它坚持四项基本原则，总结了我国司法工作的经验，基本上是符合我国国情，比较科学的。其主要内容是切实可行的，应当予以充分肯定。

但是，我国现行的刑事诉讼法受其制定时的历史条件所限制，本身就存在一些不足，这些不足所产生的弊端在司法实践中已逐渐显露出来。同时，随着改革开放基本国策的推行和全面深入的发展，我国社会主义生活的各个领域发生了深刻的变化，刑事犯罪呈现新的特点和趋势，公安司法机关在运用刑事诉讼手段同犯罪作斗争的过程中不断面临着新的情况和问题，对此，现行刑事诉讼法是无法解决或者难以圆满解决的，于是在客观上形成了对现行刑事诉讼法亟待进行修改的必然要求，也造成了建立更加科学、完善的刑事诉讼法律制度的契机。正如列宁所说：“经验告诉我们，修改法令是必要的，因为遇到了新的困难时，修改法令就可以从这些困难中汲取新的力量。”①

修改刑事诉讼法的必要性，具体说来，有以下几点。

（一）现行刑事诉讼法过于粗疏，可操作性较差

刑事诉讼法作为规定办案程序的部门法，实践性、应用性很强，应当规定得具体明详，使各种诉讼行为都有所遵循，便于公安司法机关操作。现行刑事诉讼法的制定是在党的十一届三中全会刚刚开过的1979年，当时，立法工作才开始摆到全国人民代表大会及其常务委员会的重要议事日程上来，为了尽快克服无法可依的状况，在缺乏立法经验的情况下，立法的指导思想是“宁简勿繁”，“宜粗不宜细”。在这种特定历史条件下诞生的我国第一部刑事诉讼法仅4编164条，条文之少在现代各国刑事诉讼法典中是仅有的，这就难以细致地规范广泛而复杂的刑事诉讼活动，失之于粗疏。从粗的方面看，一些程序制度虽然在法律上作了规定，但过分原则、笼统，公安司法机关在办案中碰到的具体问题往往无所适从。例如，附带民事诉讼是一项重要的法律制度，但在刑事诉讼法上仅有两条加以简略的规定，对于附带民事诉讼原告和被告的范围，哪些案件可以提起附带民事诉讼，由于犯罪侵害而遭受物质损失的单位是否有权提起附带民事诉讼，检察机关代表国家提起附带民事诉讼后与遭受物质损失的单位的相互关系，附带民事诉讼的法律适用以及免予起诉和作出无罪判决的案件附带民事诉讼如何处理等诸多问题都没有相应地作出规定。审判监督程序也是如此，刑事诉讼法虽有专章3条加以规定，但对于申诉的理由、时效，受理法院的级别，抗诉的法律效力，上级法院提审和指令再审的适用范围，再审的审理期限，再审是否以先行撤销原已发生法律效力判决、裁定为前提，以及再审的方式等均缺乏明确的规定，使我国刑事审（

•2•

图 19-1　与王洪祥联合署名发表的对于《刑事诉讼法》修改的前期研究论文

第一，1979 年《刑事诉讼法》过于粗疏，可操作性较差。从粗放的方面来看，一些程序制度虽然在法律上作了规定，但过分原则、笼统，公安司法机关在办案中碰到具体问题往往无所适从。比如附带民事诉讼，比如审判

监督程序。而从疏漏的方面看，一些在司法实践中经常出现理应由《刑事诉讼法》加以规定的问题，却被遗漏了。比如延期审理，比如另案处理。长期以来，为了弥补这些缺陷，公安部、最高人民检察院、最高人民法院分别制定了不少内部规范，也发布了一些司法解释。这些内部规范和司法解释虽然能够解决问题，但也因为其内部性和缺乏体系，甚至互相矛盾，无所适从。这些都需要通过《刑事诉讼法》的修改加以解决。

第二，《刑事诉讼法》同《宪法》和有关法律法规的规定不协调。在我国社会主义法制建设过程中，1979 年颁布《刑事诉讼法》，1982 年颁布《宪法》。在“八二宪法”规定司法机关依法独立行使职权后，此后颁布的《民事诉讼法》《行政诉讼法》，都作出与《宪法》一致的规定。但 1979 年《刑事诉讼法》因为颁布得比较早，则缺乏相应的内容。另外，关于陪审制度的规定，1979 年《刑事诉讼法》与《宪法》《人民法院组织法》不一致；关于附带民事诉讼，1979 年《刑事诉讼法》与《民法通则》也不一致。这些矛盾的存在，影响了法制的统一，有损法律的严肃性，妨碍执法工作的顺利开展。

第三，《刑事诉讼法》在司法实践中有待丰富和完善。一方面，1979 年《刑事诉讼法》实施十多年来，公安机关、检察机关和审判机关在追诉、惩罚犯罪方面，适应形势，不断创新，创造了许多好做法，积累了一些成功经验。其中有些比较成熟的做法，比如举报制度、自侦案件内部制约制度、少年法庭、视听资料证据制度等，都需要通过修改《刑事诉讼法》而制度化。另一方面，实务中突出的一些问题，诸如逮捕条件是否需要放宽、检察机关对自侦案件是否可以拘留、公安机关对证人不履行作证义务怎么处理等，也需要予以明确。

第四，修改《刑事诉讼法》才能适应改革开放的需要。就国际方面来说，随着我国改革开放的深入，国际性司法协助问题越来越突出，1979 年《刑事诉讼法》就管辖和法律适用作出的原则规定，缺乏具体法律规范，远不能适应司法实践的需要。因此，需要根据涉外案件的特点，参考《民事诉讼法》，专编规定涉外程序。另外，随着我国加入部分国家间刑事司法协助条约，也需要在《刑事诉讼法》中有所体现。就国内来说，随着经济体制改革和商品经济发展，法人在经济领域发挥的作用越来越大，一些法人打着"搞活经济"的幌子大肆走私、投机倒把、套汇、逃汇、贪污贿赂，惩治新形式经济犯罪也需要《刑事诉讼法》的重构。另外，取保候审中能否在人保的基础上设定财产保，根据实践中的良好效果，也需要通过修法固定下来。

第五，《刑事诉讼法》的修改是适应刑事诉讼制度民主化趋势的要求。诉讼制度的民主化是世界范围内现代社会的共同趋势，我国亟待在确认被告人有权在侦查阶段委托律师、扩大和保障被害人诉讼权利以及确立冤狱赔偿等方面，顺应诉讼制度民主化的世界浪潮，吸收人类对诉讼客观规律的逐步认识和司法文明发展的结晶。

第六，保障《刑事诉讼法》严格执行的制度和措施，有待在修改时加以补充。在我国 1979 年《刑事诉讼法》执行过程中，总体情况尚可，但也存在有法不依、执法不严的现象，比如刑讯逼供、超期羁押、以收代拘、以收代侦、剥夺或限制被告人的辩护权、阻碍律师依法执行职务等问题依然存在。这些问题的存在，固然与中华法系几千年来重实体、轻程序的传统，执法人员素质不高，运动的冲击有关，但仔细反思，与我国《刑事诉讼法》本身不完善尤其缺乏严格而有效的保障刑事诉讼程序制度的执行措施有着密切关系，亟待完善。

第七，《刑事诉讼法》立法技术尚欠成熟。由于 1979 年制定《刑事诉讼法》时经验不足，时间偏紧，在立法技术方面还存在一定缺陷，比如一些表述在逻辑上不严密，前后冲突；一些用语比较模糊；弹性用语偏多；如此等等，需要通过修改《刑事诉讼法》弥补这些缺陷，从而提高《刑事诉讼法》的科学水平。

在这篇文章中，我们主要从上述七个方面，谈了修改1979年《刑事诉讼法》的必要性。

但对于如何修改，限于文章篇幅，我们并没有展开，只是提了下面三点意见：

第一，对1979年《刑事诉讼法》的修改，既不能推倒重来、全部修改，也不能仅限于个别条文、词句的修修补补。前者脱离中国国情，也是对1979年《刑事诉讼法》基本精神及其实施以来的成就和作用的否定；后者则不符合现实司法需要，不足以弥补1979年《刑事诉讼法》的不足。我们认为，应当在肯定和保留1979年《刑事诉讼法》基本原则、程序和制度的基础上，本着实事求是、一切从实际出发的精神，该增的增，该删的删，该调整变更的调整变更。

第二，在修改《刑事诉讼法》时，应该摒弃过去"宜粗不宜细"的立法原则。这种"宁简勿繁"的立法指导思想，只能是立法初期缺乏经验时的权宜之计，并不是社会主义法律必然的本质的特征。实践已经证明，按这种原则制定的法律，不仅造成执法困难和不统一，最终还会导致"欲简还繁"而不得不依靠大量的补充规定和司法解释来作为操作规则，法典实质上被取代。

第三，在修改《刑事诉讼法》时要发扬科学、民主的精神。我们建议立法机关组织有关专家、学者和司法实务部门的同志，共同组成修改研究小组。在修改过程中，应当认真系统总结1979年《刑事诉讼法》实施以来的丰富经验，加以归纳整理。同时，应当注意外国刑事诉讼立法的有益经验和立法信息的收集与反馈处理。我国刑诉法学界围绕体制改革与诉讼制度的完善展开研究和探讨，对《刑事诉讼法》的修改提出了许多构想和建议，这对立法有重要的参考价值，形成了《刑事诉讼法》修改的初步理论基础。在修改过程中，应广泛征询各方面的意见，反复论证，以保证修改立法的科学性和可行性。

在1991年中国法学会诉讼法学研究会年会上，王洪祥结合上述论文，代表我作了主题发言。这次年会，共有来自全国的一百多人参加。由于我那时候已经担任诉讼法学研究会的负责人，学术影响力较大，这个发言也产生了很大影响。

## 酝　酿

修改1979年《刑事诉讼法》在刑事诉讼法学界已是大势所趋。

中国法学会诉讼法学研究会在那几年的学术年会上，围绕修改、补充刑事诉讼法问题，组织过一些专题讨论。同行们还提交了很多论文，来论证1979年《刑事诉讼法》的修改问题。大家既有从大的框架和原则方面展开论述的，也有从具体制度或者比较细微的角度展开讨论的。

在这几届年会讨论基础上，中国法学会诉讼法学研究会（武延平、洪道德等承担具体工作）选择部分文章，编成《刑事诉讼法的修改与完善》一书。该书总共收入45篇文章。其中第一篇，就是前述我和王洪祥的《关于修改刑事诉讼法问题的思考》。我作为中国法学会诉讼法学研究会总干事，担任了这本书的审定工作。这本书1992年7月由中国政法大学出版社出版。通过这本书可以发现，尽管在具体观点上还有分歧，但大家对于修改《刑事诉讼法》达成了共识。

中国法学会诉讼法学研究会在每一届年会后，都会形成简报，比较简练地汇总年会的内容，并提交给中国法学会。1991年中国法学会诉讼法学研究会银川年会后，我们一如既往继续整理了“学术研讨综述”。

这份综述由时任中国法学会诉讼法学研究会副秘书长洪道德执笔，共分刑事诉讼法、民事诉讼法和行政诉讼法三个部分。

其中刑事诉讼法部分有两大块内容：

一块是修改《刑事诉讼法》的必要性。主要包括：（1）进一步完备法制的需要；（2）适应改革开放的需要；（3）维护社会稳定和长治久安的需要；（4）加强人权保障的需要；（5）诉讼制度民主化的需要；（6）法制统一的需要；（7）科学总结司法实践经验的需要；（8）改善执法状况的需要。

一块是修改《刑事诉讼法》的具体意见。分为十个方面：

1. 关于基本原则

与会代表对基本原则的体系，提出三种意见：（1）维持现状，但冠之以“基本原则和制度”；（2）将基本原则和制度分开，把基本制度放到有关程序之中；（3）将基本制度分解，取消人民陪审制度，把公开审判和审级制度上升为基本原则。另外，代表们也提出检察院和法院独立行使职权、律师履职受国家保护、冤狱赔偿等原则。

2. 关于律师参与诉讼

与会者认为，律师参与刑事诉讼的时间应该提前，至于具体提前到公诉阶段还是预审阶段，有一定分歧。

3. 关于强制措施

与会代表认为，收容审查制度问题比较严重，应该引起充分重视，甚至有观点认为应该彻底废除收容审查制度。对于收容审查制度存废，分歧较大。

4. 关于附带民事诉讼

与会代表认为，1979 年《刑事诉讼法》对附带民事诉讼的规定过于简单，修改时应对附带民事诉讼的期限、范围、主体、赔偿原则、审理程序等方面作出明确具体规定。

5. 关于侦查

与会代表普遍认为，侦查环节监督比较薄弱，应该加强检察机关的监督职责，同时对自侦案件也应加强监督。

6. 关于免予起诉

对于免予起诉制度，与会代表有一定分歧，有的认为应该废除，有的认为应该保留。

7. 关于审判程序

与会代表认为应该增加未成年人犯罪审理、类推判决的核准、强制医疗、刑事损害赔偿、涉外刑事诉讼等程序。

8. 关于“九·二决定”

关于全国人大常委会1983年9月2日通过的《关于严惩严重危害社会治安的犯罪分子的决定》(简称“九·二决定”),部分代表认为,该决定不受《刑事诉讼法》约束,剥夺了被告人的辩护权,也侵犯了证人和其他诉讼参与人的权利,实际上是先定罪量刑而后交付审判,因此建议废除。

9. 关于审级制度

部分代表建议实行弹性审级制度,以两审终审为主,有条件地实行三审终审制。

10. 关于死刑复核

代表们对于死刑核准权的长期下放及由此导致二审与死刑复核程序的合一提出异议,建议最高人民法院统一行使死刑复核权。

这一年年会后,中国法学会诉讼法学研究会把上述会议综述,连同我和王洪祥的那篇文章,一同提交给中国法学会。

对于我们的建言,中国法学会也很重视。事后,中国法学会把会议的主要成果和修改《刑事诉讼法》的建议,以简报的形式向全国人大常委会作了汇报。

## 回　响

这份简报,后来被送到时任全国人大常委会副委员长王汉斌同志的办公桌上。他当时是分管立法工作的副委员长。王汉斌看过简报后,对我们修改《刑事诉讼法》的建议表示赞同,并专门作出批示。

到了1992年中国法学会诉讼法学研究会年会上,我们的呼吁有了回响。

1992年10月14—18日，中国法学会诉讼法学研究会年会在山东泰安召开。这次会上，刑事诉讼法分组重点讨论了如下几个问题：（1）转变诉讼观点，完善刑事诉讼法制；（2）刑事诉讼法学的基本理论，包括人权保障、诉讼结构和诉讼价值等；（3）限制人身自由的强制措施；（4）刑事证据理论；（5）反贪污贿赂立法。

1992年10月16日上午，全国人大常委会法工委刑法室主任李福成应邀莅会，并就刑事诉讼制度的改革和修改《刑事诉讼法》的相关问题，作了主题报告。

李福成和我算是老熟人。他也是北京政法学院早期的毕业生，刚开始时他留校，在教务处做行政工作；改革开放后，他先去了社科院法学所，后来又去了全国人大常委会法工委。他作为法工委刑法室主任，是刑事诉讼法修改中的重要角色，同我们合作非常密切。在法工委，李福成的资格是比较老的，郎胜是他的继任者。

诉讼法学研究会一直与全国人大常委会法工委有密切互动。当时我们同法工委联系密切，法工委的副主任或者刑法室的主任，担任诉讼法学研究会的副会长。

李福成的主题报告，聚焦刑事诉讼法修改。他认为需要研究解决的八个问题：

第一，关于办案期限问题。1979年《刑事诉讼法》实施后，全国人大常委会又通过《关于办案期限的补充规定》。但是在司法实践中，办案期限还存在许多问题，特别是由于超期办案责任条款的缺失，办案超期现象比较严重。

第二，关于死刑核准权问题。1979年《刑事诉讼法》实施后，为适应“严打”实践需要，最高人民法院将部分死刑案件的核准权下放到省、自治区、直辖市的高级人民法院。但在1979年《刑事诉讼法》实施十多年后，除了反革命案件和贪污、贿赂案件的死刑核准权由最高人民法院行使，其他案件的死刑核准权都已下放到高级人民法院，下放的范围过大，实际上改变了死刑核准制度，既不利于严格控制死刑，也不利于保证死刑案件的办理质量。

第三，关于被害人的诉讼权利问题。被害人是犯罪行为直接侵害的对象，应享有充分的诉讼权利。但是，1979 年《刑事诉讼法》对这种权利规定得比较少，比如被害人对一审判决没有上诉权，还不足以保障被害人的合法权益；因此，应该扩大被害人的诉讼权利。

第四，关于律师参加诉讼的时间。按照 1979 年《刑事诉讼法》的规定，律师只有在审判阶段才能参加诉讼，在此之前被告人只能自我辩护。这一规定不利于保护被告人的合法权益，对于学界提出的律师参加诉讼的时间，应规定在侦查终结后的审查起诉阶段。

第五，关于免予起诉问题。对于免予起诉是否与 1979 年《刑事诉讼法》规定的“审判由人民法院负责”相矛盾，需要认真加以研究。免予起诉是有罪决定，但 1979 年《刑事诉讼法》却没有规定被免予起诉的被告人行使辩护权的程序，实际上限制了被告人的诉讼权利。

第六，关于检察机关行使拘留权问题。1979 年《刑事诉讼法》规定人民检察院行使检察权，但却没有规定检察机关享有拘留权和必要的侦查手段，因而不利于及时地打击犯罪分子。

第七，关于增加有关诉讼程序问题。从司法实践的需要与可能来看，《刑事诉讼法》修改应该增加以下程序：（1）涉外刑事诉讼程序；（2）未成年人犯罪的诉讼程序；（3）简易程序。

第八，关于收容审查。收容审查已经成为全国各地打击刑事犯罪普遍采用的强制手段，虽然具有一定积极作用，但的确存在严重问题：（1）以收审代替侦查、拘留、逮捕的现象普遍存在；（2）收审对象大大超过规定的范围；（3）收审制度不健全，缺乏必要的监督。因此，为了切实维护社会主义法制，保障公民的合法权益，应该从立法层面解决收审问题：一种方案是把收容审查纳入刑事诉讼强制措施体系，规定严格的收容审查条件，加强监督措施；另一种方案是适当修改、放宽1979年《刑事诉讼法》规定的拘留、逮捕条件，放宽拘留期限，取消收容审查。

李福成所提的这八个问题，从立法机构的视角，展示了在《刑事诉讼法》实施中他们最关切的问题。

考虑到李福成的身份，他肯定也不是随便说说，显然是经过深思熟虑的，代表的是立法部门的意见。应该说，立法机构对于问题的判断同学界的判断基本一致。李福成的发言向外传递出明确的信号：刑事诉讼制度改革已经是大势所趋，全国人大常委会法工委要着手修改《刑事诉讼法》了。

## 委　托

1993年10月初，李福成联系我，带来一个令人振奋的消息："我们法工委经过研究决定，委托你组织中国政法大学的专家，提供一个刑诉法修改专家建议稿，供立法参考。"

李福成还解释为什么委托我来做这项工作。一方面，我是诉讼法学研究会的会长，具有刑事诉讼法学界学术带头人的地位。另一方面，我是中国政法大学校长。当然还有一个因素，就是我的学术观点在大的方面，与全国人大常委会法工委一致。他说："陈校长，您的基本观点，我们已经了解。我们的观点是一致的，也十分支持您的观点。"

李福成嘱咐我："这次修改很有必要，时间尽量抓紧一点。"李福成坦率地告诉我，法工委的立法任务很重而力量不够，需要借助学界的力量先拟订出草案，供他们参考。他明确讲："你们起草过程中，有些观点我们可以互相沟通。"

李福成说："这个专家组，您当组长。所有的成员最好都是中国政法大学的，不找外校的，不要掺和得太乱了。人员一杂，观点不一致，协调起来很麻烦。中国政法大学的人由您来统领、组织。你们开重要会议的时候，我们来参加，以便于沟通。"他们希望不要把关系复杂化，因此就让我组织班底，提出论证刑事诉讼法修改建议。

我意识到这个任务是很光荣的，马上答应下来。我对李福成说：“既然这样，那你们给我来个正式的文件。”

1993年10月，中国政法大学收到一份来自全国人大常委会法工委的公函。全国人大常委会法工委发文（〔94〕13号），“拟请陈光中教授负责组织”中国政法大学教授、专家、学者，“研究起草刑事诉讼法修改草案”。该函中表示，委托我组织中国政法大学刑事诉讼法方面的学者，成立专家组，研究刑事诉讼法修改问题，并提出修改建议稿供法工委参考。根据法工委的要求，建议稿要尽快起草完毕。

## 集结号

接到函件后，我既感到兴奋光荣，又觉得千斤压顶。

根据法工委的公函，我很快着手组织班子。我把公函给大家看，表明这确实是全国人大常委会法工委的正式委托，而不是口头说说。

我们成立了核心小组。我是主持人，副组长是严端、程味秋、周士敏、樊崇义。我们作为核心成员，形成这个研究班子的支柱。

按照法工委的委托要求，我们几乎将校内刑事诉讼法教授、副教授、讲师和博士生，全部组织起来参与其中。我们这个课题组，有6位教授、7位副教授、5位讲师、4位刑事诉讼法专业的博士研究生。

实际参与这个课题的人员有：陶髦、李宝岳、周国均、刘金友、刘根菊、肖胜喜、洪道德、李新建、张家春、张偶尔、宋英辉、岳礼玲、吴杰、刘玫、鲁杨、陈瑞华、李忠诚、陈开欣、李文健、熊秋红、刘善春、高家伟，其中宋英辉和陈瑞华担任秘书。当时卞建林在美国访学，没有参加。中国政法大学的刑事诉讼法学师资，除了特殊原因不能参加的，都参加了。

我按照刑事诉讼法体系，做了分工。安排谁参加哪一部分、谁负责起草修改草案、谁写论证，都一一做了记录。

课题组成立后，我们立即进入快马加鞭的工作状态，开始起草工作。

## 欧洲调研考察

在起草过程中，我向李福成提出："国内刑事诉讼法实践状况，我们平时有所掌握，不需要专门调研；但外国的情况，我们想搞一个调研。我手里边有福特基金项目，调研经费可以从这里出。"李福成表示同意。

于是，我协调用福特基金项目的资金，组织访问团前往欧洲调研考察。

按原计划，我们调研为期一个月，准备去法国、德国、意大利等欧洲国家。当时，主要想考察大陆法系国家的刑事诉讼制度，确定的重点访问国家是法国、意大利。此外也曾考虑到英国去考察。

除了去欧洲考察，还打算召开刑事诉讼法国际研讨会，请域外著名刑事诉讼法学专家前来介绍本国经验，供我国刑事诉讼法修改借鉴。

1993 年 11 月，访问团成行。访问团一共有五人。除我之外，还有严端、程味秋、李福成等，卞建林也参加了。我们这个访问团，我担任组长，李福成担任副组长。程味秋外语比较好，欧洲行期间由他负责联络。

福特基金会给的钱用于考察，并不宽裕。为了节省经费，考察团到欧洲后，没有在酒店下榻，而是找便宜些的民居来住。早饭我们在外边买来吃，从商场买来牛奶、面包、鸡蛋，鸡蛋是自己煎一煎来吃。到外面吃饭，也主要吃中餐。

这个考察团，计划重点考察欧洲典型大陆法系国家法国和意大利，尤其重在了解大陆法系吸收英美法系的情况。考察团在法国、意大利逗留的时间相当长，其中在法国待的时间最长。在法国，除了巴黎，还去了里昂等好几个地方。法国的刑事诉讼法典，没有德国规范。德国是典型的大陆法系的职权主义，从案件启动到开庭，体现得很明显。

图 19-2　1993 年为《刑事诉讼法》修订赴法国考察

我对意大利刑事诉讼变革中从大陆法系转而借鉴吸收英美法系，尤其感兴趣。

意大利刑事诉讼体系参考美国模式比较多，在欧洲具有代表性。“二战”结束后，部分欧洲大陆法系国家开始改革诉讼制度，最为明显的就是意大利。1988 年，意大利对《刑事诉讼法》作了很大的修改，几乎是重新制定，大幅度吸收了美国对抗式的法律制度，也允许律师介入诉讼提前到侦查阶段。当时意大利《刑事诉讼法》的起草人皮萨比亚觉得这个改革是必要的。1988 年意大利《刑事诉讼法》的变革，甚至被学者称为 20 世纪比较刑事司法领域最为引人瞩目的现象。

在意大利《刑事诉讼法》改革以后，发现案件真相的职责由原来是“法官的事情”，变成被告人和检方各方的事情；但是，证据的发现与采信又在法官的严密监督之下，法官按照“平等武装”原则，采取统一标准来审查并决定是否采信双方提供的证据。而且，在特殊情况下，法官依然有权按照证据补强规则，介入证据的搜集与判断，甚至主动行使取证职责。

另外，意大利《刑事诉讼法》改革后，明确了诉讼阶段分配原则，按照初步侦查、预先审查和法庭审理等三个讼阶段，分别由不同的司法主体，行使不同的诉讼职能。预先审查阶段有专门的预审法官，预审法官会初步审查起诉请求，并确定是否启动审判程序。预审法官相当于刑事诉讼审判的“过滤器”。如果预审法官认为被告人无罪，可以直接决定终结程序。

我意识到，意大利的经验可能是刑事诉讼制度未来发展的趋势和方向。因此，考察团重点考察意大利刑事诉讼制度转型。

图 19-3　1993 年在米兰拜访意大利《刑事诉讼法》起草者皮萨比亚教授

我们专程拜访意大利刑事诉讼法权威皮萨比亚教授。当时他不在罗马，我们去另外一个城市见他。他跟我们讲了意大利刑事司法改革的具体情况。他表示，意大利改革以后，意大利国内有些争论。

我们也和意大利的法官共同搞了座谈会。原来的法官觉得改了以后，参照美国，从案件审理角度，有点不太适应。整体来说，意大利司法界觉得这种改革不应该都予以肯定。

## 起　草

从欧洲考察归来后，课题组就开始紧张地开展起草工作。

经过九个月的共同努力和辛勤工作，几易其稿，我们终于在1994年7月完成了刑事诉讼法修改建议稿的试拟工作，并将修改建议稿提交到全国人大常委会法工委。

总体上看，我们本着适应改革开放和社会主义市场经济建设的需要，促进刑事司法制度科学化和民主化、健全社会主义法制的精神，对1979年《刑事诉讼法》规定的程序和制度提出一系列修改和补充的建议。

由此形成的修改建议稿，试图总结公检法机关在长期的刑事司法实践中创造和积累的成功经验，同时对刑事诉讼法实施过程中出现的一些较为突出的问题，提出具体的解决方案。

在研究过程中，我们密切关注和注意吸收十多年来刑事诉讼法学界的科研成果，参考《民事诉讼法》《行政诉讼法》和公检法机关制定的一些内部办案程序规定，如《公安机关办理刑事案件程序规定》《人民检察院刑事检察工作细则（试行）》《最高人民法院关于审理刑事案件程序的具体规定》等。有些建议也借鉴了外国刑事诉讼法的有关规定。

为了增强刑事诉讼程序的可操作性，修改建议稿增设了一些使程序具体化的条文。为了完善我国刑事诉讼程序体系以适应实际情况的需要，修改建议稿增设了一些新的程序和制度，如简易程序、未成年人案件程序和涉外案件程序等。

考虑到世界各国几乎普遍废除类推制度，我国刑事司法实践中也极少适用类推，我们的修改建议稿没有设立专门的类推程序。

另外，涉港澳台刑事案件具有一些既不同于普通刑事案件，又不同于涉外刑事案件的特征，诉讼程序上理应有所反映。但考虑到目前条件尚不成熟，修改建议稿最终也没有专门规定涉港澳台刑事诉讼程序。

## 修改建议稿

1994年7月，我们提前完成刑事诉讼法修改建议稿的编写任务。

在修改建议稿中，我们提出如下六点指导思想：第一，应该有利于追究、惩罚犯罪，维护国家安全、社会安定和维护公民合法权利、保障人权；第二，应当适应改革开放、市场经济的需要；第三，有利于促进我国刑事诉讼制度进一步科学化、民主化，并且切实解决司法实践中存在的比较突出的问题；第四，有利于降低诉讼成本，提高诉讼效益；第五，应当从我国国情出发，并且借鉴外国的带有一般规律性的经验；第六，适当增加条文数量，加强可操作性。对于这些指导思想，我们通过绪论的方式，作了详细的论证，每一点都有具体的改革建议。

我们提出共计六编329条的《〈刑事诉讼法〉修改建议稿》，以及多达35万字的论证稿。

六编分别是总则、侦查、起诉、审判、特别程序和执行。各编框架和要点如下：

总则编分十章。分别涉及：(1) 任务、原则和适用范围。(2) 诉讼参与人。(3) 管辖，具体涉及职能管辖、级别管辖、地域管辖、指定管辖和合并管辖、专门管辖。(4) 回避。(5) 辩护、代理。(6) 证据，具体涉及一般规定和证据种类。(7) 强制措施。(8) 附带民事诉讼。(9) 刑事诉讼的中止、终止。(10) 期间、送达和诉讼费用。

侦查编分三章。分别涉及：(1) 立案。(2) 侦查行为的实施，具体涉及：讯问嫌疑人；询问证人、被害人；辨认；勘验、检查；侦查实验；搜查；扣押；鉴定；通缉；侦查互助。(3) 侦查终结。

起诉编分二章。分别涉及：（1）公诉。（2）自诉。

审判编分五章。分别涉及：（1）审判组织。（2）第一审程序，具体涉及公诉案件、自诉案件、简易程序。（3）第二审程序。（4）死刑复核程序。（5）生效裁判再审程序，具体涉及申诉、提起、再审。

特别程序编分三章。分别涉及：（1）未成年人案件。（2）涉外案件。（3）司法协助。

执行编不另分章。

另外，我们原来打算在修改建议稿中设立“司法处分”和“强制性医疗措施”两种程序，并拟出条文。但考虑到这两种程序的可行性尚待进一步研究，因此只作为附件提出。

## 激辩与共识

在紧锣密鼓完成全国人大常委会法工委委托项目的同时，一些想法在研究过程中逐渐清晰起来。因此我们在全力以赴完成立法调研项目的同时，也把一些思路通过学术论文的方式发表，凝聚共识，寻求建议。

1994年7月我们课题组完成全国人大常委会法工委项目后，即应《政法论坛》编辑部邀请，在该杂志1994年第4期上组织“修改我国刑事诉讼法笔谈”，邀请参加试拟修改建议稿的教授、专家、学者，就各自的草拟意图和立法建议，按照《刑事诉讼法》的体例，予以摘要报告和分享。

这组笔谈中，我重点谈了修改刑事诉讼法结构体系的基本设想，按照我们的研究成果和结论，提出了刑事诉讼法的新结构体系。

这组笔谈中还有如下作者的文章：陶髦的《完善刑事诉讼程序的思考和建议》、宋英辉的《关于刑诉法总则修改的几个问题》、陈瑞华的《被告法人参加刑事诉讼的方式》、洪道德的《管辖的修改与完善》、李宝岳的《关于律师参加辩护与代理问题》、严端和熊秋红的《完善我国刑事证据制度的立法构想》、李忠诚的《强制措施修改的两个目标》、刘金友的《应健全完善附带民事诉讼制度》、刘根菊的《立案的诉讼地位及其完善》、周国均的《侦查程序应完善的主要内容》、周士敏的《关于起诉程序修改与完善的意见》、樊崇义的《刑事审判程序的修改和完善》、李新建的《简易程序的选择和设计及问题》、肖胜喜的《完善死刑复核程序十分必要》、张家春和洪道德的《审判监督程序的修改与完善》、程味秋的《适应改革开放　增设特殊程序》以及刘根菊的《关于刑事执行的完善》。

除此之外，还有一篇是《中国法学》1995年第4、5期分上下篇连载的《刑事诉讼法修改刍议》。这篇论文由我和熊秋红联合署名，比较系统地展示了我们关于《刑事诉讼法》修改的建议。

这篇文章中涉及的改革建议，有如下七个主题：

（1）管辖。重点讨论两个问题：一个是人民法院自诉案件的范围，另一个是人民检察院自侦案件的范围。

（2）辩护制度问题，主要涉及被告人究竟何时有权聘请律师协助辩护。应该将律师参加诉讼的时间提前，允许被告人在侦查阶段就委托律师作为辩护人，犯

**刑事诉讼法修改刍议（上）**

陈光中　熊秋红

刑事诉讼法的修改现已提到议事日程上来。我们认为，此次修改刑事诉讼法，在指导思想上应当有利于追究犯罪与保障人权；有利于促进改革开放和社会主义市场经济的发展；有利于提高诉讼效益。应当从中国国情出发，总结15年来刑事诉讼法实施的经验教训，切实解决司法实践中出现的一些比较突出的问题。还应当注意借鉴外国的有益经验，使我国刑事诉讼制度与世界各国适当地接轨。

**一、管辖问题**

刑事管辖规定得是否科学合理，关系到公安机关（含国家安全机关）、人民检察院和人民法院分工负责、互相配合、互相制约原则的有效贯彻和刑事诉讼及时正确的进行。刑事诉讼法实施15年的经验表明，现行管辖问题的规定和作法，有两个问题有待修改和调整。

**（一）人民法院自诉案件范围问题**

《刑事诉讼法》第13条第1款规定："告诉才处理和其他不需要进行侦查的轻微刑事案件，由人民法院直接受理，并可以进行调解。"由于告诉才处理的案件，被告人不告，司法机关不得受理，且情节较轻，因而把这些案件规定为自诉案件，不必经过公安机关侦查、检察机关提起公诉的程序，这是十分恰当的。

至于"其他不需要进行侦查的轻微刑事案件"，根据1979年12月15日"两院一部"《关于执行刑事诉讼法规定的案件管辖范围的通知》，包括下列五种案件：轻伤害案中有原告和被告、因果关系清楚、不需要侦查的，抗拒执行判决、裁定案，重婚案，破坏现役军人婚姻案，遗弃案。我们认为，这些案件划归公安机关受理，成为公诉案件为宜。理由是：上述案件中轻伤害案，通常由公安机关先到现场调查事实加以处理，而且一时难以界定为重伤害罪、轻伤害罪或属于治安管理处罚的一般伤害，因而规定部分轻伤害案为自诉案件，容易造成公安机关和法院之间扯皮，使被害人无所适从，案件不能及时得到处理。重婚罪破坏了我国一夫一妻的婚姻制度，将其作为自诉案件导致被害人不诉，被告人就可以逍遥法外。1983年"两院一部"《关于重婚案件管辖问题的通知》，规定重婚案如果有人民群众、社会团体或者有关单位提出控告，改由人民检察院审查决定应否起诉。这就造成一种案件两种起诉方式的矛盾，不如一律改为公诉案件更有利于执法的统一。破坏军婚案，通常发生在军人与其配偶分居两地的情况下，军人取证很困难，作为自诉案件，很难起到保护军人婚姻的作用。如果仅从尊重军人个人起诉权的角度出发，将其作为自诉案件，反而会使军人无法有效地保护自己的合法权益，不如改为公诉案件。遗弃案中的被遗弃者属于年老、

91

图19-4　《刑事诉讼法修改刍议》（上）

**刑事诉讼法修改刍议**（下）

陈光中　熊秋红

五、第一审程序问题

第一审程序在刑事诉讼中占有极其重要的地位，它是实现刑事诉讼目的的关键阶段。第一审程序的规定是否科学、合理，关系到刑事诉讼各项原则、制度能否得以有效实施，司法公正是否得以体现。修改第一审程序，主要涉及以下两个问题：

（一）人民检察院提起公诉后，人民法院开庭前如何审查

世界各国关于审查起诉的作法很不一致，有的不经过预先审查程序（如日本）；有的采取大陪审团审查方式（如美国部分州）；有的由预审法官审查决定（如奥地利、英国）；有的由专门的审查起诉庭解决（如法国）等。根据我国刑事诉讼法第108、109条的规定，人民法院对公诉案件的审查，既包括程序性审查（对案件的管辖是否错误，案卷材料是否齐备等进行审查），又包括实质性审查（对证据是否确实充分，被告人的行为是否构成犯罪进行审查），并且在审查过程中可以讯问被告人、询问证人，在必要的时候，还可以进行勘验、检查、搜查、扣押和鉴定，以补充证据材料。我国现行庭前审查制度还有一个特点：负责审查起诉的法官即为进行法庭审理的法官。这种审查方式所造成的弊端是，法院将主要精力放在庭外调查和庭前审查上，开庭审理只不过是把在庭前已经得出的结论合法化，使得庭审成为走过场。我们认为，为防止法官先入为主，使庭审流于形式，可将庭前审查限定为程序性审查。这样修改，使符合开庭审判形式要件的案件都能进入法庭审理，并在庭审中解决案件实体问题。这更符合控、审分离原则的要求，同时也为彻底废止“先定后审”创造了条件。我国将庭前审查限定为程序性审查，是一种顺应世界庭前审查制度改革趋势的立法选择。1994年世界刑法学协会第15届代表大会通过的《关于刑事诉讼法中的人权问题的决议》第4条规定：“在审理和判决时，……为了使这种公正确实存在，必须严格区分起诉职能和审判职能。因此，负责判决的法官必须是未参与预审的法官。最可取的办法是，负责判决的法官不应与接受对嫌疑人的起诉的法官为同一人。”对我国刑事诉讼法作相应的修改，确保庭前审查程序与法庭审判程序分离，这与上述规定的精神是一致的。

（二）审判方式

我国现行审判方式表现为：在法庭调查时，审判人员依法讯问被告人、询问被害人、证人，出示物证，宣读鉴定人意见、勘验笔录和其他作为证据的文书并听取当事人、辩护人的意见。在法庭调查中，公诉人、被害人有权向被告人发问、询问证人，被告人、辩护人可以对证人、鉴定人发问、质证。但庭审活动由审判长指挥，一切发问、质证、申请调取新证据、申

85

图19-5　《刑事诉讼法修改刍议》（下）

罪嫌疑人在被拘捕或者采取其他强制措施后，就应被告知可以请律师。

（3）证据制度，重点讨论了排除规则问题、巨额财产来源不明罪的举证责任问题和疑案的处理问题。应该借鉴国际经验，有限制地吸收排除规则的内容，有效遏制刑讯逼供等非法取证现象的发生，切实保障诉讼参与人的合法权益。对于巨额财产来源不明罪的举证责任，在明确司法机关承担主要举证责任的同时，也应倒置举证责任，要求被告人承担举证责任。对于疑案，我们认为应该采纳无罪推定原则，明确证据不足以认定有罪的，应作无罪处理。

（4）强制措施。重点讨论两个问题：一个是取消收容审查和修改逮捕条件问题；另一个是保证金问题。我们认为，收容审查之所以在刑事诉讼中广泛运用，一方面是由于公安机关执法不严，另一方面是由于《刑事诉讼法》规定的逮捕条件过于严格。在实际执行中，收容审查是一种不经过批准手续也不受监督制约的任意羁押，这种做法侵犯公民权利，损害法制尊严，并使我国在国际人权斗争中处于不利地位。有鉴于此，我们主张取消收容审查，适当放宽逮捕条件，改“主要犯罪事实已经查清”为“根据证据有犯罪重大嫌

疑”，以解决司法实践中面临的问题。对于保证金问题，我们认为，完善取保候审制度，除应在法律上明确规定保证人的义务及不履行义务应承担的责任外，还应适应我国市场经济特点并借鉴外国的保释经验，设立保证金制度。

（5）第一审程序问题。主要涉及两个问题：人民检察院提起公诉后，法院开庭前如何审查及审判方式问题。为防止法官先入为主，使庭审流于形式，可将庭前审查限定为程序性审查。对于庭审方式，我们不主张全盘照搬当事人主义诉讼模式，而是适当借鉴英、美、日等国的当事人主义因素，对其加以改革。为保证法官在庭审中的中立性、客观性，可考虑吸收直接询问和交叉询问制。

（6）第二审程序问题。主要涉及二审案件的审理方式和是否采纳上诉不加刑原则。开庭审理应当成为二审案件的基本审理方式，但考虑到我国的具体情况，应该对二审案件适当分流。“上诉不加刑”原则不仅应当坚持，而且应当保障其切实得以贯彻。

（7）死刑复核程序。应该取消关于授权的规定，死刑案件仍然一律由最高人民法院核准。考虑到相当长的一段时间内，社会治安形势仍很严峻，判处死刑案件数量较多，建议由最高人民法院按照全国各大行政区划设立死刑复核庭。还有必要补充以下规定：第一，人民法院复核死刑案件，应当分别听取公诉人、辩护人的意见。第二，人民法院复核死刑案件，应当实行全面审查原则。

除上述观点外，我们在这篇文章中也提出，此次修改《刑事诉讼法》，应当增设未成年人程序和简易程序。

在这篇文章“下篇”发表的同时，我还受《中国法学》编辑部委托，在该刊1995年第5期上组织“修改与完善刑事诉讼法笔谈”。

在这组笔谈中，我谈了对于如何修改刑事诉讼法的几点看法，重点还是再次阐述了《刑事诉讼法》修改必要性的观点，倡议“我们一定要抓住这个机遇，解放思想，勇于改革，既要立足现实，又要放眼世界，面向未来，使修改后的《刑事诉讼法》不仅行之有效，而且能稳定几十年基本不变”。

在这组笔谈中，其他来自立法机构、司法机构和高校的代表，亦从不同角度对修改《刑事诉讼法》发表了看法。来自全国人大常委会法工委的李福成重点谈了“修改补充刑事诉讼法的必要性及原则”，提出要从如下四个方面把握：第一，要有利于惩治犯罪；第二，要有利于保护公民的合法权益；第三，要有利于检察院和法院独立行使职权；第四，要有利于执法机关的互相配合和监督制约。

最高人民法院陈建国主张，传统“无罪推定”译法有误，应该翻译成“无罪假定”；他主张应把无罪假定原则写入刑事诉讼法。但来自中国人民公安大学的樊凤林则持相反态度，认为“在没有真正弄清楚无罪推定在刑事诉讼中的实践价值、与党的政策和现行诉讼原则的关系以及实践检验以前，就规定为我国刑事诉讼实践活动的一项重要指导原则，这样做不太适宜”。

另外，来自中国人民大学的程荣斌重点谈了“强制措施与收容审查”，主张应该采取更加灵活、多元的强制措施，适当放宽逮捕和拘留条件，规定保释制度，强化对收容审查的制度约束。来自司法部律师司的张为从律师工作出发，讨论“律师在刑事诉讼中介入的几个问题”。中国政法大学的严端则关注非法证据是否可以采信问题，她认为，从原则上说，非法获得的证据应当排除，不得作为定案根据；但在个案层面，非法证据排除又不可绝对化，对非法获得的证据的可采性进行利弊权衡时，必须考虑非法取证行为对诉讼参与人权利的侵犯程度，以及案件所追诉的被告人的犯罪行为及其性质的严重程度。当时已经供职于最高人民检察院的王洪祥强调应该坚持和完善免予起诉制度，而中国人民公安大学的崔敏则反复建议废除免予起诉制度。最高人民法院的张泗汉和最高人民检察院的路飞均关注刑事审判方式的改革，从各自角度提出各种各样的建议。来自最高人民法院的高憬宏分享了有关刑事审判中设立简易程序的设想。

总体来看，参加笔谈的专家学者和司法工作者各抒己见，见仁见智，多角度反映了他们对修改《刑事诉讼法》的见解和建议。

## 征求意见稿

从全国人大常委会法工委交代任务，到出国考察，再到形成修改建议稿，总共用了不到一年时间。修改建议稿起草完之后，我们油印了若干份，提交给法工委。

法工委拿到稿子，很快安排由我们作进一步汇报。汇报是按照修改建议稿的几个部分开展，包括修改要点是什么、为什么修改。当时，我们几位专家按照各自重点负责部分准备，分头汇报。

法工委的汇报会议分上午、下午进行。法工委相关人员用了整整一天，逐章、逐个问题地听取课题组的汇报。

我们把修改建议稿提供给法工委以后，法工委参考这一建议稿，并征求其他各个方面的意见后，酝酿出他们自己的草案，修改条文比建议稿减少了很多。法工委的草案确定后，便开始征求意见的工作。

## 专家建议稿的出版

我们提交给全国人大常委会法工委那个修改建议稿，没有附加修改理由的说明。提交之后，为了说明修改的理由，又在提交修改建议稿的基础上，补充了理由。我们研究团队的成员逐条写出修改理由的说明，对于哪一条怎么改展开论证；有的条文，还设有第一方案、第二方案。这一修改建议稿和修改理由的说明，形成一个重要成果，这就是《中华人民共和国刑事诉讼法修改建议稿与论证》。

大概从 1994 年开始，我们就有想法，即考虑到这部修改建议稿凝结着多位教授、专家智慧和心血的科研成果，我们决定对其论证后，公开出版。

为此，我们曾专门征求全国人大常委会法工委意见。法工委对此表示同意，他们说："反正是学者的意见，你们公开出版，不影响我们的修改工作。"

跟提交给法工委的版本相比，我们整个研究团队在论证部分又花了大力气。论证部分按照修改建议稿内容的顺序，就各章比较重要的修改的地方，逐一加以解释和说明，以使读者对我们增、删、改条文的根据和理由有所了解，从而能进一步引起法学界和司法实务部门对刑事诉讼法修改工作的重视和深入探讨，推动我国刑事司法制度的改革和完善。

1995年6月，中国方正出版社正式出版了《中华人民共和国刑事诉讼法修改建议稿与论证》。

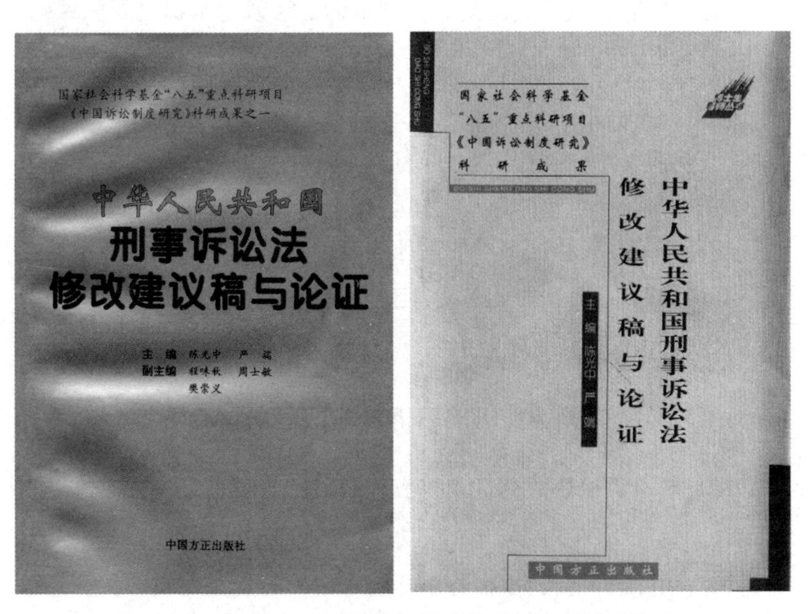


图19-6、图19-7 《中华人民共和国刑事诉讼法修改建议稿与论证》1995年平装本、1998年精装版书影

实际上，这本书前后出了两个版本，一个是平装版，一个是精装版。平装本即上面提到这个版本，1995年出版，银灰色封面。该

书前面有个说明，说明了全国人大常委会法工委委托的经过和修改建议稿的形成过程。

该书出版后，1996 年荣获北京市第四届哲学社会科学优秀成果特等奖。

获得这个奖项后，出版社又在 1998 年推出精装版。当时之所以再版，一方面是考虑其可以作为立法文献资料加以保存和研究，另一方面是考虑书中有些建议，当时没有被 1996 年《刑事诉讼法》吸纳，但我认为以后还是应该纳入刑事司法制度改革的视野。其中比较突出的，比如非法证据相对排除规则、取消犯罪嫌疑人如实陈述义务的规定、改革死刑复核程序等问题。另外，1998 年我国政府先后签署联合国《经济、社会及文化权利国际公约》《公民权利和政治权利国际公约》，这为我国当时的刑事诉讼法研究也提出新的课题。这本书出新版后，在 1998 年又获得教育部第二届社会科学优秀成果法学一等奖。

应该说，这本凝聚着刑事诉讼法学者心血和热忱的书，获得了一个"特等奖"和一个"一等奖"，都是社会给的高度评价。

连获殊荣，我和这本书的其他作者都诚惶诚恐，生怕"盛名之下，其实难副"。我们以此鞭策自己，努力推进依法治国，在建设社会主义法治国家的伟大事业中继续作出新的贡献。

## 盛况空前的刑事诉讼法国际研讨会

在《刑事诉讼法》修改工作酝酿阶段，为了进一步支撑《刑事诉讼法》修改工作，1994 年 11 月，我组织召开了一次盛况空前的刑事诉讼法国际研讨会，由福特基金会资助。不管是对我个人，还是对于整个刑事诉讼法学界，这次盛会都有非常重要的意义。

这次会议的规模是空前的，国内外影响都很大。莅会代表来自十几个国家和地区。不管是我国香港、台湾地区的学者，还是刑事诉讼法比较有特色的西方国家的学者，都在邀请之列。与会的外国学者，有英国的麦康维尔、德国的赫尔曼等，还有一些来自美国、俄罗斯等国的学者。

图 19-8　1994 年刑事诉讼法国际研讨会召开期间，时任全国人大常委会副委员长雷洁琼接见与会代表

开幕式上，时任全国人大常委会副委员长雷洁琼专门出席并合影，时任司法部部长肖扬、全国人大常委会法工委主任顾昂然等，也都应邀出席开幕式。在刑事诉讼法领域，之后再也没有哪次会议有这么高大的规格。

在这次会议上，我作了主题报告，即《中国刑事诉讼法的改革问题》。当时我作主题发言是有一定的底气的，因为全国人大常委会法工委委托我起草《〈刑事诉讼法〉修改建议稿》。我在修改建议稿基础上，把最基本的修改内容、要点、指导思想，拿到会上听取意见，为《刑事诉讼法》修改起到征求建议和预热作用。我把修改建议稿的重要内容，在主题报告中作了介绍，比如律师的提前介入问题、审判方式的改革问题等。

会议进行了三天。外国学者既介绍了他们国家近期的改革，也针对我国刑事诉讼改革提出建议。这次会议实现了充分、深度的中外交流，我们了解了许多国家和地区的改革动态，外国学者也了解了我国刑事诉讼改革的方向。

## 诉讼法学年会聚焦《征求意见稿》

1995年11月6—10日，全国诉讼法学年会在厦门鼓浪屿召开。这次会议参会代表有140多人，收到学术论文86篇。

那时候，我刚率团从台湾地区访问回来，就直接赶到厦门。全国人大常委会法工委顾昂然主任带着朗胜、李福成等，一同来参加这次年会。

会上，他们把全国人大常委会法工委1995年10月24日印发的《中华人民共和国刑事诉讼法（修改草案）征求意见稿》（以下简称《征求意见稿》）和《关于刑事诉讼法修改中几个主要问题的说明》，原原本本发给年会代表，让大家深入讨论。

因此，这一届年会，就以这个征求意见稿和全国人大常委会法工委列举的问题，作为讨论的框架。

围绕全国人大常委会法工委所提出的问题，与会学者和司法实务部门专家分组展开热烈而深入的讨论。要点如下：

第一，关于对《征求意见稿》的总体评价。与会代表认为，《征求意见稿》总体精神和基本倾向值得肯定，回应了实务中一些亟待解决的问题，兼顾犯罪追究和保护公民合法权益，有助于我国刑事诉讼法的民主化、科学化，也能够适应当时深入改革、扩大开放和发展社会主义市场经济的需要。但大家也提出，《征求意见稿》改革幅度较小，修改力度不大，文字上矛盾、疏漏的问题不少，需要在提交全国人大常委会前再下大力气加工。

第二，关于逮捕的条件。大家普遍认为，1979 年《刑事诉讼法》逮捕条件过于严苛，一定程度上导致实务中不得不通过收容审查来解决问题。《征求意见稿》放宽逮捕条件，取消收容审查，这是值得肯定的。但是，《征求意见稿》中部分措辞的修改，依然引起大家的激烈辩论。

第三，关于检察院自侦案件的范围。多数代表肯定了《征求意见稿》中适当缩小检察院自侦案件范围的思路，但认为对于《征求意见稿》中删除检察院直接受理并立案侦查的条款，分歧较大。

第四，关于自诉案件的范围。与会代表肯定《征求意见稿》删去"不需要侦查的轻微刑事案件"的思路，但对于自诉案件中如何通过制度设计，保障控告权，解决告状难，平衡控告权和起诉权的问题，争议较大。

第五，关于免予起诉的问题。对于《征求意见稿》保留免予起诉制度并增加两条监督规范的思路，与会代表提出好几种观点：有的认为应该保留免予起诉权，有的主张取消免予起诉制度，还有人建议保留免予起诉但应加强对检察机关自侦案件的制约。大家在这个问题上分歧比较明显。

第六，关于律师和其他辩护人参加刑事诉讼的时间。与会代表充分肯定了《征求意见稿》中允许律师和其他辩护人提前参与诉讼的修改思路，但大家也认为，《征求意见稿》对律师在侦查阶段的制约太多，比如未肯定被告人被讯问时允许律师在场、律师会见需要侦查机关批准、应当有侦查人员在场等规定，实际上使得辩护律师不可能会见被告人。与会代表认为，这些规定不利于保护被告人权利，不利于约束侦查机关，也有损我国的国际形象。恰当的做法是保障律师有权单独会见被告人；作为平衡，可以允许侦查机关决定会见的时间。

第七，关于庭审方式。与会代表整体肯定《征求意见稿》对庭审方式的改革。比如涉及开庭审理后退回人民检察院补充侦查的规定，再比如允许公诉人、当事人和辩护人对证据和案件情况发表意见并互相辩论的精神。但与会代表也提出，应明确起诉书附带物证材料，同时明确法庭调查证据阶段的辩论和最后总结性意见的关系。

第八，关于被害人的诉讼地位和诉讼权利。与会代表充分肯定《征求意见稿》将被害人诉讼地位从诉讼参与人改为诉讼当事人，并赋予其申请回避权、上诉权以及委托诉讼代理人参加诉讼的权利。但部分代表对于是否允许被害人行使上诉权持保留意见。

第九，关于办案期限。大部分与会代表肯定《征求意见稿》明确办案期限延长、退回补充侦查次数以及延期审理等问题的改革思路。部分代表还提出，应该明确规定羁押最长期限，同时防止侦查机关通过各种借口延长羁押期限的行为。

第十，关于检察机关的侦查手段。代表们对《征求意见稿》通过 7 条篇幅增设人民检察院直接受理案件管辖权规定的做法持否定意见，认为此举一方面与既有制度重复，同时也导致体系的混乱和冗长。

第十一，关于死刑复核权。代表们充分肯定《征求意见稿》提出把死刑复核权收回最高人民法院的思路，同时建议增加死刑复核案件中应该认真听取公诉人、被告人及其辩护人意见的规定，并规定死刑复核的最低期限和最高期限，既保证被告人、辩护人有足够时间准备，也防止死刑案件的拖延。

第十二，其他建议。与会代表还对《征求意见稿》中其他条款提出方方面面的意见，比如应该按照《宪法》明确法院和检察院独立行使审判权、检察权的规定；再比如公安、检察机关保证被告人获得辩护的义务；明确规定法人犯罪后参与诉讼程序；证据中增加“视听资料”，并增加非法证据排除规则，禁止酷刑；强化无罪推定原则；上诉开庭审理规则适度灵活等。

与会代表从上述十二个方面，对于《征求意见稿》和《关于刑事诉讼法修改中几个主要问题的说明》作了全面研讨。

## 冲　刺

这次会议讨论过后，《刑事诉讼法》修改就完全进入立法机关审议的轨道。

1995年11月和1996年1月，全国人大常委会法工委、全国人大宪法和法律委员会、全国人大内务司法委员会，又先后两次召开有立法部门、政法实务部门、教授学者参加的座谈会，研讨后对修改草案作进一步的修改。

图19-9　1996年1月，时任全国人大常委会副委员长王汉斌同志出席刑事诉讼法修改座谈会

1996年1月，中央政法各部门的领导同志就刑事诉讼法修改中的重要问题逐个讨论研究，使一些意见分歧较大的问题在民主集中制的基础上进一步得到解决。

在此前后，全国人大常委会先后于1995年12月和1996年2月两次审议了《中华人民共和国刑事诉讼法修正案（草案）》，最后决定提请第八届全国人大第四次会议审议。

在全国人大讨论刑事诉讼法修改草案前最后一次征求意见的立法研讨会上，王汉斌亲自到会，听取大家对法律修改的意见。

会议间隙，王汉斌特别找到我，对我说：“专门儿给你准备个套间。”他知道这次立法，我起了重要作用，想在法律草案正式上会之前，找我再征求一下意见。

那是接近全国人大正式修法之前召开的较大规模的会议，参与者比较广泛。立法部门、实务部门、专家学者三方参与的立法研讨会上，讨论异常激烈。学者中，各方代表人士齐聚一堂，如严端、崔敏、陈卫东等也参加了这次会议。此外，还有公检法司各部门，也都有相关领导参加会议。各方面代表在一起，分了几个大组展开讨论。分组讨论之外，还开大会发言交流，我和严端教授等都在大会发言。学者当中，崔敏对于免予起诉制度接连发表文章，一论、二论、三论废除免予起诉制度，免予起诉制度终于取消了。

各方激辩的焦点之一，是要不要允许律师介入诉讼提前到侦查阶段。根据1979年《刑事诉讼法》规定，律师从审判阶段才开始辩护工作。学界认为，这不利于对侦查活动开展有效的监督和制约，不便于律师有充分的时间了解案情、搜查必要的证据。但实务部门则提出，侦查阶段正是收集证据、查明被追诉人是否犯罪的重要阶段，此时律师介入，会产生妨碍侦查活动进行的消极作用。最终，经立法部门协调和拍板决定，还是允许律师从侦查阶段就开始介入。不管怎么讲，律师可以在侦查阶段向犯罪嫌疑人提供帮助，这是一个很大的变化。在辩护制度之外，类似的争论并不鲜见。

在大会发言中，我主要讲了审判方式改革问题。当时龙宗智还在四川省检察部门工作，他提出一点保留意见，其发言反映了检察机关对于新的庭审方式的顾虑。在一定程度上，龙宗智不赞成审判方式改革。我反驳了他的意见。我说：“这种改革，对于检察院来说，尽管是加重了责任，但是也加强了检察官的作用，使检察机关的表现更充分。既然这样，检察院不应当反对。”

## 我和王汉斌的沟通

我发言时，王汉斌也在听。我的发言，大体符合王汉斌的思路。

后来，王汉斌又单独找我沟通。

刚开始，王汉斌还客气了几句。他说，“光中教授，你们参加这次修改，做了很多工作”，接着直奔主题，“现在法律修改已经快成熟了，还有什么问题？”他表示要听一听我最后有什么意见。

我表示，除了公开坚持的意见，主要关切当时定不下来的两个问题：一个问题是要不要写入疑罪从无原则；还有一个问题，就是简易程序。

王汉斌说：“对于新的庭审方式，有一种意见说，这种改革，开庭很花时间、人力、物力。”我就跟他讲：“这种开庭是正规的开庭，只用于一部分案件。相当一部分案件采取简易程序。现在我们的草案里缺乏简易程序。”王汉斌说：“我还没听到过这个意见。”他问：“为什么没写呢？”我说：“立法和司法部门在海淀法院搞了简易程序的试点，觉得效果不太好，有些问题没解决好，立法部门就不愿意写上去。实际上应当写。”王汉斌马上表示支持我的意见，他说：“这个应该写呀，这个为什么不写？”他告诉旁边的秘书：“记下来，记下来。告诉老顾（指顾昂然），就说是我的意见，这个一定要写上去。”他当即就拍板了。

我又讲：“疑罪从无不写不行啊，一定要规定进去的。”这个问题，我说了之后，王汉斌没有立即表态。

他略微沉思了一下，问我：“这个问题应该怎么写？”

这个问题立法部门也反复斟酌。最后，立法部门在《刑事诉讼法》第 12 条规定了包含有无罪推定内容的“未经人民法院依法判决，对任何人都不得确定有罪”原则。这是立法部门琢磨来、琢磨去想出来的规定。尽管立法机关不愿意接受无罪推定，但还是接受了疑罪从无原则。

证据不足不起诉、证据不足作出无罪判决，都写进了《刑事诉讼法》。对于草案中这些规定，有外国学者察觉出立法机关还有所保留，提出：“‘证据不足、指控不能成立的无罪判决’的规定，没必要搞那么复杂，证据不足宣告无罪就完了。”对于证据不足、指控犯罪不能成立的无罪判决，以后发现新的证据，还可以再起诉。但是当时考虑到中国国情，还是这么通过了。

不管怎么说，疑罪从无毕竟写进了《刑事诉讼法》。立法机关和司法实务部门对疑罪从无的认识，确实有个过程。虽然这个内容写进《刑事诉讼法》，但是对于证据不足获判无罪的案件，还得给被告人挂着，担心放纵犯罪。《刑事诉讼法》正式确立无罪推定原则，有漫长的道路要走。好在1996年《刑事诉讼法》修改以后，无罪推定原则逐渐深入人心，尤其在司法人员的理念中已经扎下了根。

这两个问题之外，王汉斌还主动提出来：“死刑案件，到了法场执行枪决，耗费人力、物力太多，能不能采取省事省钱也更加人道的方法，例如注射？”我当即表示支持。

最后，《刑事诉讼法》修改在枪决这一死刑执行方法之外，果然增加了“注射”这一更为人道的方法，很快得到司法实务部门的采行。

图19-10　1998年与时任全国人大常委会副委员长王汉斌同志在一起

几年后，作为我国立法工作的重要见证人和决策人之一的王汉斌，出版了文集《社会主义民主法制文集》和《王汉斌访谈录——亲历新时期社会主义民主法制建设》。他在全国人大及其常委会立法工作中，担任领导职务长达20年，参与和主持起草、制定和修改的法律有230件，他的经历构成我国新时期社会主义民主法制建设的一部分。2012年1月16日，王汉斌文集出版座谈会在北京人民大会堂举行，我、江平、高铭暄等三名学者应邀参加。我在受邀发言时，就表示王汉斌是好的立法者，还特别提到："在疑罪从无问题上，汉斌同志旗帜鲜明地支持，是刑诉法修改当中很重要的内容。"

## 最后的细节

1996年2月，《刑事诉讼法》修改草案被提交第八届全国人大常委会第二次会议审议。随后，第八届全国人大常委会决定提请第八届全国人大第四次会议审议。

1996年3月，第八届全国人大第四次会议在京召开。这次全国人民代表大会的重要议程之一，就是审议《刑事诉讼法修正案（草案）》。

就在这个节骨眼儿上，我接到全国人大常委会法工委刑法室工作人员打来的电话。他们让我赶到人民大会堂。

赶到人民大会堂后，我得知人大代表在审议草案时，提出了一些修改意见，法工委刑法室将意见整理后，准备再度修改部分条文，已经拟出初稿。他们想听听我的意见。

在人民大会堂的一间会议室里，我和法工委的人员逐条讨论，确定条文内容。

我印象最深的，是对草案第1条的修改。草案第1条维持1979年《刑事诉讼法》第1条的规定："中华人民共和国刑事诉讼法，以马克思列宁主义毛泽东思想为指针……"有人大代表提出，这种表述在任何法律中都可以用，不是针对《刑事诉讼法》本身的特点而说的，在《刑事诉讼法》里可以不写。

对于人大代表这一建议，我是认同的。我们的建议稿里已经没有这种表述。经过认真考虑、反复斟酌，草案第1条后来确定为："为了保证刑法的正确实施，惩罚犯罪，保护人民，保障国家安全和社会公共安全，维护社会主义社会秩序，根据宪法，制定本法。"

当时没有写上"保障人权"，这是个不足，但当时立法理念存在局限性，想写上这几个字，并不容易。

1996年3月17日，第八届全国人大第四次会议高票通过《关于修改〈中华人民共和国刑事诉讼法〉的决定》。至此，我国1996年《刑事诉讼法》修改工作正式完成。

对此，我感到十分激动，这是我人生中报效国家的难得机会！

## 广受关注

我国1996年修改《刑事诉讼法》，在国内、国际社会都很受关注。

有一个例子，足以说明这次修改受关注的程度。在全国人大对《刑事诉讼法》修改前夕，当时法国有个权威的女教授，叫戴尔玛斯。我到法国去访问时曾见过她。在这之前，她也知道中国正在修改《刑事诉讼法》。戴尔玛斯教授十分关注我国《刑事诉讼法》修改的进展，邀请我给他们的杂志写文章。

为此，我同熊秋红一起合作撰文，介绍中国的刑事司法改革，系统介绍中国学者对于《刑事诉讼法》修改提出的观点。成文后，翻译成法语，在那边发表。

后来我有机会与戴尔玛斯重逢。她说："你们的改革力度这么大，成效那么快，令人钦佩。在我们法国，一个比较具体的改革也会吵上很久，难以通过。"我说："我们大会、小会也有争论，争论中也涉及各方面利益的纠葛。"那时，我国刑事诉讼制度改革也有一定阻力。有的是观念上的，属于观念上要跟上的问题；还有就是部门利益问题。这种情况下，主要领导就比较关键。那时分管立法工作的全国人大常委会副委员长王汉斌，当时是中央政治局候补委员，他有魄力，敢于拍板，敢于负责，有时候法工委与相关部门协调不下来，汇报给他，他还是敢于拍板的。我始终觉得，王汉斌是个比较优秀的立法领导者。这次《刑事诉讼法》修改之所以能够成功，主要原因之一是王汉斌支持。

对于这次法律修改，各方面评价相当高，普遍认为这个修改决定在民主化、科学化方面迈出了一大步。

《刑事诉讼法》修改决定通过以后，时任全国人大常委会委员长乔石访问加拿大，有记者采访他，他还专门提到诉讼法学研究会的贡献，认为刑事诉讼民主化迈出的步伐比较大。从各方面反馈的信息来看，对于这次法律修改，在国际上认同度比较高。

1996 年《刑事诉讼法》通过之后，我让熊秋红将我们的修改建议稿同通过的《刑事诉讼法》对比一下，看看文字上是否大体一样，或者是文字上虽不完全一样但内容上吸收的条款有多少。熊秋红逐条对照，得出结论说："大约有 2/3，也就是说，凡建议稿中的重要内容，大多数被吸收了。尤其是关于诉讼模式的意见，基本上都被吸收了。"

没有吸收的建议，当然也是有的，例如非法证据排除规定。另外，关于刑讯逼供取得的口供要加以排除，修改建议稿里已经写进去了，立法机关没有采纳。当时修改建议稿没有提到物证，只建议刑讯逼供取得的口供应当加以排除。严端教授就这个问题还专门在大会上发言，表达应予采纳的意见。对于这个问题，王汉斌的意思是中国还没有到这个地步。由于王汉斌已经明确表态，这些问题就不好再争了。

结合 1996 年《刑事诉讼法》的核心条款与我们的修改建议稿比较，不难发现 1996 年《刑事诉讼法》的核心内容在修改建议稿中已经提出来了，只是表述上或者某些具体规定上有所差异而已。

据统计，我们的修改建议稿所拟制的条文，被1996年《刑事诉讼法》所全部或部分吸收的比例约为65%。这大体上可以说明，修改建议稿对1996年《刑事诉讼法》所起的作用是相当大的。

## 亮 点

这次《刑事诉讼法》修改，对我国几十年来形成的刑事司法制度作了重大改革，是我国社会主义民主和法制建设的一项重要成果，获得了海内外的普遍好评。

1996年《刑事诉讼法》颁布之后，《政法论坛》编辑部曾在1996年第4期组织过一组“修改后的我国刑事诉讼法笔谈”。

这组笔谈撰稿的作者，除我之外，有北京大学教授王国枢、中国人民大学教授程荣斌、中国政法大学教授程味秋等学者，也有时任最高人民法院副院长刘家琛、最高人民检察院副检察长张穹、司法部副部长张耕、公安部纪检书记罗锋等实务界的代表。

从人权保障的角度，1996年《刑事诉讼法》是个里程碑。在这组笔谈文章中，我重点从人权保障角度谈了1996年《刑事诉讼法》的新突破：第一，确立人民法院依法统一行使定罪权的权利，取消免予起诉制度；第二，完善强制措施，取消收容审查；第三，律师提前参加诉讼，加强对犯罪嫌疑人、被告人辩护权的保障；第四，明显改善被害人的诉讼地位和诉讼权利保障。

我在文章中指出：“此次修改《刑事诉讼法》着力加强人权保障，决非个别立法决策人的心血来潮，而是适应了进一步改革开放、社会主义市场经济逐步形成的客观需要，体现了党中央提出的‘依法治国’建设社会主义法制国家的方针，也是国际上人权斗争的需要。因此只有掌握刑事诉讼中追究犯罪与保障人权的辩证统一关系，才能正确理解和贯彻好修改后的《刑事诉讼法》。”

整体来说，1996年《刑事诉讼法》修改有两方面耀眼的突破：

一方面，是刑事审判模式乃至整个刑事诉讼模式的变化。我国刑事诉讼原来采行的是纠问式诉讼模式，或者叫超职权主义诉讼模式，现在转化为吸收英美法系当事人主义诉讼因素的新模式，后来人们称之为控辩式诉讼制度。这一转变，是1996年《刑事诉讼法》刑事诉讼大格局的变化。

另一方面，则是具体制度和程序方面的进步。具体有以下几方面：

第一，原来的《刑事诉讼法》中除了“被告人”称谓，还有“人犯”称谓。我建议取消“人犯”的说法，因为人犯和犯人很难区分。我们的修改建议稿将“被告人”“人犯”改称为“嫌疑人”“被告人”。最终，立法机关采用了“犯罪嫌疑人”“被告人”的说法。另外，《刑事诉讼法》将“被告人”的称谓分成两大阶段：起诉以前叫“犯罪嫌疑人”，起诉以后叫“被告人”。这为《刑事诉讼法》中的称谓起到正名作用，把名称搞得更准确。

第二，将辩护律师的介入提前到侦查阶段。辩护律师在刑事诉讼中的介入，原来法律规定只有在审判阶段才能介入，修改后辩护律师在审查起诉阶段就可以介入。实际上在侦查阶段就开始介入，只不过在侦查阶段不叫辩护律师。立法过程中，对于律师在这个阶段叫什么名字，颇费踌躇，开始叫“帮助人”，并将其活动称为“提供法律帮助”。我一直主张，应该一律叫“辩护律师”，但是司法实务部门、立法部门认为，这样规定未免跨度太大，主张侦查阶段不宜叫辩护律师，但是同意律师在侦查阶段介入。直到2012年《刑事诉讼法》再修改中才正式将律师“提供法律帮助”正名为“辩护”，体现出司法实务部门、立法部门思想转变需要一个过程。

第三，强制措施方面有诸多修改，包括“大口袋”收容审查制度的废止。收容审查制度不是刑事诉讼制度，但是跟刑事诉讼密切相关。对于收容审查制度，当时叫作“终止”，实际上就是予以撤销。强制措施制度有很多具体的修改内容，包括逮捕条件、拘留条件都作出了具体修改，体现出更加民主化、更加符合保障人权的要求，也顾及有利于保障刑事诉讼活动的进行的要求，比原来的规定更加科学。

第四，在起诉制度中，废除了免予起诉制度，扩大了不起诉范围，增加了裁量不起诉制度。另外，对于起诉的案件，为防止预断，规定审案法官开庭前不审查证据的实质内容，只进行形式审查，也称“程序性审查”；实质审查放在法庭上进行。与此相联系，审判方式也以法官为主宰的方式，改成法官主持控辩双方对抗。此次修改确定下来的庭审方式，一直到运行到现在，成为我国刑事诉讼中的既定模式。

第五，检察机关的侦查权范围有所限缩。1996 年《刑事诉讼法》把职务犯罪以外的经济犯罪案件全部移交给公安机关管辖，以避免检察机关既侦查又监督，侦查战线拉得太长，牵扯监督精力。

第六，增加“疑罪从无”的规定。起初，全国人大常委会法工委不同意疑罪从无规定。他们觉得这个规定对于打击犯罪不利，有放纵犯罪之嫌。但我们在修改建议稿一开始就提出这一内容，只是内容不是按照联合国的方式表述的。无罪推定有几种表述方式，包括联合国的表述方式。我们把定罪之前不得认定为犯罪的表述写进修改建议稿。到立法广泛征求意见的尾声，我还是坚持写上“疑罪从无”原则。

显而易见，1996 年国家对《刑事诉讼法》的修改是突破性的，是带有革命性、模式性的修改。2012 年再度修订《刑事诉讼法》则是在原有基础之上加以完善。

当然，1996 年《刑事诉讼法》的修改并非尽善尽美，我在不同场合、不同文章中多次讲过这一点。1996 年《刑事诉讼法》仍然存在一些不足，比如有的条文过于原则，有待进一步具体化；有的条文在表述上含混不清，易生歧义，或者在文字技术上有毛病，存在逻辑矛盾；个别规定未必能够完全解决实践中存在的问题。在制度方面，由于还缺乏很多相应的配套措施，导致已经进行的改革尚不能完全付诸实现。这些问题是客观存在的，不应当否认和忽视。另外，当时立法要重点解决诉讼模式问题，没有将证据制度的修改作为重点，这方面只修改了一个条文，在证据种类方面增加了视听资料作为独立的证据种类。

总体来讲，尽管此次《刑事诉讼法》的修改存在上述缺点，但毕竟顺应了改革开放的历史潮流，显示出依法治国的时代特征，初步体现了实体法和程序法并重的价值观念，从而有力地促进了执法队伍在执法事项、执法观念上的转变，其意义重大而深远，这是毋庸置疑的。

## 实施前夕

1996年《刑事诉讼法》通过后，各方好评如潮，实务部门也在积极为该法的实施做准备。

尤其是最高人民法院、最高人民检察院、公安部、司法部等实务部门，为《刑事诉讼法》的实施做了大量准备工作，分别制定了一些解释、细则和规定，陆续发布并向各方面征集意见。

通过这些征求意见稿可以看出来，公、检、法、司在某些重要问题上的看法不尽一致，甚至互相矛盾，各部门对法律条文的理解不一定准确，甚至有违反《刑事诉讼法》规定之处，有的问题上还存在本位主义的倾向。若不及时加以统一协调，公、检、法、司的各行其是及互相之间的“推诿”“扯皮”必将引起实施上的混乱，难以实现《刑事诉讼法》的任务。

因此，我们从学者角度也积极展开研讨，迫切希望全国人大、中央政法委等有关部门尽快采取有力措施，对某些重要问题进行统一、协调，以保障《刑事诉讼法》正确、有效实施，最好形成一个文件，系统解决实施中的问题。

在这种背景下，那段时间开了不少会。印象最深的有两次：

一次是1996年11月上旬在湘潭召开的全国诉讼法学年会。这次年会上，大家对如何贯彻修订后的《刑事诉讼法》，从诸多方面展开充分讨论。会议的焦点有：第一，强制措施问题，涉及拘传的间隔、取保候审的细节、监视居住滥用的防范、拘留决定权和执行权的分配以及逮捕的标准等；第二，关于辩护制度，涉及侦查机关的告知义务、会见权的时间和频次、律师的阅卷权和调查取证权等；第三，关于审查起诉问题，主要涉及不起诉种类的划分、不起诉的效力、不起诉的救济等；第四，关于审判方式改革问题，涉及法院能否驳回起诉、如何理解移送时的“主要”证据及证人出庭、当庭监督、案卷材料移送及其他问题。

大家普遍关心的是技术性细节，比如庭审方式改革后，法庭究竟如何布置、开庭时究竟如何起立。

关于法庭如何布置，主要涉及被害人的位置，大家建议被害人的法律地位应该也属于控诉方，所以在法庭上应该和检察官在同侧。

关于是否起立，有三种方案：一种是控、辩、审三方同时起立，面向国徽致意；第二种是法官不起立，只让检察官和律师起立，并向法官致敬；第三种是法官、检察官都不起立，只让律师起立。三种方案，各有各的理由，互相之间还真难以完全说服。后来就说这是技术性问题，由各方协商解决，可以采用第一种方案，也可以考虑第四种方案，即都不起立。

另一次是 1996 年 11 月 24—25 日，中国政法大学刑事法律研究中心召集部分学者研讨关于《刑事诉讼法》的修正和实施问题。与会的教授专家有北京大学王国枢教授，中国人民大学程荣斌教授，社科院法学所徐益初研究员，中国人民公安大学崔敏教授，司法部预防犯罪与劳动改造研究所武延平教授，中国政法大学严端、樊崇义、周士敏、李宝岳、周国均、刘金友、刘根菊以及卞建林、陈瑞华、熊秋红等博士生。与会者在湘潭诉讼法学年会的基础上，对《刑事诉讼法》的实施问题作了进一步探讨。这次会后，蔡金芳、熊秋红、郑旭、王树平、锁正杰等整理了会议纪要，经我审定后，发表在 1996 年第 6 期《政法论坛》上。

## “三结合”方法的成功

1996 年《刑事诉讼法》修改之所以取得成功，一个重要原因，是自始至终采取了立法部门、政法实务部门和专家学者“三结合”的工作方法，并召开多种形式的座谈会，集思广益，博采众长，特别是专家学者在其中发挥了较大的作用。

修改《刑事诉讼法》是立法部门、政法实务部门和专家学者共同创作的精品。1996 年《刑事诉讼法》修改前，全国人大常委会法工委委托我们展开前期研究并提供立法建议稿的方式，开创了学者参与立法、发挥更积极作用的新模式。后来，有论者称我是“论证专家”，实际上指的就是对立法建议稿的论证。

从我个人的感受来看，学者之所以能够对《刑事诉讼法》的成功修改作出较大的贡献，因为学者长期从事诉讼法学理论研究，熟悉诉讼法的历史发展规律，又比较了解外国诉讼立法资料和联合国关于刑事司法的国际公约。有这个基础，可以使学者对修改中的问题提出深层次的前瞻性的意见。

而且，《刑事诉讼法》的修改关系到公安、司法部门互相关系的重新调整，这些部门的意见难免带有一定的偏见，而学者则比较超脱，看法比较客观，更具有说服力。

从这意义上说，1996 年对《刑事诉讼法》修改也开创了一种新的法律修改模式。过去，这种立法机关委托学者起草修改建议稿的情况从未见过。从刑事法领域看，著名学者如高铭暄教授等，都是向立法机关提出修改意见，但从来没有提出过自己的专家建议稿。

现在强调“三结合”，即立法部门、政法实务部门和专家学者“三结合”。专家学者向立法部门提出立法意见，自己先拿出一个建议稿供立法机关参考的做法，在过去从未见过。

# 余　韵

1996年《刑事诉讼法》修改决定通过之后，中央电视台《东方之子》栏目曾对我作了人物专访；听说我是第一个被邀请登上《东方之子》的法律界嘉宾。

1997年1月1日，新《刑事诉讼法》正式实施，我国刑事诉讼法治进入新纪元。

在这之后，我作为刑事诉讼法学者，也做了一些事情，确保该法顺利贯彻实施。一方面，继续给学术杂志和报纸写文章，针对实务中出现的新情况、新问题，办案机构出台的新规范，以及方方面面在观念层面的误区与顾虑，讨论其中需要澄清的问题。另一方面，通过组织、召开研讨会，尽可能在学界和实务界寻求共识，共同做好的《刑事诉讼法》的实施工作。

# 第二十章　开眼看世界

## 刑诉领域需要改革，更需要开放

我国的改革开放，重点有两个：一个是改革，一个是开放。我们既强调内部改革，也强调对外开放，改革和开放两者密切结合。只有开放，才能够吸取各个国家和地区的优秀经验；有了这些经验作参照，观察国内，看看哪些东西应该坚持、哪些东西应该改进。

刑事诉讼法领域既面临改革问题，也面临开放的问题。如何了解国外法治动态，特别是各个主要国家和地区的司法制度改革，尤其是各国在刑事司法领域和刑事诉讼法方面的动态，对我们来说很重要。对这方面信息的了解，既包括资料的翻译、出版，也包括人员的交流和往来。既然是改革开放，那么我们既要引进来，也得走出去。这里，重点说说改革开放以后我跟国外学界的交流。

图 20-1　《21 世纪域外刑事诉讼立法最新发展》书影

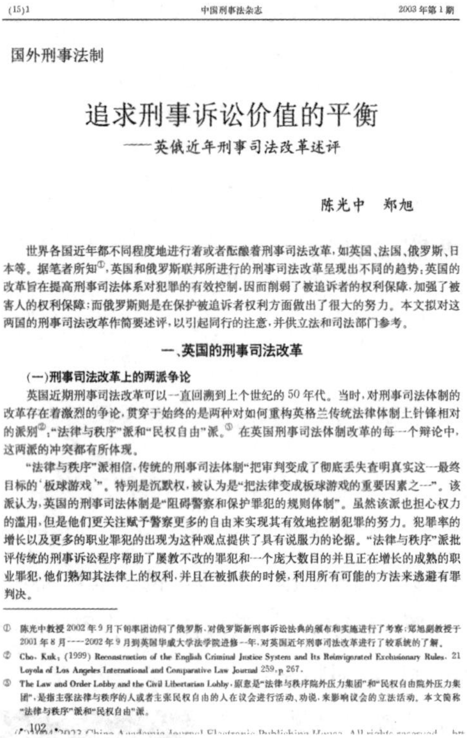

(15)1　　中国刑事法杂志　　2003年第1期

国外刑事法制

追求刑事诉讼价值的平衡

——英俄近年刑事司法改革述评

陈光中　郑旭

世界各国近年都不同程度地进行着或者酝酿着刑事司法改革，如英国、法国、俄罗斯、日本等。据笔者所知[①]，英国和俄罗斯联邦所进行的刑事司法改革呈现出不同的趋势：英国的改革旨在提高刑事司法体系对犯罪的有效控制，因而削弱了被追诉者的权利保障，加强了被害人的权利保障；而俄罗斯则是在保护被追诉者权利方面做出了很大的努力。本文拟对这两国的刑事司法改革作简要述评，以引起同行的注意，并供立法和司法部门参考。

一、英国的刑事司法改革

（一）刑事司法改革上的两派争论

英国近期刑事司法改革可以一直回溯到上个世纪的50年代。当时，对刑事司法体制的改革存在着激烈的争论，贯穿于始终的是两种对如何重构英格兰传统法律体制上针锋相对的派别[②]：“法律与秩序”派和“民权自由”派。[③] 在英国刑事司法体制改革的每一个辩论中，这两派的冲突都有所体现。

“法律与秩序”派相信，传统的刑事司法体制“把审判变成了彻底丢失查明真实这一最终目标的‘板球游戏’”。特别是沉默权，被认为是“把法律变成板球游戏的重要因素之一”。该派认为，英国的刑事司法体制是“阻碍警察和保护罪犯的规则体制”。虽然该派也担心权力的滥用，但是他们更关注赋予警察更多的自由来实现其有效地控制犯罪的努力。犯罪率的增长以及更多的职业罪犯的出现为这种观点提供了具有说服力的论据。“法律与秩序”派批评传统的刑事诉讼程序帮助了屡教不改的罪犯和一个庞大数目的并且正在增长的成熟的职业罪犯，他们熟知其法律上的权利，并且在被抓获的时候，利用所有可能的方法来逃避有罪判决。

① 陈光中教授2002年9月下旬率团访问了俄罗斯，对俄罗斯新刑事诉讼法典的颁布和实施进行了考察；郑旭副教授于2001年8月——2002年9月到英国华威大学法学院进修一年，对英国近年刑事司法改革进行了较系统的了解。

② Cho, Kuk: (1999) Reconstruction of the English Criminal Justice System and Its Reinvigorated Exclusionary Rules. 21 Loyola of Los Angeles International and Comparative Law Journal 259, p 267.

③ The Law and Order Lobby and the Civil Libertarian Lobby，原意是“法律与秩序院外压力集团”和“民权自由院外压力集团”，是指主张法律与秩序的人或者主张民权自由的人在议会进行活动、劝说，来影响议会的立法活动。本文简称“法律与秩序”派和“民权自由”派。

·102·

图20-2　时刻追踪国际刑事诉讼变化的趋势

## 在日本第一次接触资本主义

1984年11月24日—12月7日，我率领中国刑事诉讼法学课题组访问日本。这是我人生中第一次出国。

当时我已经调到了中国政法大学，开始担任研究生院副院长。但这次出国机会却源自我在社科院法学所的短暂经历。

在我担任社科院法学所刑法室主任的时候，当时社科院有个同日本交流的一揽子计划。其中涉及法学的部分，就落到了法学所。法学所根据上面大的规划，拟定了一份与日本法学界和实务界互访的方案。我们去日本之前，日本法学界代表已经访问过中国。我们一行访问日本，相当于回访。但人还没出去，我就从法学研究所调

图 20-3　1984 年率团访问日本

到中国政法大学担任研究生院副院长了。因此，这次出国是日本方面出资。

这次访日行程，同我个人有直接关系。刚开始就是我作为社科院法学所刑法室主任牵头联系的。尽管真正成行时，我已经调到了中国政法大学，但还是由我以交流组组长身份带队前往日本。

代表团的成员不单纯是法学所的，给中国政法大学也增加了 1 个名额。成行时，社科院去了徐益初、王舜华、肖贤富、傅宽芝四人，中国政法大学去了我和严端两个人。

在日本期间，我们在东京、京都、大阪等地，听取了参加过现行日本《刑事诉讼法》的起草人横井大三的介绍，并与日本著名刑事诉讼法学者团藤重光（东京大学名誉教授）、平野龙一、松尾浩也（东京大学教授）、渥美东洋（中央大学教授）等座谈，还访问了日本法务省刑事局、最高裁判所、东京高等裁判所、大阪高等裁判所、东京地方检察厅、大阪高等检察厅、东京家庭法院，旁听了东京高等裁判所和东京、大阪地方裁判所的案件审理。在东京和大阪市，我们还访问了一些律师事务所，并与日本国际法律家协会会员座谈，对日本律师的情况有了进一步的了解。

我们参观了日本最高裁判所的法庭。日本最高裁判所有一个大法庭和三个小法庭。重大案件在大法庭审理，15个审判官全体出席。大法庭放置15个审判官的席位。法庭上没有证人的席位和被告人的席位，只有检察官和辩护律师面对面的席位。因依照法律规定，被告人只能委托辩护律师出席上告审。上告审解决法律问题，不审查事实问题，因而也不必传唤证人。书记官的席位在审判官席的前面。旁听席共有166个席位，两边还设有媒体席。小法庭只有5个审判官的席位，其他布置大体相同。开庭前，允许记者有3分钟的照相时间，正式开庭后，整个审理过程不准照相，更不能录像。但新闻媒体可以作记录，通过记录完成新闻报道。一般旁听人员则不准记录。

在东京地方裁判所，我们旁听了一起杀人案的审理。开庭后，首先由审判长传被告人到庭。法警把被告人带到法庭，卸去戒具，让其站在被告席上。

被告席在法庭的中央，由审判长查明身份等事项，并告知可以拒绝陈述、保持沉默以及其他诉讼权利后，被告人即被带到法庭的左边，坐在辩护人前面的长椅上，左右有两个法警看护。接着由检察官朗读起诉书，检察官的席位在审判官的右边。起诉书的内容极为简单，只有公诉事实和罪名两个部分。公诉事实叙述了被告人杀人的经过，罪名部分只写了适用的刑法条文。全文不到三百字。然后由检察官宣读证据材料。侦查卷宗装订成厚厚的几大本，检察官只顺序宣读了其中的重要部分，一共宣读了三十多条证据。宣读告一段落后，审判长问辩护律师的意见。审判长自己也提出些问题，再由检察官作补充发言。出示物证时，又把被告人带到被告席上，由检察官把杀人凶器拿到被告人面前让其辨认，经确认后，检察官就把全部卷宗材料和物证当庭交给审判官。检察官宣读证据材料，足足用了一个多小时。被告人和辩护人对检察官宣读的证据，没有提出异议。最后，辩护律师只提出了被告人有精神障碍，是否具有责任能力问题，要求调查。

闭庭后，我们问审判长，为何不传唤证人到庭作证？未经当庭传唤作证的证人证言是否可以作为证据？据审判长回答，如果被告人作了有罪供述，并对检察官当庭宣读的证据没有提出异议，一般就不再传唤证人作证，证人在庭外所作证言经当庭宣读后可以作为证据。由此可见，所谓排除传闻证据规则，在日本当时的司法实践中，也是结合具体情况运用的。

另外，我们在大阪地方裁判所还旁听了另一起抢劫、杀人案。我们旁听了一段询问证人的法庭调查活动。开庭时，证人先坐在旁听席上。开始，先由审判长讯问被告人，讯问以后，被告人坐在被告席后面、旁听席前面的长椅上，这与东京地方裁判所法庭的被告人的位置不同。检察官的席位仍在审判官的右边。接着由检察官宣读证据，告一段落时，辩护人和审判长都作了一些提问，再由检察官作了补充发言。然后询问证人。这次到庭的有两名证人，由法庭工作人员把他们从旁听席上带进法庭，证人的席位在中央，和被告人的席位在同一位置上。首先由两名证人并行宣誓，有事先印好的誓词。宣誓时，审判长、检察官、辩护律师，包括旁听席上的人全体起立。宣誓完毕，把誓词交给审判长，证人才开始分别作证。先由检察官询问，再由辩护律师提问，也就是交叉询问。检察官与辩护律师之间，以及辩护律师与证人之间，都有些不同的看法，辩护律师多次走到证人面前提出问题，如提出为什么现在谈的情况和侦查中谈的情况不同等。但大家的态度都比较平静。书记官的席位在审判席的下方，法庭有录音设备，书记官只记要点，当庭不宣读、核对笔录。

访日归来后，我们代表团成员共同完成《日本的刑事诉讼法——赴日考察报告》，发表在《法学研究》1985 年第 6 期。

在这篇考察报告中，我们通过座谈和旁听，对当时日本刑事诉讼中侦查程序、起诉程序、审判程序、证据制度的特征，有着比较清楚的概括。报告最后一段话是这样写的：“日本刑事诉讼法，是属于资本主义范畴的，与我国社会主义的刑事诉讼法，在性质上是不同的。但它结合本国实际来学习外国的法律，从而形成具有日本特色的刑事诉讼法，这一点很值得我们注意。它的某些诉讼制度，也值得我们借鉴。”现在看来，还是充满时代气息的！

国外法制介紹

**日本的刑事诉讼法**

——赴日考察报告

陈光中　徐益初　严　端

王舜华　肖贤富　傅宽芝

中国社会科学院法学研究所刑事诉讼法学者考察团，于一九八四年十一月二十四日至十二月七日赴日访问，对日本刑事诉讼法进行了考察。

我们在东京、京都、大阪等地，听取了参加过现行日本刑事诉讼法的起草人横井大三的介绍，并与日本著名刑事诉讼法学者团藤重光（东京大学名誉教授）、平野龙一、松尾浩也（东京大学教授）、渥美东洋（中央大学教授）等进行了座谈。还访问了日本国法务省刑事局、最高裁判所、东京高等裁判所、大阪高等裁判所、东京地方检查厅、大阪高等检察厅、东京家庭法院，旁听了东京高等裁判所和东京、大阪地方裁判所的案件审理。在东京和大阪市我们还访问了一些法律事务所，并与日本国际法律家协会进行了座谈，对日本律师情况有了进一步的了解。

下面就我们考察中所了解的日本刑事诉讼法的理论与实践情况，作一些介绍。

近现代日本刑事诉讼法的发展分为旧法和新法两个阶段。旧法是指1890年制定，1922年修改的刑事诉讼法。这个刑事诉讼法，主要是受德国刑事诉讼法的影响，属大陆法系，实行职权主义。它强调发现实体真实，法官在审判中有相当大的指挥权。战后1948年颁行的新刑事诉讼法，主要受美国法律的影响，实行当事人主义。它强调保护人权，当事人在审判中有较大的主动权，但是仍然在一定程度上保留旧法的职权主义的内容。据参与制定新法的团藤重光介绍，当时美国法律顾问要求直接接受美国的刑事诉讼法，日本法学家则主张考虑到日本旧法的传统，因而制定出的新法是两者的折衷，有的日本学者则称现行的日本刑事诉讼法是两种法系的“混血儿”或“混合体”.

关于侦查程序

日本刑事诉讼法规定，刑事侦查由司法警察职员、检察官和检察事务官进行。司法警察职员主要是指警察官，但涉及森林、铁道等特殊案件，警察官以外的人也可以担任司法警察职员，警察机关和检察机关在侦察案件方面无明确分工。警察机关是第一线的侦察机关，由它侦查的案件占90%以上。检察机关是第二线的侦查机关，它可以监督和补充警察的侦查，在认为有必要时，对一些重大案件也可自行侦查。比如，因为警察局直接受都道府县管辖，为避免某个案件的侦查受到都道府县的影响，检察机关可决定自行侦查。司法警察职员侦查

·88·



图 20-4　访日代表团回国后发表的调查报告

作为我人生中的第一次出国经历，实事求是说，感觉我国同国外差别还是很大。

当时我国的改革开放刚开始，还不太广泛、深入，包括社会面貌和具体的人在内，老一套的东西比较多。而到了日本，那就是真正到了西方资本主义世界。出去看看，感觉很震撼。第一次接触，我觉得什么都很新鲜。直观感受和看材料还是不一样。出去以后，才觉得我们有多封闭和落后。

打出租车觉得很新奇。那时候，国内还没有出租车。在日本，我们出门，有时候坐公交，有时候叫出租车。很多东西都是第一次

感受，整体感觉日本经济还比较发达。

日本方面对我们访日很重视，接待上细致入微。有个很有意思的细节：当时我是访日代表团团长，但我当时的职称是副教授。那时候国内刚改革开放，我的副教授还是当年在广西大学时所评。尽管在国内当时副教授还很稀缺，但在当时的日本，副教授都是很年轻的学者。我们到日本交流，他们也很重视中国代表团。但是介绍我们时，他们就好奇，为什么当时我的职务是中国政法大学研究生院副院长，又是代表团团长，但职称还是副教授，问我怎么回事，团长还能是副教授？我也不能弄虚作假，就如实给日本方面解释：我们过去评职称停顿了，现在刚开始恢复，所以我的副教授还是比较早、级别比较高的。

当然我们去日本之前，也对日本的情况尤其是刑事诉讼法的历史和传统做了一些了解。近现代日本刑事诉讼法的发展，分为旧法和新法两个阶段：旧法是指1890年制定、1922年修改的《刑事诉讼法》。这个《刑事诉讼法》主要是受德国刑事诉讼法的影响，属大陆法系，实行职权主义。它强调发现实体真实，法官在审判中有相当大的指挥权。“二战”以后，日本就在美国专家的指导下开展司法改革。1948年颁行的新《刑事诉讼法》，主要受美国法律的影响，实行当事人主义。它强调保护人权，当事人在审判中有较大的主动权，但是在一定程度上仍然保留旧法的职权主义的内容。美国专家希望美国化，日本专家坚持不能全美国化，要保留日本的一些特色。经过反复讨论，也有争议，最后形成日本《刑事诉讼法》的模式。据参与制定新法的团藤重光介绍，当时美国法律顾问要求直接接受美国的刑事诉讼法，日本法学家则主张考虑到日本旧法的传统，因而制定出的新法是两者的折中。有的日本学者则称，日本《刑事诉讼法》是两种法系的“混血儿”或“混合体”。日本方面介绍日本《刑事诉讼法》发展的过程，给我启发很大。也就是说，改革既要引进，但又不能照搬，这在日本表现得很明显。

当时，日本刑事诉讼法方面的泰斗级人物都出来接待我们了。包括松尾浩也教授，就是这次认识的。松尾浩也既是刑法的专家，也是日本刑事诉讼法的第一人。他先是东京大学的教授，他的教席几年必须要轮换，所以又去了其他高校。这次去日本，还认识了其他一些当时比较年轻的教授。

第一次出国，不仅是业务上，包括观念上受到的冲击还是比较明显的。而且确实感觉到，只有出去才能对外国有真正的体会。

## 再去日本

当然后来我又去日本好多次。随着我国改革开放后的飞速发展，越往后，在物质文明上就越不觉得双方有多大差距了。

其中一次，2004 年 11 月 21—30 日，我再次率团前往日本考察该国近年来刑事诉讼法的修改与刑事司法制度的改革。这次我们是应日本法务省的邀请前往，得到日本法学界几位同行如法务省特别顾问松尾浩也教授、早稻田大学原校长西原春夫教授、早稻田大学田口守一教授等人的特别支持。

这次考察团由我带队，考察团成员以中国政法大学刑事诉讼法学学者为主，有程味秋、卞建林和张凌。另外，全国人大常委会法工委刑法室李寿伟副处长、北京市高级人民法院研究室副主任薛峰、北京市人民检察院研究室主任张朝霞、中华全国律师协会刑事业务委员会副主任顾永忠以及中国人民武装警察部队学院吴华副教授亦是考察团成员。

我们在日期间，先后访问日本法务省、最高裁判所、东京地方裁判所、东京地方检察厅、日本律师联合会、早稻田大学、大阪大学等，旁听了法庭审理刑事案件，参观了少年犯医疗院、监狱等。尽管时间不长，但考察团一行对日本近年来刑事诉讼法的修改及刑事司法制度的改革，还是有了比较准确、系统的了解和掌握。

跟 1980 年代相比，尽管日本的《刑事诉讼法》一直处于相对静止状态，未曾经历过大的修改，但这次去很明显的一个感受，就是改革的意识和氛围十分浓厚。

据了解，当时日本《刑事诉讼法》之所以面临较大的改革呼声，主要有两个背景：一方面，随着日本经济、科学技术的发展和国际交往的频繁，社会生活信息化、国际化的程度越来越高，人权保障意识也越来越强，社会各界对刑事司法领域提出新的改革要求；另一方面，长期以来日本实行的司法考试合格率很低，一般只有2%～3%的人获得通过，已经明显制约着司法改革的推进。

从1999年开始，日本《刑事诉讼法》修改频繁。与此同时，“司法改革审议会”应运而生，成为专事研究、审议司法改革重大问题的智囊机构，2001年6月将其研究审议结论以“司法改革意见书”的形式公开发表，其中包括刑事司法制度改革的建议，由此促成日本政府设置“司法制度改革推进本部”，提出了司法制度改革的总体目标：建立反映国民期望的司法制度；改革支撑司法制度的法律职业者的考试培养制度；确立国民参与司法的基础，并全面负责司法改革的策划与实施。

【考察报告】

日本近期刑事诉讼法的修改与
刑事司法制度的改革
——中国政法大学刑事法律中心赴日考察报告*

顾永忠　薛　峰　张朝霞

应日本法务省的邀请，在法务省特别顾问松尾浩也教授、早稻田大学原校长西园春夫教授、早稻田大学田口守一教授的支持下，由中国政法大学刑事法律研究中心组织的，以陈光中教授为团长的访日考察团一行9人，于2004年11月21日至30日对日本近年来刑事诉讼法的修改与刑事司法制度的改革进行了广泛、深入的考察。考察团由中国政法大学多位刑事诉讼法学的教授及立法机关、审判机关、检察机关、律师界的有关人员组成。在日期间考察团访问了日本法务省、最高裁判所、东京地方裁判所、东京地方检察厅、日本律师联合会、早稻田大学、大阪大学，旁听了法庭审理刑事案件，参观了少年犯医疗院、监狱等。时间虽短，但广泛的交流，深入的访谈，使考察团对日本近年来刑事诉讼法的修改及刑事司法制度的改革有了比较准确、系统的了解和掌握。以下分六个专题予以介绍。

一、日本刑事司法改革的概况

日本现行刑事司法制度是二战后建立的，其直接的法律依据是在美国法影响下于1948年7月10日由日本国会通过并于1949年1月1日起施行的《刑事诉讼法》。在长达50年的期间里，该法虽有过几次小的修改，但从没有进行过任何一次大的修改。故此，日本著名刑事诉讼法学教授、法务省现任特别顾问松尾浩也先生表示该法“可以说是处于一种静止状态”。由此决定了日本的刑事司法制度在同一时期也没有什么大的变化。

在日本，刑事案件的侦查由司法警察和检察官负责，其分工是，警察是在“认为犯罪

* 本文第四部分由法学博士薛峰撰写，第五部分由法学博士张朝霞撰写，其他部分由法学博士顾永忠撰写，经考察团集体讨论后由顾永忠修改定稿。考察团成员有中国政法大学陈光中终身教授、程味秋教授、卞建林教授、张凌教授、全国人大常委会法工委刑法室李寿伟副处长、北京市高级人民法院研究室薛峰副主任、北京市人民检察院研究室张朝霞主任、中华全国律师协会刑事业务委员会顾永忠副主任、中国人民武装警察部队学院吴华副教授。

· 114 ·



图20-5　访日代表团回国后发表的调查报告

这次访日考察期间，我们深切感受

到，1999年、2000年及2004年对日本《刑事诉讼法》的三度修改，修改内容极多，所涉及的刑事司法制度的改革力度很大，由此产生的社会影响之广、社会变化之巨，都是第二次世界大战以来所未有的。

经过持续十多年的改革，日本刑事诉讼法律可以说“旧貌换新颜”。在我们重访日本的时候，日本《刑事诉讼法》体现出如下几个明显特征：第一，刑事司法过程中人权保障明显加强。第二，国民通过陪审制度直接参与刑事司法程序的情况越来越常见。第三，通过庭前整理程序等的引入，日本刑事诉讼的效率得到大幅度提升。

在这次访日期间，日本这一轮司法改革，有两个方面给人印象深刻：

一方面，改革思路比较有体系性，这次改革历时十余年，但各项改革并不是零打碎敲、互不相干，而是相互之间有内在的联系。在改革总目标的指导下，落实于刑事诉讼的各个重要阶段和重要环节。比如在侦查阶段，扩充了犯罪嫌疑人请求国家法律援助的权利；在审查起诉阶段，强化了检察审查会的权限，并且对于可适用即决审判程序的案件从提起公诉时就开始启动；在审判阶段，对于采用普通审判程序的案件，无论是由职业法官单独审判还是由陪审员与职业法官共同审判，都在庭前先开展整理程序，整理控辩双方的争点和证据，使正式审判既充实又迅速。除此之外，对于适用即决审判程序的案件，则争取当天审理、当天宣判，真正做到即决。这些改革举措既重视惩罚犯罪的需要，又关注人权的保护；既强调发现真实、实体公正，又兼顾程序正当、公正；既追求审判的迅速化，更强调在确保公正的前提下提高审判效率。

另一方面，考虑到改革带来的成本，日本这一轮司法改革也没有急于求成、急躁冒进，而是量力而行，逐步推进。比如在人力和财力资源方面，考虑到律师人数不足和国家财力的状况，在司法考试培训制度上加快人才培养的步伐，同时把扩充犯罪嫌疑人请求国选律师的改革放在几年内逐步实行；在社会承受力方面，考虑到庭审前整理程序是一种新事物，陪审员审判更是一项社会影响极其广泛的全新制度。这些不仅要求训练培养法律界人士，使他们不仅熟悉业务而且能够熟练操作，同时还需要在广大民众间广泛、深入地宣传、教育，使他们不仅知道、了解这些制度，而且还能积极参与审判活动，尽心尽力地履行好法定职责。因此这些改革举措也都安排在以后几年内逐步推开。

访日归来后，由顾永忠、薛峰、张朝霞分头执笔，起草了访日调查报告初稿，经过考察团一行讨论，由顾永忠修订定稿后，发表在《比较法研究》2005 年第 2 期上。

## 松尾浩也印象

松尾浩也教授是日本刑事诉讼法领域的泰斗。他出生于 1928 年，比我大两岁。他原来在东京大学法学部执教多年，又辗转去了千叶大学、上智大学，在日本法学界有很高的地位。

松尾浩也的学术思想，主要体现在其多次再版的《日本刑事诉讼法》一书中。他的学术思想有两个特点：一方面，他对日本近代以来的刑事法律的理念、实施及运作都十分熟悉，也持肯定态度；另一方面，松尾浩也始终将实践中的问题作为学术研究的重点，因此他在日本司法界、实务界有很大影响力，他的书也是实务界办理刑事案件的必读书。松尾浩也的“精密司法”理念，比较形象生动地概括了日本刑事司法体系的特征，在各界广受认同。

我第一次见到松尾浩也，是第一次出国访问日本期间。但松尾浩也可以说是中国刑事诉讼法学界的“老朋友”。早在 1979 年《刑法》和《刑事诉讼法》颁布之初，就应中国政府的邀请，来华参加这两部法典的纪念活动。

图 20-6　同松尾浩也教授合影

我跟松尾浩也有多次互动。比如 1988 年 4 月，在时任日本早稻田大学校长西原春夫先生的大力推动下，“中日刑事法研讨会”应运而生，并在上海举办了第一届中日刑事法学术讨论会。在那次会上，我代表中方做了《中国刑事诉讼法的形成及其特征》的报告；而松尾浩也则代表日本方面以《日本刑事诉讼法的发展及现状》为题作了报告。

松尾浩也对于我国《刑事诉讼法》在日本的传播做了很大贡献。1996 年《刑事诉讼法》颁布后，松尾浩也即对该法产生浓厚兴趣。他在早稻田大学田口守一教授以及当时在早稻田大学攻读博士的张凌、在东京大学攻读博士的金光旭等的协助下，将 1996 年《刑事诉讼法》翻译成日文，并在日本《法学家》杂志撰文详细评介。

2004 年秋天，“第十七届国际刑法大会”在北京召开。松尾浩也来华，我们再次相聚北京，并互相交换了中国和日本刑事诉讼法

图 20-7　与日本早稻田大学原校长西原春夫合影

改革的动向。在他的《日本刑事诉讼法》中译本序言中，松尾浩也还特别提到这段友谊："虽然陈先生和我都已经过了杜甫所说的'古稀'之年，但杜甫还说过'诗酒尚堪驱使在，未须料理白头人'。今后我们愿以这一诗句共勉，在治学之路上不断求索，携手并进。"

## 福特基金会与我国刑事诉讼法

在我国改革开放后的刑事诉讼法研究中，无论是翻译外国的资料，还是请外国学者进来、送中国学者出去，都需要钱。

在出国这方面，我们国家的课题基金限制比较多，资助额度和管理要求都远远不能满足这方面的需求。因此，实现刑事诉讼法领域的对外交流，我们主要使用外国资助的基金。

开始主要是美国福特基金会资助的费用，后来陆续有一些其他基金资助我们。

图 20-8　2004 年访问日本，与松尾浩也、西原春夫等合影

图 20-9　1991 年在美国匹兹堡会见杜肯大学法学院院长

美国的福特基金会，起源于福特汽车公司。1936年，亨利·福特的儿子爱德森·福特捐出25000美元，在底特律成立了福特基金会，以通过科学、教育和慈善促进公共福利为宗旨。1940年代，老福特、小福特先后辞世，他们的继任者开启了福特基金会的转型之路，设定信托，独立运作。从1949年开始，福特基金会将总部迁到纽约，并逐渐成为一家全球化的公益基金，先后在海外多地设立办事处。我国改革开放初期，百废待兴，资源奇缺，经过一段时间的互相了解后，1987年，中国社科院代表中国政府与福特基金会签署合作备忘录，由此，福特基金会在北京设立办事处，在中国资助并开展了一系列工作。

福特基金会在华前期资助项目主要是在经济、法律和国际关系三个领域。

在具体运作上，福特基金有着较强的独立性和自主性，其是否接受立项申请、是否给予特定项目或者学者资助，都有其独立且严格的流程。而且在其首席代表和项目经理受理申请后，审核与评估立项报告，最终将申请报告推荐到福特基金会纽约总部，由福特基金会组按照自身意愿，选择资助政府机构、大学、研究所、培训机构、民间组织或者个人等。除了遵守中国法律、遵照前述备忘录确定的边界，具体资助和立项决策，与中国政府没有直接关系。

1990年代，福特基金会在法学界也展开了一系列资助项目。比较有影响力的，比如江平领衔主编、中国大百科全书出版社出版的“外国法律文库”，对于开阔国内学界的国际视野有很大帮助。

1994年4月，我正式卸任中国政法大学校长。从此，我开始比较系统地做学术研究。为了推动学术研究，我于1995年12月在中国政法大学成立了刑事法研究中心。

在这前后，福特基金会跟我建立了联系。刚开始，福特基金会的资助还需要申请。每年按照项目写申请，他们有审核。那时正好赶上我国1996年《刑事诉讼法》修改的前期，科研项目都是围绕法律修改展开。我们 1994 年 11 月召开刑事诉讼法学国际研讨会就得到了福特基金会的资助。

图 20-10　2000 年与美国耶鲁大学中国法研究中心主任葛维宝教授签订学术合作协议

这个课题做完后，福特基金会认为我们这个课题效果特别好。所以有相当一段时间，就把我纳入专门的资助对象。他们对我的学术素养很信任，重点赞助我。程序上也比较简单，每年提交一份研究计划，福特基金会就会定期拨款。

福特基金会给我的资助，每年差不多有 10 万美元左右，数额不算小，后面少了一点。

课题当然不是我一个人做，但课题组也没有非常固定的成员。有几个同事是相对固定的，每一次我们都会根据课题内容做一些调整。因为有福特基金会每年的定期资助，我们就能够比较有计划地请进来、走出去。

## 巴黎一月

1993 年 11 月，在准备《刑事诉讼法修改建议稿》过程中，我们组团去欧洲考察。那次，也是我努力协调后，用福特基金会资助的经费才得以成行。当时考察的主要对象是法国、德国和意大利。这次访问的具体经过，我在有关1996年《刑事诉讼法》修订部分已经讲述过，这里不再赘述。

图20-11　2002年与法国戴尔马斯教授合影

1995年1月，我再度应邀访欧，在法国巴黎第一大学律师培训学院讲学一个月。这次出访，应该是我在国外待的时间最长的一次。以前出国都是七八天，至多十天。但这次，在法国待了整整一个月。

巴黎第一大学给我的待遇很好。他们直接按照法国教授的薪资标准，给我开了一个月的工资。对具体数额，我现在记得不是特别清楚，但在当时好像是不少。巴黎第一大学还给我提供一套带厨房、卫生间的公寓。那次出行，我带着老伴儿一起前往，我们自己做饭。

在巴黎期间，实际上也不是天天讲课。一周也就讲一次，偶尔一周讲两次。一个月下来，总共也就讲了五六次。他们邀请我时，说是给律师讲课；我印象中，听课的也不全是当地律师，各行各业的都有。讲课带有翻译，我用中文讲，然后再翻译成法语。每次讲课也不像在国内那么长时间。通常讲一次，连翻译的时间在内，大约也就在一个半小时左右。

巴黎是欧洲的大城市，最值得看的当然是凡尔赛宫，当时也都抽空去看了。

## 英国参访记

1998年3月8—28日，我还曾带领刑事诉讼法学专家团11人，应英国驻华大使馆文化委员会的邀请赴英国，对英国的刑事诉讼制度作系统考察。这次专家团成员，既有学者，也有实务部门和立法机构的代表。

英国的全称是大不列颠及北爱尔兰联合王国，其领土由英格兰、苏格兰、威尔士和北爱尔兰四个部分组成。其中，苏格兰基本上实行欧洲大陆法系的诉讼制度，北爱尔兰也有其相对独立性，它们与英格兰和威尔士的实际做法差别很大。因此，所谓的“英国法”和“英国的诉讼制度”，主要是指在英格兰和威尔士实行的法律和诉讼制度。

我们这次考察，只在英格兰范围内。因此，所了解的情况，也属于典型的“英国式法律和制度”，并不包括苏格兰和北爱尔兰的某些不同的做法。英国的历史、传统、国情、民俗和中国有很大不同，刑事诉讼制度与我国有很大的差异。但在刑事诉讼中，也有许多共性的东西，他们的某些做法，对我们有参考与借鉴的意义。

图20-12　1998年在英国剑桥

在英国期间，除了中英双方的学者、专家展开多轮次交流外，我们访问团一行还参观了英格兰的四个警察局、四个检察院、两个法院和两个律师协会。

图 20-13　1998 年在英国哈姆雷特塑像前留影

这次行程前后历时二十天。整个考察活动紧凑而丰富，使我们比较全面地了解英国刑事诉讼的实际状况和最新进展，有很大收获。

这次考察我们关注的问题之一，是警察在讯问被逮捕的犯罪嫌疑人时律师是否应该在场的问题。我们曾多次向英方的专家提问，请他们进一步解释这个问题。据英方介绍，他们司法实践中的做法是：在通常情况下，警察必须等律师到场才能开展讯问工作。否则，如果警察在律师不在场的情况下讯问，将会被法官和陪审团以取证手段不合法为由排除其作为证据使用。律师要求会见犯罪嫌疑人的，一般应当在四小时内安排会见，如果律师来不了，可以延长时间等他到来，有时可以建议被逮捕的犯罪嫌疑人聘请当地律师。只有遇到紧急情况时，比如需要了解同犯去向、及时解救人质、查获危险物品、追缴赃款赃物等，法律允许警察在律师不在场情况下讯问被逮捕人，但需要上级批准，由总警长发布命令并将流程记录在案。达到目的后，应该停止讯问，不能再问及其他问题。也就是说，在英国，警察讯问被逮捕人时，律师在场是常态。

在伦敦警察总部（苏格兰场）与警察交谈时，我们曾提出这样的问题："作为一名警察，你为什么要保护当事人的权利？"对方的回答很有意思："第一，这是法律的规定，警察必须严格执行法律。第二，对于警察来讲，给予当事人充分的权利，也是他的利益所在。如果警察在律师不在场时讯问被逮捕人，取得的供述不具有法律上的证据效力，闹不好警察自己还会吃官司。第三，假如有一天，我自己处于被告人的地位，那我该怎么办呢？”这一回答十分幽默，也颇耐人寻味。

我们在凯诺·威尔斯警察局参观了其拘留所。在英国，警察将犯罪嫌疑人逮捕后，要将其送到拘留所。拘留所的警察被称为“拘留警察”，其只负责对被逮捕人的看管，而不参与对案件的侦查。拘留警察的重要职责，就是使被逮捕人的权利得到保障，他要对被逮捕人的各种情况做好记录，完整的记录都要让被逮捕人看到并签字后才能送到警察局。在凯诺·威尔斯警察局拘留所，该所拘留警察在向我们介绍情况时，送我们每人一份《被扣留人须知》和《关于权利的通告》，而且这些材料都有英文、中文及其他几种文字版本。

英方专家告诉我们：英国警察对被逮捕人的羁押期限一般不能超过24小时，严重情形下，经警长决定，可以将其关押36小时。如果还需要延长羁押期限，就需要由警察将犯罪嫌疑人带到治安法官面前，由治安法官决定是否继续关押。治安法官在作出延长羁押期限的决定时，必须有律师在场。对被逮捕人的羁押期限，至多是96小时，但法官必须每24小时审查一次，作出是否再延长的决定。

对此，我们开始觉得不好理解，于是追问：“在警察将犯罪嫌疑人带到治安法院的过程中，如果他逃跑了，岂不更麻烦？”得到的答复是：他不可能跑掉，你们参观了警察局后就明白了。

后来，我们参观了几个警察局，发现警察局一般都与治安法院是近邻，中间还有专用的封闭式通道。警察可以通过这个专用通道，直接把犯罪嫌疑人带到治安法院的法庭，因此他不可能跑掉。由此可见，英国的法律制度，有一系列配套的设施加以保证。这一点，是我们原先没有想到的。

我们还了解到，除治安法官决定继续羁押和严重犯罪案件外，对于绝大多数犯罪嫌疑人，在被逮捕后都可以很快被保释出去。英国的保释分两种：一种是无条件保释，即犯罪嫌疑人出具保证书，保证不妨碍侦查和不逃避审判，签字后就可以回家等待审判；另一种是附条件保释，即预审法官对犯罪嫌疑人明确宣告要求，比如保释期间不得同哪些人接触、不得离开居住的地区、定期向警察报告情况等，在犯罪嫌疑人表示愿意遵守这些条件后，再签字回家。

但英国的保释不需要交钱。只要被逮捕人不逃避审判，法官就可以将其释放。英美保释制度最大的不同是：在美国，保释不仅要交钱，而且需要交很多钱；在英国，保释不收钱，实际上是一种信誉担保。

对此我们感到不太好理解。我们还问英方："如果被告人在法院开庭时不来，那该怎么办？"英方告诉我们："对于犯有严重可诉罪的人，不允许保释；至于所犯罪行不是十分严重的人，则一般不会逃跑。被保释的人通常都会信守自己的承诺，并遵守法官的告诫，不会无故不出庭。如果他到时不出庭，或者违反了法官对他的要求，则会被增加一个新的罪名，法庭将会加重对他的刑罚。而且当他下一次再犯时，法官就不会相信他了，将不允许他再保释。"按照这种解释，看来这种"君子协定"似的信誉担保，也能够对当事人切实起到一定的约束作用。

为了解英国在收集未成年人证言时的特殊经验，我们参观了考文垂的一个未成年人保护中心。

该中心是一个民间机构，并不隶属于警察局，但警察局派出擅长未成年人工作的警察（一般为女性）到此处采集未成年被害人的证言。这个中心的设施比较齐全：有调查询问室、录音录像室、监护人观察室和医疗检查室。这里的环境安全，气氛安静、祥和，足以使未成年受害人消除恐惧感。

警察调查时，不穿制服，对未成年人的询问口气尽量平和，并使未成年人容易理解。在询问调查室装有录像机的镜头，隔壁房间为录音录像室，询问的过程和内容要全部录像（同时录制两盘），以便将来在法庭上作为证据使用。另一房间则为未成年人家长（或监护人）观察室，他们可以通过电视机看到警察询问的全过程并听到谈话的内容。如果未成年人是遭受家长虐待或者性侵犯时，则警察与未成年人谈话时不允许其家长到场。这样记录下来的未成年人的证词就可确保其客观、准确。对未成年人的询问只进行一次，以后不再重复询问。

据介绍，在完成询问后，接下来警察会根据未成年受害人的陈述，开展必要的调查和检查、鉴定。对于受侵犯的未成年人，需要医生检查和治疗的，这里有专门的医生和检查的设备。对于因遭受家长性侵害而不便回家或者无家可归的未成年受害人，则予以保护，给他们提供住处，并有专人负责照料。

在庭审过程中，法庭一般会采信警察提供的询问未成年人的录像作为证据。如果还需要未成年人出庭作证时，也是将他安置在法庭旁边的一间房子里，通过麦克风接受起诉方和辩方律师的提问。除了法官可以通过电视机看到未成年人，法庭上的其他人员则只能听到未成年人作证的声音，而看不到其面孔。而未成年受害人则可以通过电视机，看到法庭审判的全部情况。

专门审理轻罪案件的治安法院体系，也是我们英国之行考察的重点。

全英国共有 3 万多名无薪治安法官。他们一般没有受过正规和专门的法律教育，都是一些在当地颇有地位和名望的人士，从事审判工作时不领取任何报酬，只领取必要的交通津贴。

我们在考文垂市治安法院参观访问时了解到，这所治安法院的治安法官，有的是大学讲师、中学教师、商人等，还有的是已经退休的人员。他们的年龄大都在四十岁以上，就连该法院的院长，也都是义务担任治安法官的。

为什么治安法官自愿从事这种只付出劳动而不领取报酬的工作？有一位治安法官告诉我们：从事这一“业余”职业的人，一般都有着为当地社区服务的精神，加之治安法官一般只有当地德高望重的人士才能担任，在社会上拥有较高的地位，因此每年主动申请担任治安法官的人很多。但实际能够得到大法官任命的，只占申请者的很小一部分。

我们也好奇：为什么绝大多数较轻的刑事案件都要由非专业的治安法官以业余工作的方式审理呢？有位律师解释说：无薪治安法官制度，一方面来自英国长期以来的法律传统，是法律制度多年演变的结果；另一方面，这一制度的核心在于贯彻“平民治理”这一民主和法治精神，保证所有受到国家刑事指控的人得到与他处于同等地位的民众的审判，从而真正实现个人与国家在法庭上平等理性抗争这一公正审判的理念。而且，由于担任治安法官者多为拥有固定职业和固定经济收入、在社会上享有较高威望的人士，他们在治安法院任职不取报酬，因而在审判中容易做到不偏不倚、公正办案，并保持独立和中立的地位。这一点上，无薪治安法官与陪审团具有同样的存在的理由。

据我们了解，英国的治安法院内部，还往往针对十八岁以下的未成年人犯罪案件设立专门的少年法庭。少年法庭会与成人法庭分开设立，甚至分设在不同建筑物里。少年法庭也以不公开审理为常态。开庭时，法官不超过三位，其中至少应有一名男性和女性。被告人的父母或者监护人可以应法庭要求出席。新闻媒体报道时不得透露少年被告人的姓名，也不能提及可能使人们对其身份作出推断的细节，不能透露该诉讼牵涉其他未成年人的信息。另外，少年法庭的气氛应当较为轻松，并要与严肃、正规的成人法庭有所区别，如不必立于被告人席，而可以与父母一起坐在法庭对面；治安法官的桌子只能略高于被告人的座位；法官应直接称呼被告人的名字，在宣读定罪判决时，应尽量采取比较舒缓的语气，等等。

这次英国之行行程较长，收获颇丰。我们访英期间，受到英国文化委员会和沃瑞克大学法学院的热情接待。沃瑞克大学法学院院长麦克维尔教授全程陪同我们。

在行程安排上，特别按照英国刑事诉讼程序的流程，从警察侦查、检察起诉、法院审判等，安排参观了不同机构，与英国学界、实务界同行展开十分深入的交流，对英国刑事诉讼程序有了比较细致的了解，印象很深。

图 20-14　2005 年 1 月访问英国内务部了解英国司法改革动态

我忘了当时是有什么要紧的事，由卞建林陪我，提前两天回到了国内。

回国后，赵朝、李忠诚、岳礼玲和陈瑞华执笔完成了《英国刑事诉讼制度的新发展——赴英考察报告》的初稿。经过崔敏、陈瑞华统稿修改后，我和樊崇义、崔敏又审定该报告，最后以“中国政法大学刑事法律研究中心”的名义，发表在《诉讼法论丛》第 2 卷上。

## 中德刑事诉讼法学高端论坛

另一个我去的比较多的欧洲国家是德国。尤其最近这几年，在海外交流方面，我们花时间精力较多、内容比较丰富的，就是同德国共同发起和组织的中德刑事诉讼法学高端论坛。

图 20-15　1997 年 10 月与德国马普刑法研究所
所长阿尔布莱西特教授、埃泽尔教授合影

这个项目，主要是中国政法大学诉讼法学研究院和德国慕尼黑大学法学院合作的成果。

2016 年 12 月 16—17 日，我曾应德国慕尼黑大学法学院许乃曼（Bernd Schünemann）教授和德国维尔茨堡大学法学院希尔根多夫（Eric Hilgendorf）教授的邀请，率领国内知名刑事诉讼法专家组成专家代表团，前往德国维尔茨堡，出席在维尔茨堡大学法学院举行的中德刑事诉讼法学高端论坛。这次出国也是我目前为止人生中最后一次出国。

除了我和卞建林，与会的中方学者还有：中国人民大学法学院陈卫东、西南政法大学副校长孙长永、四川大学法学院左卫民、当时还在社科院法学所的熊秋红、清华大学法学院易延友、浙江大学法学院胡铭和复旦大学法学院徐美君。我校比较法学研究院博士黄河，担任中方代表团秘书。

德方与会代表包括：杜塞尔多夫大学阿尔滕海因教授（Prof. Dr. Karsten Altenhain）、弗莱堡大学弗里希教授（Prof. Dr. Wolfgang Frisch）、奥格斯堡大学格雷克教授（Prof. Dr. Luís Greco）、奥格斯堡大学科赫教授（Prof. Dr. Arnd Koch）、慕尼黑大学克尔贝尔教授（Prof. Dr. Ralf Kölbel）、特里尔大学屈内教授（Prof. Dr. Dr. h. c. mult Hans-Heiner Kühne）、雷根斯堡大学施罗德教授（Prof. em. Dr. Dr. h. c. Friedrich-Christian Schroeder）、科隆大学魏根特教授（Prof. Dr. Thomas Weigend）以及维尔茨堡大学舒斯特教授（Prof. Dr. Frank Peter Schuster）。

在为期两天的研讨会中，来自中德两国的刑事诉讼法学者围绕“刑事诉讼程序的不同模式”“刑事诉讼程序的人权保障”“公正审判原则”和“刑事司法改革”等多个主题，分别提交了10篇中德双语会议论文，并各自完成30分钟的报告，并在报告之后展开广泛深入的讨论。

从维尔茨堡会议双方提交的高质量论文以及讨论环节双方踊跃的问答交流来看，这次会议的举办非常成功。我在会议闭幕上，引用中国古代“来而不往非礼也”的名言，热忱邀请德国刑事诉讼法学界的权威专家和学者，在第二年访问中国，参加下一轮的“中德刑事诉讼法学高端论坛”。

2017年9月13—14日，第二届中德刑事诉讼法学高端论坛在北京召开。

前期，我们做了精心准备，也与德方保持着充分沟通。中方参与这次论坛的学者除了我，还有中国政法大学的卞建林、李本森、岳礼玲、顾永忠、杨宇冠、汪海燕等，西南政法大学的孙长永、四川大学的左卫民、中国人民大学的陈卫东、四川大学的龙宗智、社科院法学所的熊秋红、清华大学的张建伟、清华大学的易延友、浙江大学的胡铭、复旦大学的徐美君等。

德方代表团中，除了慕尼黑大学许乃曼教授，其他学界、实务界同行有：奥斯纳布鲁克大学葛祥林教授、德国联邦最高法院法官兼莱比锡大学教授莫斯巴赫、帕绍大学法学院博内尔教授、布塞留斯法学院霍劳尔教授、慕尼黑检察院总检察长聂泽尔以及罗克辛律师事务所艾克斯坦恩等。

图 20-16　《中德不起诉制度比较研究》书影

在第二届中德刑事诉讼法学高端论坛上，中德双方专家学者围绕公正审判这一主线，就公正审判的内涵、公正审判与庭审实质化、公正审判与直接言词原则、公正审判与法官责任制等问题，以及认罪协商制度在中德两国的发展、认罪协商适用的条件、认罪协商与司法公正的平衡、德国模式的认罪协商与英美模式的辩诉交易、认罪协商案件的证明标准问题、认罪协商中的权利保障尤其是律师参与和上诉审等问题，展开深入的研讨。

在整个论坛期间，两国学者各抒己见，讨论非常热烈，气氛十分融洽，取得了超过预期的效果。

在那次会上，我所做报告的题目是《审判公正与证人出庭》。这个报告主要以我们团队在浙江温州、北京西城等地对证人出庭问题所做的实证调查为基础，结合审判公正这一主题，表达了我的看法。

核心观点都已经呈现在我和郑曦、谢丽珍发表在《政法论坛》2017 年第 4 期上的《完善证人出庭制度的若干问题探析——基于实证试点和调研的研究》一文中。该文还被翻译成德语，2018 年发表

图 20-17 《中德强制措施国际研讨会论文集》书影

在德国刑事法权威期刊《歌特达玛刑事法档案》上。这是该杂志第一次刊登中国刑事诉讼法学学者的论文。

一如既往，会前中方学者的论文已经翻译成德语，德方学者的论文也已经翻译成中文。

会后，为了巩固和扩大本次会议的研讨成果和影响，我们特别把中德两国学者的论文，还有博士生执笔完成的会议综述，汇集出版，这就是我主编、法律出版社 2018 年 9 月出版的《公正审判与认罪协商》一书。

## 德国同行杂记

在德国学者中，我跟慕尼黑大学的许乃曼教授交往较多。

许乃曼教授的导师是克劳斯·罗克辛。罗克辛出生于 1931 年，长期执教于哥廷根大学，后面又转到慕尼黑大学法学院，在刑法、刑诉领域，都很厉害。罗克辛的著作，翻译成中文的也不少，比如《刑事诉讼法》《德国刑法学总论》《刑事政策与刑法体系》以及《德国最高法院判例：刑法总论》等。

罗克辛的学术贡献之一是他的教科书。他在退休前后，就把他的部分教科书交给学生继续更新。其中，他的著作《刑事诉讼法》由许乃曼修订增补后继续出版。可能是年龄相仿，别人开玩笑说，我在中国法学界的地位，相当于许乃曼的导师罗克辛在德国法学界的地位。

图 20-18　与许乃曼教授在会场

在德国刑事司法学界，许乃曼的学术地位当然没有他导师罗克辛那么高。许乃曼教授比我岁数小一点，我同他有不少交流。我们在刑事诉讼法基本理念上观点比较接近。他也是从大陆法系出发，强调实质真实，认为刑事案件追究实质真实是基本原则，同我讲的客观真相比较接近。

许乃曼不懂中文，但是同中国学者关系很好。两届中德刑事诉讼法学高端论坛的成功举办，就是我们学术友谊的见证。

在德国，另一位交往较多的学者是"阿教授"。当然，"阿教授"是我们的简称，他的全名叫阿尔布莱希特。德国马普研究所是岳礼玲的老关系，"阿教授"当时正担任马普所所长。他们研究所所长是二元制，好像有两个所长。"阿教授"不是专门搞刑事诉讼法研究的，他的关注领域主要在犯罪学方面。但是他同我们交流，也会涉及刑诉。我们同德国学界的交流，以马普所为重点，但其他高校和科研机构我们也有交流。

## 海外漫记

这么多年，印象比较深的出国访学及海外交流，主要是上面提到的几次。后来我们还专门去了一次俄罗斯。所以我的“开眼看世界”之旅，从日本开始，加拿大、美国、德国、法国、俄罗斯和北欧几个国家都去过，应该说是比较典型的发达国家都去过。每一次都是带团去，成员不完全一样。

图 20-19　2002 年 9 月率课题组访问莫斯科大学法律系

我们跟加拿大的交流也比较多。跟加拿大的交流，主要是通过杨诚。他原来是中国人，上海师范大学政教系 1977 级学生。他在华东政法大学读完研究生后，就去了加拿大，1996 年获得加拿大西蒙菲沙大学犯罪学学院的博士学位，随后加入加拿大籍。他曾担任加拿大刑法改革与刑事政策国际中心中国项目部主任。当年赖昌星引渡案中，杨诚还曾被加拿大政府聘请为专家证人发表意见。杨诚在刑法、刑事诉讼法领域都有一定造诣，我们合作出了好几本书。我们同加拿大方面建立固定联系后，也建立了定期交流机制，有时候我们过去，有时间邀请加拿大的学者过来。

当时也是我工作事业比较兴旺的时期。最近一些年，海外交往比较少了。一个原因是我老了，禁不住舟车劳顿，出去都得家人陪着。另外一个原因，就是我的课题项目也比较少了。

回过头看，我去过的国家应该说还不少。日本、加拿大、美国、英国、法国、德国，还有一些国家是经过时看了看，比如捷克、斯洛伐克、波兰、挪威等，至少有十来个国家。从洲际来说，主要是亚洲、欧洲和北美。

和美国相比，加拿大更加地广人稀。美国比较繁荣，我去过美国几次。在纽约比较繁华的地方，我们也不敢乱逛，很紧张。美国给人的印象就是自由、开放，但有点乱。

欧洲国家有一些特点。我们到一些国家，相关部门都给我们组织安排，接待和开会等都有。德国和意大利形成鲜明对比。德国秩序很严密，组织会务井井有条，该开会就开会，该茶歇就茶歇，组织得很有序。我印象中在欧洲，组织得比较好的还是德国。意大利就是典型的自由散漫。比如约定开会，我们作为来宾按时到场，但他们自己稀稀拉拉，说是两点开会，三点能开始就算是好的了。当然，意大利更开放一点，意大利女性穿衣服，明显比其他国家更性感一些。

从环境角度看，生活质量最高的应该是北欧。给人的感觉是每个人的生活质量都比较高，生活比较自由，而且生活标准比较好。北欧有所谓的社会主义，贫困人群几乎看不到。

法国的餐饮比较有特色，法国同行也很能聊。比如接待方请我们吃饭，连吃饭、带聊天，时间会很长。

餐饮方面，如果接待方请我们吃饭，当然吃西餐。通常出访时，早餐一般是在宾馆吃，当然是洋面包。其他时候，我们访问团吃饭，一般是到中餐馆，大家都觉得吃得更舒服。

欧洲的中餐馆很多。而且欧洲的中餐馆有不少是温州人开的。有一次，我们出访意大利，去当地中餐馆吃饭。他们平时讲意大利语，与自己人交流，都是讲温州话，普通话讲不好。我听出讲的是温州话，就试着问老板是不是温州人，一打听，果然是温州老乡。程味秋是我们代表团的联络官，也把我的身份介绍了一下，说我是中国政法大学原来的校长、著名法学家等。我兴致很高，跟餐馆老板讲了几句温州话，彼此都觉得很亲切。他们在异国他乡见到老乡，也很高兴，老板马上给我们送了一瓶红酒。后来程味秋开玩笑说，有时候得把温州老乡身份亮一亮，还能送一瓶酒或者加一个菜。

欧洲我去得比较多的国家是法国、德国、英国、意大利和瑞士。其他国家比如荷兰，也去过，但没待多久。位于荷兰海牙的国际法院，我也去参观过。

我跟国外同行交流，主要靠翻译。我们每次出去，基本上都会配有翻译。配翻译有两种，一种是随团的生活翻译。我们团里一般也有英语比较好的，出门在外应付一般行程没问题。但是正式场合，在德国有德语翻译，在法国有法语翻译，都是专业的。

拉丁美洲只去过一次，严格说起来，也是走马观花。2014 年 9 月 1—3 日，我以国际刑法协会中国分会名誉会长的身份，前往巴西里约热内卢，参加在当地举行的第十九届国际刑法大会。那次我们先到东京，然后一起转机去巴西。那次我没有做报告的任务。但是因为之前没去过巴西，所以还是去体验了一下。除了参加国际刑法大会的开幕式，其他时间就在周边看看。我们专门跑去看了一下伊瓜苏大瀑布。伊瓜苏大瀑布位于巴西和阿根廷交界处，是世界五大瀑布之一，高 82 米，宽近 4000 米，十分壮观。

当然，出去业务交流只是一方面。走马观花，也不可能看得很细。回头来看，有的国家去很多次，有的国家就去过一次。比如第一次去俄罗斯，到莫斯科红场走一走，还是觉得很开阔的。北欧几个国家，都有他们自己的特色。德国、法国属于典型的欧洲国家，也是典型的大陆法系体例。

## 国际交流收益很大

司法文明协同创新中心为对外交流拨了一些经费。拿这些经费，我们也经常邀请国外学者来讲学。

请进来这方面，比如日本的松尾浩也，来得比较多。另外美国、加拿大的学者我们也邀请。

除了讲学，还有一种“请进来”的方式，就是请国外学者来开会，最重要的就是1996年《刑事诉讼法》修改前召开的那次规模空前的国际研讨会。我们广泛听取了有关国际动向的意见，也把合理且适合我国国情的经验，吸收运用到那次法律修订中。从那次会议开始，有的教授一直同我们有联络。

图20-20　2001年2月26日出访欧洲时留影

整体来说，不管是“走出去”还是“请进来”，国际交流给我们带来的收益很大。

比如非法证据排除规则。在我们出国交流以前，大家对非法证据排除规则知之甚少，1979 年《刑事诉讼法》根本就没有这个概念。尽管 1979 年《刑事诉讼法》也强调证据的合法性问题，也禁止刑讯逼供，但不是说逼供得来的证据就不能用。1979 年《刑事诉讼法》没有任何非法证据排除的观念。

我记得第一次出国去日本考察，对非法证据排除规则印象非常深。当时就说，这个证据，特别是口供，只要认定是刑讯逼供得到的，或者是变相刑讯逼供得到的，就可以予以排除。刚开始，我还觉得有点接受不了。当时我们觉得，非法证据排除规则是非常新鲜的事物，从思想上接受非法证据排除规则还有个过程。后来了解越来越深入，才发现非法证据排除规则是国际趋势，而且只有这样，才能真正有效遏制刑讯逼供。

再比如审判方式的改变。1979 年《刑事诉讼法》制定以来，传统审判方式都是讯问式，法官坐堂问案，以法官为主，来讯问被告。而且开庭前先内部审查、内部讯问，案件事实和证据都落实了才开庭，开庭完全就是“走过场”，开庭审理完全形式化。

当时，这种模式在国内已经遭受非议，但大家还是有点迷惘。

恰好那时候我们第一次出国去日本，看到当时日本实行“裁判一本主义”，就是开庭前检察官只给法官一份起诉书，证据不移送，有什么证据法官都看不到。然后在法庭上，检方就突然袭击，把证据一个个拿出来，同辩方对抗。开庭前，法官除了起诉书外什么也不知道，在庭上审理也很紧张，怎么把握庭审呢？但日本后来也觉得搞过头了，也有点变化和调和，事先让法官也多少知道一点。

然后我们看欧洲国家，也是改革趋势很明显。欧洲是大陆法系，以德国、法国为例，原来都是纠问式审判，德国、法国还是认为要以大陆法系职权主义模式为主，但也表示要适当地调整。而意大利则采取了比较激进的改革措施，大幅度照搬美国式对抗主义模式，对刑事诉讼模式进行了大幅度改革。

图 20-21　刑事再审程序国际研讨会

在 1996 年《刑事诉讼法》起草过程中，我们对这些改革动向参考较多。可以说，1996 年《刑事诉讼法》最大的收获和改革就是对庭审方式的改革。当然也有总结我们自己的经验，也会考虑我国的国情，但是说实在话，看了国外的庭审，对我的影响还是很大的。

我举这些例子，就是说我们的改革，离不开开放。实事求是地说，从法学界特别刑事诉讼法领域，对外交流这一块，不管是引进来、走出来，应该说我都起了带头作用。像开那么大规模的国际研讨会，以及我组织一批又一批的人出去，都很不容易。刑事诉讼法学领域的开放，在一定程度上也推动了法学界的开放。闭关自守不可能实现真正的改革。

## “红皮书”英文版在美国出版

2023 年 7 月 29 日，我主编的教科书《刑事诉讼法》（第七版）英文版新书发布会在京召开。

我主编的《刑事诉讼法》教科书，学界通常称为“红皮书”，由北京大学出版社于2002年1月出版了第一版，到2021年7月出版了第七版。它是在法学专业核心课程之一——“刑事诉讼法学”教学大纲的基础上完成的。

这本教材有如下特点：

其一，以《中华人民共和国刑事诉讼法》为依据。这部法律1979年制定，经过了1996年、2012年和2018年三次修改，吸收了中国刑事诉讼法学多年来的研究成果，试图解决刑事诉讼活动中亟须解决的问题，适应新形势下中国刑事司法的实际需要，体现了刑事诉讼观念的诸多变化。

其二，理论与实际紧密结合，对有关法律原则、制度、规则、程序进行了言简意赅的叙述，从而既承担起大学法律本科教材的任务，又能够为司法实践活动提供参考。刑事诉讼法是用于规范刑事诉讼活动的法，追求可操作性。同样，刑事诉讼法学是一门实践性很强的学科，要学好这门课，不但要掌握诉讼法学的基本理论，还应该将刑事诉讼法的基本理论与刑事诉讼实践紧密结合，学以致用，使刑事诉讼的基本理念、各项原则、制度和规则能够在刑事司法实践中得到落实，促进中国刑事司法的进步。

其三，对于中国立法、司法和学术研究的动态和取得的成果，这本教材也适当地有所反映。当然，作为教材，它毕竟不能将所有动态和成果尽数纳入，只能将其中比较成熟的吸收进来。

21世纪是中国“依法治国”方略全面贯彻实施的崭新世纪。在实现法治国家的进程中，法学教育肩负着传播法律知识、培养法律人才的重大使命。这本教材是高等学校法学专业核心课程教材，自2002年第一版面世以来，受到全国高校法律院系师生的欢迎，并且多次获奖，迄今已出版至第七版，发行量稳居全国同类教材前列，是中国刑事诉讼法学教材中最具影响力的教材之一。

随着中国的对外交流的扩大，中国需要了解世界，世界其他国家也需要了解中国。刑事诉讼法关系到国家权力与个人权利的关系，关系到个人的生命、自由、财产等一系列重要权利，与每个人的生存和社会稳定息息相关，受到法学界和社会广泛关注。这本教材的中文本在国内影响很大，但由于语言的限制，许多外国人、外国的学术界不了解中国的刑事诉讼制度，在中外交往中存在一定的障碍。

为了有助于世界各国人民特别是法学界人士了解中国的刑事诉讼制度，讲好中国故事，我组织刑诉界的一些专家教授翻译了这本教材。

翻译工作由杨宇冠教授领衔，具体参与的学界才俊还包括秦策、郭志媛、卫跃宁、郑曦、裴炜、肖沛权、魏晓娜、张清、鲍文强等。以上翻译人员，都是研究刑事诉讼法多年的专家，英文水平较高，都有在国外学习和生活的经历。为了保障质量，他们翻译了整整一年。

图 20-22　《刑事诉讼法》(第七版) 英文版新书发布会

图 20-23 《刑事诉讼法》(第七版)英文版书影

为了保证质量，我们又请加拿大多伦多大学斯图尔特教授（Hamish Stewart）审校全部翻译稿。斯图尔特教授尽管是加拿大学者，但英文是他的母语，他的中文也很好，关键还精通中国刑事诉讼法。他的审校让翻译质量更有保证。

这次本教材翻译成英文，由美国 Wells 出版社出版，将为外国朋友了解中国刑事诉讼法律制度提供方便，同时也有助于中国法学界特别是学生们了解刑事诉讼相关术语的英语表达，甚至可以当作法学英语教材使用。我衷心希望这本教材在促进中国的刑事诉讼法学教育的健康发展及对外法学教育交流方面，发挥积极作用。

# 第二十一章 推动国际公约刑诉条款的国内化

## 研究重点转移到国际人权公约

1996年《刑事诉讼法》通过后，我的研究重点便转到了国际人权公约。

研究兴趣的转型，跟我国当时在国际人权领域的进步密不可分。1997年10月27日，中国政府签署《经济、社会及文化权利国际公约》；1998年10月，中国政府签署了《公民权利和政治权利国际公约》。这两份国际人权公约的签署，意味着我国在人权事业建设和参与国际人权领域合作方面迈出重要一步，国内外反响都很好。

2001年2月28日，全国人民代表大会常务委员会作出批准《经济、社会及文化权利国际公约》的决定。

尊重人权是一项重要的国际法原则。20世纪特别是第二次世界大战以后，人权保障问题日益国际化。作为联合国最具代表性的人权公约，这两份国际人权公约已有多个国家签署并批准。随着我国改革开放的深入，中共十五大报告提出“依法治国，建设社会主义法治国家”纲领，强化尊重和保障人权，我国加入国际人权公约既顺应国际人权保障的潮流，也符合国内加强法治建设的要求。

从程序上来说，中国签署这两份国际人权公约后，还需要得到全国人大常委会批准。只有全国人大常委会批准，才算正式加入这两份国际人权公约。

从学术研究角度，该推进的研究还得推进。从 1990 年代中期开始，我和同事们就开始致力于该领域的研究。1998 年出版《联合国刑事司法准则与中国刑事法制》(陈光中、〔加〕丹尼尔·普瑞方廷主编)，2002 年出版《〈公民权利和政治权利国际公约〉批准与实施问题研究》(陈光中主编) 以及其他一系列的相关成果，引起了理论界和实务界的极大关注。

**联合国《公民权利和政治权利国际公约》与我国刑事诉讼**

陈光中　张建伟

**内容提要**　全文分三部分，首先介绍了联合国《公民权利和政治权利国际公约》中贯彻的刑事诉讼国际准则；其次探讨了《公民权利和政治权利国际公约》在我国刑事诉讼中的适用问题；进而从七个方面提出了参考这一国际公约，推进我国刑事诉讼制度改革的问题。即：(1)加强司法独立的制度保障；(2)认同无罪推定原则；(3)确立有中国特色的人身保护令制度；(4)认真推行刑事法律援助制度；(5)赋予犯罪嫌疑人不被强迫自证其罪的权利；(6)禁止双重危险；(7)改革劳动教养制度。

**关键词**　公约　刑事诉讼　适用　改革

尊重人权是一项重要的国际法原则，二十世纪特别是第二次世界大战以后，人权保障问题成为日益国际化的问题，当代世界各国都十分关注这一问题。我国政府继 1997 年 10 月签署加入《经济、社会、文化权利国际公约》之后，于 1998 年 10 月又签署加入了《公民权利和政治权利国际公约》。《公民权利和政治权利国际公约》所确立的一系列刑事诉讼国际准则如何与国内立法和司法相协调，以及如何参考这些准则推进我国刑事诉讼制度的改革与完善，已经成为人们关注的一个热点问题。笔者愿就这一问题一陈己见。

**一、《公民权利和政治权利国际公约》中的刑事诉讼国际准则**

1966 年 12 月 16 日第 21 届联大通过了包括《经济、社会和文化权利国际公约》、《公民权利和政治权利国际公约》以及《公民权利和政治权利国际公约任意议定书》的《国际人权公约》，《公民权利和政治权利国际公约》(以下简称《公民权利公约》)于 1976 年 3 月 23 日生效。

《公民权利公约》所确认的权利既包括实体的权利也包括程序的权利，程序权利中涉及刑事诉讼内容的在整个公约中占有很大比重，这些内容构成了有关刑事诉讼的基本的国际准则。《公民权利公约》所确立的刑事诉讼国际准则的内容主要有：

1. *权利平等原则*。《公民权利公约》第 2 条要求"本公约每一缔约国承担尊重和保证在其领土内和受其管辖的一切个人享有本公约所承认的权利，不分种族、肤色、性别、语言、宗教、政治或其他见解、国籍或社会出身、财产、出生或其他身份等任何区别。"

2. *司法补救*。《公民权利公约》第 2 条第三款要求每一缔约国承担下列义务：(1)保

98

图 21-1　研究国际人权公约在我国的适用

千禧年以来，我们通过考察访问加拿大、美国、英国、法国等国家和联合国人权事务高级专员办事处、欧洲人权法院等部门，了解人权公约的批准和实施情况，并在国内举办高层次的国际研讨会同各方面交流意见。通过这些研究和交流，我们形成了一些基本看法。

## 指导思想

我认为，在《公民权利和政治权利国际公约》的批准和实施问题上，需要确立的指导思想，应当包括以下四个方面：

第一，我国批准和实施《公民权利和政治权利国际公约》的条件。随着我国近年来法治建设的发展，对人权的法律保护也逐步完

善，在这种历史条件下批准和实施《公民权利和政治权利国际公约》，尽管尚有一定差距，或者说还需要一定的准备工作，但是总体上来说，难度不是特别大。我国现行法律规定，与公约中的有关要求基本上协调一致；一部分经过修改或努力，矛盾是完全可以消除的；对于涉及我国根本制度和宪法原则，与公约规定很难协调的个别条文，则需要作出一定的处理。总的来说，对于《公民权利和政治权利国际公约》的批准和实施，我国是基本具备条件的。这是对于我国批准和实施《公民权利和政治权利国际公约》的总体状况的基本估计，也是继续讨论我国批准和实施问题的基本前提。

图 21-2　2001 年 8 月 9 日在联合国总部前留影

第二，《公民权利和政治权利国际公约》与我国国内法的协调。我国《宪法》没有对国际法和国内法的关系问题作出原则性的规定，这导致立法和实践中的认识和做法很不一致。我国的一部分立法，如民商事法律，明确规定"优先适用国际条约"的规则，但还有许多法律没有规定。如果把那些没有明确规定"优先适用国际条约"的法律理解为，当出现国际法和国内法冲突时可以将国际法弃置不顾，国际法就等于失去了法律效力，那么"条约必须恪守"原则和我国的国际信誉就会大打折扣。因此，根据我国国情，在将来修改完善宪法时，应当把这一问题加以明确。对于我国国内法与条约规定不一致的，有条件修改的，尽量修改；对于那些一时难以修改的，则坚持“优先适用国际条约”的原则。这样就可以免去在各单项立法中一一进行规定的烦琐做法。

第三,《公民权利和政治权利国际公约》条款的保留。考虑到我国法治建设的实际状况和在国际上保护人权的国家形象,以及 2001 年全国人大常委会批准《经济、社会及文化权利国际公约》时,仅对第 8 条关于组织和参加工会的规定加以声明的经验,建议中国在批准《公民权利和政治权利国际公约》时尽量不保留,把保留和声明的条款减少到最低限度。

第四,关于《公民权利和政治权利国际公约》的批准时间问题。该国际人权公约的批准与实施,是一件将对中国的方方面面产生广泛影响的大事,对此我们不能贸然行动。在批准前,应该做好必要而细致的准备工作。但是,如果批准时间拖延过长,不利于我国法制与国际法准则衔接,也容易使我国在国际交往中处于被动地位。因此,我们应当积极创造条件,认真做好各项准备工作,争取尽快批准。

图 21-3 1999 年访问加拿大,考察批准人权公约情况

## 建议我国尽早批准相关人权公约

基于上述认识，我当时对《公民权利和政治权利国际公约》比较感兴趣。我们对《公民权利和政治权利国际公约》逐条做了研究，然后搞了一个综合性的建议，在《政法论坛》2002 年第 2 期公开发表。

通过上述逐条分析，我们的结论是，尽管立即批准《公民权利和政治权利国际公约》有一定困难，但我们创造条件，是可以争取尽快批准的。

我们对《公民权利和政治权利国际公约》有精细研究。不是说我们现在什么条件都具备。有些条款，我们肯定是要保留的，比如社团组织中自由成立政党等，不适合我们，不能同意。有些条款，我们创造条件可以适用，不要保留。整体来看，保留要尽可能少一点，不要过多。像无罪推定，就没有什么好保留的。

通过比较具体的分析，我们得出结论：我国经过认真准备，是具备加快批准《公民权利和政治权利国际公约》的条件的。

我们也提出，在批准《公民权利和政治权利国际公约》之前，准备工作应从以下几个方面着手：第一，要积极、广泛地宣传《公民权利和政治权利国际公约》的有关内容，以及加入后对我国发生的影响和意义。第二，应当对我国现有法律系统地加以检查，对那些与《公民权利和政治权利国际公约》的要求有抵触或者不相协调的个别规定，有修改可能的应尽快加以修改。第三，加强对外国批准与实施《公民权利和政治权利国际公约》的经验和做法的了解，借鉴它们的经验。第四，从总体上说《公民权利和政治权利国际公约》的绝大多数条款都不需要保留，但是对于表达自由和结社自由权，我们认为应当作出在我国《宪法》《工会法》及其他相关法律所允许的范围内实施的解释性声明。

我们那个报告讲得很细，对于必须要声明保留的条款做了梳理，这部分条款很少，我记得也就两三处。当时我们乐观地认为，《公民权利和政治权利国际公约》中相当于一部分条款，我们通过努力，可以解决，不用保留。但是现在看来，我们对这个问题的判断还是太乐观了。

我们的研究成果在《政法论坛》发表后，当时就引起了一定的反响，现在也还有一定的影响力。前段时间有个机构跟我联系，说你们这个报告过去发表过了，我们想重新发表，请求授权。他们的意思是说，现在国家还没批准《公民权利和政治权利国际公约》，我们的研究报告重新发表，或许可以起到一点推动作用。我没有同意。我说："我们已经发表了，有必要的话，我们可以在网上重新公布，不要你们代我重新发表了。"

## 国际人权公约与刑事司法

《公民权利和政治权利国际公约》是一份综合性的人权保障公

图 21-4　1998 年《联合国刑事司法准则与中国刑事法制》首发式暨研讨会

约。其中第 14 条涉及无罪推定、辩护权和死刑严格限制，和刑事司法高度相关。

那么，该公约所确立的一系列刑事诉讼国际准则，如何与我国国内立法和司法相协调，以及如何参考这些准则推进我国刑事诉讼制度的改革与完善，是大家普遍关注的热点和难点问题。

对此，我们向教育部申报了相关研究课题，有段时间专门进行了研究，并对我国相关立法和刑事政策的调整提出了建议。2003 年 3 月、2003 年 9 月，我们分别在海南和西安的法院开展调研，主要围绕该公约第 14 条中关于公正审判的问题，展开对实际案例的研究。另外，2003 年年底、2004 年 10 月，课题组一行针对课题中的各个专题，围绕该公约第 14 条与刑事诉讼直接相关的内容，在北京地区和珠三角地区的公检法机关分别开展调研。

根据《公民权利和政治权利国际公约》第 14 条的规定，受刑事指控的任何人在刑事诉讼中应享有以下权利：

第一，审判独立、公正、公开原则。

《公民权利和政治权利国际公约》第 14 条第 1 款规定，“在判定对任何人提出的任何刑事指控或确定他在一件诉讼案中的权利和义务时，人人有资格由一个依法设立的、合格的、独立的和无偏倚的法庭进行公正的和公开的审讯”。

图 21-5　《联合国刑事司法准则与中国刑事法制》书影

审判公正体现为程序公正和实体公正的统一，两者不可偏废。该公约和其他国际法律文书，确认了程序公正和实体公正的国际标准。根据该公约和联合国大会于 1985 年 11 月 29 日通过的《关于司法机关独立的基本原则》等国际法律文件的规定，审判独立是指法官依法独立作出裁决，不受任何方面的影响、压力或干涉。这些条款暗含的意思，在我国《宪法》《刑事诉讼法》和《人民法院组织法》等中都有明确规定。需要指出的是，虽然我国立法中有关审判独立原则的规定是明确的，但与该公约的规定还有一定的差距。

审判公开是一项原则，同时也有例外。《公民权利和政治权利国际公约》第 14 条第 1 款明确列举出审判可以全部或部分不公开的五种情形。审判公开原则在我国立法中一贯规定明确，《宪法》《刑事诉讼法》《民事诉讼法》《行政诉讼法》《人民法院组织法》都规定审判公开为其原则或基本原则。

综上所述，我国的立法与《公民权利和政治权利国际公约》第 14 条第 1 款关于公开、独立和公正审判规定的精神是基本一致的，无须提出保留。

第二，无罪推定原则。

《公民权利和政治权利国际公约》第 14 条第 2 款规定："凡受刑事控告者，在未依法证实有罪之前，应有权被视为无罪。"联合国人权事务委员会对无罪推定原则所作的解释是：a. 控方承担举证责任；b. 证明标准为排除合理怀疑；c. 疑案应作出有利于被控人的结论；d. 被控人应该享有一系列体现无罪推定精神的诉讼权利；e. 公共机构不能预断案件结果。

我国《刑事诉讼法》第 12 条规定："未经人民法院依法判决，对任何人都不得确定有罪。"对于这一条是否确立了无罪推定原则，理论界观点不一。但我们认为，该条及《刑事诉讼法》中的其他相关内容，基本上体现了无罪推定的精神，具体表现在：区分了犯罪嫌疑人和被告人的称谓；举证责任主要由控诉方承担；明确了疑罪从无原则；取消免予起诉；统一定罪权；等等。

这些规定说明，我国基本上符合无罪推定原则的精神，与公约的要求并无根本性的冲突和矛盾。因此，对该项要求无须提出保留。

第三，辩护权、获得法律援助权。

《公民权利和政治权利国际公约》第 14 条第 3 款（丁）规定，受刑事指控者享有亲自替自己辩护以及获得法律援助为其辩护的权利。

我国《宪法》《刑事诉讼法》对被告人享有辩护权，作了原则性的规定。《刑事诉讼法》特设专门一章，规定了刑事诉讼中的辩护与代理问题。《律师法》中也有相关内容的规定。

依据现行法律规定，我国辩护人范围较广，介入刑事诉讼的时间特定，犯罪嫌疑人在侦查阶段，有权聘请律师为其提供法律帮助，辩护人依法享有一定的权利和义务。我国《刑事诉讼法》以及《律师法》专章均规定了刑事法律援助制度。对承担刑事法律援助义务的主体、法律援助的时间以及适用案件的范围都作了明确规定。

因此，该项要求与我国法律规定基本一致，无须提出保留。

我们建议，在辩护人介入刑事诉讼的时间、律师执业的保证措施以及刑事法律援助的时间上，进一步完善和改进我国法律。

第四，不得强迫自证其罪。

《公民权利和政治权利国际公约》第 14 条第 3 款（庚）规定，受刑事指控者有权“不被强迫作不利于他自己的证言或强迫承认犯罪”。

1989 年，联合国人权委员会下属的“防止歧视和保护少数人小组委员会”在准备《公民权利和政治权利国际公约》的旨在保证公正审判议定书时，建立了一个关于公正审判和补救措施原则的起草小组。该起草小组研究了被告人不被强迫自证其罪和作有罪供述的权利，特别指出：被告人行使沉默权，这种沉默不得用作证明他有罪和承担不利后果。

另外，任何通过强迫和强制的方式取得的供述和其他证据，不可以采纳为证据或在审判中和量刑中用于证明。根据此种解释，反对强迫自我归罪权，应当包括沉默权。

我国《刑事诉讼法》第52条规定“严禁刑讯逼供和以威胁、引诱、欺骗以及其他非法方法收集证据”，并且确立了重证据、重调查研究、不轻信口供的原则。最高人民法院和最高人民检察院的司法解释还补充规定了非法言词证据应予以排除的原则。但是，不可否认，《刑事诉讼法》第120条有关犯罪嫌疑人应如实陈述的规定与《公民权利和政治权利国际公约》的规定是相抵触的。

综上分析，我国没有必要对该公约中关于不得强迫自证其罪的规定有所保留。

第五，请求复审权。

《公民权利和政治权利国际公约》第14条第5款规定：“凡被判定有罪者，应有权由一个较高级法庭对其定罪及刑罚依法进行复审。”该条款对请求复审权的主体、对象以及内容都作了明确规定。

我国现行刑事诉讼制度中，关于被判定有罪者请求复审权的保障是充分的，包括对于未生效判决、生效判决的复审请求权，完全符合公约设立的标准。因此，对该款无须提出保留。

第六，刑事赔偿权。

《公民权利和政治权利国际公约》第14条第6款规定，因错判而受刑罚处罚的人有权获得赔偿，但由于其自己的原因造成事实未被揭露，则不予赔偿。刑事赔偿有助于防止滥用司法权，促进公正执法和司法。

1994年《国家赔偿法》第三章系统地规定刑事赔偿的范围、内容、方式、数额及程序。具体包括：侵犯人身权的赔偿范围、侵犯财产权的赔偿范围、国家不承担刑事赔偿责任的情形，以及刑事赔偿的内容、刑事赔偿的方式和数额以及刑事赔偿程序。这标志着我国刑事赔偿制度的建立。

因此，《公民权利和政治权利国际公约》第14条第6款中关于刑事赔偿的规定与我国《宪法》《国家赔偿法》和其他法律中的有关规定是基本一致的，对该条第6款要求无须提出保留。

当然，上面的分析还是比较简单的，或者说只是一些结论性的东西。为了支撑这个研究结论，我们还专门出版过一本书《〈公民权利和政治权利国际公约〉与我国刑事诉讼》，2005 年由商务印书馆正式出版。

2004 年 1 月 26、27 日，“联合国《公民权利和政治权利国际公约》的批准对我国刑事诉讼立法、司法之影响”学术研讨会在北京召开。与会代表就公约的批准时间、公约实质性条款的保留、公约的批准对我国刑事诉讼立法、司法的影响，以及审判公正原则、犯罪嫌疑人和被告人辩护权的保障、再审制度等具体问题进行了深入探讨。我们先前就把有关研究报告和结论送到了外交部条法司。在开会的过程中，我们邀请外交部条法司的同志们一起旁听。

## 对于中国是否批准过于乐观

时隔多年再看，值得反思的东西不少。

一开始，我认为我国有可能会批准《公民权利和政治权利国际公约》。2004 年 1 月 27 日，时任中国国家主席胡锦涛在法国国民议会大厅发表演讲时指出，中国政府正在积极研究《公民权利和政治权利国际公约》涉及的重大问题，一旦条件成熟，将向中国全国人大提交批准该公约的建议。2004 年 5 月温家宝总理在访欧期间，2005 年 9 月中共中央政治局常委罗干在北京召开的世界法律大会上，都作了类似的郑

图 21-6 《公民权利和政治权利国际公约批准与实施问题研究》书影

重表态。2005年10月19日中国政府颁布的第一份《中国的民主政治建设》白皮书第七部分“尊重和保障人权”中明确指出，对于《公民权利和政治权利国际公约》，“目前，中国有关部门正在加紧研究和准备，一旦条件成熟，国务院将提请全国人大常委会审议批约问题”。

因此，我们始终认为，《公民权利和政治权利国际公约》在我国的批准和实施，只是时间问题。

批准和实施该公约，将对我国刑事司法产生重大影响。我们应当结合我国国情，研究公约确立的标准和我国刑事司法制度的差距，探讨公约对我国刑事诉讼的影响及其对策，进一步完善我国刑事立法，使刑事法律和司法实践都能够与刑事诉讼国际准则相协调，以便为及早批准和实施公约做好准备，从而促使我国刑事司法制度进一步法治化、民主化和科学化。

针对这些问题，我们展开了细致的研究，在2002年完成《〈公民权利和政治权利国际公约〉批准与实施问题研究》，由中国法制出版社出版。这本书由我担任主编，程味秋和加拿大的杨诚担任副主编，收录了中、加两国学者的基本研究成果，也附加了一份关于批准和实施《公民权利和政治权利国际公约》的建议书。

现在看来，我们当年还是太乐观，也没想到拖了这么久都没批准。

还记得当年，为中国能否批准《公民权利和政治权利国际公约》这个事，同加拿大的同行交流。他们也问：这个《公民权利和政治权利国际公约》你们什么时候批准啊？我们也笑，我说这个事是官方的事，什么时候批准，我们也不知道。当时也只能这么说。

## 跨境犯罪与反腐败

二十世纪中期以降，随着经济飞速发展和科技大爆炸，腐败犯罪等严重犯罪呈现不断升级的态势。另外，随着世界全球化进程的推进，腐败犯罪等严重犯罪亦有跨国化、全球化趋势。千禧年之后，联合国开始大力推动国际反腐败合作。

在国际刑事犯罪惩治领域，2000 年 12 月 12 日开放签署的《联合国打击跨国有组织犯罪公约》，是联合国近年来在刑事司法领域制定的重要国际法律文件。

该公约旨在加强国际合作与交流，促进更有效地预防和打击跨国有组织犯罪。我国政府一贯重视打击跨国有组织犯罪工作，并积极主张通过国际合作达到这一目标，对该公约的酝酿、签署和研讨都比较积极。2003 年 8 月 27 日，全国人大常委会正式批准该公约，并声明对该公约第 35 条第 2 款关于通过仲裁和国际法院解决争议条款作出保留。

另外，2003 年 12 月 10 日，中国政府在联合国高级别政治会议上，正式签署《联合国反腐败公约》。中国政府对《联合国反腐败公约》的态度比较开放。2005 年 10 月，全国人大常委会正式批准我国加入《联合国反腐败公约》。

《联合国打击跨国有组织犯罪公约》和《联合国反腐败公约》是联合国于二十一世纪初通过的涉及犯罪预防和刑事司法问题的重要国际公约。鉴于两者在宗旨、目标和内容上存在诸多相通之处，国际社会往往将之称为“姊妹公约”，并在相关研究中同时提出。这两份公约生效后，对各国的刑事立法和司法产生了重大影响，如何有效贯彻公约的精神和内容成为各国面临的首要问题，这一问题涉及国际法与国内法的衔接、追惩犯罪与人权保障、国家主权与国际合作等诸多领域。

《联合国反腐败公约》与刑事诉讼法密切相关。《联合国反腐败公约》含有丰富的刑事诉讼内容，批准和实施《联合国反腐败公约》将对我国刑事诉讼制度产生重大影响。

我国批准《联合国反腐败公约》的过程，正好是在我国《刑事诉讼法》再修改紧锣密鼓地准备过程中。

因此，以我国《刑事诉讼法》再修改为契机，针对《联合国反腐败公约》适时调整我国《刑事诉讼法》的内容，特别是解决一些急需解决的具体问题，以适应《联合国反腐败公约》的要求，并推动刑事司法改革进程，是一项很有意义又非常紧迫的研究课题。

为完成这个任务，我们围绕《联合国反腐败公约》与《刑事诉讼法》的再修改，展开了比较深入的研究。

研究的成果，一部分体现在我和胡铭联合署名发表的论文《〈联合国反腐败公约〉与刑事诉讼法再修改》。该文发表在《政法论坛》2006 年第 1 期。

通过初步研究，我们认为，《联合国反腐败公约》的精神是强化惩罚犯罪的力度，保障正当程序的底线。通过梳理不难发现，《联合国反腐败公约》的基本精神及其在反腐败犯罪举措中的具体化，与我国《刑事诉讼法》的精神是基本一致的，这为我们批准和实施《联合国反腐败公约》奠定了基础。

但是，也应当看到，我国《刑事诉讼法》与《联合国反腐败公约》尚存在一定的差异，我们此次修改《刑事诉讼法》应当着力解决这些问题。

在我们看来，我国当时《刑事诉讼法》中存在的问题大体可以分为两类：

第一类是必须要修改的内容。主要涉及《联合国反腐败公约》的刚性条款，即《联合国反腐败公约》中带有“应当”“必须”等词语的条款。这些条款是带有强制性的义务性条款。对此，根据国际法优先原则，我们批准《联合国反腐败公约》后，就有实施这些刚性条款的义务。

第二类是可以修改的内容。主要涉及《联合国反腐败公约》的弹性条款，即《联合国反腐败公约》中包含“可以”“应努力”“在本国法律许可的范围内”“在不违反本国法律原则的情况下”等词语的条款。这些条款主要是起一个政策导向性的作用，并没有强制力。

我们可以参考这些弹性条款，借鉴其有价值之处，促进我国《刑事诉讼法》的完善。

建立高效、独立的反腐败专职机构是有效开展反腐败斗争的基础，是加大打击腐败犯罪力度的根本性保障。为此，《联合国反腐败公约》第36条对反腐败的专职机构作出了专门的规定。

当时，我国的反腐败机构可以分为两套班子：其一是纪检、监察部门，从党的纪律和行政纪律的角度，查处干部的腐败行为；其二是人民检察院，是负责侦查贪污、腐败等职务犯罪的法定机关，同时也是法律监督机关。在实践中，当纪检、监察部门在查处违纪案件过程中发现被查处的干部涉及腐败犯罪时，便移交检察机关立案侦查。纪检、监察部门和检察机关常常联合办案，采用“双规”“两指”的方法，要求涉嫌人员在规定的时间、地点或者指定的时间、地点就调查事项涉及的问题，作出解释和说明。

这种状况与《联合国反腐败公约》的规定是有差异的：首先，纪检机关是党的机构，监察机关属于政府机构，很难在办理腐败案件中摆脱地方党委和政府的干预保持独立；其次，纪检、监察和人民检察院两个层面的反腐败斗争不是特别的统一，职权划分不明，不利于有效地打击腐败犯罪；再次，“双规”“两指”的方法涉及对公民人身自由的限制和剥夺，与《刑事诉讼法》所确立的强制措施矛盾，与《刑事诉讼法》的规定不一致。

鉴于此，我们当时主张，应该借鉴香港特区的廉政公署制度，将高级干部职务犯罪的侦查职权从检察机关独立出来，设立专门的职务犯罪侦查机构，负责厅局级以上国家工作人员腐败犯罪的侦查。该机构直接隶属于中央，设立中央和省两级机构，实行垂直领导体制，以防止地方保护主义的干扰，确保侦办腐败案件的独立性。同时取消纪检部门和监察部门实施的名为党纪行政行为、实为侦查及强制羁押的“双规”“两指”的做法。我们不能采用《刑事诉讼法》没有规定的强制措施作为侦查腐败犯罪的手段，反腐败斗争的需要也不能成为采用法外强制措施的理由，这是正当程序和人权保障的基本要求。加强反腐败侦查的力度，只能通过修改和完善《刑事诉讼法》的相关规定来实现。

我们还针对《联合国反腐败公约》对于特殊侦查手段的使用、腐败犯罪的证明责任和举证责任、附带民事诉讼和刑事缺席审判等机制进行了研究。根据我国《刑事诉讼法》的制度构造，我们也提出了针对性的完善思路，比如，强化特殊侦查手段的运用，降低举证义务要求，增加涉外刑事诉讼和刑事司法协助两章特别程序的规定，等等。

## 成绩斐然

除了前述文章，当然还有另一部分研究成果，但这更多属于集体智慧的结晶。这部分成果，体现在2006年由中国人民公安大学出版社出版的《〈联合国反腐败公约〉与我国刑事诉讼法再修改》一书中。

图21-7 《联合国打击跨国有组织犯罪公约和反腐败公约程序问题研究》书影

该书收录了学术论文25篇，大体从实体、程序、证据三个方面，分为三类：第一类，研究我国《刑事诉讼法》与《联合国反腐败公约》的关系，有10篇文章；第二类，研究我国《刑事诉讼法》与《联合国反腐败公约》程序的关系，有10篇文章；第三类，研究我国《刑事诉讼法》与《联合国反腐败公约》的证据制度关系，有5篇文章。

另外，为了加强相关研究，中国政法大学刑事法律研究中心和加拿大刑法改革与刑事政策国际中心于2006年4月合作立项，开展“在刑事司法领域贯彻《联合国打击跨国有组织犯罪公约》和《联合国反腐败公约》的国际标准”课题研究。

该课题是中国政法大学刑事法律研究中心与加拿大刑法改革与刑事政策国际中心近年来在刑事法律研究领域的又一次合作。经过中加双方研究人员的共同努力，课题于2007年3月圆满完成，2007年由中国政法大学出版社出版的《联合国打击跨国有组织犯罪公约和反腐败公约程序问题研究》，即为该研究项目的结项成果。

作为学术专著，该书融理论与实践于一体，采用按专题分章论述的体例。全书共13章，汇集中加作者文章18篇，分别从概述、犯罪预防、机构、管辖权、特殊侦查手段、证人制度、证明、高科技在庭审中的应用、资产追回、引渡合作要件、刑事司法协助以及性别视角等方面，对联合国两公约所涉程序问题和最新动态加以论述。

### 《刑事诉讼法》修改与反腐败

2012年3月，经过长时间的酝酿与准备，全国人大对《刑事诉讼法》再度作出比较大的修改。

这一次修改，有一部分内容就是回应反腐败问题。

2012年《刑事诉讼法》的修订，加强了对危害国家安全犯罪、恐怖活动犯罪和贪污贿赂犯罪这三种犯罪的打击力度，这些规定为反腐提供了法律支持，不仅适应国内反腐败的需要，同时也契合《联合国反腐败公约》的规定。与加强反腐力度相关的内容主要有以下四个方面：

第一，在侦查措施方面，增加了技术侦查，如采取监听、秘密摄录等手段。原《刑事诉讼法》对这种侦查措施缺乏明确授权和规范。在实践中，检察机关需要使用技术侦查措施时，一般采取请公安机关协助的做法，使用技术侦查措施收集到的证据也不能在法庭上公开使用。修订后的《刑事诉讼法》规定，反腐部门可以直接作出决定，进行技术侦查，把侦查腐败案件采取技术手段纳入法治的轨道。此举既有利于加强惩治腐败犯罪，又有助于规范公权力的行使。

第二，在强制措施方面，强化了对腐败犯罪的追究。2012 年修订后的《刑事诉讼法》第 73 条规定，对于特别重大贿赂犯罪，在住处执行可能有碍侦查的，经上一级人民检察院或者公安机关批准，也可以在指定的居所执行。将“指定居所监视居住”的适用范围，扩大到特别重大贿赂犯罪，无疑加大了反腐败犯罪的力度，有助于提高破案实效。

第三，辩护律师会见权与特别重大贿赂案件例外。2012 年修改后的《刑事诉讼法》第 37 条第 2 款规定“辩护律师持律师执业证书、律师事务所证明和委托书或法律援助公函要求会见在押的犯罪嫌疑人、被告人的，看守所应当及时安排会见，至迟不得超过四十八小时”。这是此次《刑事诉讼法》修改的一个进步。但是危害国家安全犯罪、恐怖活动犯罪、特别重大贿赂犯罪案件，在侦查期间辩护律师会见在押犯罪嫌疑人，应当经侦查机关许可。这一例外的规定，充分彰显了追诉机关惩治重大贿赂犯罪案件的决心和力度。

第四，增加了四个特别程序之一的“犯罪嫌疑人、被告人逃匿、死亡案件违法所得的没收程序”。为了解决长期以来我国司法实践中常常出现的腐败案件中，犯罪嫌疑人逃匿或者死亡后其犯罪所得巨额财产长期无法追缴的难题，我国 2012 年修订的《刑事诉讼法》第 280 条规定，在其通缉一年后不能到案，或者犯罪嫌疑人、被告人死亡，依照刑诉法规定应当追缴其违法所得及其他涉案财产的，人民检察院可以向人民法院提出没收违法所得的申请。在“特别程序”一章中专门增加“没收程序”的设置，对于解决司法实践中的这一难题是个突破性进展，也与《联合国反腐败公约》相衔接，对于惩治腐败提供了有力的法律支持。

在我国，反腐败斗争是一个具有长期性、艰巨性的问题。腐败问题已经不是危言耸听了。不从根本上解决它，党就会失掉民心。

当然，破解反腐难题最关键的是体制问题，最根本的还是要从党和国家的领导制度入手。要从根本上解决主要领导干部权力过大的问题，必须对领导干部加强民主监督，使“权力在阳光下运行”落到实处。一个真正的法治国家，就是规则之治，就是要依靠制度、规则和程序来行事。

我们要清醒地看到，如果不从制度上推进重大改革，特别是在预防腐败方面如果没有强有力的顶层设计和具体措施的跟进，腐败问题就不会有根本的改观。这一点，也为后来的国家监察机制改革埋下伏笔。

# 第二十二章　我经历的国家监察体制改革

## 我国监察体制改革的序幕

2016年11月7日，中共中央办公厅印发《关于在北京市、山西省、浙江省开展国家监察体制改革试点方案》，揭开我国监察体制改革的序幕。2016年12月25日，全国人大常委会作出《关于在北京市、山西省、浙江省开展国家监察体制改革试点工作的决定》，标志着我国监察体制改革的正式启动。

2017年党的十九大召开之后，国家监察机制改革也进入快车道。改革的核心是《监察法》的制定。观察探索和推动国家监

**我国监察体制改革若干问题思考**

陈光中　邵　俊*

内容提要　目前正在进行的监察体制改革是我国政治体制的重大改革，旨在建立"集中统一、权威高效"的监察体制。此项改革立足于中国国情，遵循法治规律，既传承了中国古代监察治吏的传统，又借鉴了域外有益经验。改革内容具有四大特点：监察权成为与行政权和司法权并列的国家权力；监察全覆盖；监察职权扩展到职务犯罪调查和处置；领导体制以垂直为主。这对于推进国家治理现代化和法治化具有重大意义。本文秉持惩治腐败与保障人权相平衡的理念，对职务犯罪的监察调查问题，以及监察权与司法权的衔接问题表明观点。

关键词　监察体制改革　国家治理现代化　监察权　司法权

2016年10月27日，第十八届中央委员会第六次全体会议修订了《中国共产党党内监督条例》（下文简称《党内监督条例》），条例第37条规定"各级党委应当支持和保证同级人大、政府、监察机关、司法机关等对国家机关及公职人员依法进行监督。"揭开了监察体制改革的序幕。根据党中央的部署，十二届全国人大常委会于2016年12月25日正式作出《关于在北京市、山西省、浙江省开展国家监察体制改革试点工作的决定》（下文简称《试点决定》）。2017年6月23日，全国人大常委会法制工作委员会协同配合中央纪委机关，在深入调查研究、认真总结监察体制改革试点地区实践经验的基础上，拟定了《中华人民共和国监察法》草案，经全国人大常委会委员长会议讨论，决定提请十二届全国人大常委会第二十八次会议审议。这说明监察体制改革正在快速、顺利推进。《监察法》预计在2018年新一届全国人大审议通过，为监察体制改革的完成提供基本的法律依据。

国家监察体制改革是以习近平总书记为核心的党中央作出的重大决策部署，是事关全局的重大政治体制改革，是推进国家治理体系和治理能力现代化的重大举措。监察体制改革和《监察法》的制定已成为全民关注的最重大的问题之一。值此之际，我们试图立足中国实际，回顾历史轨迹，考察海外经验，遵循法治规律，对此次监察体制改革

* 陈光中，国家2011计划司法文明协同创新中心首席科学家，中国政法大学诉讼法学研究院终身教授。邵俊，国家2011计划司法文明协同创新中心团队助理，中国政法大学刑事司法学院博士生。本文为国家2011计划司法文明协同创新中心第二建设周期重大课题之一"国家监察制度改革研究"初期成果。

23

图22-1　从学术角度论证监察机制改革

察机制改革，是我近几年学术研究和思考的重心之一。

从国家监察机制改革试点开始，到《监察法（草案）》公开征求意见前，我一直在从相关问题的基础性问题角度，展开学术研究和思考，也正式发表过学术论文。其中最重要的一篇文章，就是我和邵俊联合署名在《中国法学》2017 年第 4 期率先发表的《我国监察体制改革若干问题思考》，该文是权威期刊首次关注国家监察机制改革。在整个国家监察机制改革过程中，我不仅亲历，也在力所能及的范围内，结合自己的研究与思考，对其中一些关键问题，系统地表达了看法与建议。有一些建议，最终被采纳并转化成《监察法》的具体制度。

## 我看《监察法（草案）》：从"陈五点"到"陈八点"

2017 年 11 月 7 日，全国人大常委会正式公布《监察法（草案）》，向社会公开征求意见。

当天晚上，我就接受《财经》记者王丽娜的专访，谈了我对《监察法（草案）》的五点意见，分别涉及监察法立法的宪法依据、建议写入"尊重和保障人权"、留置阶段是否允许通知家属和允许律师介入、监察机关是否可以介入不起诉案件、人大监督方式有待商讨。2017 年 11 月 8 日 14：37，这个采访在《财经》杂志的网站和客户端等平台正式发表。这些观点传开后，应该说引起了比较大的反响，各方面将之称为"陈五点"。

在这之后，立法机构与学界围绕《监察法（草案）》的互动到了一个重要阶段。那段时间，学界密集召开了很多会议，我也在持续地通过演讲和采访发表我对《监察法（草案）》的看法。

比较重要的一次会议，是 2017 年 11 月 11 日召开的"国家监察体制改革：宪法学与刑事诉讼法学的对话"研讨会。

在这次会上的发言中，我把原来的"陈五点"扩充成了"陈八点"。

就《监察法（草案）》而言，我认为有许多值得肯定之处，但也存在不少问题，有待改进。我谈了以下八点修改意见——

一、《监察法》的合宪性问题

草案第1条规定："为了推进全面依法治国，实现国家监察全面覆盖，深入开展反腐败工作，制定本法。"

我认为，在《监察法》第1条必须写明"依据宪法，制定本法"，这是事关《监察法》是否合宪的重大问题。主要理由有两点：

第一，宪法是国家根本大法，坚持依法治国，首先是坚持依宪治国，任何法律的制定都要根据《宪法》。全国人大通过的基本法律，如《民法总则》《刑法》《刑事诉讼法》《民事诉讼法》，都在第1条开宗明义地写明"根据宪法，制定本法"，《监察法》不能例外。

第二，此次监察体制改革涉及国家权力体系的重大变革，我国将形成人大统摄下的"一府一委两院"的新国家机构体系。如果仅通过《监察法》加以规定，显然与现有《宪法》相抵触，与《宪法》第5条的精神相违背，《监察法》会成为违宪的法律。

因此，必须先修改《宪法》，再根据《宪法》制定《监察法》，如此才能根本解决监察委员会的合宪性问题。《宪法》修改可以比照政府、法院、检察院的规定，专节明确规定监察委员会的地位、性质、职权和与人大的关系、与司法机关的衔接等。

二、人大监督问题

草案第6条第4款规定："中华人民共和国监察委员会对全国人民代表大会及其常务委员会负责，并接受监督。"

草案第51条第1款、第2款规定："监察机关应当接受本级人民代表大会及其常务委员会的监督。各级人民代表大会常务委员会可以听取和审议本级监察机关的专项工作报告，并组织执法检查。”

该条表示，监察委员会不需要向人大常委会作工作报告。我认为，应当坚持人大对监察委员会的有力监督，使之成为对监察委员会最大的制约力量。根据《宪法》第92条的规定，国务院对全国人大负责并报告工作。两院组织法规定，两院需要向人大报告工作。因此，我主张监察委员会也应当向人大作年度工作报告。

三、《监察法》的指导思想和指导原则

草案第4条规定：“国家监察工作应当坚持依宪依法，以事实为根据，以法律为准绳；权责对等，从严监督；惩戒与教育相结合，宽严相济。坚持标本兼治，保持高压态势，形成持续震慑，强化不敢腐；深化改革、健全法治，有效制约和监督权力，强化不能腐；加强思想道德和法治教育，弘扬优秀传统文化，强化不想腐。”

该条规定的是监察工作应遵循的指导思想和指导原则。我提出两点修改建议：

第一，内容上建议增加“尊重和保障人权”。理由有三点：其一，《宪法》第33条第2款规定：“国家尊重和保障人权。”这是一条宪法原则，《监察法》理应遵循。其二，监察委员会的职能涉及惩治职务犯罪，因此赋予监察机关一系列的职权和某些严厉的调查手段，对其不能没有制约，更不能忽视人权保障，因而就必须遵循《刑事诉讼法》《人民法院组织法》《人民检察院组织法》已经明确规定的人权保障原则。其三，惩治腐败和保障人权相结合原则不限于司法阶段，只有明确保障人权原则，才能确保在惩治腐败过程中的办案质量，防止出现冤案、错案。

第二，该条在表述上规范性不够，立法技术存在缺陷，尤其是后半段更加明显。例如“保持高压态势，形成持续震慑”的表述应当斟酌，原因在于，法律具有长期性，将高压反腐的政策转化为法律，应考虑其稳定性。

四、监察权独立行使问题

草案第10条第1款规定：“监察机关依法独立行使监察权，任何组织和个人不得拒绝、阻碍或者干涉监察人员依法执行职务，不得对其打击报复。”

任何组织，从文义上显然包括共产党组织，但实际上即使监察委员会同纪委合署办公，纪委也要接受同级和上级党委的领导。

另外，这条表述应该同《宪法》关于人民法院、人民检察院依法独立行使审判权、检察权，“不受行政机关、社会团体和个人的干涉”的规定相一致。

一般而言，在法治国家，法院的独立性应当高于，至少不低于其他的国家机构。修宪时应该作统一协调的表述。

五、留置问题

草案第24条规定：“被调查人涉嫌贪污贿赂、失职渎职等严重职务违法或者职务犯罪，监察机关已经掌握其部分违法犯罪事实及证据，仍有重要问题需要进一步调查，并有下列情形之一的，经监察机关依法审批，可以将其留置在特定场所……”

草案第41条规定，“采取留置措施后，除有碍调查的，应当在二十四小时以内，通知被留置人所在单位或家属”。

《监察法（草案）》明确规定了留置的适用条件、批准程序、期限、留置讯问的基本保障、刑期折抵等问题，较“双规”而言，在法治化方面前进了一步。但是，仍存在较大问题，需作进一步完善。

第一，草案仅规定了留置这一项限制人身自由的监察措施，过于单一。这样势必造成留置适用范围扩大至“被调查人涉嫌贪污贿赂、失职渎职等严重职务违法或者职务犯罪”，范围失之过宽易导致留置的过度适用。

因此，我认为应当在留置之外，参照《刑事诉讼法》关于取保候审的规定，增设取保措施，期限可达6个月。不能由于取保措施来源于《刑事诉讼法》而回避适用，实际上绝大多数的监察调查措施都来源于《刑事诉讼法》。这样能够适应职务违法调查和职务犯罪调查的不同需要，而且能够从严控制留置的适用范围，减少留置适用。

第二，“有碍调查，可不通知家属”的例外情况应当取消。实际运行中，由于该规定过于弹性，很可能使得“不通知”成为办案常态。对比《刑事诉讼法》规范的侦查，即使严重的职务犯罪，也是一律在拘留24小时内通知被拘留人的家属。而逮捕后所有的刑事案件都要在24小时内通知家属。因此，《监察法（草案）》的“有碍侦查”规定显然是权利保障的倒退，会形成留置之后“人头失踪”现象。

第三，草案仅规定在特定场所执行留置，我认为应当进一步明确，吸收三地试点经验，在看守所设立单独的留置室统一执行。这样也能够减轻监察委员会的人力、物力和安全保障负担。

六、律师介入问题

《监察法（草案）》未明确留置期间律师介入问题。

我认为，留置是对人身自由的严格限制，相当于监禁，应允许被调查人被留置后律师介入。

首先，按照草案，当涉及职务犯罪调查时，监察机关享有讯问、查询、冻结、搜查、技术调查等多种措施，措施是相当严厉的，这种情况下应重视程序法治，允许律师介入，这是确保程序正义和人权保障的基本要求。根据《刑事诉讼法》规定，即使涉嫌国家安全犯罪、恐怖活动犯罪与特别重大的贿赂犯罪案件，犯罪嫌疑人仍有权聘请律师，只是经过侦查机关批准律师才能会见犯罪嫌疑人。而改为监察调查以后，律师不能介入职务犯罪，这与《刑事诉讼法》的规定不相符合，在程序人权保障方面是一种倒退。

其次，律师介入对提高办案质量和防止冤案错案有重要意义。从过去的双规看，冤案错案是确实存在的。办案很难确保百分之百准确，在追究犯罪的同时，应加强律师的帮助，以最大限度地避免冤案错案。

再次，从国际视野和域外经验看，凡是被剥夺人身自由或者是财产被搜查，一般都允许律师介入，这是国际通例。参考香港特区的廉政公署，被调查人在被扣留后也有权聘请律师。

最后，现在正在积极推进法律援助，加强法律援助工作站建设，在看守所派驻值班律师，为犯罪嫌疑人提供临时的法律咨询，职务犯罪的被调查人也应不例外地享有这种权利。

七、审查起诉问题

草案第43条规定："……（四）移送起诉。对公职人员涉嫌职务犯罪，监察机关经调查认为犯罪事实清楚，证据确实充分的，制作起诉意见书，连同被调查人、案卷材料、证据一并移送检察机关依法提起公诉，检察机关依法对被移交人员采取强制措施。"

草案第45条规定："对监察机关移送的案件，检察机关认为犯罪事实已经查清，证据确实充分，依法应当追究刑事责任的，应当作出起诉决定。检察机关经审查后，认为需要补充核实的，应当退回监察机关补充调查，必要时可以自行补充侦查。对于证据不足、犯罪行为较轻，或者没有犯罪事实的，应当征求监察机关意见并报经上一级检察机关批准，依法作出不起诉的决定。监察机关认为不起诉的决定有错误的，可以要求复议。”

草案这两条规定，使检察院独立的起诉权打了折扣。

《宪法》和《人民检察院组织法》规定，检察院依法独立行使检察权。检察权的核心就是检察院独立的起诉权。根据《刑事诉讼法》的规定，侦查终结后移送检察院“审查起诉”，而不是“提起公诉”，因而，草案第43条的规定易引起误解，应该把“提起公诉”改为“移送审查起诉”。

根据草案第45条的规定，检察院作出不起诉决定，应当征求监察机关的意见。如此规定，存在两个问题。第一，这样会使得检察院丧失了完整、独立的起诉权，实际上削弱了检察院在刑事诉讼中的制衡功能，与《宪法》和《刑事诉讼法》相抵触。第二，从权限来讲，《监察法》无须也不应规定案件移送检察机关后的程序问题。即使需要作出调整，也应由《刑事诉讼法》作出修改。

八、立法主体及相关问题

根据有关材料，此次监察立法由中纪委主导，人大有关部门协同配合，这有越俎代庖之嫌。我认为《监察法》的制定工作还是应当由全国人大主导。根据《宪法》第62条的规定，宪法和法律的立法权属于全国人大。

《监察法》的立法工作还应当按照《立法法》第5条的规定，民主立法，公开立法，这样才能集思广益，克服部门意见的片面性。

最后，我认为在一年之内完成《监察法》制定工作，过于急促，应当以两年为宜。因为：第一，制定《监察法》首先涉及修改《宪法》，程序更为复杂。第二，试点向全国铺开要到2017年年底才能完成，若操之过急，试点的问题和经验在《监察法》中得不到总结。因此，我认为《监察法》的立法工作不能急于求成，应当稳中求快，从而确保监察法的立法工作能够高质量地圆满完成。

上述观点公开发表后，引起比较强烈的反响。

当时正好《比较法研究》主动提出，问这八点意见能不能整合成一篇论文，交给他们发表。因此，会后我又找了我的学生姜丹合作，在上述八点意见的基础上，修订并进一步展开论证，最后撰写成《关于〈监察法（草案）〉的八点修改意见》，发表在《比较法研究》2017 年第 6 期。

## 监察法的宪法根基

《监察法（草案）》第 1 条没有写明“根据宪法，制定本法”，这个问题涉及草案是否具有合宪性的原则性问题。

【法政时评】

关于《监察法(草案)》的八点修改意见

陈光中　姜　丹*

摘　要：国家监察体制改革是党中央作出的反腐防腐的重大决策部署，改革试点工作也将在全国推开。制定《监察法》以立法形式将实践证明行之有效的做法和经验上升为法律十分必要。根据公布的《监察法(草案)》笔者提出八点修改建议：修改《宪法》应先行于制定《监察法》，人大应对监察委员会进行有效监督，“尊重和保障人权”应写入《监察法》，监察委员会独立行使职权的表述应该修改，留置应当遵循法治程序，职务犯罪调查应允许律师介入，检察机关应拥有独立的审查起诉权，应当由全国人大依据立法程序主导《监察法》起草工作。

关键词：《监察法(草案)》　修宪先行　保障人权　人大主导

国家监察体制改革是党中央作出的反腐防腐的重大决策部署，是事关全局的重大政治体制改革，是推进国家治理体系和治理能力现代化的重大举措。2016 年 11 月 7 日，中共中央办公厅印发《关于在北京市、山西省、浙江省开展国家监察体制改革方案试点》，拉开了国家监察体制改革的序幕。之后，2016 年 12 月十二届全国人大常委会第二十五次会议作出决定，在北京市、山西省、浙江省开展改革试点工作。至今三地的改革和探索取得了重要的阶段性成果，积累了许多成功的经验。[1] 根据习近平总书记在十九大报告中提出的深化国家监察体制改革、将试点工作在全国推开及制定国家监察法的要求，2017 年 11 月 4 日，全国人大常委会作出《全国人民代表大会常务委员会关于在全国各地推开国家监察体制改革试点工作的决定》。11 月 7 日全国人大常委会正式公布《中华人民共和国监察法(草案)》(以下简称“《监察法(草案)》”)，向社会公开征询意见。

制定监察法是以立法形式将实践证明行之有效的做法和经验上升为法律，巩固和深化国家监察体制改革的成果，完善和创新国家监察制度，对于实现党中央的决策部署，构建集中统一、权威高效的中国特色监察体系，具有决定性意义。[2] 就所公布的《监察法(草案)》而言，许多具体内容值得肯定，但也存在不少问题有待改进，笔者拟谈以下八点修改意见。

* 陈光中，国家“2011 计划”司法文明协同创新中心首席科学家，中国政法大学诉讼法学研究院终身教授；姜丹，中国政法大学刑事司法学院诉讼法学专业博士研究生。本文是由陈光中教授在 2017 年 11 月 11 日中国宪法学研究会和刑事诉讼法学研究会联合举办的“国家监察体制改革：宪法学与刑事诉讼法学的对话”研讨会上的主题发言扩展修改而成。

[1] 《关于〈全国人民代表大会常务委员会《关于在全国各地推开国家监察体制改革》试点工作的决定(草案)〉的说明》，引自中国人大网：http://www.npc.gov.cn/npc/xinwen/2017-11/08/content_2032262.htm，最后访问时间：2017 年 11 月 22 日。

[2] 《十二届全国人大常委会第二十八次会议分组审议监察法草案、国歌法草案等》，引自中国人大网：http://www.npc.gov.cn/npc/xinwen/2017-06/24/content_2024216.htm，最后访问时间：2017 年 11 月 22 日。

·164·

图 22-2　“陈八点”的学术化表达

在我看来，确立《监察法》的宪法根基，可能是国家监察机制改革中最重要的问题之一。

这个问题涉及两个层次的问题：第一，《监察法》应该通过明确写明“根据宪法，制定本法”，确立《监察法》的宪法根基；第二，由于我国现行《宪法》并未从国家机构的角度明确监察权，在制定《监察法》前，应该先修改《宪法》。

监察体制改革涉及国家权力体系的重大变革，我国将形成人大统摄下的“一府一委两院”的新国家机构体系。《监察法（草案）》第5条第1款规定：“中华人民共和国监察委员会是最高国家监察机关。”该草案第15条第2款规定：“监察机关的职责是监督、调查、处置。”最高国家监察机关不同于国务院之下的原监察部，而是与国务院等并列的国家机构。这是与《宪法》所规定的全国人大之下的“一府两院”的国家机构体系有重大区别的。2004年《宪法》第3条规定：“国家行政机关、审判机关、检察机关都由人民代表大会产生，对它负责，受它监督。”《宪法》第三章规定的国家机构中包括全国人民代表大会、中华人民共和国主席、国务院、中央军事委员会、地方各级人民代表大会和地方各级人民政府、民族自治地方的自治机关、人民法院和人民检察院。由上可见，《监察法（草案）》所规定的监察委员会及其地位、职权在我国2004年《宪法》第3条和第三章中都没有规定，与宪法规定的国家机构体系有明显的冲突。

如何对待《监察法（草案）》规定的监察委员与《宪法》的矛盾，涉及《宪法》的权威性问题。众所周知，《宪法》是国家的根本大法，是我国社会主义法律体系的核心法律，一切法律都是《宪法》的下位法。

《宪法》“序言”中规定，“全国各族人民、一切国家机关和武装力量、各政党和各社会团体、各企业事业组织，都必须以宪法为根本的活动准则，并且负有维护宪法尊严、保证宪法实施的职责”。同时，《宪法》第5条规定：“一切法律、行政法规和地方性法规都不得同宪法相抵触”。党的十八届四中全会决定指出，坚持依法治国首先要坚持依宪治国，坚持依法执政首先要坚持依宪执政。十八届四中全会之后，为了落实全会精神，还推出了两项重要措施：一个是把过去的全国法制宣传日改为宪法日，一个是设立宪法宣誓制度以彰显宪法具有最高的法律地位、法律权威、法律效力。特别是党的十九大报告中首次明确提出“加强宪法的实施和监督，推进合宪性审查工作，维护宪法权威”。推进合宪性审查的最重要内容之一应该是审查法律、法规是否与宪法相冲突，以维护社会主义法制的统一性，保证没有下位法与宪法相冲突，保证宪法的根本地位。

由此可见，制定并通过与《宪法》相抵触的《监察法》存在两方面的严重问题：一方面，与保障宪法统一实施的要求相悖，极大地损害宪法权威；另一方面，根据2015年《立法法》第96条（现行《立法法》第107条）的规定，“下位法违反上位法规定的”应当予以改变或者撤销，《监察法》必然将成为实质无效的法律。要解决这一重大矛盾，唯一的途径就是先按照党中央关于监察体制改革的要求修改《宪法》，再根据《宪法》制定《监察法》，如此才能根本解决《监察法》的合宪性问题。应将《宪法》第3条修改为“国家行政机关、监察机关、审判机关、检察机关都由人民代表大会产生，对它负责，受它监督”。在《宪法》第三章设“监察委员会”专节，明确规定监察委员会的地位、性质、职权等。修宪之后在《监察法》第1条中写明“根据宪法，制定本法”，以表示该法完全符合宪法精神及基本原则，是对宪法规定的具体落实。

还要强调指出的是，《宪法》第62条规定了全国人民代表大会行使的职权，第（三）项是“制定或修改刑事、民事、国家机构的或者其他的基本法律”，这似乎可以为全国人民代表大会直接制定监察法提供合宪根据。但是，不能忘记的是，任何有关设置国家机构的基本法律的制定或者修改都不得与宪法相抵触，这是基本前提，全国人大无权制定与宪法存在重大冲突的设立监察委员会的《监察法》。

最终通过的《监察法》第1条规定：“为了深化国家监察体制改革，加强对所有行使公权力的公职人员的监督，实现国家监察全面覆盖，深入开展反腐败工作，推进国家治理体系和治理能力现代化，根据宪法，制定本法。”该条规定明确采纳了包括我在内的学界同仁提出的观点，明确把《宪法》作为《监察法》的上位法。

## 监察机关应该接受人大监督

人民代表大会制度是我国的政权组织形式。我国是社会主义国家，国家的一切权力属于人民，而人民代表大会经人民民主选举产生，集中代表人民的根本利益和意志，并接受人民委托行使国家权力。《宪法》第2条第2款规定："人民行使国家权力的机关是全国人民代表大会和地方各级人民代表大会。"其他国家机关都由人民代表大会产生，对它负责、受它监督，三者之间有内在的联系。

《监察法（草案）》第6条规定："中华人民共和国监察委员会由全国人民代表大会产生，负责全国监察工作……中华人民共和国监察委员会对全国人民代表大会及其常务委员会负责，并接受监督。"第7条规定："县级以上地方各级监察委员会由本级人民代表大会产生，负责本行政区域的监察工作……县级以上地方各级监察委员会对本级人民代表大会及其常务委员会和上一级监察委员会负责，并接受监督。"

这两条规定明确了监察委员会由人大产生、对人大负责、受人大监督的关系，值得肯定。但是，《监察法（草案）》第51条第2款规定："各级人民代表大会常务委员会可以听取和审议本级监察机关的专项工作报告，并组织执法检查。"

《监察法（草案）》所规定的监督方式，存在以下两个问题：

首先，监督方式不包括各级监察委员会向各级人大作年度工作报告。但是，与监察委员会平行的其他国家机构都依法向人大负责并报告工作。《宪法》第92条规定："国务院对全国人民代表大会负责并报告工作；在全国人民代表大会闭会期间，对全国人民代表大会常务委员会负责并报告工作。"

2006年修正的《人民法院组织法》第16条第1款规定："最高人民法院对全国人民代表大会和全国人民代表大会常务委员会负责

并报告工作。地方各级人民法院对本级人民代表大会及其常务委员会负责并报告工作。”1986 年修正的《人民检察院组织法》第 10 条第 1 款也规定：“最高人民检察院对全国人民代表大会和全国人民代表大会常务委员会负责并报告工作。地方各级人民检察院对本级人民代表大会和本级人民代表大会常务委员会负责并报告工作。”年度工作报告包括各机构对过去一年工作的总结及未来一年工作的部署，对工作报告的投票表决是人大对“一府两院”进行监督的重要途径。而《监察法（草案）》中没有规定监察委员会向本级人大及其常委会负责并报告工作，与人大及其常委会监督政府、法院、检察院的方式明显不同，大大削弱了各级人大及其常委会对本级监察委员会的监督。在《监察法》中也应明确要求监察委员会向人大作年度工作报告，即规定：“中华人民共和国监察委员会对全国人民代表大会和全国人民代表大会常务委员会负责并报告工作。地方各级监察委员会对本级人民代表大会和本级人民代表大会常务委员会负责并报告工作。”当然，地方各级监察委员会还应直接向上级监察委员会负责，接受上级监察委员会的领导。但不能以此为由不向本级人民代表大会及其常务委员会负责并报告工作。

其次，《监察法（草案）》第 51 条规定，各级人大常委会听取和审议本级监察机关专项工作报告的监督方式用“可以”而非“应当”，此种弹性化规定削弱了各级人大常委会的监督职能。关于听取和审议专项工作报告的问题，《各级人民代表大会常务委员会监督法》第 8 条第 1 款规定：“各级人民代表大会常务委员会每年选择若干关系改革发展稳定大局和群众切身利益、社会普遍关注的重大问题，有计划地安排听取和审议本级人民政府、人民法院和人民检察院的专项工作报告。”第 9 条第 2 款规定：“人民政府、人民法院和人民检察院可以向本级人民代表大会常务委员会要求报告专项工作。”以上规定说明，各级人大及其常委会需要每年选择重大问题听取和审议其他机关的专项报告，人民政府、人民法院、人民检察院可以主动要求报告专项工作。《各级人民代表大会常务委员会监督法》的上述规定同样适用于监察委员会，因此草案中不应采用“可以”二字淡化各级人大及其常委会听取和审议专项报告的监督方式。

诚然，《监察法（草案）》第54条、第55条规定了监察机关严格的自我监督，但是自我监督再严格，也不能代替外部监督。法治国家的国家机构组成的基本原则就是分工制衡，不仅要自我监督，还要受其他国家机关的监督和制衡。就监察委员会而言，权大位高，如果人大不能进行有力、有效的监督，其他机构更难以发挥监督和制约作用。只有使人大成为监察委员会最大的监督力量，才能确保将监察委员会的权力关到制度的笼子里。

上述观点，得到了立法机关的采纳与回应。2018年3月召开的全国人民代表大会，先修改《宪法》，再通过《监察法》，一次性解决了两者之间可能的不一致、不协调问题。尤其是2018年《宪法》修正案，对监察机关的宪法地位以及人大对监察机关的监督问题，作了详尽的回应：

第一，在《宪法》第三章“国家机构”中新增第七节“监察委员会”，并在该节新增五个条款：

> 第七节　监察委员会
>
> 第一百二十三条　中华人民共和国各级监察委员会是国家的监察机关。
>
> 第一百二十四条　中华人民共和国设立国家监察委员会和地方各级监察委员会。
>
> 监察委员会由下列人员组成：
>
> 主任，副主任若干人，委员若干人。
>
> 监察委员会主任每届任期同本级人民代表大会每届任期相同。国家监察委员会主任连续任职不得超过两届。
>
> 监察委员会的组织和职权由法律规定。
>
> 第一百二十五条　中华人民共和国国家监察委员会是最高

监察机关。

国家监察委员会领导地方各级监察委员会的工作，上级监察委员会领导下级监察委员会的工作。

第一百二十六条　国家监察委员会对全国人民代表大会和全国人民代表大会常务委员会负责。地方各级监察委员会对产生它的国家权力机关和上一级监察委员会负责。

第一百二十七条　监察委员会依照法律规定独立行使监察权，不受行政机关、社会团体和个人的干涉。

监察机关办理职务违法和职务犯罪案件，应当与审判机关、检察机关、执法部门互相配合，互相制约。

第二，同级人大对监察委主任的任命和罢免。《宪法》第 62 条“全国人民代表大会行使下列职权”中增加一项，作为第七项“（七）选举国家监察委员会主任”；《宪法》第 63 条“全国人民代表大会有权罢免下列人员”中增加一项，作为第四项“（四）国家监察委员会主任”。《宪法》第 101 条第 2 款有关县级以上各级人民代表大会选举和罢免权的规定，增加“本级监察委员会主任”。

第三，同级人大不得兼职的范围，新增监察机关。《宪法》第 65 条第 4 款有关全国人大常委会组成人员不得在行政、审判和检察机关担任职务的规定，增加监察机关。《宪法》第 103 条第 3 款县级以上地方各级人大不得在行政、审判和检察机关担任职务的规定，增加“监察机关”。

第四，监察委接受人大监督。《宪法》第 67 条全国人大常委会职权中，在既有监督对象国务院、国务院、中央军事委员会、最高人民法院和最高人民检察院之外，新增“国家监察委员会”。另外，该条新增一项，“（十一）根据国家监察委员会主任的提请，任免国家监察委员会副主任、委员”。《宪法》第 104 条地方人大监督范围规定，增加“监察委员会”。

第五，明确把监察工作从原有行政部门职权中剥离。《宪法》第

89 条国务院职权中，第（八）项“领导和管理民政、公安、司法行政和监察等工作”，删除“监察”。《宪法》第 107 条第 1 款县级以上地方各级人民政府职权的规定中，删除“监察”。

此次监察体制改革，将监察权从行政权中剥离，明显提高了监察权在国家权力架构中的等级，使之成为与行政权、司法权并列的国家权力。

基于这些修改，我国国家机关设置模式由此进入“一府一委两院”模式。改革之后，监察委员会与政府、法院、检察院一样，由各级人民代表大会产生，对同级人民代表大会及其常务委员会负责，并接受监督，从而形成人大统摄下的“一府一委两院”的政治体制新格局。因此，新的监察权既非行政权，也非司法权，而是一项独立的国家权力。这是新监察体制的标志性特色。

## “尊重和保障人权”应写入《监察法》

《监察法（草案）》第 4 条规定：“国家监察工作应当坚持依宪依法，以事实为根据，以法律为准绳；权责对等，从严监督；惩戒与教育相结合，宽严相济。坚持标本兼治，保持高压态势，形成持续震慑，强化不敢腐；深化改革、健全法治，有效制约和监督权力，强化不能腐；加强思想道德和法治教育，弘扬优秀传统文化，强化不想腐。”

该条规定的是监察工作应遵循的指导思想和指导原则，我认为，本条在立法表述的技术上相当粗糙，就内容而言至少应增写“尊重和保障人权”。因为，《宪法》第 33 条规定，“国家尊重和保障人权”，这是一条非常重要的宪法原则，宪法是公民的“人权保障书”，公民的基本权利是宪法最重要的组成部分。我国任何国家机关行使职权都应当遵循宪法所规定的尊重和保障人权原则，监察委员会也不例外。

就监察委员会而言，因其具有以下两个方面的特点，更需要强调尊重和保障人权。

首先，依照《监察法（草案）》的规定，监察委员会对行使公权力的公职人员进行全覆盖的监督，其监督对象的数量是相当大的。北京、山西、浙江试点改革后，北京市监察对象达到99.7万人，较改革前增加78.7万人；山西省监察对象达到131.5万人，较改革前增加53万人；浙江省监察对象达到70.1万人，较改革前增加31.8万人。随着监察体制改革试点在全国推行，监察对象变成全国所有“吃财政饭”的行使公权力的公职人员。在这些人成为被调查人员后，监察机关应该保障其作为公民所享有的合法权利。

其次，监察委员会的职能扩展至追查职务犯罪，因此赋予监察委员会一系列的职权和某些严厉的调查手段，如讯问、搜查、扣押、留置、技术调查等调查措施，以保障有力开展反腐败工作。在这种情况下，对监察委员会的权力不能没有制约，不能忽视人权保障。2012年修改后的《刑事诉讼法》第2条中增加了“尊重和保障人权”的规定，这对整部《刑事诉讼法》的基本原则、制度和程序起到重要的指导作用，增强了对被追诉人诉讼权利的保障。在监察体制改革中，检察机关的职务犯罪侦查权力已转隶为监察委员会的调查权力，应避免“只转权力，不转权利”的片面思维。《人民法院组织法（修订草案）》《人民检察院组织法（修订草案）》都增加了人权保障原则；《人民法院组织法（修订草案）》第7条规定：“人民法院坚持司法公正，以事实为依据，以法律为准绳，依法保护各个主体的诉讼权利和其他合法权益，尊重和保障人权”；《人民检察院组织法（修订草案）》第3条规定：“人民检察院的任务是通过行使检察权，追诉犯罪，保障人权，维护国家安全和社会秩序，依法监督国家机关及其工作人员行使职权，保障国家法律正确实施，维护社会公共利益，维护社会公平正义，维护国家法制统一、尊严、权威。”这应当对监察法的制定，特别是对《监察法（草案）》第4条的修改有启示作用。

需要明确的是，《监察法（草案）》第4条增加“尊重和保障人权”尤指程序方面而言的。只有以惩治腐败与保障人权相结合的原则指导办案程序，才能禁止刑讯逼供和其他非法取证行为的发生，从而保证反腐败的办案质量，最大限度地防范冤错案件的发生。

最终通过的《监察法》，对于人权保障问题没有明确回应，但是用保护合法权益表述代替。《监察法（草案）》第4条，被拆分成《监察法》中的第5条、第6条。其中第5条规定：“国家监察工作严格遵照宪法和法律，以事实为根据，以法律为准绳；在适用法律上一律平等，保障当事人的合法权益；权责对等，严格监督；惩戒与教育相结合，宽严相济。”

《监察法》第5条规定了一系列指导监察工作的原则，其中“保障当事人的合法权益”是《监察法》重要的工作原则之一，也是《监察法》的一个重要亮点。

结合《监察法》的内容来看，监察机关中的大部分调查措施可能对公民的人身、财产等宪法权利进行限制甚至剥夺，这就必须对当事人的权利予以保障，实现惩罚腐败与保障人权相结合。只有以此作为原则指导办案工作，才能保证反腐败的办案质量，最大限度地防范冤错案件的发生。

需要指出的是，作为唯一一次出现的“当事人”的表述，《监察法》对于其含义并未明确解释。

按照2012年修正的《刑事诉讼法》第106条规定，“当事人”是指被害人、自诉人、犯罪嫌疑人、被告人、附带民事诉讼的原告人和被告人。但《监察法》不能套用《刑事诉讼法》的规定。我们应当对《监察法》中“当事人”的范围作出新的界定，这不仅关系到公民的人权保障，也关系到监察权力的规范运行。

我认为，《监察法》中的“当事人”首先是指职务违法与职务犯罪案件中的被调查人，其次是指渎职、侵权等职务违法或犯罪中的被害人（贪污、受贿案件中一般没有被害人）。在此需要明确的是，上述“被害人”，仅指在监察委员会调查处置阶段的当事人而言，如果案件移送到检察院审查起诉与进入法院审判阶段，监察调查中的被害人有可能按《刑事诉讼法》的规定提出附带民事诉讼的要求，此时当事人就会增加有附带民事诉讼的原告人、被告人。

从监察程序来看，《监察法》体现出人权保障的精神。具体来说：

一是关于录音录像的规定。《监察法》第41条第2款规定：“调查人员进行讯问以及搜查、查封、扣押等重要取证工作，应当对全过程进行录音录像，留存备查。”相较于《刑事诉讼法》的规定，录音录像的覆盖范围更加广泛。

二是关于被留置人员的权利保障。《监察法》第44条明确规定“保障被留置人员的饮食、休息和安全，提供医疗服务，讯问被留置人员应当合理安排讯问时间和时长”。

三是刑期折抵符合法治要求。第44条第3款规定：“被留置人员涉嫌犯罪移送司法机关后，被依法判处管制、拘役和有期徒刑的，留置一日折抵管制二日，折抵拘役、有期徒刑一日。”

四是关于财产权的保障。根据《监察法》第23条第1款规定：“监察机关调查涉嫌贪污贿赂、失职渎职等严重职务违法或者职务犯罪，根据工作需要，可以依照规定查询、冻结涉案单位和个人的存款、汇款、债券、股票、基金份额等财产。有关单位和个人应当配合。”第2款规定：“冻结的财产经查明与案件无关的，应当在查明后三日内解除冻结，予以退还。”且《监察法》第60条赋予被调查人及近亲属对违法查封、扣押、冻结财物的申诉权。如此一来，从财产权限制至司法救济已经形成了初步的程序架构，有助于保障被调查人的财产安全。

五是《监察法》第67条规定：“监察机关及其工作人员行使职权，侵犯公民、法人和其他组织的合法权益造成损害的，依法给予国家赔偿。”国家赔偿是由国家承担对国家机关及其工作人员行使职权的行为的赔偿责任，将监察机关纳入国家赔偿的义务机关，承担对监察对象的赔偿责任，符合权力规范的要求，同时也是人权保障的应有之义。

## “留置”之争

在《监察法》起草、国家监察机制设计过程中，各方面比较关心的问题之一，就是留置措施。留置作为12项调查措施中唯一的限制人身自由的措施，引起了各界的高度关注。

监察体制改革用留置来取代“双规”，实现了党规和国法的协调统一，在合法性层面上，呈现出新的进步。

在前述《关于〈监察法（草案）〉的八点修改意见》中，我作了细致论证：

> 五、留置应遵循法治程序
>
> 《监察法（草案）》规定了留置作为严格限制人身自由的唯一措施，并对留置的适用条件、批准程序、期限、留置讯问的基本保障、刑期折抵、申诉等问题作了规定，这较“双规”而言，在法治化、程序化方面前进了一步。但是，仍存在较多问题，需作进一步完善。
>
> 第一，《监察法（草案）》仅规定了留置这一项限制人身自由的监察措施，过于单一，造成的后果是留置适用范围失之过宽。监察机关留置的对象既包括实施严重职务违法行为的被调查人，也包括可能判处不同刑期的职务犯罪案件的被调查人，所以，监察法中对人身自由的限制措施也应具有多样性以适应实践中的复杂情况。如在留置之外，参照《刑事诉讼法》关于取保候审的规定，增设取保措施，期限可达6个月，既能适应职务违法或犯罪调查的不同需要，又能从严控制留置适用范围，减少留置适用。还应进一步明确留置的适用仅限于有证据证明涉嫌职务犯罪，且在调查过程中根据具体情况认为需要加以拘

禁的。

第二，“有碍调查，可不通知家属”的例外情况应当取消。实践中，由于该规定过于弹性，很可能使得“不通知”成为办案常态。依《刑事诉讼法》规定，所有职务犯罪案件被追诉人被拘留、逮捕后均应在24小时内通知其家属。公民被依法拘留、逮捕后及时通知其家属：一方面，避免家属因其无故失踪而担惊受怕；另一方面，可以保障其聘请辩护律师及时介入并提供帮助。因此，《监察法（草案）》的“有碍侦查”规定是权利保障的倒退，会形成留置之后“人头失踪”现象。

第三，应当明确规定看守所是留置的统一场所。《监察法（草案）》仅规定在特定场所执行留置，北京、山西、浙江三地试点的总结报告指出“把纪委原‘两规’场所、公安机关看守所作为留置场所”。笔者认为应统一规定在看守所设立单独的留置室为留置的执行场所，理由如下：一是看守所具有中立性，且更有利于保障被关押人员的权利。看守所直接接受公安机关的领导，被调查人最后是否被定罪与看守所无利害关系。且看守所的管理比较规范，比较注意人权保障。2017年6月15日公布的《看守所法（草案）》中第1条写明“尊重和保障人权”，并专节对讯问、提解、押解进行了规范，以限制办案机关的权力。由此，被调查人在看守所留置，遭受刑讯逼供、意外死亡的风险降低，权利不易被侵犯。二是被调查人在看守所内被留置有利于获得值班律师的帮助。2017年8月28日“两高三部”联合发布的《关于开展法律援助值班律师工作的意见》第1条规定“法律援助机构在人民法院、看守所派驻值班律师，为没有辩护人的犯罪嫌疑人、刑事被告人提供法律帮助”，在看守所派驻值班律师，为犯罪嫌疑人提供临时的法律咨询，职务犯罪的被调查人在看守所内留置期间也应当享有获得值班律师帮助的权利。如果不放在看守所中留置，被调查人就不可能获得这项权利。三是减轻监察委员会因单独设置留置场所所带来的人力、物力和安全保障负担，使监察委员会集中力量高效办理反腐案件。

我认为，留置是对人身自由的严格限制，其强度接近于监禁。留置相当于刑事法律里的逮捕，剥夺自由的程度同逮捕是一样的。因此，对于采取留置措施后，应着重以下四点规范：

第一，应当设置适用留置的具体标准。并非所有职务犯罪案件都必须采取留置措施。留置一般只适用于比较严重的职务犯罪案件，如果涉嫌一般的玩忽职守罪和贪污贿赂、数额较少的犯罪，未必一定要采取留置措施。同时，在有比较确实、充分的证据证明犯罪事实存在的情形下，才可采取留置。

第二，应当在采取留置后的 24 小时之内，通知被调查人的家属，后者有权通过监察人员向被调查人提供生活用品和药物。

第三，留置期间，应当为被留置人在居住、饮食等方面提供正常的生活条件。

第四，留置期间讯问被调查人，严禁刑讯逼供和采用威胁、引诱、欺骗以及其他非法调查方法，为此，讯问时原则上应当采取全程录音录像。

我认为，以上四点是采取留置措施所必备的基本的人权保障。

## 留置中的律师介入

在《监察法》立法过程中，留置阶段允不允许律师介入，是另一个争议较大的问题。按照当年纪委“双规”的规定，被调查人在被纪委采取“双轨”措施后，律师根本不能介入。那么，把“双规”改成留置后，在留置阶段，律师到底能不能介入？

一开始，官方的意见是铁板钉钉的，那就是留置阶段律师不能介入，这是按照当年纪委“双规”规定沿袭下来的。

留置取代双规后，各方争议较多的是留置期间律师能否介入。

“这不是我们主张律师不介入，而是留置不是刑事诉讼中的侦查措施，律师没有办法依照《刑事诉讼法》规定介入留置期间的调查。”有人认为，草案没有把调查定性为侦查措施，调查是依照《监察法》，而不是依照《刑事诉讼法》进行。

但不少法律界人士担忧，律师不介入会影响留置措施的合法性，以至于对被留置人员权利造成侵害。有人认为，这一担忧有一定道理，但不是说只有刑事诉讼程序才能保障被调查人权利，程序完备的监察程序同样可以起到这一作用。“因为通过监察法的各种程序设置，如合理询问时间、时长，全程录音录像，保障就医饮食条件等规定已经尽可能地规范和控制了监察权力，目的就是保护被留置人员的合法权益。当然，这些条款还可以进一步细化，防止任何可能的权力滥用。”

留置阶段是否允许律师介入问题，律师界、社会和学界都有关注。在法学界，我是大声疾呼律师介入的学者之一。

作为刑诉法学者，我对于刑事程序中的人权保障本身就很敏感，我认为允许律师在留置阶段介入，是保障被调查人人身权益的必要条件。对于不允许留置阶段律师介入的观点，我强烈不赞成。从一开始，我在不同场合强烈主张留置阶段应该允许律师介入，而且讲了若干理由。

在《我国监察体制改革若干问题之思考》一文中，我系统论证过相关问题：

> 当监察委员会对被调查人采取留置以及其他调查措施时，涉及公民多项重大的宪法权利问题，尤其是人身自由权、财产权、居住权和隐私权。被调查人一般缺乏相应的法律知识，被留置后处于无援的状态，因而允许被调查人在被留置后聘请律师，以确保他具备必要的防御能力，这是程序公正和人权保障的基本要求。
>
> 退一步而言，若该阶段允许聘请律师有一定难度，可以参

考我国在司法行政领域开始实行法律援助的做法，考虑比照目前看守所值班律师制度，在留置室等监察委员会的办案场所派驻值班律师，为被调查人提供必要的法律咨询。

公民在被限制人身自由以后，有权聘请律师提供法律帮助，这是人权保障的国际通例。《保护所有遭受任何形式拘留或监禁的人的原则》第11项原则提到“被拘留人应有权为自己辩护或依法由律师协助辩护”。香港特区的廉政公署也规定了被调查人在被扣留后有权聘请律师。因此，我一直呼吁，在《监察法》中应规定被留置人享有聘请律师的权利，或者享有向律师咨询的权利，这不仅是保障人权的需要，而且也是《监察法》符合国际共同价值的要求。

诚然，调查期间允许律师介入可能对调查造成一定程度的干扰，但是可以切实保障被调查人人权，有效提升办案质量，尤其是使得调查结果更为准确，防止出现事实认定偏差乃至错误，因而律师介入总体而言“利大于弊”。

按照2012年《刑事诉讼法》，律师在侦查阶段就可以介入。经过多方面的努力，我国《刑事诉讼法》中有关人权保障理念和机制，都有进一步发展。我们认为，留置是对人身自由的剥夺，相当于逮捕，强化人权保障是世界的通例。比照原来的纪委“双规”、检察院公诉机制，原来案件放在检察院的时候，律师能够介入；而且律师介入，也没产生重大的副作用。现在转到监察委，律师介入反而被取消了，这显然是一种倒退。

我一直强调：你可以改革，但是人权保障不能因为改革而削弱。如果把检察院的部分职权划转到监察委，对于留置对象的权利保障同时也要跟进。现在的情况是权力转过去了，但权利保障没有跟进。那段时间，我的呼吁还是比较强烈的。

在《关于〈监察法（草案）〉的八点修改意见》一文中，我对于留置阶段的律师介入问题，细论如下：

《监察法（草案）》未明确职务犯罪调查期间律师介入问题。笔者认为这个问题涉及人权保障的重大问题，主张律师应当介入。

首先，按照《监察法（草案）》，监察机关享有采取讯问、查询、冻结、搜查、留置、技术调查等多种措施的权力，有些措施是相当严厉的。根据《监察法（草案）》第41条第4款的规定，留置的时间不得超过3个月，必要时可延至6个月。可见，留置虽与逮捕名称不同，但是实质上都是较长时间剥夺公民人身自由的强制措施。《监察法（草案）》第29条规定，“监察机关在调查涉嫌重大贪污贿赂、失职渎职等职务犯罪时，根据需要，履行严格的批准手续，可以采取技术调查措施，按照规定交有关机关执行”。技术调查措施执行过程涉及公民隐私和公共利益，因此，以上这些调查措施很容易对公民的人身权利、财产权利等造成侵犯。这种情况下应重视程序法治、允许律师介入，这是确保程序正义和公民权利的基本要求。

其次，我国1996年修改《刑事诉讼法》，将允许律师介入的时间提前到侦查阶段；2012年修改《刑事诉讼法》，辩护律师在刑事诉讼中的诉讼权利得到了较大的扩充和有效的保障，即使涉嫌国家安全犯罪、恐怖活动犯罪与特别重大的贿赂犯罪案件，犯罪嫌疑人仍有权聘请律师，只是经过侦查机关批准律师才能会见犯罪嫌疑人。监察体制改革中，不能因为职务犯罪侦查权转隶为监察调查权就将这些来之不易的权利保障规定化为乌有。《监察法》应当比照《刑事诉讼法》的规定，允许律师在被调查人第一次被讯问或者至迟在留置之后介入，否则就是在权利保障上的实质性倒退。

再次，律师介入对提高办案质量和防止冤案错案有重要意义。从过去的双规措施看，冤案错案确实是存在的。办案很难确保百分之百准确，在追究犯罪的程序上，应一开始就有律师的帮助，以求在源头上最大限度地避免冤案错案的发生。

最后，从国际视野看，凡是被剥夺人身自由或者是财产上被搜查，一般都允许律师介入，这也是国际通例。联合国《保护所有遭受任何形式拘留或监禁的人的原则》第11项原则规定"被拘留人应有权为自己辩护或依法由律师协助辩护"。我国香港特区《廉政公署（被扣留者的处理）令》第4条第1款规定："被扣留者须获给予合理机会，以便与法律顾问通讯，并在一名廉署人员在场但听不见的情况下与其法律顾问商议，除非此项通讯或商议对有关的涉嫌罪行的调查或执法会构成不合理的阻碍或延迟。"

综上，笔者认为不能片面强调腐败案件的特殊性而忽略程序法治，查处反腐案件也要遵循程序法治的要求，进入职务犯罪调查后应当允许律师介入，以保障被调查人的基本权利。

官方的反应，始终比较明确。就是留置阶段不允许律师介入，板上钉钉，不容置疑。在这个问题上，没有讨论余地。

官方认为反腐败有特殊性。但这个理由也不成立。按照《刑事诉讼法》规定，涉嫌国家安全犯罪和恐怖活动犯罪的犯罪嫌疑人在侦查阶段有权聘请律师，难道贪污贿赂犯罪和渎职犯罪比前面两种罪还严重、还特殊吗？我们过去讲，新加坡、我国香港特区等国家和地区一旦警察对犯罪嫌疑人进行调查，律师马上介入。我还专门去香港特区廉政公署参观过。在香港特区廉政公署，一开始启动询问工作，律师就必须在场。我们的监察委员会在一定程度上也吸收我国香港特区、新加坡的廉政公署制度。

按照国际惯例，在追究犯罪时，只要已经采取人身自由限制措施，都允许律师介入。只要对被调查人立案，就允许律师介入。而且在西方国家，不是当事人请不请律师的问题，而是制度要求律师通过法律援助的方式自动介入，用不着你请律师。当然，你自己愿意花钱请更好的律师，那是你的权利。不管你请不请律师，国家都要安排法律援助。而在我国，留置相当于逮捕，而且官方也同意其同逮捕一样折抵刑期。这也就是说，留置措施丧失自由的程度，同逮捕一样。这种情况下，不让律师介入是说不过去的，也不符合国际惯例。

我在后面的一些发言中，就一一反驳了留置阶段不允许律师介入的观点。我认为，律师介入早的话，能够纠正一些错误和缺点，提前纠正后，产生的不良后果就要少一些。这与律师不介入、出问题再纠正，造成的后果是不一样的。

整体来说，在留置阶段律师能否介入问题上，官方和学界的观点还有很大差距。

最终通过的《监察法》，无一字提及“律师”。在我看来，留置阶段的律师介入问题，是涉及人权保障的重大原则问题。显然，在国家监察机制改革中，被调查人的人权保障问题，经过改革有所削弱。这个问题，历史最终会证明。

## 《监察法》通过

2018年3月20日，第十三届全国人大第一次会议正式表决通过《中华人民共和国监察法》。历时两年多的国家监察机制改革，到此为止，尘埃落定。

在《监察法》通过之前包括我在内的学者提出的很多意见，大部分都得到了采纳。

比如在《宪法》与《监察法》的关系上，中央根据立法合宪的根本原则，作出重大决策，先修改《宪法》再制定《监察法》。经过一系列法定程序通过的宪法修正案，对我国《宪法》作出21处修改，其中11处同设立监察委员会有关。比如《宪法》第3条第3款规定：“国家行政机关、监察机关、审判机关、检察机关都由人民代表大会产生，对它负责，受它监督。”这确立了监察机关作为国家权力体系的一个独立分支。

再比如《宪法》在第三章“国家机构”设专节，用5个条文就国家监察委员会和地方各级监察委员会的性质、地位、名称、人员组成、任期任届、领导体制、工作原则等作出明确规定。

2018年《宪法修正案》通过并生效后，《监察法（草案）》即提交人大审议并通过，《监察法》自此于宪有据，并且《监察法》第1条明确规定了“根据宪法，制定本法”。国家监察体制在《宪法》层面的确立，是监察制度有序建构与合法运行最为重要的基础，并且《监察法》在《宪法》的基础上作了更为具体、细致的规定，这对监察体制的成功改革具有重大且深远的意义。

## 监察机制改革与“以审判为中心”

党的十八届四中全会通过的《中共中央关于全面推进依法治国若干重大问题的决定》提出，“推进以审判为中心的诉讼制度改革”。

2018年3月20日《监察法》公布，并自公布之日起施行。《监察法》实施后，涉及的核心问题之一，就是如何与“以审判为中心”的司法改革思路相协调。

整体来看，《监察法》体现了以审判为中心的诉讼制度改革的精神，有相应的制度设计，对防范冤错案件、推进司法公正起到保障作用。

第一，法院享有对职务犯罪案件的定罪量刑权。就监察机关办理职务犯罪案件的流程而言，通常分为互相联系、先后衔接的调查、起诉、审判与执行四个阶段。其中审判是中心，调查、起诉实际上都是审判的准备活动。根据《监察法》的规定，监察机关对涉嫌职务犯罪的，移送至人民检察院依法审查、提起公诉。我国《刑事诉讼法》第12条规定：“未经人民法院依法判决，对任何人都不得确定有罪。”因此，即使在职务犯罪案件中，定罪量刑也应当由审判机关作出。

第二，证据要求向审判看齐。《监察法》第33条第2款规定：

“监察机关在收集、固定、审查、运用证据时，应当与刑事审判关于证据的要求和标准相一致。”这就意味着监察委员会移送的证据，必须经得起刑事审判关于证据要求与标准的检验，也对在调查程序中证据的收集与运用形成了反向的权力制衡。

与此相联系，按照《监察法》的规定，在办案过程中监察委员会不能“以威胁、引诱、欺骗及其他非法方式收集证据”，或者“侮辱、打骂、虐待、体罚或者变相体罚被调查人”。并且规定，“以非法方法收集的证据应当依法予以排除，不得作为案件处置的依据”。这就从源头上确保了证据的合法性。

在审判阶段，如果根据辩方申请启动非法证据排除程序，则检察机关的公诉人对职务犯罪调查证据收集的合法性负有举证责任，证明的方法包括出示监察委员会的讯问笔录、播放留置期间的录音录像，还可以提请法院通知监察委员会的调查人员出庭说明情况。

第三，保障庭审实质化，落实证人出庭制度。职务犯罪较其他犯罪类型而言，往往涉及的物证少，对言辞证据的依赖性较为明显。因此，证人出庭作证是对职务犯罪案件公正审理的关键一环。如果不保障重要证人出庭，庭审就可能虚化。结合职务犯罪案件的特殊性与庭审实质化的改革要求，监察体制改革以后，法院和检察院要转变观念，排除阻碍，提升贪污贿赂类案件证人出庭率。

同时，监察委员会对证人出庭也应尽一份职责，毕竟这类案件的证人证言一般是由监察委员会最早调查取得。如果监察委员会积极配合，相信这个问题能够得到较好的解决。

## 《监察法》应与《刑事诉讼法》协调

《监察法》的制定，在取得重大成就的同时，仍存在一定的缺陷，有待进一步完善。尤其是在和《刑事诉讼法》协调方面，我认为还有几个问题值得关注和探讨：

第一，关于贯彻疑罪从无的问题。

疑罪从无是指在刑事诉讼中，对于最后没有达到“犯罪事实清楚，证据确实、充分”标准的案件，按照无罪加以处理。疑罪从无是刑事司法领域最为重要的原则之一，是司法文明与社会法治的突出体现，对防范冤案错案的发生、维护司法公正起着重要作用。疑罪从无已成为现代法治国家宪法与刑事立法必不可少的内容。

对于监察工作是否需要贯彻疑罪从无的问题，我们的回答是肯定的，但《监察法》中的规定是不明确的。例如《监察法》第45条规定：“监察机关根据监督、调查结果，依法作出如下处置……（四）对涉嫌职务犯罪的，监察机关经调查认为犯罪事实清楚，证据确实、充分的，制作起诉意见书，连同案卷材料、证据一并移送人民检察院依法审查，提起公诉……监察机关经过调查，对没有证据证明被调查人存在违法犯罪行为的，应当撤销案件，并通知被调查人所在单位。”从法条的规定来看，对涉嫌职务犯罪的，《监察法》仅提出“犯罪事实清楚，证据确实、充分”与“没有证据证明被调查人存在违法犯罪行为”两种情况的办理方式，而对于出现“证据不足、无法形成完整证据链”的情况，却属于《监察法》的立法空白，这正反映出“疑罪从无”原则在《监察法》中的缺位。

在实际工作中，职务犯罪案件调查终结时“证据不足、无法形成完整证据链”的情况并不少见。这种情况下，《监察法》应当明确规定按照疑罪从无原则处理，即对证据不足的案件，监察机关应当自行撤销案件，从而消除这方面法律规定缺失的弊端。对于监察案件而言，坚持疑罪从无需要决心与勇气，这也契合民主法治与人权保障的刑事司法理念。

第二，关于监察机关同公安机关、检察机关的关系问题。

监察体制改革整合了反腐败力量，使对职务违法犯罪的调查更为有效地进行，这在一定程度上压缩了公安机关、检察机关的职权。因此，无论是从制约权力、保障人权出发，还是从诉讼规律的角度考量，监察委员会不仅要与公安机关、检察机关顺畅衔接，还应形成相互制衡的格局。

这里从两个方面展开评析：

一方面，完善公安机关与监察机关管辖权机制。《监察法》第34条第2款规定："被调查人既涉嫌严重职务违法或者职务犯罪，又涉嫌其他违法犯罪的，一般应当由监察机关为主调查，其他机关予以协助。"

在改革以前，检察机关侦查贪污贿赂案件涉及公安机关管辖的刑事案件，根据全国人大常委会法工委等机关的规定，是根据主罪来确定管辖，即如果涉嫌主罪属于公安机关管辖，由公安机关为主侦查，人民检察院予以配合；如果涉嫌主罪属于人民检察院管辖，由人民检察院为主侦查，公安机关予以配合。主罪和次罪的区分标准包括罪名、法定刑、犯罪情节等，以主罪来确定管辖有利于案件的高效办理，是比较科学合理的。

《监察法》第34条规定的管辖不分主次，以"监察机关优先管辖"为原则，并不妥当，因为公安侦查的刑事案件，如故意伤害、故意杀人、强奸、抢劫、金融诈骗等，监察机关对于这些案件可能缺乏必要的人员和技术。

因此，我们认为应当维持主罪管辖原则，或者主罪由公安机关管辖时主罪部分仍由公安机关负责侦查。

另一方面，加强检察机关公诉职能的独立行使。按照目前《监察法》的规定，检察院对于监察委员会移送审查起诉的案件，如果发现符合《刑事诉讼法》规定的不起诉的情形，须经上一级人民检察院批准才能作出不起诉决定。并且，监察委员会不同意起诉决定的，可直接向上一级检察院提请复议。而根据2012年修正的《刑事诉讼法》第175条的规定，"公安机关认为不起诉的决定有错误的时候，可以要求复议，如果意见不被接受，可以向上一级人民检察院提请复核"。对于公安机关移送的案件，检察机关可以直接作出不起诉决定，不需要经上一级检察机关批准。

我认为，《监察法》第 47 条在不起诉问题上，过于强调职务犯罪案件的特殊性。相比其他的案件类型，即使是非常严重的犯罪，也并未有特殊规定，《监察法》和《刑事诉讼法》在不起诉问题上应当保持一致。

第三，关于律师介入的问题。

关于监察机关在办理职务犯罪案件过程中律师是否可以介入的问题，在《监察法》起草过程中争议就很大。目前，《监察法》虽然没有明确规定，但也没有明确禁止。我认为，监察调查期间，应允许律师在被调查人第一次被讯问或者至迟在留置之后介入。

关于律师介入的问题，我在文章与发言中曾多次呼吁过。鉴于此问题至关重要，这里不惜笔墨再次重申。

一方面，从权力配置上来说，《监察法》中对职务犯罪可以对被调查人采取一系列的调查措施，有些措施是相当严厉的，如搜查、扣押、留置、技术调查等措施。这些措施的强制性、严厉性甚至不亚于刑事侦查措施，严重影响多项重大的公民权利。我国 2012 年修正的《刑事诉讼法》第 33 条第 1 款规定，犯罪嫌疑人自被侦查机关第一次讯问或者采取强制措施之日起，有权委托辩护人；在侦查期间，只能委托律师作为辩护人。有论者认为，调查不同于刑事侦查，不能适用《刑事诉讼法》的规定。但无论调查与侦查是否具有同质性，关键在于采取的措施是否已经达到严重影响公民权利的程度。如果已经达到严重影响公民权利，则应当启动相应的人权保护措施，允许律师介入。

另一方面，从防范冤案错案的角度来说，尽管《监察法》中对调查措施有严格的程序规范，且明确禁止以一切非法方法收集证据，但在单方办案过程中，缺少直接的制约力量，存在发生冤案错案的风险，必须从监察调查阶段就加以防止。诚然，允许律师介入可能对调查造成一定程度的干扰，但是可以切实保障被调查人的合法权利，有效提升办案质量，尤其是使得调查结果更为准确，防止出现事实认定错误，影响审判公正。这是极为重要的事，正如英国哲学家培根曾经指出的："一次不公正的审判，其恶果甚至超过十次犯罪。因为犯罪虽是无视法律——好比污染了水流，而不公正的审判则毁坏法律——好比污染了水源。"

另外，按照目前《监察法》的规定，留置场所的设置和管理依照国家有关规定执行。从试点情况看，这个特定场所，既有公安机关管理的看守所专门设置的场所，也有纪检监察机关原有的办案场所。

从权利保障的角度来说，应当明确规定看守所是留置的统一场所。因为：一是看守所具有中立性，且管理比较规范，更有利于保障被关押人员的权利。二是被调查人在看守所内被留置有利于获得值班律师的帮助。2017 年 8 月 28 日"两高三部"联合发布的《关于开展法律援助值班律师工作的意见》第 1 条规定，"法律援助机构在人民法院、看守所派驻值班律师，为没有辩护人的犯罪嫌疑人、刑事被告人提供法律帮助"，在看守所派驻值班律师，为犯罪嫌疑人提供临时的法律咨询，被留置人也应当享有获得值班律师帮助的权利。

总而言之，不能片面强调腐败案件的特殊性而忽略程序法治，查处反腐案件也要遵循程序法治的要求，进入职务犯罪调查后应当允许律师介入，以保障被调查人的基本防御能力，这是程序公正和人权保障的基本要求。

第四，关于留置后通知亲属问题。

从权利的角度而言，被留置人家属的知情权的保障涉及基本人权的保障。对此，我国《刑事诉讼法》对被逮捕后的通知做了较为妥善的安排，涉及通知被逮捕人家属的内容、时间、对象以及对犯罪嫌疑人采取逮捕措施后应当在 24 小时内通知家属且无"有碍调查"之例外。可以说，这对权利保障有重要意义，同时契合国际通例与法治文明发展方向。《监察法》对被留置人家属的通知问题，虽然已经有了一定的程序安排，但仍有进步的空间。

《监察法》第 44 条第 1 款规定：“对被调查人采取留置措施后，应当在二十四小时以内，通知被留置人员所在单位和家属，但有可能毁灭、伪造证据，干扰证人作证或者串供等有碍调查情形的除外。有碍调查的情形消失后，应当立即通知被留置人员所在单位和家属。”实践中，由于该规定过于弹性，且关于“有碍调查”以及“有碍调查的情形消失”均难以准确界定与把握，很可能使得“不通知”成为办案常态。

值得注意的是，《监察法》第 39 条第 3 款规定了立案程序中的通知家属问题：“立案调查决定应当向被调查人宣布，并通报相关组织。涉嫌严重职务违法或者职务犯罪的，应当通知被调查人家属，并向社会公开发布。”这意味着在立案程序中毫无例外都要通知家属。此时就有可能发生毁灭、伪造证据、干扰证人作证或者串供等有碍调查的情况，既然如此，《监察法》第 44 条规定的“留置可以不通知家属”的特殊规定的必要性就大大减少。就立法技术上而言，留置通知家属所规定的例外情形未必是最佳的选择。虽然立案必须通知家属一定程度上解决了“人头失踪”现象，缓解了《监察法》第 44 条规定留置不通知家属的例外情况带来的问题，但是相较于《刑事诉讼法》规定的采取强制措施时毫无例外都要通知家属，该条在权利保障上有所倒退。因此，我们建议留置后也应当毫无例外地通知家属。

总之，在全面推进依法治国、推进国家治理现代化的新时代背景下，我们绝不能忘记公正是法治的生命线。尽管我国的反腐败体制改革与《监察法》的制定，以建设统一集中、权威高效的国家监察体制为宗旨，但《监察法》的实施必须要贯彻实体公正与程序公正并重，惩治腐败与保障人权相结合，同时要贯彻追求效率、不忘公正的理念，只有这样，才能保证反腐败斗争有力有序、持续深入地常态发展。

# 第二十三章　我所理解的民主与法治

## 国家治理现代化应符合时代的内涵和要求

我同一些学者不同，特别是同法理学领域的学者有较大差异。法理学学者特别偏重于纯理论，而我关注的既有刑事诉讼法领域的理论问题，但更多的是实践中的问题。实际上，我关注的视野也不单纯是诉讼法，我也关注国家民主与法治建设。也就是说，在诉讼法以外，我对于社会的宏观状况还是有一点看法，有一些表达。

国家治理体系是指实现国家治理的道路、理论、制度、政策、方法的综合体现，国家治理体系是一个历史的、结构性的概念，对于国家治理体系应结合时代的背景和要求加以理解。

立足于当今中国之现实，国家治理体系可以从如下两个维度加以表述：

第一，国家治理体系应当包括党的体系、国家（机构）体系和社会体系。国家与社会的分离在理念上是一种进步，社会具有相对独立性，社会群体、社会组织独立于国家机构而存在。国家治理体系之所以包含党的体系，原因在于中国共产党是我国的执政党，是领导全国人民进行国家治理的核心，国家治理的成败与成就大小取决于共产党如何执政，因此党的执政问题是国家治理体系与治理能力现代化的关键所在。

第二，国家治理体系的领域包括经济治理、政治治理、文化治理、环境治理、军事治理等领域。

国家治理现代化的衡量标准，应当符合时代的内涵和要求，符合国家治理与时俱进的价值追求。现代化的标准，既要从纵向考量我国历史的进步方向，又要从横向考量世界潮流的总体走向。

## 我国走向现代化的标准

我国正处于社会主义初级阶段和社会的转型期。其走向现代化的标准，应当包括如下几点：

第一，民主治理。民主治理是现代化的首要要求。邓小平说："没有民主就没有社会主义，就没有社会主义的现代化。"现代化与民主化分不开，不讲民主的治理不可能是现代化的治理。

民主治理必须贯彻主权在民的理念，各级领导握有的权力都是人民赋予的，都必须为人民服务。必须充分保障人民当家作主的权利，全面落实人民群众的选举权、参与权、知情权、表达权、监督权。

领导人的决策必须民主化，重要的问题不能由主要领导一个人说了算，而是要建立在真正民主的基础上。必须改革民主集中制，用制度来防止实践中发生民主不足、集中有余甚至变质为个人独断专权的现象。只有民主化的决策机制，才能保证决策的科学性，保证最大限度地避免决策错误，更有助于及时发现、纠正错误，防止错误扩大化，给党和国家的事业造成重大甚至无法弥补的损失。

民主应当具有包容性。有容乃大，对于没有触犯法律的多元言行予以包容，这不仅是宪法规定的公民享有自由表达的权利，也有助于领导人听到不同的声音。具有包容性的社会制度才能经得起风吹雨打的考验，更加体现其自信、成熟和坚不可摧。

第二，法治治理。法治意味着制度之治、规范之治和程序之治，无论是国家政权的执政者、管理者还是利益相关者，参与国家治理的行为，都应纳入法治的轨道进行，在宪法和法律的制度框架内，依照法定的规则和程序进行，实现以法治代替人治。但是，应当明确，法治的前提是民主之治，法治之法应当是良好之法。应当进一步完善我国的社会主义法律体系，清理评估现有法律，不断加以完善，对其中个别过时的法律法规加以废止。

奉行法治，还需研讨一下“党规”与“国法”的关系问题。所谓“党规”乃“党内法规”之简称，是最近出现的新词，旨在加强规范党的权力行使和党员的组织纪律，其出发点无疑是好的，但用词有待斟酌。因为法即法律，是指由国家制定或认可的全体人民必须遵守的规范，是国家意志的体现。而由党制定的规定，包括作为党的总章程的党章在内，是党的意志的体现，是全体党员必须遵守的规范。中国共产党作为执政党，可以将党的意志，包括其所主张的道路、路线、方针、政策和其他具体意见，通过国家立法机关制定成为法律，即将党的意志转化为国家意志。可见党规与国法属于两个范围，在用词和内容上都不能混淆，这也是法治题中之义。

第三，公正治理。社会的公平正义是人类追求的首要价值目标，任何妨碍社会公平正义实现的制度、程序都应当加以改革，社会主义更应是如此。现代化的国家治理必须为社会公平正义的实现创造有利的条件和保障。因此党和政府在国家治理的过程中应当努力创造公平正义的社会局面，特别是要着力解决当前社会上普遍存在的贫富差距过大，医疗、就业、社会保障等领域依然存在的社会不公等问题。

公正司法是促进社会公平正义的重要手段，审判机关的独立性是公正司法的重要保障。冤假错案是司法的最大不公，应当采取更加得力的措施严防冤案的发生，并且应当更主动、更有效地纠错冤案，改变发现真凶才加以改判的被动局面。

第四，文明治理。文明是野蛮、愚昧、落后的对称词，是一种社会进步的体现。文明治理要求治理的方式更加理性化、人性化、平和化。文明治理反对专横、慎用暴力，特别是要在治理过程中尊重和保障人权，防止和避免侵犯人权现象的发生。文明司法要求在刑事司法中认真贯彻宽严相济政策，对于暴力恐怖犯罪，应当严字当头，辅之以宽。但是总体而言，我们应当在刑事司法中秉持谦抑理念，少杀慎杀，逐步减少判处死刑罪犯的数量。

第五，清廉治理。清廉治理是推进国家治理现代化的重要标志。如果国家治理过程中出现腐败现象，甚至有较严重的腐败，那么就会丧失民心，甚至直接摧毁国家治理体系，更遑论国家治理现代化了。但是，我国现实中腐败现象确实比较严重，从透明国际公布的全球“清廉指数”数据来看，我国的清廉指数排名偏后。

因此，要继续加大防腐、反腐的力度，更要通过推进民主法治治理从根本上防止腐败，包括建立官员财产和其他重要事项申报制度，并逐步走向公开化，因为阳光是最好的防腐剂。经过努力，使我国真正实现清廉治理的目标，而且在指数上进入清廉国家的行列，也只有这样，才能体现中国特色社会主义制度的优越性。

当前，反腐深入发展，贪官纷纷落马，官场震惊，“虎蝇”慌乱，引发社会各种议论，大多拍手称快，也有担忧“官不聊生”而主张特赦之论。笔者对此大不以为然。请问，特赦贪官，小偷是否要特赦？金融犯罪是否也要特赦？法律面前人人平等的法治原则是否还管用？

当然，反腐败也要贯彻宽严相济的政策，对于那些贪贿数额较小的，坦白交代退回赃款的可以不追究刑事责任，只作党纪政纪处理。数额大、态度好，或有检举立功表现的，也可以从轻处理。至于数额特别巨大，情节特别严重的特大“老虎”，必须严惩不贷。只有以壮士断腕、刮骨疗毒之决心继续保持反腐败的高压势态，并采取打防结合政策，才能尽快取得政治清明的效果。

第六，高效治理。当今世界日新月异，国力增长的竞争十分激烈，效率就必然成为现代化国家治理追求的一项重要价值目标。国家治理不能不计治理成本，特别是在行政领域，必须做到高效治理，促进经济保持一定速度的发展，尽快解决社会矛盾，迅速应对突发事件。当然我们所说的高效治理，是治理成本的投入与治理效果产出（质量）的最优结合，既要最大限度地减少投入，又要追求最好效果的产出。我们不能片面追求 GDP，而不顾环境保护或者损害社会公平正义，等等。

还需指出，在司法中公正与效率的关系不同于行政，司法以公正为灵魂和生命线，效率服从公正，也就是说，在司法中应当奉行公正优先、兼顾效率的原则。

## 法治以民主为前提

法治是国家治理现代化的一个基本标志。但当代国家的法治以民主为前提。无论是在中国还是在西方，自古以来就有先哲提倡法治，而且我国古代法家讲法治，是相当经典到位的。

需要注意的是，如果没有民主，所谓的法治就是专制法治。比如古代法家也讲法治，但这是为君主专制服务的法治。如韩非子说，“奉法者强，则国强；奉法者弱，则国弱”，把奉行法律与否作为决定国家强弱的关键所在。韩非子作为法家代表人物，就主张用法的方式来实现君主专制。司马迁把法家的思想和主张，概括为“一断于法”。

现代法治与古代法治的本质区别，就在于要不要民主。中国古代的法治是为君主专制服务的，而我们的法治是以人民当家作主为前提，是为人民服务的，这是一个根本性的区别。中国的民主与西方的民主有共性，也有个性，我们是社会主义民主，必须坚持党的领导，这是关键特色所在。

由于中国共产党是执政党，党内民主对国家民主起引领作用，完善民主制度就必须先完善党内民主集中制。因此，应当从党章党规和宪法法律两个层面完善共产党和国家机关的民主集中制，以实现广泛民主和高度集中的有机统一。

我们今天讲法治，不要孤立地讲法治，要和民主相结合。我们要进一步健全民主集中制。民主集中制的基础是民主，在民主基础上集中。更精确地说，就是最大限度地减少领导的错误，让错误能够比较快地被发现。

## 保障言论自由就是要有包容性

民主的一个重要内涵，就是人民表达自己意见的权利得到保障。我国《宪法》第35条明确规定了公民的言论自由。保障言论自由就是要有包容性。

当代社会是斑斓多彩的社会，是多维创新的社会，存在不同的声音是必然现象，要对不同意见有包容性。

当然，言论自由也是有边界的，这个边界就是宪法、法律。在宪法、法律框架之内充分保障言论自由，这是人民当家作主的底线要求。也只有这样，才能使我们各级领导听到不同的声音，防止武断决策、错误决策，进而使我们的中国特色社会主义制度经得起风雨考验，能防患于未然，保障国家长治久安。

## 完善的辩护制度是国家民主法治发达的重要标志

《刑事诉讼法》素有“小宪法”“法治测震仪”之称，刑事司法制度是现代国家民主与法治的标杆性制度。

而辩护制度，又是刑事诉讼中的一个标志性制度。因为犯罪嫌疑人、被告人的辩护权在其诉讼权利体系中居于核心地位，直接涉及惩罚犯罪与保障人权相结合的基本理念。惩罚犯罪固然是刑事诉讼的基本任务，但是在此过程中，必须高度重视保障被追诉人的人权。在这个意义上说，完善的辩护制度是国家民主法治发达的重要标志。

在古代专制统治社会，没有民主、法治、文明，司法中实行纠问式诉讼，被告人是受拷问的客体，而不是享有诉讼权利的主体，因而不可能有辩护制度。辩护制度是人类社会和司法走向文明的产物。

在当今中国，辩护制度的价值何在？

首先，就在于它是实现司法公正不可或缺的保障手段。中共中央十八届四中全会通过的《中共中央关于全面推进依法治国若干重大问题的决定》明确指出，公正是法治的生命线，司法公正对社会公正具有重要引领作用。

司法公正包括程序公正和实体公正。实体公正是当事人参与诉讼的归宿性追求，但它有赖于程序公正即诉讼过程的公正得以保证实现。程序公正的精髓就在于人权保障。在刑事诉讼中，公安机关重在破案，检察机关虽然具有法律监督的宪法定位，同时负有客观公正的法律义务，但在司法实践中更倾向于证实有罪。

因而，如果没有辩护制度的保障，司法公正是很难实现的。在整个刑事诉讼中，表面上看是辩护律师不断在“找茬”“挑刺”，其实正是辩护方从事实和法律上提出有利于犯罪嫌疑人、被告人的意见，才能使侦查机关、起诉机关特别是审判机关能及时纠正对案件的片面认识，使案件得到公正处理。古语云：兼听则明，偏听则暗。从唯物辩证法的角度来说，要求对立统一就是要求在刑事诉讼的过程中，需要不同意见的充分表达，最后统一于司法的公正。

因此，在刑事诉讼过程中，只有辩方的充分参与，才能够使刑事司法不偏离公正之航线。诚然，辩护人的职责就是要为当事人服务，具有一定的片面性。但这不能等同于“胡编”“伪造”，律师本身也要自觉遵守律师的职业道德，也要尊重法官、公诉人、侦查人员，使控、辩、审在诉讼中形成不同角色的合力，共同构建司法公正之大厦。

其次，辩护制度是权力制衡的必然要求。《刑事诉讼法》赋予国家专门机关强大的权力，以保障诉讼的顺利进行，如采取强制措施限制或者剥夺人身自由，采取搜查、扣押、监听等侦查行为。因此，也必须赋予犯罪嫌疑人、被告人防御性的权利，以对抗国家的追诉权力。

防御性权利就是以辩护权为核心的权利体系，辩护权的行使包括自己行使，但主要是请律师来帮助辩护。民主法治国家必须赋予被追诉人以辩护权，而且辩护权要得到有效、充分的行使，这样才能够在较大程度上遏制公权力的滥用，特别是刑讯逼供之类严重侵犯人权的行为。在一定程度上刑事诉讼过程也是权力与权利的博弈，而辩护权在博弈的过程中扮演了维护被追诉人合法权利的重要角色。

再次，辩护制度是诉讼构造的必然取向。整个刑事诉讼过程应当遵循现代文明的诉讼规律，以审判为中心，而审判应当实现“等腰三角形”的诉讼构造。法庭恪守中立、独立原则，居于顶端，控辩双方分居两边平等对抗。

必须承认，在整个刑事诉讼过程中，被追诉人属于天然的弱者，如果没有辩护人帮助其行使辩护权，被追诉人根本无力与强大的控方形成对抗。所以，必须要有辩护制度，并应该重点加以保护，使它能够真正地成为对抗的力量，才能够形成一个比较合理的、科学化的诉讼构造。

最后，辩护制度是防止冤假错案的有力保证。司法实践中，绝大多数的冤假错案都错在事实认定，如佘祥林案、赵作海案以及呼格吉勒图案等。错误的产生往往是由于辩护力量薄弱、辩护不到位，或者是辩护意见没有引起司法机关足够的重视而未被采纳，从而造成不可挽回的错误。反过来说，辩护人从有利于犯罪嫌疑人、被告人的角度去收集证据，分析问题，这样与控诉意见对立互补，进而提高了事实认定的准确性。例如，福建的念斌案，几经周折最后终于作出了无罪认定，其中辩护律师功不可没。正是律师细致地调查、收集证据，在法庭上发表有理有据的辩护意见，针锋相对地指出了起诉书和原判决有罪证据所构建的证明体系的缺陷，最后促使福建省高级人民法院作出指控犯罪证据不足的无罪裁判。

改革开放之后，我国的辩护制度逐步走向完善。1979 年制定的《刑事诉讼法》规定了被告人不仅有自我辩护权，而且有聘请律师的权利。随后，《刑事诉讼法》历经两次修改以及《律师法》的修订，使我国的辩护制度得到长足的进步。特别是 2012 年《刑事诉讼法》的修改，不仅将辩护制度作为重点内容加以完善，而且还将“尊重和保障人权”作为刑事诉讼的重要任务加以明确规定。

当然，从司法实践以及同当代法治国家的比较来看，我国的辩护制度在某些环节上仍有待完善，刑事辩护律师在执业过程中依然面临着各种阻力和风险。

## 通过写作促进国家的民主法治

在科研的道路上，我是偏开明的一派。我要写的东西，都是为国家的民主与法治进步添砖加瓦，我想通过写作促进国家的民主法治建设。

而且我也明确讲，民主、法治不能分开，只讲法治不讲民主有失偏颇，专制的也可以讲法治。到了后来，从我的具体业务领域的文章，采取什么立意、写什么题目、发表什么观点、如何搜集资料等，都是有明显的倾向的。这个倾向不是自发的，而是自觉的。改革开放后我有相对创作自由的时候，我的文章整体看是有脉络可循的。

民主与法治得讲平衡论，不要太偏离。最近给中国政法大学刑事诉讼法专业博士生上第一课，我也讲平衡价值观。我们过去在这方面有教训。不讲平衡，讲矛盾、讲斗争；不讲统一，不讲和谐。实际上社会的发展规律，是有矛盾、有斗争，比如战争；但是平衡的时候，矛盾就从战争进入社会稳定阶段，这个时候社会繁荣，经济发展，政治安定，文化进步。唐代为什么有贞观之治？因为它长期稳定。没有稳定，社会混乱，怎么发展啊？过去我们讲矛盾，讲斗争，天天讲，月月讲，最后发展到“文革”。这就是不讲对立与统一。归根结底，对立与统一最后，还是要统一。统一的时候，社会才能进步。

过去，我们在哲学观点上就有问题，杨献珍的“合二为一”被批判为修正主义。“合二为一”实际上是正确的，就是先合二，最后为一，要统一。杨献珍的哲学就是矛盾统一的哲学，结果被批判为修正主义。当时过分讲矛盾、斗争、对抗，不讲和谐、统一、安定，这个观念现在要纠正。

当然，我把它运用到刑事诉讼法中，就形成惩治犯罪与保障人权相统一、程序公正与实体公正相协调、客观真实与法律真实相协调……所以我强调公正优先，兼顾效率。

# 第二十四章　我的“动态平衡诉讼观”

## 缘　起

我所从事的学科，是刑事诉讼法学。这是一个应用性很强的学科。刚开始从事刑事诉讼法学教学和科研工作时，并没有系统的理论。刚开始，我们更多的是结合刑事诉讼的发展状况，认为中国更需要哪方面的东西、刑事诉讼法需要解决哪方面的问题，就写哪方面的文章。

也可以说，这个学科本身的特性、传统以及我的“学以致用”的一贯思想，共同使得我的学术生涯从一开始就偏重于刑事诉讼中牵涉的实际问题的解决。在我的学术生涯中前期，都是结合刑事诉讼法的实际来定写作的题目。我的大部分学术见解，都是结合实务需求，从实际问题出发，在学术理论层面有所升华。

改革开放后，百废待兴。1979 年我国颁布第一部《刑事诉讼法》。后来，《刑事诉讼法》又经历过若干次修改。在这期间，我一边编写教材，一边开展学术研究。学术作品中，有的偏重实务，有的偏重理论。尤其是《中国司法制度的基础理论问题研究》，是偏重理论的。

概括起来，我的学术思想的核心，就是探索刑事诉讼法应该有的理念，以及刑事诉讼法在实践中的实施和完善。现在，学界已经把它概括为“动态平衡诉讼观”。2018 年 5 月，国家检察官学院、中国犯罪学学会联合主办的“动态平衡诉讼观：理论与实践”研讨会，确立了这一标志性表述。

在这之前，我的学术思想有个漫长的发展过程。

## 程序法和实体法的关系：程序与实体并重

随着学术思考的深入，同时因为刑事诉讼法学界的学术争论，我开始关注刑事诉讼法学领域一些基本理论问题。一开始，关注的是程序法和实体法的关系。

整个 1980 年代，囿于各方面的因素，我国的刑事诉讼观念比较保守，坚持老的传统，重打击、轻保障，重实体、轻程序。1979 年《刑事诉讼法》就是这种观念的产物，在实施中也强化了这种观念。

进入 1990 年代后，学界对程序价值的认识有了明显的变化。其中最具代表性的，应该是季卫东 1993 年的论文《法律程序的意义》。在该文中，季卫东特别强调了法律程序的价值。他提出，程序应当成为中国法治建设建设乃至社会发展的真正焦点，中国改革开放要想避免剧烈社会动荡，就需要强调程序的价值。该文比较有代表性，也引发了很多讨论。

在刑事诉讼法领域，围绕季卫东这篇文章的讨论，同行们引入了美国二十世纪六七十年代的程序革命，比如沉默权制度，比如非法证据排除规则。程序革命里有一种流行的主张，认为程序优先于实体。以非法证据排除规则为例，就坚持绝对的程序优先。排除非法证据的时候，并不是说排除的证据是否真实，而是说证据采集的程序是不是正当、是否合法，如果不合法或者达到非法排除的标准，就把它排除掉。排除非法证据以后，一定程度上也影响对案件真相的认定。顺着这个逻辑，美国刑事诉讼发展出程序优先原则。

刚开始时，程序优先的观念是在民事诉讼法领域大行其道，几乎是被民事诉讼法学者当作金科玉律，逐渐又从民诉影响到刑诉。

在刑事诉讼法学领域，逐渐有同行开始主张程序优先论，觉得刑事诉讼法学应该是程序优先。在我国诉讼法学界，特别是一些年轻学者，开始对传统的程序价值观进行反思，探讨程序自身的独立价值。这是诉讼理论上的一个新突破，有助于纠正"重实体、轻程序"的错误观念，保证诉讼法的真正实施。他们提出一个很重要的理论，就是程序为实体之母，程序优先于实体。

对于这场讨论，开始只是他们发表自己的见解。

我刚开始注意到了他们的观点，但没发表意见。从我来说，我肯定反对旧的"重实体、轻程序"的传统。但是反过来，完全主张重程序、轻实体，或者程序优先，我觉得也有问题。经过很认真的思考，我不太赞成程序优先论。我觉得，程序优先论并不是完美无缺，我还是采取怀疑的态度。

后来，我就查阅文献，看了一下英美法学者和日本学者的主张。在日本刑事诉讼法领域，也有一种观点是坚持程序优先论。看了一些文献后，我大体认为，程序优先论从理论到实践并不太符合我国国情。之后，我同王万华联合写了一篇比较有代表性的文章，那就是 1998 年发表在《诉讼法论丛》第 1 卷上的《论诉讼法与实体法的关系》。

王万华当时正在跟我攻读博士学位，受我的影响，她也支持我的观点。所以我要她根据我的观点，搜集材料，整理写作，最终定稿成文后正式发表。这是以正式论文的形式，就诉讼法和实体法的关系发表的一篇具有代表性的文章。

在这篇文章开篇，我们对学界的讨论作了归纳，也作了比较系统的说明。当然，我们不完全针对他们的观点，也针对国外一些比较流行的观点。

文章主体部分，我们分别讨论了诉讼法的工具价值和诉讼法的独立价值，然后就科学地对待两种诉讼法价值表达了我们的意见。

诉讼法的工具价值，主要体现在保证实体法的实施。不仅《刑事诉讼法》的立法宗旨强调这一点，在如下几个方面体现得更为具体：第一，诉讼法明确了实施实体法的专门机关及其分工；第二，诉讼法规定了一系列基本原则和基本规则，保证专门机关的权力行使与制约的统一，保证司法公正的实现；第三，诉讼法规定了运用证据的一系列科学规则；第四，诉讼法规定诉讼由经过精心设计的一系列前后衔接的阶段组成，使案件的错误、缺陷能得到及时纠正、弥补；第五，诉讼法保障实体法的高效实施。基于这些理由，我们认为，诉讼法的工具价值，即保障实体法的正确实施，是诉讼法的首要价值。如果诉讼法没有保障实体法实施的作用，在一定意义上说就失去了存在的依托，似有“皮之不存，毛将焉附”之感。

尽管保障实体法正确实施是诉讼法的第一价值，但不是唯一价值，诉讼法还有不取决于保障实体法实施的独立价值。

我们认为，诉讼法的独立价值体现在四个方面：第一，诉讼法规定的程序保障体制，强调了当事人的人格尊严和法律关系的主体地位，体现出公正、民主和法制的观念，培养公民的理性诉讼观；第二，诉讼法在某种程度上弥补了实体法的不足，在判例法国家法官对程序规则的创制尤其如此；第三，诉讼法规定的民主、公正程序使判决得到社会公众的认可和尊重，也易被当事人从心理和行为上接受；第四，诉讼法在特定情形下，比如不告不理原则下，会限制实体法的实施。

对于诉讼法的工具主义和本位主义两种价值学说，我们认为，程序工具主义充分认识到诉讼法对保障实体法实施的作用，认为在制定实体法的同时也应当单独制定诉讼法。如德国、法国、日本等崇尚程序工具主义的大陆法系国家，都制定了刑事诉讼法、民事诉讼法、行政诉讼法，而且把它们视为国家最基本的法律，有的国家如日本，把刑事诉讼法、民事诉讼法列入“六法”之中。这应该说是程序工具主义的历史贡献。但是以边沁为倡导者的程序工具主义，以功利主义为其哲学基础，单纯强调程序法对实体法的有用性，未能认识到程序法的全面价值。程序工具主义虽然也主张程序要符合公正要求，但这种公正程序仍只是为实现公正的结果服务，别无他用。这就在理论上产生一个矛盾：如果发现了实体真实，案件得到正确的实体处理，但程序不公正，甚至严重违法，如刑讯逼供、秘密审判、剥夺被告人诉讼权利等，是否可以置之不理，或者可以纵容？当然，这也可以解释说，不公正诉讼程序而达到公正，实体结果是个别偶然情况，而导致错案冤案则是经常发生的现象，因而反对不公正的诉讼运作，正是为了案件的公正实体处理。这种论证理由应当说是正确的，但又是不充分的，即没有看到诉讼程序本身的独立价值。

程序本位主义强调程序自身的价值，为我们认识程序的价值开拓了新视野，为衡量诉讼法提供了新标准。但是，这一学说将程序独立价值这一面强调到了极致，从一个极端走向另一个极端。在这里，程序被视为至高无上的，并主张以“程序法中心论”代替“实体法中心论”。

在我们看来，这些观点提高诉讼法地位的用心，值得称赞，但立论未必实事求是，还有待商榷：

一方面，就诉讼法产生实体法来说，“诉讼法是实体法之母”这一命题，不完全符合法律产生、发展的实际情况。我们在文章中论证得很详细。我们从法的产生展开，举了最早的一些法律比如古罗马的《十二铜表法》，比如中国的《韩非子》，都认为不能简单地说“程序是实体之母”，不能简单地说是先产生程序，再产生实体。总之，对于诉讼法和实体法谁优先的问题，我认为不能简单化。这方面，不管是马克思、恩格斯的经典论述，还是我国古代社会以及古罗马《十二铜表法》中所揭示的历史史实，都能够为该命题提出很多反证。

另一方面，对于诉讼法先于权利、判决产生权利来说，由于实体法确认了抽象的权利，因而大多数情况下，在日常经济生活交往中这些权利就具体兑现了，如果发生了纠纷，在起诉之前可以实体法为准绳，通过民间调解方式来解决。只有在少数情况下，才通过诉讼依靠法院判决来强制保证实体权利不受侵犯。可见，判决只是实现实体权利的重要手段，而非全部手段，用诉讼判决来否定实体法确认的权利存在是不合逻辑的。

经过上述分析，在程序法和实体法优先的问题上，我们提出：在现代法治国家，实体法和诉讼法相互依存，相辅相成的，不能有主次、轻重之分。应当承认，诉讼法的第一价值是保证实体法的正确实施，同时决不能忽视其自身的重要独立价值。我们应当重点纠正“重实体、轻程序”的观念和做法，但是在理论上应该科学论证，不能矫枉过正，更不能完全照搬西方正当程序的理论。

这篇文章是我对程序、实体问题比较系统的一篇文章。而且，这也是我关注刑事诉讼法基本理论问题的第一篇文章，很有代表性。在这篇文章之前，我没有明确的表态。通过这篇文章，作为刑事诉讼领域老一辈学者，我正式地表达了我的观点。该文发表后，原来主张程序优先的学者，也受到震动。

以这篇文章为代表，实际上也形成了两大派意见：一派是程序优先论，一派是并重论。我这篇文章，算是并重论的代表性作品。

现在官方的提法，是程序公正与实体公正并重。比如 2003 年 11 月 12 日，最高人民检察院《关于认真落实最高人民法院、最高人民检察院、公安部〈关于严格执行刑事诉讼法　切实纠防超期羁押的通知〉精神进一步做好相关工作的通知》第 1 条就指出，“各级人民检察院必须予以高度重视，组织广大干警认真学习和贯彻落实《通知》精神，切实端正执法思想，牢固树立实体法与程序法并重、打击犯罪与保障人权并重的刑事诉讼观念，坚持依法办案，正确适用法律”。官方在文件上表态，就是提并重，从来没有讲过程序优先。而且，好几个中央的司法文件，都是讲两个并重：惩治犯罪与保障人权并重，程序公正与实体公正并重。

## 刑事诉讼的目的：惩治犯罪与保障人权相结合

接下来与上述内容有联系的，就是刑事诉讼的目的。

传统的观点，是重实体、轻程序，重打击犯罪、轻视人权保障。自 1979 年《刑事诉讼法》施行以来，历次修改都有微调，但并未根本性地改变这个问题。2018 年最新修订的《刑事诉讼法》第 1 条依然体现出这种传统的观点："为了保证刑法的正确实施，惩罚犯罪，保护人民，保障国家安全和社会公共安全，维护社会主义社会秩序，根据宪法，制定本法。"也就是说，《刑事诉讼法》虽然也规定了"保护人民"，但是这里的"人民"，是指被犯罪所直接、间接侵犯的人民的权利，而不包括被追诉的犯罪嫌疑人、被告人的权利，更不包括犯罪分子的权利。《刑事诉讼法》的规定，总的来说，体现了传统观点，一定程度上也强化了习惯性的思维。

追究犯罪、惩罚犯罪是刑事诉讼的直接目的，这个没有争议。正因为社会存在犯罪，就必须对其予以追究和惩罚，否则，就不能保障公民的生命、财产和其他合法权利不受侵犯，不能保障国家的安全和维护社会秩序的稳定，也无法保证社会经济建设的顺利进行。这就需要国家通过刑事诉讼行使刑罚权，对犯罪加以惩罚。

但是，惩罚犯罪只是《刑事诉讼法》目的的一个方面，另一个方面则是保障人权。尤其是我国 2004 年《宪法修正案》增加"国家尊重和保障人权"后，为刑事司法的人权保障提供了宪法根据。

刑事诉讼中的人权保障，除通过打击犯罪以保护公民的权利不受犯罪分子侵害以外，主要指：（1）保证犯罪嫌疑人、被告人和被害人等当事人以及其他诉讼参与人的诉讼权利得到充分的尊重和行使；（2）保证无罪的人不受刑事追究和惩罚；（3）保证有罪的人得到公正的惩罚。

这三点中，第（1）点是从诉讼过程来说，第（2）、（3）点则是从结局上来说的。只有诉讼参与人的权利在诉讼过程中得到有效保障，才能使诉讼结果的人权保障得到实现。

对于刑事诉讼而言，人权保障当然十分重要。因为国家专门机关在追究、惩罚犯罪的过程中，往往自觉不自觉地超越权力，甚至滥用权力，从而侵犯了诉讼参与人的权利，特别是侵犯犯罪嫌疑人、被告人的权利，导致错追错判，严重损害了司法公正。正因如此，世界上任何民主的刑事诉讼法，都着重规定了旨在保障人权的各种原则、制度和程序。我国《刑事诉讼法》经过历次修改，也规定了一系列保障人权的原则、制度和程序，但是我国《刑事诉讼法》总体来说是重打击、轻保障的，人权保障的力度明显不足。

在这个问题上，随着学理研究的深入、认识的深化，传统观念受到越来越多的批判。

应该说，在批判传统观念上刑事诉讼法学界的观点是比较一致的。我们一致认为，重打击、轻保障是不行的。《刑事诉讼法》偏重于打击犯罪，这个要纠正。我一直明确讲，《刑事诉讼法》第1条应该写，“惩治犯罪，保障人权”，而不要写“惩治犯罪，保护人民”。

图 24-1 《刑事再审程序与人权保障》书影

我是比较早就提出来、历次修改《刑事诉讼法》都主张改动这个表述。但这一条到现在都还没改过来。立法部门觉得，1979 年《刑事诉讼法》的宗旨就是“惩治犯罪，保护人民”，改动的话有违传统，所以一直就没改。

当然，从学术角度，对于《刑事诉讼法》的双重目的，学者之间也有分歧。分歧就在于：究竟是惩治犯罪优先，还是人权保障优先？抑或惩治犯罪和保障人权并重？

无论哪个国家，搞刑事诉讼总要惩治犯罪。但是惩治犯罪，不能乱来一气，需要程序的公正来保障实体的公正。程序公正有一定的相对独立性。美国的非法证据排除规则，就强调程序的独立价值。这在一定程度上是正确的，但又有点过分。

相当一部分学者还是认为，我们制定《刑事诉讼法》，应该坚持人权保障优先；如果不写人权保障，就不用制定《刑事诉讼法》。有人就明确讲，制定《刑事诉讼法》的目的，就是或者主要就是保障人权。

对于这个观点，我不同意。

程序规则是为实体服务的，同时又具有独立性，独立性不能过分强调，否则不符合刑事诉讼本身的规律。我国《刑事诉讼法》的宗旨和任务，都是讲“惩治犯罪，保护人民”。我主张，惩治犯罪和保护人民内涵是一致的，应该讲“惩治犯罪，保障人权”。我认为打击犯罪和保障人权应当相结合。我说：你制定《刑事诉讼法》是干什么的？有了犯罪，你不打击、不惩罚，不行啊！要打击，要惩罚，才办理刑事案件，才有了刑事诉讼。你不能说打击犯罪是次要的，保障人权是主要的。

我的主张就是，不要提哪个优先，就提打击犯罪与保障人权相结合。我们的《刑事诉讼法》从第 1 条宗旨，到第 2 条任务，都体现出刑事诉讼的双重目的，而不是强调单一保障。

如果不打击犯罪，刑事诉讼的目的就是保障人权，那为什么还要有刑事诉讼程序？这个保障人权是在惩治犯罪过程中，就是保障被追究刑事责任的犯罪嫌疑人的人权。但是，惩治犯罪和保障人权应该兼顾。

后来，我的博士生宋英辉在他的博士论文《刑事诉讼目的论》中提出惩治犯罪与保障人权相结合。这个观点，我比较支持。这篇博士论文出版后，成为这个话题上具有代表性的作品。

## 刑诉真实观：客观真实和法律真实相结合

有段时间，围绕客观真实与法律真实，刑事诉讼法学界还有另一场激烈的争论。大概在2000年前后，针对辩证唯物主义认识论能否以及如何作为我国证据制度的理论基础问题，学界逐渐形成不同的看法。

有学者对刑事诉讼证明标准中的“客观真实说”提出质疑和批判，认为刑事诉讼的证据搜集，涉及主观和客观两个部分，需要实现主观、客观的统一，因此刑事证据属于经验事实，既有主观认识又有客观事实，因此也不同于完全的客观真实。

该观点认为，在刑事诉讼证明标准问题上，唯物主义认识论不完全适用，我们不能用一个所谓“客观真实”的抽象口号作为衡量刑事诉讼证明的标准，而是应寻找一个既符合实际又易于操作的标准来指导证明活动。这种标准就是“法律真实”，即公、检、法机关在刑事诉讼证明的过程中，运用证据对案件真实的认定，应当符合刑事实体法和程序法的规定，应当达到从法律的角度认为是真实的程度。对案件事实的认定，只要符合法律规定的要求，就视为真实。作出的判决，只要程序上符合要求，特别是陪审团投票决定犯罪嫌疑人有罪还是无罪，能够“排除合理怀疑”，就没大问题。“排除合理怀疑”，一方面是对办案人员内在素质的要求，另一方面是对全案证据的质与量的要求，即必须达到排除一切矛盾，排除一切怀疑的标准。就我国具体实践而言，刑事诉讼证明标准可以概括为“排他性”。

这种看法在过分强调和支持法律真实的同时，对客观真实大加批判。该观点认为，客观真实在刑事诉讼中根本就是不切实际，认为讲客观真实就是理想主义、浪漫主义。

在2000年7月13日《检察日报》上，我先发表了一篇短文

《诉讼中的客观真实与法律真实》。我想着，还是要好好从学术层面论证一下这个问题，准备跟学生合作完成。

刚开始，我带着博士研究生陈海光去泰安参加诉讼法学研究会年会，我希望他协助我完成这篇文章。后来，我看到另一位博士研究生魏晓娜写了一些片段，比较符合我的要求，就征得她同意，把那一部分内容也吸收到论文中。这篇文章就是我、陈海光、魏晓娜联合署名发表在《中国法学》2001 年第 1 期上的《刑事证据制度与认识论——兼与误区论、法律真实论、相对真实论商榷》。

这篇文章，共分为五个部分：

一、认识论是刑事证据制度的理论基础

刑事证据制度是指法律规定的关于在刑事诉讼中如何收集证据、如何审查判断证据、如何运用证据认定案情的制度体系。它所要解决的核心问题，是如何保证公安、司法人员能够正确认定案件事实，亦即如何保证其主观符合客观。因此，它首先是一种认识活动，要受到认识规律的制约。辩证唯物主义认识论是关于人类认识自然、社会包括认识具体事物的一般规律的科学，它与刑事证据学是普遍理论与部门理论的关系，即一般与特殊的关系。

如果我们承认辩证唯物主义认识论对我国证据制度的理论指导作用，我们就应当承认：案件事实是不依赖公安、司法人员的意志而存在的客观事实，公安、司法人员只可能认识它、查明它，而不能改变它。所谓查明案件事实真相就是公安、司法人员主观认识符合案件客观事实。公安、司法人员认识案件事实必须通过感性认识上升到理性认识，才可能达到真实的程度。还应强调指出：实践不仅是公安、司法人员收集运用证据认定事实的基础，而且是检验认定案情是否正确的唯一标准。

公安、司法人员对案件事实的认识和认定，集中体现在诉讼证明上。我国刑事诉讼中的证明，应当指公安、司法机关和当事人以及他们所委托的辩护人、代理人收集、运用证据认定刑事案件事实的活动。

刑事证明的过程，可分为收集、保全证据，审查判断证据和运用证据认定案件事实等三个大阶段。但这三个阶段不是严格循序渐进的，而是互相结合、交叉进行的。而就诉讼程序而论，每个独立程序所表现的证明过程又各具特点。如收集证据主要完成于侦查阶段，审查起诉则着重于审查侦查中的证明质量，而一审程序则在公开民主的诉讼形式下，对以前的证明开展更加严格的审查和检验。

诉讼证明属于社会证明的一种。刑事案件证明的特殊性，表现在：

（1）一切刑事案件都是过去发生的事件，办案人员不可能亲眼目睹案件发生的过程和结果，而只能在案件发生之后，通过诉讼活动再现案件事实。目睹案件发生的公安、司法人员则只能以证人的身份参加诉讼。

（2）认识案件事实的手段只能是刑事证据。证据是连接证明主体与客体的唯一桥梁。

（3）诉讼证明要受到与司法公正直接有关的法律规定和证据规则的制约。比如刑法规定了犯罪的追诉时效，超过时效，即使查清了犯罪事实，基本上也没有法律意义；刑事诉讼法规定了一系列诉讼期限，超越诉讼期限处理案件，便构成诉讼违法。证据规则中的非法证据排除规则等，也制约着证明活动。这是因为，在某种情况下存在比查清事实真相更有价值、更应该保护的东西。因此，有时放弃对真实的追求，是社会不得不付出的代价。

（4）诉讼效率的追求影响证明目标的实现。目前，我国的司法资源是极其有限的，而刑事案件的发案率却日趋上升。面对日益沉重的诉讼负担，公安、司法机关无法对每个案件都投入同等的人力、物力，而只能把精力重点放在重大、疑难案件上；对情节轻微的刑事案件，则采取简易程序、调解等方法，以提高诉讼效率。这就不可避免地要降低证明要求。

因此，当部分学者著书立说，不同程度地否定辩证唯物主义认识论是我国证据制度的理论基础，反而指斥坚持认识论指导证据法的主张是理论上的“误区”时，我们认为这才是真正地陷入误区。我们认为，刑事审判程序不仅不能排除认识论，而且大多数规则恰恰都是按照认识论的规律来设置的，那些认为认识论基本不适用或者难以适用于审判程序的观点难以成立。

二、诉讼客观真实与认识论

我们认为，刑事证明的目的，总体来说是要达到客观真实的标准，即公安、司法人员在诉讼中，根据证据所认定的案件事实，要符合客观存在的案件事实。因此我们如果认为唯物主义认识论适用于诉讼，能指导诉讼证据理论和实践，就应当认同诉讼中的客观真实论。

从诉讼法学的渊源来说，客观真实是大陆法系实体真实的继承和改造。大陆法系的“实体真实主义”，是法、德等欧洲大陆国家在资产阶级革命时期反对中世纪末期形式证据制度和形式真实论的斗争中形成的，至今仍被沿袭采用。而我国的诉讼以唯物主义认识论为指导，确定案件真实的客观性，从而形成了客观真实论。在一定意义上，实体真实与客观真实有相通之处。

要坚持客观真实论，就必须正确理解客观真实与绝对真实、相对真实的关系。

辩证唯物主义认识论认为，客观真理是绝对真理与相对真理的辩证统一。绝对真理有两层含义：一是指人类对无限发展着的物质世界的认识能力是无限的。承认人类能够不断获得对物质世界的正确认识，能够不断接近对客观世界的完全认识，就是承认真理的绝对性或绝对真理。二是指任何真理都包含不以人们的意志为转移的客观内容。因此，只要承认真理的客观性，也就承认了真理的绝对性，绝对正确的内容，或者说，在一定范围内不能被推翻的正确认识。而承认第二个层面含义的绝对真理，才能在日常工作和认识活动中区别正确与错误。

刑事诉讼中的绝对真实也是从上述第二个层面上说的。就是指公安、司法人员运用证据，准确无误地认定案件客观事实的内容，通常首先是指已查明某人确实实施了犯罪或者没有实施犯罪。我们通常用“水落石出”“真相大白”来形容案件已被侦破，实际上就是承认对案件认识的绝对真实性。承认诉讼证明中的绝对真实，才能确立认定案件事实是否正确的科学标准，从实体上分清办铁案和办假案、公正司法和司法不公的根本界线。

辩证唯物主义认识论认为，相对真理也有两个层面的含义：一是指人对客观世界的认识能力的有限性。人对无限发展着的世界的认识只能接近它，而不可能穷尽它。二是指人对任何具体事物的认识也只能在一定范围、一定层次上具有正确性、真理性，即只能是近似性的真理。

从诉讼证明来说，证明的有限性表现在：首先，一定数量的案件由于种种主客观因素的限制（如案情复杂、司法科技手段落后、办案经费困难、办案人员数量不足、质量不高以及诉讼规则和期限的限制等），破不了案，未能发现犯罪嫌疑人，或者捕获了犯罪嫌疑人而不能证实其犯罪，成为疑案。其次，即使已证实犯罪事实和犯罪人的案件，其所达到的客观真实，也不可能与客观存在的犯罪事实情况完全吻合，不仅细枝末节无法查清，而且某些与定罪量刑有关的情节也常常难以认定。正因为如此，刑事诉讼中确立了罪疑从有利于被告方面解释的原则，即有罪证据不足作无罪处理，罪重罪轻有疑作罪轻处理。

三、证明标准与认识论

刑事诉讼中的证明标准，是指法律规定的公安、司法机关作出有罪认定所要达到的证明程度。在证明标准的概念中，需要强调的是，刑事证明标准是作出有罪认定必须达到的证明程度，至于作出无罪处理本身，是不需要达到什么证明标准的。

我国《刑事诉讼法》对证明标准作出“犯罪事实清楚，证据确实、充分”的规定，也就是说侦查机关对案件侦查终结移送人民检察院审查起诉、人民检察院对犯罪嫌疑人提起公诉、人民法院对被告人作出有罪判决，都必须做到犯罪事实清楚，证据确实、充分。

所谓犯罪事实清楚，是指与定罪量刑有关的事实和情节都应当查清。所谓证据确实、充分，是对作为定罪根据的证据质和量的综合要求。根据法律规定和有关的司法解释，犯罪事实清楚，证据确实、充分，具体是指达到以下标准：（1）据以定案的每个证据都已查证属实；（2）每个证据必须和待查证的犯罪事实之间存在客观联系，具有证明力；（3）属于犯罪构成各要件的事实均有相应的证据加以证明；（4）所有证据在总体上已足以对所要证明的犯罪事实得出确定无疑的结论，即排除其他一切可能性而得出的唯一结论。其中第（4）点是最根本、最关键的要求。

我国“犯罪事实清楚，证据确实、充分”的证明标准，可以说是“客观真实”说的典型体现。总体精神是：刑事诉讼涉及对公民生命权、人身自由权和财产权的剥夺，即生杀予夺之权，必须十分慎重地行事。不论是在认定事实还是在适用法律上，都应当坚持高标准、严要求。这无疑是正确的。

但“犯罪事实清楚，证据确实、充分”的证明标准，也有需要完善之处。应该明确的是，犯罪事实和情节是有不同层次的。首先，“谁是犯罪实施者”这一问题是刑事诉讼中的核心问题，因而也是需要确证无疑的。其次，那些对罪轻罪重有影响的事实和情节，也要尽量查清。最后，是那些与定罪量刑都没有直接关系的事实和情节，则根本不需要调查清楚。这些不同层次的要求在我国刑事诉讼证明标准中，应该有所体现。越是关键、重要的事实和情节，在证明标准上越要从严掌握，而对于那些法律意义相对次要的事实和情节，证明标准可以适当放宽。而且，刑事案件的性质和严重程度有很大的差别，对于被告人已经作出有罪供述的简易案件和自诉案件，证明标准可以适当放宽。

有的学者在主张“法律真实”“相对真实”的同时，还建议以英美“排除合理怀疑”的证明标准来取代我国“犯罪事实清楚、证据确实充分”和“排他性”的证明标准。这是值得商榷的。

“排除合理怀疑”证明标准的特点在于，它否定了刑事证明达到绝对确定的可能性只承认能达到“最大限度盖然性”，并认为这是一个能够达到的认识范围内的最高标准。至于这种盖然性有多高，解释的宽严程度并不一致。如果对这一证明标准予以量化，通说是在95%，但绝不是百分之百。这种确定性不够的证明标准，难免在司法实践中造成错判。

四、认识论与刑事证据规则

所谓刑事证据规则，是指法律规定的有关收集证据、审核证据和运用证据认定案件事实必须遵循的一系列具体准则。

在我们看来，刑事证据规则具有如下功能：第一，查明案件事实真相的功能。大多数刑事证据规则是自觉不自觉地在认识论的指导下，为了查明案件事实真相而设计或规定的。第二，侧重保障人权功能。诉讼证明并不是以查明事实真相为唯一目的，而是具有多目的性，各诉讼目的之实现是一个综合价值平衡的结果。确立此类证据规则，是因为在客观真实与保护人权、程序公正以及其他社会价值的权衡中，在一定情况下后者也应当加以确认和保护，有时甚至要优先考虑。第三，追求诉讼效率的功能。制定证据规则的另一个重要目的是追求效率，即控制诉讼期限，使诉讼案件合法而迅速地终结。第四，兼有保证发现真实和维护人权的功能。具备此种功能最典型的规则当推联合国的不被强迫自证其罪规则、我国的严禁非法取证规则以及与此紧密联系的非法证据排除规则。

当然，我们并不否认，用刑讯等非法手段有时也能取得真实的证据，有时还可能取得具有证明力的凶器、赃物等实物证据，即所谓“毒树之果”。这些非法取得的确实证据如果采取排除规则，是否与认识论、客观真实论相矛盾呢？

对此，我们认为，应当从下面几个方面来理解：（1）在一般情况下，自愿供述比强迫供述要真实，合法证据比非法证据可靠。对任何事物的评价，往往是利弊兼而有之，问题在于利弊大小的权衡。坚持合法取证在大多数情况下有利于查明案件真相。（2）非法证据排除规则的设立，不仅仅是为了维护程序公正，同时也是为了从整体上和实体上确保证据的确实性，确保有罪判决符合客观真实的要求，确保无辜者不受错判、错杀。（3）由于非法证据排除规则在一定情况下也确有妨碍查明犯罪事实的消极作用，因而立法设计者力图发挥此规则的积极作用而减少其消极作用，在两者之间取得平衡。

综上所述，刑事证据规则是一项复杂的系统工程，追求的价值目标是多元化的。其中追求客观真实是其首要目标，只有实现客观真实，才能真正贯彻“以事实为根据，以法律为准绳”，实现司法公正。但刑事证据规则除追求客观真实之外，还必须着重追求程序公正并兼顾效率。各种刑事证据规则，应当在发现客观真实与程序公正之间、惩治犯罪与保障人权之间、司法公正与诉讼效率之间取得有效的制衡和最佳的配合，从而产生最好的多功能效果。

部分同行否定认识论，否定客观真实，把认识论与刑事证据规则对立起来，把客观真实与程序公正对立起来，甚至认为认识论、客观真实是导致公安、司法人员搞刑讯逼供的理论渊薮，好像罪莫大焉，这真令人百思不得其解。

五、民事诉讼证明、行政诉讼证明与认识论

民事诉讼证明、行政诉讼证明和刑事诉讼证明一样，都属于诉讼证明的范畴，因此三者必然存在一定的共性，都具有诉讼证明的一般特征和规律。在民事诉讼、行政诉讼中，人民法院及其审判人员都是在认识论、司法公正论以及效率论等基本理论的指导和影响下，按照诉讼法所规定的程序对案件事实进行认定。他们都应当认识案件事实，也可能认识案件事实。民事诉讼案件和行政诉讼案件的判决就是他们反映案件事实的结果。但是，民诉、行诉与刑诉相比，其诉讼目的和价值追求以及适用实体法律规范不同，因而辩证唯物主义认识论在三种诉讼证明中的运用必然呈现不同的样态和特点。

在民事诉讼证明标准问题上，虽然在两大法系之间存在一定的差别，但各国在立法和学理上都采用盖然的标准。英美法系采取优势证据的盖然性，大陆法系采取自由心证的盖然性。

相比而言，大陆法系比英美法系的盖然率要高一些。尽管如此，两大法系所采取的民事证明标准，均比刑事证明标准“排除合理怀疑”“最大限度盖然性”要低。我国目前民事诉讼中适用的证明标准，虽然在表述方式上稍低于刑事标准，但基本上是“客观真实”证明标准的法律表述。

我们认为，现行民事诉讼证明标准偏严、偏高，不仅在司法实践中难以做到，而且由于双方负举证责任，证明标准的提高必然导致加重原告的证明责任，增加原告败诉的可能性，使原、被告双方负担明显失衡，有失公正。

基于上述理由，我们赞成多数学者所主张的对刑事诉讼证明标准和民事诉讼证明标准区别对待，在民事诉讼中可以借鉴西方国家在民事诉讼证明方面的经验，以合法证据的优势证明作为我国民事诉讼证明标准。但对于涉及国家社会重大利益或有重大社会影响的案件，则应严肃对待。

需要指出的是，在民事诉讼中适用较低的证明标准，并不意味着否认认识论和客观真实在民事诉讼证明中的作用。以优势证明而论，它是指其盖然性超过对方的证明，意味着该证明符合客观事实的可能性大于其对方，更接近于客观真实。因此，优势证明标准也是建立在对客观真实的合理预期的基础之上的。从总体上来看，根据优势证明标准作出的判决反映客观事实情况的平均率，总体上要大于其违背客观事实的平均率。

行政诉讼的证明标准又有自身的独特性。行政诉讼的实质是国家运用司法手段解决行政机关因其具体行政行为所产生的与相对人（公民、法人和其他组织）的争议。行政诉讼的基本内容，是法院审查具体行政行为的合法性，即审查行政行为所认定的事实是否存在，是否正确地适用法律、法规，是否符合法定行政程序。可见，行政诉讼的证明标准，取决于行政机关作出行政行为时，对相对人违法事实的证据证明要求达到什么程度。

在这里，行政机关对相对人的违法事实的认定，同样应当以可知论作为前提，而且应当看到，行政诉讼证明标准实际上体现的是行政机关在对相对人作出不利的行为时其所根据的事实符合客观事实的程度。从国家行政权力与公民、法人权利的关系来衡量，证明标准越高，行政权力的行使就越慎重，公民、法人的权利就越有保障；反之，证明标准的要求越低，行政权力的行使任意性就越大，公民、法人的利益就容易受到非法侵犯。因此，行政诉讼证明标准体现的是国家对于保障公民合法权益的态度。

因此，行政诉讼证明标准略低于刑事诉讼证明标准也是符合实际的。何况具体行政行为的种类千差万别，其法律后果也不尽相同，在具体标准的把握上既要遵循一定的原则，又要注意区别对待。

总之，对于涉及公民人身自由权利、重大财产权利、法人的生产经营权利以及重大复杂的案件，行政诉讼证明标准应严格适用“证据确凿”的标准；而对于那些轻微的案件，对证明标准的要求可以适当降低。以上说明，在行政诉讼证明中，只讲法律真实，摒弃客观真实也未必是正确的。

《刑事证据制度与认识论——兼与误区论、法律真实论、相对真实论商榷》一文的框架和核心内容，约略如上述。

在我的学术生涯中，《刑事证据制度与认识论——兼与误区论、法律真实论、相对真实论商榷》是代表作之一。这篇论文还是有一定的理论深度的，主要讲认识论的基本原理，论证认识论适用于刑事诉讼，以及诉讼认识论的特点是什么，等等。

总体来说，认识论适用于所有的认识领域，包括诉讼，离开认识论是不可能的。诉讼也是查明事实真相，它的特点是要搜集证据，还原案件事实。

图 24-2 《非法证据排除规则实施问题研究》书影

## 证明标准之争：追寻关键事实的唯一性

就证据科学基础理论而言，我认为还是应该坚持唯物主义认识论、价值论。直到现在，我的教材都是这么写的。

最早的时候，有学者提出，传统刑事诉讼法学研究把证据法的基础理论建立在认识论基础上，这对我国证据规则体系带来极大负面影响。该观点认为，诉讼活动并不仅仅是一种认识活动，认识活动在诉讼中并不具有根本的决定性意义，以认识论为基础必然会导致重实体、轻程序，重结果、轻过程，乃至重权力、轻权利。按照这种观点，重新确立证据法学的理论基础，首先要完成从“证据学”到“证据法学”的理论转型，而证据法学的基础理论，应该建立在形式理性观念和程序正义理论基础上。

我承认法律真实本身的必要性。在一定意义上，刑事诉讼中的真实都是法律规定的真实。法律真实有与客观真实相符合的一面，但是，法律真实不能否定客观真实。有的案件，客观上就是如此。比如一个杀人案件，这个案件杀人事件发生没有、谁杀的，都是基本的东西。有的案件里，某些细节能搞清楚，有的细节搞不清楚，但是基本、重要的情节，要搞清楚。

在刑事诉讼中如何设立证明标准，事关重大。从国际上看，目前主要有两种刑事证明标准：第一种为大陆法系的“内心确信，自由心证”标准；第二种为英美法系的“排除合理怀疑”标准。两者均为主观证明标准。而我国的刑事证明标准根据《刑事诉讼法》规定为“犯罪事实清楚，证据确实、充分”。这是一个主客观相结合的证明标准。

我国“犯罪事实清楚，证据确实、充分”的定罪标准的确立，是历史的产物和司法经验的总结。然而学界对此标准存在争论与质疑，形成了多种观点，具有代表性的有排他性（唯一性）标准、确信无疑标准和排除合理怀疑标准等。

在司法实践过程中，相关机关曾多次就刑事诉讼的定罪标准作出具体说明和解释。在2006年11月举行的第五次全国刑事审判工作会议上，时任最高人民法院院长肖扬在解释“犯罪事实清楚，证据确实、充分”的证明标准时指出，“特别是影响定罪的关键证据存在疑问，不能排除合理怀疑得出唯一结论的，就应当坚决按照‘犯罪事实清楚，证据确实、充分’裁判标准，果断作出证据不足、指控的犯罪不能成立的无罪判决。”这里他把“结论唯一”与“排除合理怀疑”相结合。2007年最高人民法院、最高人民检察院、公安部、司法部联合出台的《关于进一步严格依法办案确保办理死刑案件质量的意见》对“证据不足”作出解释：“（1）据以定罪的证据存在疑问，无法查证属实的；（2）犯罪构成要件事实缺乏必要的证据予以证明的；（3）据以定罪的证据之间的矛盾不能合理排除的；（4）根据证据得出的结论具有其他可能性的。”其中第（4）点可反面推导出“证据确实、充分”，是指根据证据得出的结论没有其他可能，即要求结论是唯一的。2010年“两高三部”《关于办理死刑案件审查判断证据若干问题的规定》明确了认定被告人犯罪事实应采用“结论唯一”标准。其第5条第1、2款规定：“办理死刑案件，对被告人犯罪事实的认定，必须达到证据确实、充分。证据确实、充分是指：（一）定罪量刑的事实都有证据证明；（二）每一个定案的证据均已经法定程序查证属实；（三）证据与证据之间、证据与案件事实之间不存在矛盾或者矛盾得以合理排除；（四）共同犯罪案件中，被告人的地位、作用均已查清；（五）根据证据认定案件事实的过程符合逻辑和经验规则，由证据得出的结论为唯一结论。”这是“结论唯一”首次出现在司法解释文件之中。

我赞同将定罪的最高证明标准，确定为“结论唯一”。将“结论唯一”标准作为刑事定罪的最高证明标准是合理的，不仅可能达到，而且有必要达到。首先，从认识论的角度看，司法人员的认识与案件客观事实在一定条件下和一定范围内能够达到一致。其次，从价值取向的角度看，刑事诉讼涉及人的生命权、自由权这些人类最宝贵的权利，一旦出现冤案错案，则可能对公民权利造成巨大损害，而“结论唯一”的证明标准体现出对这些权利的极端重视，能够避免冤枉无辜，保证实体公正，有效维护人权。最后，“结论唯一”的证明标准，也与联合国《关于保护死刑犯权利的保障措施》关于死刑证明应该达到“明确和令人信服”以及“对事实没有其他解释余地”标准的表述一致。

坚持“结论唯一”标准，已经在司法实践中凸显出其自身价值。最高人民法院于2007年1月1日收回死刑核准权以来，在审核死刑案件中特别强调坚持“结论唯一”的最高证明标准，因而在死刑复核过程中，至今尚未出现一起事实认定错误的冤案。相反，在一些地方法院，由于没有坚持“结论唯一”，导致出现了多起错案，其中最有代表性的如杜培武案、佘祥林案、赵作海案等，均与没有坚持

"结论唯一"标准有关。从这一正一反两方面的司法实践事实可见，刑事案件的定罪标准，应以可能达到的最高证明标准，即以"结论唯一"为标准。

但必须指出，坚持"结论唯一"标准，并不意味着要求所有案件事实的细节都必须完全查明且其结论都必须是唯一的。"结论唯一"是指对案件主要事实的证明达到唯一的程度。具体而言"主要事实"指：（1）犯罪事实是否已经发生；（2）实施犯罪的主体是否为被告人；（3）从重量刑的情节，特别是据以判处死刑的从重情节。至于案件的某些细枝末节，则不必也不可能按照"唯一性"的标准全部查明。

需要注意的是，"结论唯一"和"排除合理怀疑"是两个层面的证明标准，两者要求的严格程度是有区别的。

关于"排除合理怀疑"，根据美国联邦最高法院判决的解释，是指要求"达到接近对有罪确定无疑的主观状态"。尽管美国联邦最高法院一直不愿意对"排除合理怀疑"作出量化，但根据对美国联邦法官的调查问卷显示，在171名法官中，有126名法官认为"排除合理怀疑"需等于或高于90%的确定。英美的学者认为，如果我是事实裁定者，我会考虑我自己关于被告人有罪的确信程度，范围是从0到100。除非我确信的程度超过95%的范围，否则我不会赞同裁定有罪。超出合理怀疑的证明没有准确的定义。一些法学家认为这是指每个陪审员必须95%或99%相信被告人有罪；另一种意见认为若没有其他对证据的解释是合理的，而起诉方已经完成了证明被告人有罪的举证责任。

由此可见，"排除合理怀疑"与"结论唯一"标准不同。"结论唯一"即确定无疑、无任何其他可能，量化言之，其确定性为100%，至少应是99.9%。我认为，对于主要犯罪事实的认定必须坚持达到"结论唯一"的程度。只有这样，才能保证刑事判决特别是死刑判决不发生冤判错杀。

这里还有必要指出，如前文所述，“犯罪事实清楚”是一种主观的心理状态，和“排除合理怀疑”同属主观标准。如果像有论者所认为的那样，将“证据确实、充分”解释为“排除合理怀疑”，那么，“案件事实清楚，证据确实、充分，排除合理怀疑”就成了一个从主观—客观—主观的标准，存在逻辑上的矛盾和理念上的混乱。

当然，由于英美法在世界范围内的广泛影响，“排除合理怀疑”标准为许多国家所接受，一些联合国文件也承认这一标准。另外，“排除合理怀疑”与“结论唯一”标准虽有不同，但也存在一定的互补性。毕竟要求在每个案件的主要犯罪事实证明均达到“结论唯一”的最高标准并不现实，将“排除合理怀疑”与“结论唯一”标准在实践中互补适用，这也许体现了应然和实然、原则性和灵活性的统一。

证明标准涉及认识论与价值论的复杂理论问题，也涉及惩治犯罪和保障人权如何平衡的困难问题。这个问题在理论上的争论和实践中的困惑将继续存在，它像迷宫一般让我们不断探索下去。但我们要牢牢记住一条根本的原则，那就是，保证无辜者不受惩罚的价值远远高于有罪者必须受到惩罚的价值。

总之，唯一性的问题也是其中很重要的争论。前面实体与程序并重，后来卷入客观真实与法律真实之争，随后又变成唯一性证明标准的“犯罪事实清楚，证据确实、充分”怎么理解的问题。

## 公正与效率的关系

另一个比较重要的学术论辩，是有关公正与效率的关系问题。

在这个问题上，我不讲并重。前面几个比较重要的关系，我都讲并重。但在公正与效率的关系上，我主张公正优先，兼顾效率。

有段时间，最高人民法院的领导人比较强调司法审判的效率。比如2008年3月最高人民法院的工作报告中，就强调“坚持公正与效率工作主题，遵循审判工作基本规律”。该报告既强调公正，也强调效率，两者之间是一种并列关系，需要公正和效率并重。

对此表述，我持保留意见。公正是现代刑事诉讼的核心价值，而效率则是重要价值，两者的关系应当定位为：公正第一，效率第二。我始终认为，司法工作应该强调公正优先，兼顾效率。对于司法工作来说，效率是必要的，但公正是灵魂。

诉讼效率是指诉讼中所投入的司法资源与所取得成果的比例。讲求诉讼效率，要求投入的司法资源取得尽可能多的诉讼成果，即降低诉讼成本，提高工作效率，加速诉讼运作，减少案件拖延和积压。更为重要的是，提高诉讼效率可以使犯罪分子及时得到惩罚，无罪的人早日免受刑事追究，被害人也可以及时得到精神上和物质上的补偿。正如贝卡里亚在论述刑罚的及时性时指出："犯罪与刑罚之间的时间间隔得越短，在人们的心中，犯罪与刑罚这两个概念的联系就越突出、越持续，因而，人们就很自然地把犯罪看作起因，把刑罚看作不可缺少的必然结果。"我国《刑事诉讼法》第 2 条规定了"准确、及时地查明犯罪事实"的内容，而且还从诉讼期限、简易程序等方面体现诉讼效率的理念。

我始终强调：我们为什么要司法？同社会上其他的争议解决途径相比，通过司法程序来解决社会矛盾和争议，它首要的价值是公正，然后才能讲司法还有的其他价值。古代的"法"字，也就是"灋"，强调平之如水，这里强调的就是公平。自古以来的法治文化，外国讲正义女神，中国讲獬豸，"触不直者以去之"，实际上这些形象强调的是司法的公正。司法是一种特殊的国家职能，我们要用公正来解决社会纠纷，所以我强调公正优先。

公正和效率作为诉讼程序追求的两个价值取向，一方面两者具有内在的一致性：有时诉讼高效是实现诉讼公正的必要条件；另一方面两者也存在冲突性：对于诉讼公正的高度追求，必然带来诉讼效率的降低，而对诉讼效率的过度注重必然有损诉讼公正的实现。

因此，当诉讼公正与诉讼效率发生冲突时，必须作出选择或者平衡。由于司法天生是与公正相联系的，没有公正就没有司法，在两者发生冲突的情形下，一般来说应当坚持“公正第一，效率第二”的原则，不能为了效率而牺牲公正、真相。我国刑事诉讼中的简易程序、和解程序以及试点中的认罪认罚从宽制度在证明标准上都坚持事实清楚、证据确实充分，正说明了这一点。欲速则不达。如果一味图快求多，草率办案而损害程序公正和实体公正，甚至发生错案，必然导致上诉、申诉的增加，有的案件还必须加以纠正和赔偿，反而损害了效率。当然，公正优先不是绝对的，有时为了效率，难免需要在程序公正上作出必要的让步。

就刑事诉讼法学界来说，也有效率和公正并重的声音。但是，关于这个话题的争论，没有前面的争论那么激烈。

## 动态平衡诉讼观要义

在参加前面所论及的学术争鸣中，我的思路逐渐体系化。最后，我把这些观点进一步整合，概括为“动态平衡诉讼观”。

平衡就是并重。但是平衡不是绝对的，它是能动的。比如打击犯罪、保障人权。在某些严厉打击犯罪时期，在一定情况下可能更强调打击；但是在平时，传统的打击犯罪已经很占优势，我们要更多强调保障人权。类似这种变化，所以叫“动态”，它不是绝对静止的状态。“动态”是相对于绝对静止状态而言。有人说我用“动态”这两个字，还是经过认真考虑的；我也是觉得，简单地讲平衡，太死板了。

2018年5月，国家检察官学院、中国犯罪学学会联合主办的“动态平衡诉讼观：理论与实践”研讨会，是对我的主要学术观点定型的标志。原来我也没有把学术思想写成一篇概括性的文章。因为这次研讨会，我就写了几千字的发言，详细论证了“动态平衡诉讼观”的要点。

在我看来，“动态平衡诉讼观”的要义，包含如下三个维度：

第一个维度，是哲学意义上的“动态平衡”。

在字面意义上，“平衡”一般是指对立的两个方面、相关的几个方面，在数量或质量上均等或者大致均等。我印象中，平衡是西方哲学家倡导的，也是我国古代哲学家所倡导的。

比如亚里士多德就在《尼各马可伦理学》中论证过“中道至善”的观念，他认为，“凡行为共有三种倾向，其中两种是恶，即过度和不及，另一种是德性，即遵守中道”。美国法学家罗斯科·庞德也认为，法律体系的成功，主要是因为其在专断权力与受限权力之间达到平衡并维持了这种平衡。庞德还认为，文明的进步会不断使得法律失去平衡，只有通过把理性适用于经验之上，才能使得平衡恢复。

就我国古代哲学来说，古代就有以“阴阳”“五行”为代表的朴素平衡哲学观。《周易》中提及的“两仪”，指“阴阳”；而阴阳则是指事物的两面，日月、天地、男女等莫不如此，都内含平衡之意。而“五行”作为万物之源，相生相克。这种阴阳、五行体系代表着万物处于动态平衡的运行状态。儒家强调的“中庸之道”“以和为贵”，其实就是平衡之道。孔子强调“过犹不及”，也是一种典型的平衡观。总之，在我国古代哲学中，平衡的观念极为重要。

马克思主义哲学也强调平衡。对立统一规律是马克思主义辩证法的三大基本规律之一，是指一切存在的事物都由既互相对立、又相互统一的矛盾组合而成。事物的多重矛盾在一定的时空条件下，有主要矛盾和次要矛盾之分。矛盾既对立又统一，从而推动着事物的发展。矛盾的对立统一是事物发展的源泉和动力。矛盾的对立状态就是不平衡，矛盾的统一的状态就是平衡。事物在矛盾的对立、统一循环反复中不断发展，就意味着事物发展就是一个动态平衡的过程。

过去，我们过多地强调斗争。在对立统一规律中过多地强调对立，不注意统一。实际上对立统一是一体的，经过统一才能发展，对立会乱，统一相对稳定。一个社会从乱到治，治的时候社会繁荣发展，治就代表着统一。

第二个维度，是刑事诉讼法上的动态平衡。

可以说，“动态平衡诉讼观”是我一生学术研究心得的哲理性概括，是我一以贯之的基本理念和思想标志，具有一定的创新精神。

前面已经详细讲了“动态平衡诉讼观”的构成元素，现在再总结一下。从刑事诉讼法的角度而言，“动态平衡诉讼观”重点体现在如下几个方面：

第一，刑事实体法和刑事程序法相平衡。一方面，刑事诉讼法保障刑法的实施，程序法对于实体法而言具有工具价值。另一方面，刑事诉讼法自身具有独立的价值，即程序法本身直接体现出来的民主、法治、人权精神，它不依附于实体法而存在。司法公正是实体公正和程序公正的有机统一，要保证实体公正和程序公正动态并重。既要承认程序法的工具价值，又不能陷入唯工具论；既要承认程序法的独立价值，又不能过度夸大，陷入程序优先论。

第二，惩罚犯罪与保障人权相平衡。惩罚犯罪和保障人权，是刑事诉讼法目的的两个方面。一是刑事诉讼法必须对犯罪进行追究和惩罚，以保障公民的生命、财产和其他合法权利不受侵犯，保障国家安全和维护社会秩序稳定。二是刑事诉讼法尊重和保障人权，这是评价一个国家民主法治文明程度的标杆。刑事诉讼领域的人权保障的重心在于保障犯罪嫌疑人、被告人的权利，并注意保障被害人权利。惩罚犯罪和保障人权对立统一，不可偏废。两者必须妥善地加以协调，相互平衡地结合在一起。

第三，客观真实与法律真实相结合。客观真实是指司法人员通过证明活动，对案件事实的认定与案件客观事实相一致。法律真实是指司法人员通过证明活动对案件事实的认定达到法律所规定的真实程度。

我国定罪的证明标准是“犯罪事实清楚，证据确实、充分”，要求定罪证明达到主客观相统一，这明显是以客观真实为理念基础。中共中央十八届四中全会决定提出："健全事实认定符合客观真相、办案结果符合实体公正、办案过程符合程序公正的法律制度"，这与以客观真实理念为基础的动态平衡司法公正观相一致。

科技证据的日益扩大适用，增强了事实认定符合客观真相的能力。但是，司法活动不是以发现真实为唯一价值，还包含人权保障的程序价值，当价值间存在矛盾和冲突时，法律真实起到了平衡器的作用。巨额财产来源不明罪中的推定、疑罪从无，都是典型的法律真实的体现。

第四，诉讼结构上控辩对抗和控辩和合相统一。在现代民主法治国家，刑事诉讼控诉、辩护和审判三者的关系可以概括为：控审分离、控辩对抗和审判中立。其中，由于行使控诉权的国家专门机关在权力、手段和物质条件上远超于被追诉人，因而国家必须刻意构建控辩双方平等对抗的程序，保证辩护权的有效行使。

随着被追诉人权利保障的加强和诉讼地位的提升，英美法系辩诉交易制度、大陆法系认罪协商制度在全球范围内兴起，中国也相应建立了认罪认罚从宽制度。控辩之间的合意起到了越来越大的作用。因而刑事诉讼结构在坚持控辩平等对抗的同时，逐步增加了诉讼和合的因子。

第五，诉讼公正与诉讼效率之间的合理平衡。提高诉讼效率不仅能够节约司法成本，更重要的是让犯罪分子及时得到惩罚，无罪的人早日免受刑事追究，被害人及时得到精神上和物质上的补偿，从而更有效地实现刑事诉讼法的任务。

诉讼公正与诉讼效率的合理平衡，要以公正优先。公正是司法的灵魂和生命线。离开司法公正，司法效率必将是反效率、高成本的，因为图快求多容易造成冤案错案，不仅损害了公正，而且需要花费更多的司法成本加以纠正和补偿。

以上五点内容，应该说是符合刑事司法一般规律的。之所以提

“动态”，说明刑事诉讼制度不仅要考虑时空等因素，如不同历史条件、不同国度的区别，而且必须具有现代化的多元诉讼理念。繁简分流、对抗和合结合，形成多元诉讼程序，这是当今司法改革的潮流。我们要不断探索惩罚犯罪与保障人权、实体公正与程序公正以及公正与效率等诸多价值之间，如何在刑事诉讼中科学合理地实现平衡。

第三个维度，是动态平衡诉讼观之下刑事司法改革若干问题的思考。

我国的刑事诉讼法治的立法和司法，总体而言，是按照动态平衡规律向前发展的，但存在一定缺陷，有待完善。

第一，惩治犯罪和保障人权平衡问题。惩治犯罪和保障人权有失平衡，典型表现在非法证据排除难问题和防错纠错难问题未根本解决。我们应该坚决贯彻证据裁判原则、疑罪从无规则，严格实行非法证据排除规则，有效防范和及时纠正冤案错案。

第二，控辩平等问题。控辩之间存在相当程度的不平等，典型表现在出庭辩护率低，其重要原因在于法律援助不到位。建议法定刑三年以上有期徒刑的案件一律提供法律辩护（而不是值班律师的法律援助）；死刑复核程序必须要有辩护律师参与。

第三，刑事办案机关权力平衡问题。刑事办案机关权力不平衡，典型表现在“以审判为中心”贯彻不到位。“以审判为中心”刑事诉讼制度改革，推进庭审实质化，建议要着重解决证人、鉴定人出庭问题。随着新的监察制度开始在全国确立和运行，监察委员会的办案也要按照《监察法》的规定，体现“以审判为中心”的精神，保持好监察委员会与公安机关、检察院、法院之间新的权力平衡关系。

在国家检察官学院这次会议上，除了我的主旨发言，来自学界、立法机构和实务界的同行，都结合各自的思考和工作实际，谈了对“动态平衡诉讼观”的理解与思考。会后，《中国检察官》杂志在2018年第13期上对这次会议的相关发言作了摘登，比较系统地展示了各界对于“动态平衡诉讼观”的认可。

图 24-3　《刑事诉讼法》书影

归纳起来，我在学术上的成就主要就是构建“动态平衡诉讼观”，提倡程序、实体并重，惩治犯罪和保障人权相结合，公正优先、兼顾效率。后来中央的相关文件，同我的观点基本是一致。有的文件一般就提“两个并重”：程序公正和实体公正并重，惩治犯罪和保障人权并重，不提客观真实与法律真实并重。

# 第二十五章　我的司法改革观

## 推动司法改革是我的学术人生的主线之一

我一直关注司法改革。推动司法改革是我的学术人生的主线之一。在民主法治思想与动态平衡诉讼观的指导下，我针对我国当今司法改革的重要问题，逐渐形成并提出了比较系统的主张。

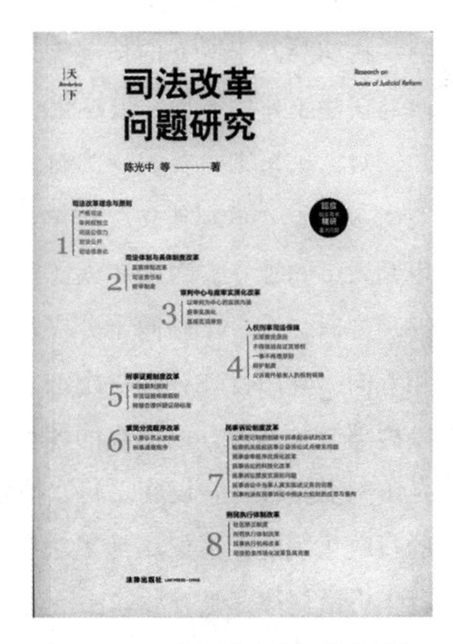


图 25-1　《司法改革问题研究》书影

我国司法体制是在传承革命根据地司法制度传统的基础上，同时在苏联的直接影响下形成的，有着如下几方面的特点：第一，人民法院、人民检察院并列为司法机关。第二，审判权、检察权依法独立行使。第三，人民法院、人民检察院、公安机关办理刑事案件，分工负责、互相配合、互相制约。第四，现行司法体制强调坚持党的领导。第五，司法机关对权力机关负责。

我国现行的司法体制基本符合我国的国情，但这一司法体制也存在明显的不足，特别是一旦进入操作层面，在司法机关的对外和对内关系上都凸显出不少问题，成为阻碍司法公正实现的瓶颈。

在对外关系上主要表现为地方化倾向。我国是单一制国家，司法权属于中央事权，人民法院和人民检察院均是“国家”的法院和“国家”的检察院。但是，根据我国现行《人民法院组织法》和《人民检察院组织法》，地方各级人民法院院长和地方各级人民检察院检察长由地方各级人民代表大会选举，副院长、庭长、副庭长、审判员、副检察长、检察委员会委员、检察员由地方各级人民代表大会常务委员会任免。地方各级人民法院和地方各级人民检察院的经费预算，均由同级人民代表大会审议，由政府部门划拨。在人、财、物均受制于地方的情况下，各级司法机关就不可能摆脱地方党政对司法工作的干预，最终无法保证其独立行使权力。

对内关系则主要表现为行政化倾向。这一点在法院表现得尤为突出。由于“审判独立”被解释为法院整体的独立，并没有落实为审判人员的独立，因此在人民法院内部审判人员的人事管理和业务办理方面，行政化倾向十分突出。前者表现为将法官与一般公务员相等同，套用行政级别决定法官的薪酬、业务职称；后者表现为法院内部业务办理方面形成的各种行政式“审批”“请示”制度，以及审判委员会与合议庭之间“决定”与“执行”的关系。法院内部的行政化倾向，不仅压抑了法官个体的积极性和职业荣誉感，也违背了诉讼规律，是一种非法治化的内部结构关系。

基于我国司法体制的上述特点和问题，多年来我对司法改革一直比较关注。在2019年完成的《学术人生耄耋年》中，我简要概括过我对司法改革的系统观点。就司法改革而言，主要观点散见于不同文章中。比较重要的文章，有与龙宗智合作完成的《关于深化司法改革若干问题的思考》、与魏晓娜合作完成的《论我国司法体制的现代化改革》等。

在司法改革领域，我关注的主题和核心观点大致如下：

## 司法改革应该遵循基本司法规律

遵循司法规律是司法改革取得成功的关键。我国司法改革，应当遵循以下规律：

图 25-2 《中国司法制度的基础理论专题研究》书影

第一，严格适用法律，维护法治权威。办案中应当努力做到法律效果与社会效果的统一；但当两者发生矛盾时，不能以违背法律为代价去追求社会效果，也不宜在法律效果与社会效果之外，增提“政治效果”的口号。严格依法办事，就是最好的“讲政治”。

第二，公正司法，维护社会公平正义。在刑事司法中，要做到犯罪事实清楚、证据确实充分，定罪准确、量刑适度，特别是不能发生冤案、错案。许多冤案、错案的发生往往源于刑讯逼供，而后在定案时没有坚决贯彻疑罪从无的无罪推定原则和“疑罪从轻”的做法，为错判无辜开了一个口子。因此，要坚决贯彻疑罪从无原则。

第三，严格遵守法定正当程序。我认为，英美法系流行的程序优先主张不符合中国的国情，因为当事人参加诉讼固然重视程序上是否公正，但更关注实体结果是否对其有利。实际上，当事人上诉、申诉的主要动因是实体不公，因此，我国司法应当坚持程序公正与实体公正并重的理念。另外，司法在追求程序公正时也要追求效率，但不能以效率损害公正，导致错案增加，上诉率和申诉率上升，案结事未了，最终反而更浪费司法资源。因此，公正高效可以并提，但不能并重，应当是公正优先、兼顾效率。

第四，坚守司法的亲历性与判断性。排除传闻证据规则或直接言词原则，成为现代法治国家普遍适用的诉讼原则。法官对个案的处理必须亲历其境，直接审查证据和事实，从感性认识上升到理性认识，形成对案件事实的内心确信。如果不直接审理案件，仅凭听汇报认定事实并作出处理，显然不符合认识规律，难免出现错误，而且是违法的。

第五，维护司法的公信力与权威性。当前，司法的公信力和权威缺失，是值得重视并应当在深化司法改革中加以解决的问题。提高司法的公信力和权威性，除了首先让民众在身边感受到公正以外，还需要维护司法的终局性，包括正确处理司法既判力与信访制度的关系，涉诉信访应当被诉讼程序所规制，对生效裁判的信访应纳入申诉复查程序依法处理。同时，在刑事司法的再审程序中，应当结合中国国情，借鉴吸收国际刑事司法准则中的“一事不再理”原则，避免公民遭受“双重危险”。

## 确保依法独立行使审判权、检察权

审判、检察独立是实现司法公正的首要保障，是树立司法权威的必要条件，也是法官职业化的题中之义。尽管按照《宪法》规定，人民法院、人民检察院依照法律独立行使审判权、检察权，不受行政机关、社会团体和个人的干涉，但在实践中，这项原则贯彻得不尽如人意，存在司法受外部干涉以及司法地方化的现象。

为解决这些问题，司法改革中应该重点强调如下问题：

第一，应当坚持和改善党对司法工作的领导。党委如何领导司法工作，事关公正司法乃至国家法治的大局，应当下决心积极稳妥地推进改革。党对司法工作的领导，应当注意司法的特点，遵循司法运行的规律。党组织（包括党委和政法委）对司法工作的领导主要是方针、政策的领导和组织领导，原则上不宜具体参与办案工作。省以下政法委不宜进行个案协调；案件协调的范围限于事关大局、社会影响重大的个别案件，而且原则上不协调案件事实和对证据的评判；还应当实行案件协调责任制，以加强办案人员对案件协调工作的责任心，避免权责不清，出现错误也无法追责。

第二，进一步理顺国家监察机构与司法机关的关系。在《监察法》颁布之前，反腐败工作由党委领导、纪委组织协调；《监察法》颁布之后，国家监察委则成为反腐败的主力军。这种反腐败体制符合当前国情，不宜轻易改变。但是，应当明确国家监察委与司法机关的关系，不是领导与被领导的关系，而是协调与配合的关系。国家监察委立案调查，检察机关一般不宜提前介入，个别大案要案至多单独以初查方式开展外围取证配合，而不能与国家监察委办案混成一锅粥。一旦国家监察委调查结束，认为构成犯罪并移送检察机关以后，检察机关就应当按《刑事诉讼法》独立、自主地侦查起诉；法院应当独立、公正地审判。另外，监察机构办案，也应当严守纪律和正当程序，尊重人权，严禁刑讯逼供或以其他非法方法获取证据，应当完善办案机制，把办案的权力也关在正当程序的笼子里。

第三，进一步理顺权力机关监督与司法机关独立行使职权的关系。实践中，部分人大代表在开会时，常常就具体案件提出监督意见，有的案件甚至与人大代表本人有直接利害关系。这种做法不仅缺乏法律依据，而且在一定程度上干扰了法院、检察院依法独立办案，弊大利小。因此，我认为不应当允许人大代表以个人名义或联名就具体案件提出监督意见的做法。但是人大代表在参与社会活动时发现已生效的刑事裁判可能是冤案、错案或者因严重司法不公造成恶劣社会影响的，出于对社会、对人民负责而提出的书面反映意见，人大常委会可以指定某一机构（如内务司法委员会）作形式审查后，转交给相关司法机关处理。对于这种反映意见，司法机关应当认真对待，以事实为根据，以法律为准绳独立作出处理。

第四，保障司法机关依法独立行使职权。在人事上，司法机关领导的提名和任免，应当适度强化上级党委和上级司法机关的作用，降低同级党委的作用。在财政上，在保证现有财政保障水平不降低的情况下，司法财政由现在同级行政部门财政拨款为主，改由中央和省级统一拨款或为主拨款，减少地方各级法院、检察院对同级行政机关的依赖性，否则，司法机关难以独立，地方保护主义无法克服。中央有关“推动省以下地方法院、检察院人财物统一管理”等保障司法权独立行使的措施，由于认识不统一、现实困难较多，而未得到落实。此项符合时代潮流的改革，理应启动。

改革我国目前的法官、检察官管理体制，主要是解决两个问题：

一是改变目前法院、检察院的单一行政管理模式。法官、检察官职业素质要求高，任职条件要求严，但入职门槛、工资福利及职务保障却实行与公务员统一的标准，高要求与低保障形成了明显的反差；法官、检察官缺少职业荣誉感，难以吸引和留住优秀司法人才；很多地方采取“一刀切”的退休政策，致使一大批优秀法官、检察官在黄金年龄离开工作岗位，浪费司法人才。因此，对法官、检察官应当实行不同于公务员的职业准入制度、考核制度和职务职级晋升办法，尊重司法工作规律和法律职业特点，实行权责明确、管理规范、保障到位的管理制度。

二是实行法官、检察官及辅助人员分类管理制度。在单一行政管理模式下，法官、检察官职业准入门槛偏低，导致大量占据法官、检察官资格的人员并不从事办案工作。结果，法官、检察官人数日益庞大，“案多人少”的矛盾却十分突出。法官、检察官的业务职称又与行政级别挂钩，一线的法官、检察官为了解决行政级别，又希望到行政管理部门任职，而行政职数有限，形成“众人抢占窄通道”的局面，法官、检察官成长空间有限。近年来，司法系统大力推进法院人员分类管理制度改革，将法院人员分为法官、审判辅助人员和司法行政人员，实行分类管理。对法官实行统一的员额管理，提高法官入职门槛，延长法官任职年限，确保法官主要集中在审判一线。最高人民检察院也采取类似改革措施。与之配套的，则是拓宽司法辅助人员的来源渠道，建立司法辅助人员的正常增补机制，减轻法官、检察官事务性工作负担。

在司法人员分类管理制度改革方案中，法官助理、检察官助理（原称助理审判员、助理检察员）被列为司法辅助人员，这个问题要妥善处理。因为这类人员拥有正规学历，通过了司法考试和公务员考试，年纪轻而业务能力较强，是办案的重要辅助力量，也是法官、检察官的后备军。在司法人员分类管理改革中，不应挫伤而应调动他们的积极性，这是顺利推进分类管理改革的重要一环。

在实行司法人员分类管理的基础上，应当强化法官、检察官的职业保障。司法官员职业保障，包括以下几个方面的内容：一是身份保障，即法官、检察官一经任命，除非有法律明确规定的事由并经过法定之程序，不受免职、降职、调离，不得减少工资待遇，以此保障司法官员不会因为正当履行职责而受到不当对待。二是薪俸保障。薪俸保障是身份保障之外最有助于维护法官独立的手段。西方国家普遍实行法官的高薪制，法官享有优厚的待遇。三是职业行为豁免权，即司法官员依法履行职务的行为免受法律追诉、免除法律责任的特权，包括司法官员在依法履行职务期间实施的行为和发表的言论不受法律追究的权利，以及就与履行司法职能有关的事务，免予出庭作证的特权。

## 以审判为中心，理顺公、检、法的关系

我国刑事诉讼中，处理我国公安机关、检察院、法院之间的关系的基本原则，是“分工负责、互相配合、互相制约”。这一原则经1979年《刑事诉讼法》、1982年《宪法》确认后，一直未有调整和改革。

该原则具有历史进步意义，也是刑事司法办案质量的重要保障。

但这一原则也有问题，应该在司法改革中予以弥补。

这一原则的主要问题，是以国家权力平行互动的单面关系取代刑事诉讼中控、辩、审“三方组合”的构造与功能。具体而言，存在如下几个问题：

第一，要求法院与追诉机关讲“配合”，损害了审判机关的中立性。虽然根据我国《刑事诉讼法》的规定，公诉人不是诉讼当事人，但检察机关是代表国家提起公诉、支持公诉的控诉一方的代表，是与辩方相对应的一方。我国要求法院与公安机关、检察机关互相“配合、制约”，使审判程序中控、辩、审三角诉讼构造的合理关系产生矛盾，使法院的中立性被削弱化解。这也是在司法实践中，法院往往自觉不自觉地配合控诉方，以致混淆自己诉讼角色的重要原因。

第二，彼此“互相配合、互相制约”、不分主次的互涉关系，有碍审判权威的建立。法院是最终认定案件事实并适用法律裁决的裁判机关，诉讼以审判为中心，是诉讼规律的必然要求。因此，任何一个科学化、法治化的司法体制，都必须维护审判的权威。但是在公、检、法三机关“互相制约、互相配合”的关系中，法院对刑事程序的控制能力和对案件实体的裁断能力被弱化，难以形成以法院为标志的司法权威。

第三，忽略了涉案公民的主体地位以及辩护人的能动作用。现代刑事诉讼理论在诉讼主体上尽管观点不尽一致，但均承认国家专门机关和当事人及其受委托的辩护人、诉讼代理人在诉讼中都具有主体地位。而公、检、法三机关的关系原则和机制仅确认公、检、法三机关的功能及配合制约作用，辩护的功能在其中未获确认，导致国家权力与公民权利的关系失衡，人权保障难以完全到位。

司法改革只能面对现实，在宪法的框架内通过某些符合司法规律的改革措施，弥补公、检、法三机关之间的关系的缺陷，促进司法权力更为良性地运作。具体而言，我们应该做到：

第一，维护控辩平等，加强审判的中立性。目前部分检察机关正在探索将其诉讼职能与监督职能适当分离，也正是为了在加强监督的同时，尊重诉讼的规律。但这种内部的小改革力度不足，需在法律制度层面作进一步的改革。尤其如《人民法院组织法》规定的检察长列席法院审判委员会的制度是否合理就很值得研究。

第二，防止互相配合侵犯当事人权利。公、检、法三机关互相配合最容易产生的弊端就是互相配合对付当事人，造成对当事人权利保障的程序失灵。例如，刑事诉讼的运作，常态是依次向前推进直至案件终结；只有在特定情况下可以倒流运作，如二审程序中，法院依法将案件发回原审法院重新审理等。如果经常倒流运作，不仅影响诉讼效率，更影响人权保障。而司法实践中，法院在开庭审理后依法应当作出无罪判决的情况下，为了“配合”检察机关和公安机关“下台阶”或业绩考评，通常事先向检察机关通报，检察机关便作出撤案处理，尔后或作出不起诉决定或退回公安机关撤销案件，甚至有的案件被挂起来长期不处理。类似这种不合理、不公正的司法权力运作现象，应当在司法改革中设规立制加以纠正。

第三，从长远来看，还应当建立当事人权利的司法审查救济机制。目前我国全部的侦查行为，包括对人和对物的强制侦查措施，如羁押、搜查、扣押、冻结、电子监听等，均由侦查机关自行实施，仅仅是长期羁押，即逮捕措施须报检察机关审查批准。而检察机关本身又是侦查和控诉机关，并不符合司法审查的中立性要求。而且，由于侦查行为不可诉，强制性侦查措施对公民权益造成的损害，无法在事后诉诸法院寻求司法救济。我认为，强制侦查的司法审查，是各刑事程序法制的基本内容，也是联合国刑事司法准则的要求，是保障公民和社会组织在刑事程序中合法权利的必要、必需的制度安排。目前我国刑事司法在这方面的制度建设和实践已经滞后。但考虑到《刑事诉讼法》修正不久，当前的重点任务是保证刑事诉讼法的正确有效实施，因此，建立当事人权利保障司法审查机制可从长计议，而不纳入当前的司法权力运作机制改革内容之中。

## 完善辩护制度

未来辩护制度的完善，需要完成如下几件工作：

第一，加快推进刑事法律援助全覆盖。对于可能判处三年以上有期徒刑刑罚的案件，应当对其提供法律援助。此处的法律援助并非值班律师的法律帮助，而是刑事辩护法律援助。特别是对于可能被判处死刑的案件，公安、司法机关在任何阶段都应该为其指定法律援助律师，死刑复核程序更不能例外。

我国现在的法律援助，主要是针对死刑、无期徒刑，还有犯罪嫌疑人是残疾人的情况等。但刑事法律援助覆盖的关键是普通案件。这一块并没有说要提供刑事辩护法律援助，只是说要根据实际需要灵活变通。

针对这个问题，我还搜集了西方国家的材料。在西方国家，也不太一样：有的国家，凡是刑事案件，只要国家追究刑事责任，办案机构开始通知、立案，办案对象成为犯罪嫌疑人，那么从通知他开始，犯罪嫌疑人马上就可以获得法律援助的权利。在有的国家，以刑罚的最低限度作为提供刑事辩护法律援助的标准。现在把最低限度普遍规定为三年，即可能判处三年或者三年以上有期徒刑的案件，都应该提供法律援助。可以说，三年已经成为国际标准。

我现在主张，凡是可能判处三年以上有期徒刑的案件，也应该全部提供法律援助。我也查了，我们有些简易程序，实际上都不到三年。如果以三年以上作为标准，法律援助的量不是很大，以律师的实力和财政实力应该能做到。即便现在有困难，创造条件努力也能做到。

2021 年 8 月，我国《法律援助法》颁布。跟以前比，援助对象的条件有所放宽，但依然不是以三年及三年以上有期徒刑作为标准。总体来说，《法律援助法》有进步，但是我觉得进步不够。

第二，侦查阶段辩护律师是否享有取证权问题。从辩护律师在侦查阶段介入诉讼的目的来看，辩护律师是为犯罪嫌疑人、被告人提供法律帮助并为审查起诉阶段和审判阶段的辩护做准备。而辩护律师享有调查取证权，是全面收集证据、了解案情的前提，是提供有效辩护的重要保障。遗憾的是，修改后的《刑事诉讼法》尽管规定了律师在侦查阶段具有辩护人地位，且辩护律师的权利也有所扩大，但对其是否有主动收集证据的权利，法律规定得比较模糊，而且存在矛盾。在侦查阶段赋予律师调查取证权是国际上的通行做法。为了保证辩护律师能够提供有效辩护，我国下一步应当总结司法经验并吸收外国的有益做法，以立法、司法解释的形式明确侦查阶段律师有权收集证据。当然，考虑到侦查阶段的特殊性，律师收集证据的权利可设定在其会见犯罪嫌疑人之后，以此减少此项制度可能产生的负面影响。

第三，保障辩护律师的人身安全。由于我国《刑法》第 306 条与《刑事诉讼法》第 44 条的规定，我国辩护律师的职业具有高风险性，2011 年北海律师案便凸显了这一点。此案由于在庭审中辩方证人全部翻证，四名律师和辩方三名证人在庭审后全部被拘捕。为此，我应邀召开学者座谈会，严肃批评北海公安、司法机关抓捕证人和律师的错误行为，并表示应予立即释放。此案最后得到正确公正的处理。我认为，《刑法》第 306 条“威胁、引诱证人违背事实改变证言或者作伪证”中的“引诱”难以准确掌握，应当修改。在现有法律未修改之前，应严格把握界限。2015 年 6 月，我在京都律师事务所成立二十周年时的题词是“尊重律师，支持律师，保护律师”，也体现了这一主张。

第四，加强律师权利保障机制。通过近年来的司法改革尤其是通过修改《刑事诉讼法》，完善刑事辩护制度，使律师“阅卷难”“会见难”等问题在制度层面得到了基本解决，律师作伪证问题的法律条款也作出了合理调整。

目前的主要问题是如何保证法律规定有效实施，特别是有的问题，法律规定比较模糊，更难以落实。例如，辩护律师在侦查阶段是否有收集证据的权利，由于修改后的《刑事诉讼法》规定得不明确，不同的条文在表述上不一致，而且新出台的法律解释性文件对此又加以回避，从而使律师在侦查中的取证权难以得到保障。又如，修改后的《刑事诉讼法》将检察机关设定为诉讼权利的救济机关，第49条规定，辩护人、诉讼代理人认为公、检、法三机关及其工作人员阻碍其依法行使诉讼权利的，有权向同级或者上一级人民检察院申诉或者控告。人民检察院对申诉或者控告应当及时进行审查，情况属实的，通知有关机关予以纠正。且不论检察机关承担侦查、控诉职能而具有追诉倾向，难以客观公正提出纠正意见，即便认为“情况属实的，通知有关机关予以纠正”，有关机关如置之不理又将承担何种后果？法律没有明确规定，导致此项规定难以充分发挥实际效用。为此，我们建议在此次司法改革中，通过有关部门修改司法解释，进一步明确辩护律师在侦查中有取证权或有限取证权；赋予检察机关在一定情况下的强制救济权，同时赋予检察机关的司法救济权一定的强制执行力，以加强对律师诉讼权利的保障。

## 统一刑罚执行体系

刑罚的执行大多数属于行政行为，例如在监狱服刑。但是也有一部分属于诉讼，包括刑罚执行机关将已经发生法律效力的判决、裁定所确定的内容依法付诸实施，以及处理刑罚实施过程中出现的变更执行等问题而进行的活动。

刑罚执行的另一部分重要内容是与受刑人的待遇、监管、教育、改造等事项密切相关的具体行刑活动，这类活动不具有诉讼性质，而是司法行政活动。统一刑罚执行体制，就是针对这一部分执行活动而言的。

根据我国《刑法》《刑事诉讼法》和《监狱法》的规定，我国的刑事执行工作由多个机关分担。具体说来，人民法院负责无罪、免予刑事处罚、罚金、没收财产和死刑立即执行的执行；公安机关负责剥夺政治权利、拘役的执行，其中，拘役由拘役所负责执行；监狱负责死缓、无期徒刑、有期徒刑的执行；未成年犯管教所负责被判处无期徒刑、有期徒刑的未成年犯的执行工作；社区矫正机构负责对被判处管制、宣告缓刑、假释或者暂予监外执行的罪犯的执行。看守所不是刑罚执行机关，但是，为了减少押解负担、节省资源，《刑事诉讼法》也规定，“剩余刑期在三个月以下的，由看守所代为执行”。

这种多元化的刑罚执行体制，随着国家机构职能的调整和社会结构的变迁，逐渐暴露出一些明显的缺陷和问题。

一方面，现有执行体制的执行机关设置与其主要职能不相符，分工不尽合理，不符合分工负责原则。人民法院属于国家的审判机关，公安机关在刑事诉讼中的主要职能是侦查，而刑罚执行属于司法行政活动。而在目前的刑罚执行体制下，由负责审判和侦查的机关兼管执行，不仅存在职能不清的问题，而且使得法院、公安机关不能集中力量做好审判、侦查工作。

另一方面，现有执行体制缺乏必要的制约机制。例如，中级人民法院既负责死刑案件的第一审，又负责对死刑生效判决的执行。这种既由法院自己审理，又由法院自己执行的体制，容易造成先入为主，在执行阶段难以纠正可能出现的冤案、错案。公安机关在刑事诉讼中负责侦查，如果再负责执行工作，容易造成执行与侦查职能制约不足，即使在执行阶段发现错误也很难期待错误得到纠正。

鉴于我国刑事执行体制存在的问题，我主张积极创造条件，逐步将刑罚执行权统一到司法行政机关。具体而言：

第一，在现有的刑罚执行体制中已经归司法行政机关管理的监狱、未成年犯管教所、社区矫正机构继续保持不变。

第二，死刑的执行权应由目前的人民法院转移到司法行政机关。

就当今保留死刑的美国、日本和我国台湾地区来看，死刑亦均由司法行政部门或者监狱负责执行。目前由人民法院负责执行的财产刑，包括罚金、没收财产判决的执行，也应转移到司法行政机关。但是，现有体制下由人民法院负责执行的无罪、免予刑事处罚判决因不涉及刑罚执行问题，可保持不变。

第三，目前由公安机关负责执行的拘役、剥夺政治权利判决和剩余刑期在三个月以下有期徒刑的执行，可以分情况作出处理，以利于司法行政机关统一执行：

首先，将拘役所归口到司法行政机关管理，这个问题的解决并不复杂。

其次，剥夺政治权利判决可考虑交社区矫正机构执行。最高人民法院、最高人民检察院、公安部、司法部在2003年曾经联合下发《关于开展社区矫正试点工作的通知》，规定了五种适用对象，即在上述四种适用对象的基础上增加了被剥夺政治权利的罪犯。这种做法之所以没有被后来的《刑法》和《刑事诉讼法》所吸收，很大程度上是因为当时矫正手段有限，不适合剥夺政治权利判决的执行工作。随着社区矫正制度日益完善，矫正手段不断丰富，完全可以将剥夺政治权利判决交给社区矫正机构执行。

最后，对于剩余刑期在三个月以下，在现有体制下由看守所执行的有期徒刑，可以有两种解决方案：一是变更为社区矫正，交当地社区矫正机构执行。二是建议人民法院今后量刑时不再作出服刑三个月以下就刑满的判决。少判三个月对惩罚犯罪的力度以及贯彻罪责刑相当原则的影响非常有限。

## 奉行无罪推定原则

在刑事诉讼中，保障被追诉人的人权，关键在于确立无罪推定原则。

根据无罪推定原则，被追诉犯罪的人在最后被确定有罪以前应被假定为无罪的人，是诉讼的主体，不得强迫其自证其罪。而且公诉机关要承担举证责任，法院要在证据达到排除合理怀疑的程度后才能定罪，不能证实有罪的，就应作无罪处理。无罪推定要求“罪疑刑疑”作有利于被告人的处理。也就是说，定罪有疑作无罪处理，量刑轻重有疑作轻刑处理。

我国《刑事诉讼法》尚未明文规定无罪推定原则，但该原则的内容在《刑事诉讼法》中已有较充分的体现。如我国《刑事诉讼法》不仅确立了“未经人民法院依法判决，对任何人都不得确定有罪”的基本原则，还规定了“不得强迫任何人证实自己有罪”“公诉案件中被告人有罪的举证责任由人民检察院承担”，以及证据不足不起诉、证据不足指控犯罪不能成立的疑罪从无原则等。

为了完善人权刑事司法保障，我国应当在立法、司法解释中确立无罪推定原则，并落实有关无罪推定原则的相关内容。尤其是对于达不到有罪证明标准的疑罪案件，司法人员应当宁纵勿枉，坚决依法贯彻疑罪从无规定。在立法上应当借鉴国际上对无罪推定原则的通行表述，以替代现行《刑事诉讼法》第 12 条中不到位的规定，改为“凡受到刑事控告者，在未依法证实有罪之前，应有权被视为无罪”，并且应当完善并坚决贯彻“存疑有利于被指控人”的规则。

应当吸取过去冤案、错案产生的教训，不容许搞疑罪从轻、留有余地的做法。对于过去已经疑罪从轻处理的案件，被判刑人不断申诉的，应当着力审查，确属证据不足的，应当予以改判纠正。唯有如此，才能真正最大限度地防止冤案、错案的发生。

## 坚持证据裁判原则，严格实施非法证据排除

证据裁判原则是现代法治国家刑事诉讼中认定犯罪事实时必须遵循的原则。

证据裁判原则要求以口供以外的证据作为认定案件事实的主要根据。证据必须具有真实性、关联性、合法性。定罪证明标准是

“事实清楚，证据确实、充分”，这是主客观相结合的标准，其中“事实清楚”是主观标准，“证据确实、充分”是客观标准。刑事诉讼法新增加的“排除合理怀疑”标准，不能照搬西方对排除合理怀疑关于“接近确定性”或“95%”的解释。对案件的主要事实应达到结论唯一性，以严防冤案的发生。

刑讯逼供不仅是最大的程序不公，也是造成刑事冤案的最重要原因。实践表明，绝大多数冤案是由于刑讯（包括变相刑讯）造成的。冤案、错案不仅严重侵犯了被错判者的人权，而且造成了恶劣的社会影响。

为了有效遏制刑讯逼供，《刑事诉讼法》用多个条文构成“组合拳”来预防冤案的发生，如规定了犯罪嫌疑人在被拘留、逮捕后应及时送交看守所并在看守所讯问，建立了讯问全程录音录像制度等。修改后的《刑事诉讼法》实施以来，刑讯逼供现象已进一步得到有效遏制，但仍未绝迹，特别是变相的刑讯逼供时有发生。

要杜绝刑讯逼供，应当进一步填补法制上的漏洞，如防止犯罪嫌疑人在进入看守所之前、在看守所讯问中、在监视居住期间，尤其是在指定居所监视居住期间可能出现的刑讯逼供，防止侦查人员使用法律上没有规定的变相肉刑，如晒、冻、烤、饿和疲劳讯问等方式来取得供述。

为了全面杜绝刑讯逼供，还必须严格实施非法证据排除规则。作为刑事司法领域一项重要的人权保障制度，非法证据排除规则是指采用非法手段取得的证据依法不得作为证明不利于犯罪嫌疑人、被告人的事实的根据。非法证据排除规则对于保证定案证据的合法性和真实性，实现个案公正具有重要意义。该规则在修改后的《刑事诉讼法》和司法解释中已有明确规定，但从修改后《刑事诉讼法》的实施来看，能够真正排除非法证据的情形并不多见。

必须下定决心排除阻力，加强规制，在“严格实行非法证据排除规则”上做好文章。首先，要妥善解决刑讯逼供等方法造成肉体上剧烈疼痛以及精神上痛苦的范围和其程度在实践中如何把握的问题，特别是侦查人员惯用的疲劳讯问、威胁等非法取证的排除范围如何把握。其次，要正确把握非法证据排除的证明标准，按修改后《刑事诉讼法》第58条规定不能排除非法取证疑点的，就应当予以排除。最后，完善不得强迫自证其罪原则。我国既规定不被强迫自证其罪原则，又规定了如实回答义务，这在法理上是矛盾的，不利于人权保障。应当删除后者规定，并创造条件确立相对沉默权。

## 审判中心与庭审实质化改革

1996年《刑事诉讼法》的重大突破之一，就是审判方式改革。我们从原来的纠问式审判模式变成抗辩式审判模式。2014年10月，中共中央十八届四中全会通过的《中共中央关于全面推进依法治国若干重大问题的决定》提出，“推进以审判为中心的诉讼制度改革，确保侦查、审查起诉的案件事实证据经得起法律的检验”。2016年10月11日，“两高三部”联合发布《关于推进以审判为中心的刑事诉讼制度改革的意见》，加速推进“以审判为中心”改革。现在摆在我们面前的历史任务，就是推进以“以审判为中心”的改革。

“以审判为中心”的内涵，应当从如下三个维度来解读：首先，审判中心是从最终认定被告人是否有罪这一权力由人民法院行使的角度来讲的；其次，审判中心要求庭审实质化并起决定作用。最后，审判中心意味着侦查、起诉阶段为审判作准备，其对事实认定和法律适用的标准应当参照适用审判阶段的标准。

推进以审判为中心的诉讼制度改革，应当从当前的司法实践出发，进一步推进证人出庭制度改革。现在刑事诉讼机制中面临的核心问题，是庭审中证人到庭率明显偏低。

这个问题上，我们的《刑事诉讼法》相关规定本身有瑕疵。证人不到庭，可以用宣读证人证言和笔录来代替。这个不是绝对不可以，但按照西方直接言词原则，宣读证人证言和笔录只能作为一种例外。但是我们现在把这种例外作为在实践中普遍采用的方式。证人原则上不到庭，都是宣读笔录。

温州搞了证人出庭的试点。前两年我身体还可以的时候，我带学生们去下面调研。那个试点都有实证报告和文章发表，相关材料也给了最高人民法院参考，对于推动改革还是起了作用。

现在要作重大改革，就是提高证人出庭率。《刑事诉讼法》应当重新确定必须出庭的证人的范围：规定公诉人、当事人或者辩护人、诉讼代理人对证人证言有异议，且证人证言对案件定罪量刑有重大影响的，则该证人应当出庭；规定可能判处死刑或者有重大社会影响的案件中的重要证人，应当出庭；删除现行《刑事诉讼法》第195条关于允许当庭宣读不出庭证人证言笔录的规定。

要规定除在某种特殊情况下证人可以不出庭外，证人必须出庭。除了极其特殊的情况外，证人如果不出庭，庭审无效。这样，才能保证证人出庭率。否则法院不太愿意传唤证人，毕竟传唤证人成本提高，时间拖长，另外证人出庭容易翻供，他们怕造成麻烦。

## 规范大案、要案的办理

大案、要案是刑事司法打击的重点，同时大案、要案的办理质量，直接反映国家法治的水平，最能影响民众对法治的信任和信心。

近年来，由于各级重视、民众关注，政法单位及相关部门能够集中资源办理职务犯罪及普通刑事犯罪的大要案件，取得了显著的成绩。但是，大要案因其重要性，常常采取“特事特办”方式，法律准绳执行不严格、办案活动操作不规范的情况经常发生。社会上流传的“大案讲政治，小案讲法律”的说法，反映了大案要案依法办案存在一定的问题。

推进司法改革，其中一个重点问题应当是注重在大要案件办理上完善办案程序制度，提高依法办案的水平：

第一，应当加强规范专案组的组织和活动。大要案件办理，以组织专案组的形式实施，是我国刑事司法中的传统做法。这种做法在“文革”中较为普遍和极端，专案组具有侦查、起诉、审判的综合功能，取代了多元主体的职能区分及程序制约，产生严重的负面效用，造成大量的冤假错案。“文革”后，“专案组”办案模式因其违反法制，导致冤假错案而受到批判，但不同形式的专案组办案模式并未废止，而且近年来似有扩大趋势，不过通常情况下，与“文革模式”已经有了一定区别。如以成立专案组的方式体现对重要案件的专人专办和高度重视，无可厚非，问题在于专案组的组成和办案方式应当符合法治要求，不能以便宜行事的行政程序代替严格的司法程序。

其一，根据刑事诉讼的职权原则，负责侦查案件的专案组只能由侦查人员及侦查技术人员、侦查辅助人员组成，不应当将负责侦查监督和公诉的检察官作为侦查专案组成员，否则就会形成角色混同，丧失检察官对侦查活动实行法律监督和公诉审查的功能。更不应当将审判人员纳入专案组，否则，侦审合一，法官中立完全丧失，诉讼程序就形同虚设。

其二，专案组办案应当严格遵循法律程序。如强制侦查的展开，嫌疑人诉讼权利的保障，起诉、审判等诉讼活动的进行，都应当严格遵循法定程序，除法律明确规定的特别程序以外，不应当以“特事特办”为由违法操作。因此司法改革可将专案组办案的规范化作为一项内容。

第二，建议取消设在各级公安机关内统一协调“打黑”活动的“打黑办公室”，使“打黑”活动按法定司法程序进行。改革开放以后，有组织犯罪活动确有上升趋势，但因党和政府实施了较为有力的社会管理并拥有较为强大的国家权力与资源，总体看黑社会性质的组织的发展程度，不宜估计得过于严重。因此，要求严格依照法定程序办案，依照法定犯罪构成要件确认此类案件性质和被追诉人员，也是推进司法权力运作机制改革需要注意解决的一个问题。

第三，大要案件的审理和裁判更应当注意严格依法办案。证据审查、事实认定、法律适用以及作出裁决，均应严格依法定程序运行。即使“特事特办”，要先搞点内部研究和请示，也不能搞先定后审，使庭审成为程序演示，成了“走过场”。办理大要案件切不可损害司法公正、社会公正甚至对国家的法治建设造成长远的负面影响。

## 遏制司法系统内部的行政化倾向

尊重司法规律，还要求审判机关尊重案件的审判及其管理的规律。司法管理，则应注意司法的复杂性和多元性，防止以简单化的行政管理代替司法管理。法院审判机制的调整以及内部管理行政化倾向的遏制都十分必要。

第一，合议庭与审委会的关系仍然没有理顺。逐步缩小审委会审理裁判案件的范围，最终革除这一不符合审判规律的审判组织和审判方式，在学界已达成共识。但近年来审委会裁决案件的范围并未随着司法改革的推进而缩小，有的法院甚至有扩大趋势。由于审委会出席人员并未具体审理案件，其业务能力、责任心参差不齐，实践中容易被主持人的意见左右，或受案件承办与汇报人员的意见引导，审委会讨论决定案件常常成为合议庭和案件承办人员推脱和转移责任的一种机制。因此，在司法改革中，应当进一步限制审委会讨论案件的范围和数量，改革审委会讨论案件的方式（如对案件的裁判采取无记名投票方式决定等），扩大合议庭独立审判权的行使，并为最终取消审委会的个案审判职能创造条件。

第二，合议庭与院、庭长的关系需要调整。司法行政化最为突出的表现是院、庭长使用其行政管理权对个案审理施加影响。例如，院、庭长利用司法文书审查批准权、重点案件把关权，以及其他行政层级管理权等，直接、间接地决定案件如何处理。这种做法，有时虽有监督案件质量的作用，但总体上讲不符合司法规律，可能损害主审法官判案的独立性，压制其工作责任心和积极性，不仅拖延了办案时间，也未必能真正起到把关作用，而且没有任何法律依据。司法改革有必要研究如何防止管理权的越权行使，保障合议庭独立负责地审理、裁决案件。在这方面，有的法院已经开始探索，强化合议庭独立负责办案，取消庭长审批权力。

第三，上下级法院之间的关系仍有待规范。按照我国宪法和有关法律的规定，法院上下级之间的关系是监督关系，而不是领导关系，各级法院依法独立行使审判权。疑难案件请示及报请“内审”，是中国法院的传统做法。案件请示方式具有内部性、多样性和不规范的特征，它以行政性的汇报答复代替案件审理和裁决，以下级法院审理期间与上级法院的内部沟通消解审级监督（包括两审制和死刑复核程序），其违法性和弊端显而易见。内部请示毕竟违背司法规律和法定程序，绝非长久之计，应当在推进全面司法改革中尽快加以废除。

## 司法绩效考评制度亟待改革

建立绩效考评制度保证案件的质量与数量的统一，是有必要的，但必须科学合理，以免产生副作用，有碍司法公正。

目前法院和检察机关的绩效考评制度，普遍推行指标考核，即所谓“数目字管理”。考评单位和个人的工作绩效，主要依靠各种数据。这种管理方式简单清晰，可比性强，对下级单位和个人的激励与约束效能也较为明显。

但问题在于简单的数字化管理，不符合案件的复杂性和多样性特征，以及司法受社会时空条件影响的现实情况，容易扭曲诉讼行为，以致产生“好事变坏事”效应，即办案不以司法公正为标准，而以符合考核指标体系为导向，采取种种不当举措，功利化地追求指标排名，导致程序不公正乃至实体不公正的现象时有发生。

这一问题的实质，是违背司法规律，违背实事求是精神。为保证实现司法公正，对绩效考评制度应当作两方面的改革：

一是考虑司法的复杂性和多样化，降低数字化指标在绩效考评中的作用。注意党委、人大、政府、纪检部门以及社会各界的综合性评价，注意发挥能够考量多种因素尤其是质量影响因素的定性分析与综合评价在考评中的作用。数字化指标体系的检测，首先用于司法态势、发展趋势与问题的把握，而不应当机械地用于单位与个人的工作业绩评价。

二是调整、完善目前的数字化指标体系，使其更加符合司法的现实和规律。应当注意不同的诉讼阶段、不同的诉讼主体在案件认识上的正常区别。如上级法院与下级法院不同的裁判观点，可能导致不同的判决结果，常常不一定反映谁对谁错；检察机关起诉审查具有相对封闭、单方面审查和中间程序的特征，因此，起诉指控不同于法院判决，甚至案件中出现无罪判决也是正常现象，不能简单化地对起诉作负面评价，除非贪赃枉法或者明显不负责任。总之，检察官或法官是人而不是神，长期办案中个别案件出现瑕疵甚至错误，是难以避免的；业绩考评制度是必要的，但必须符合司法规律。

## 塑造高素质、有权威的司法官

司法体制的现代化，首先要解决的问题就是有“法律帝国诸侯”之称的法官之塑造及其地位问题。司法的前沿是司法官的办案活动，如果没有高素质的司法官，只是依靠加强监督，不仅难以达到提高案件质量的效果，相反会导致司法行政化，削弱一线司法官公正有效办理案件的积极性与责任感。

目前的司法官队伍建设面临的主要困境，不是局部贫困地区的人员匮乏，而是普遍性、整体性的问题，即司法机关难以引进和留住法律英才；法院办案一线的司法官还存在一定的“逃逸现象”，即由于一方面工作繁、责任重、压力大，另一方面却地位低、待遇薄、升迁难，一些骨干法官要求调离法院，办案一线的司法官素质总体而言达不到要求，这直接影响司法的质量，导致司法公信力的下降。

强调司法官队伍建设，应当首先确立并努力实现司法职业化的目标。

我国对政法经费的保障已经有了较大的进步。在此基础上，可以考虑重点解决司法官的待遇和各种保障条件问题。首先，司法官员是特殊公务员，其待遇应当高于一般公务员。在条件具备时，应当按照各国惯例，实行司法官工资待遇单列。目前可采取提高法官、检察官津贴的方式作为过渡办法。其次，法官、检察官的行政级别应适当提高。目前体制下，行政级别是地位、待遇的主要依据，过低的行政级别，适应不了塑造高素质、有权威的司法官员的要求。最后，应当实行各国普遍适用的司法保障制度。如法官、检察官无法定事由不得调职和免职；保障司法官薪俸待遇，且不得因领导的好恶增减。

在提高司法官处遇的同时，还要进行司法官制度的适当调整。目前法官、检察官资格授予把关不严，司法机关部分行政人员也享受司法官待遇。这种情况下，无论是国家财政还是干部体制，都难以承受普遍性调高待遇。因此，法官、检察官应当实行分类管理，逐步减少员额，增加辅助人员。各级法院、检察院目前部门林立，尤其是非办案部门过多，应当进行内部机构的调整裁撤，减少非办案人员。

对司法官员包括司法领导干部的遴选，应当设置更为规范的条件，要严格按照《法官法》和《检察官法》把好进人关，尤其要注意把握司法领导干部的任用条件，由于法院院长、检察院检察长必须对案件质量负责，应当避免将完全不懂行的干部任用为法院院长和检察院检察长。

## 科技时代的刑事司法

对于刑事诉讼而言，我们既要重视并强化科技的适用性，又要注意这个问题具有一定的探索性，这样才能让刑事案件的办理更为科学、公正和高效。

首先，科技的发展是大势所趋，我们应当顺势而为，适应这一发展。同时，我们要积极地推动新技术成果在刑事诉讼法和证据法领域的应用。

其次，不论是外国的司法经验还是中国的司法实践都告诉我们，科技的进步，例如DNA检测技术的应用，使得刑事司法活动发现真相的能力大为提升，可以最大限度地防止冤假错案的发生。

同时，物证技术在刑事司法领域的广泛应用，使得办案人员的关注点逐渐从言词证据转向实物证据，对被追诉人口供的依赖性及刑讯逼供的需求性日益降低，甚至可能改变庭审方式。

最后，要重视大数据分析方法在刑事司法中的应用。我们可以利用大数据指引证据的收集，缩小作案嫌疑人的范围，研判犯罪发展态势、分析司法统计、研究审判动态等。但是大数据是宏观层面的研究，对刑事个案中具体案情的认定，要大数据与小数据相结合，做到“犯罪事实清楚，证据确实、充分”才能定案。

## 联合发文纵论司法改革

上述有关司法改革的这些观点，我过去在不同场合和文章中都零散提了。2013年前后，前一个司法改革纲要结束，新的司法改革规划即将提出。在这个背景下，我也在寻思系统地整理一下我的观点。

正好当时龙宗智写了一篇有关司法改革的文章，给我来电话，说他写了一篇文章，同我的一些观点很接近，问能不能共同署名、联合发表。主要原因是他的部分观点同我的看法比较接近。龙宗智现在是老资格了，但在我面前，还是学生辈。龙宗智曾经考虑要到北京来读我的博士生，但没读成。所以我们十分熟悉，这次就是他主动跟我联系的。

龙宗智把文章初稿发给我后，我仔细看了。我们的基本观点很接近，但是文字风格差别很大。我花了很多时间，按照我的文字风格，作了很大幅度的修改，然后发给了《中国法学》编辑部。

《中国法学》看到我们联合署名后说，“你们老年法学家、中年法学家联合署名很少见，肯定尽快发表”。这篇文章就是《中国法学》2013 年第 4 期“特稿”栏目发表的《关于深化司法改革若干问题的思考》。

**关于深化司法改革若干问题的思考**

陈光中[*] 龙宗智[**]

内容提要 深化司法改革，必须坚持法治理念，遵循司法规律。应当完善确保审判权、检察权独立行使的机制，改善党对司法工作的领导方式，理顺纪委与检察机关的关系，理顺权力机关与司法机关的关系。要改革司法机关人事、财政过度受制于同级党政组织的制度。法检公分工配合制约的原则存在缺陷，应采取措施加以弥补。规范大要案的办理，保证“打黑”活动依法定程序进行。遏制司法行政化倾向，进一步规范审委会、院庭长与合议庭的关系，规范上下级法院关系。司法绩效考评制度应当进行科学化、合理化的改革。应继续推动司法官职业化，提高司法官待遇。对司法官特别是领导干部的遴选应当更加规范。

关键词 司法改革 司法规律 司法行政化

从 2008 年开始，我国根据党的十七大精神，启动了一轮司法体制与司法工作机制的改革，取得了较大的成就，并在 2012 年全国人大通过的刑事诉讼法修正案等成果中得到了明显的体现。目前，根据党的十八大提出的“加快社会主义法治建设”和“深化司法体制改革”的精神，新一轮的司法改革正在酝酿，即将启动。而且，根据第十二届全国人民代表大会的立法规划，《人民法院组织法》、《人民检察院组织法》的修改将启动，这也将成为深化司法体制改革的重要契机。在此情况下，我们就如何遵循司法规律，积极而稳妥地继续推进司法体制和司法权力运作机制改革，从理论上进行探讨并提出一些具体的建议，以期对深化司法改革有所裨益。

一、深化司法改革必须遵循司法规律

司法规律，是由司法的特性所决定的体现对司法活动和司法建设客观要求的法则。遵循司法规律的基本意义，就在于有效发挥司法的功能，以保障实现社会公正、践行国家法治、化解社会矛盾、维护社会秩序。因而，遵循司法规律是司法改革取得成功的关键。

司法规律具有相互联系性和整体性，又具体体现在司法活动与司法建设的各个方面。立足于法治中国的语境，并参考世界法治国家的经验，我们认为我国司法体制和权力运行机制的改革和完善，应当遵循以下的基本司法规律。

第一，严格适用法律，维护法制权威。我国正在加快建设社会主义法治国家。法治就是指国家权力和社会关系都按照法律规定的制度和程序运行；制定良法，尊崇法律，[①]严格施法，全民守法是法治社会的基本要求。正如西方先哲亚里士多德所说的“法治应包含两个重要意义：已成立的法律获得普遍的

[*] 中国政法大学终身教授，博士生导师。

[**] 四川大学教授，博士生导师。

① 关于法治国家对待法律的态度，我国流行“信仰法律”的提法。此提法源于美国法学家伯尔曼的著名论断“法律必须被信仰，否则它将形同虚设。”参见伯尔曼《法律与宗教》，梁治平译，中国政法大学出版社 2003 年版，导言第 3 页。本文不采用“信仰法律”，而采用“尊崇法律”的提法。

5

图 25-3 联合撰文纵论司法改革

这篇文章，针对当时即将启动的新一轮司法改革，在前述观点的基础上，围绕六个问题展开深入探讨：深化司法改革必须遵循的司法规律；确保依法独立行使审判权、检察权；正确认识、理性对待公、检、法三机关的关系；规范大案要案办案程序；遏制司法行政化的倾向以及塑造高素质、有权威的司法官；等等。关于这几个问题的具体观点，前文已经有所体现。

当时这篇文章中的一些观点并不出格，但还是比较前卫的，尤其涉及围绕“以审判为中心”的改革，我一直在不断地努力。事后来看，这篇文章确实是有较大影响力的，在我的学术生涯中具有代表性。

## 我们的观点被中共中央十八届三中、四中全会公报采纳

《中国法学》是双月刊，每双数月 9 日出版。

这期《中国法学》出版后没多久，恰逢中共中央于 2013 年 11 月在京召开十八届三中全会。那次会议的主题是讨论研究全面深化改革重大问题，讨论通过了《中共中央关于全面深化改革若干重大问题的决定》。该决定是党的十八大以后的重要改革纲领，不仅清晰描绘了改革的目标，也细致地规划了包括推进法治中国建设在内的改革蓝图，总共提出六十项改革任务。

《中共中央关于全面深化改革若干重大问题的决定》发布后，很快有人就告诉我，十八届三中全会公报有关司法改革的若干提法，跟我们的观点基本一致。

看到公报后，说实话，我不仅仅是振奋，甚至有点震惊，公报中相当一部分内容与我和龙宗智的文章的内容大致相同，而我们的文章比十八届三中全会早发表两周左右。

最核心的观点，就是我们在这篇文章中明确提出的“以审判为中心”。原文是这么表述的：“法院是最终认定案件事实并适用法律进行裁决的裁判机关，诉讼以审判为中心，是诉讼规律的必然要求。因此，任何一个科学化法治化的司法体制，都必须维护审判的权威。”十八届三中全会公报起草小组是不是参考了我和龙宗智的文章，应该说有这个可能。

比如《中共中央关于全面深化改革若干重大问题的决定》第九部分关于“推进法治中国建设”中的这几段论述：

> （32）确保依法独立公正行使审判权检察权。改革司法管理体制，推动省以下地方法院、检察院人财物统一管理，探索建立与行政区划适当分离的司法管辖制度，保证国家法律统一正确实施。
>
> 建立符合职业特点的司法人员管理制度，健全法官、检察官、人民警察统一招录、有序交流、逐级遴选机制，完善司法人员分类管理制度，健全法官、检察官、人民警察职业保障制度。

(33) 健全司法权力运行机制。优化司法职权配置，健全司法权力分工负责、互相配合、互相制约机制，加强和规范对司法活动的法律监督和社会监督。

改革审判委员会制度，完善主审法官、合议庭办案责任制，让审理者裁判、由裁判者负责。明确各级法院职能定位，规范上下级法院审级监督关系。

推进审判公开、检务公开，录制并保留全程庭审资料。增强法律文书说理性，推动公开法院生效裁判文书。严格规范减刑、假释、保外就医程序，强化监督制度。广泛实行人民陪审员、人民监督员制度，拓宽人民群众有序参与司法渠道。

(34) 完善人权司法保障制度。国家尊重和保障人权。进一步规范查封、扣押、冻结、处理涉案财物的司法程序。健全错案防止、纠正、责任追究机制，严禁刑讯逼供、体罚虐待，严格实行非法证据排除规则。逐步减少适用死刑罪名。

废止劳动教养制度，完善对违法犯罪行为的惩治和矫正法律，健全社区矫正制度。

健全国家司法救助制度，完善法律援助制度。完善律师执业权利保障机制和违法违规执业惩戒制度，加强职业道德建设，发挥律师在依法维护公民和法人合法权益方面的重要作用。

再比如《中共中央关于全面深化改革若干重大问题的决定》第十部分“强化权力运行制约和监督体系”中，有关反腐败的相关论述：

(36) 加强反腐败体制机制创新和制度保障。加强党对党风廉政建设和反腐败工作统一领导。改革党的纪律检查体制，健全反腐败领导体制和工作机制，改革和完善各级反腐败协调小组职能。

落实党风廉政建设责任制，党委负主体责任，纪委负监督责任，制定实施切实可行的责任追究制度。各级纪委要履行协助党委加强党风建设和组织协调反腐败工作的职责，加强对同级党委特别是常委会成员的监督，更好发挥党内监督专门机关作用。

推动党的纪律检查工作双重领导体制具体化、程序化、制度化，强化上级纪委对下级纪委的领导。查办腐败案件以上级纪委领导为主，线索处置和案件查办在向同级党委报告的同时必须向上级纪委报告。各级纪委书记、副书记的提名和考察以上级纪委会同组织部门为主。

全面落实中央纪委向中央一级党和国家机关派驻纪检机构，实行统一名称、统一管理。派驻机构对派出机关负责，履行监督职责。改进中央和省区市巡视制度，做到对地方、部门、企事业单位全覆盖。

健全反腐倡廉法规制度体系，完善惩治和预防腐败、防控廉政风险、防止利益冲突、领导干部报告个人有关事项、任职回避等方面法律法规，推行新提任领导干部有关事项公开制度试点。健全民主监督、法律监督、舆论监督机制，运用和规范互联网监督。

2014年10月20日至23日，中共中央十八届四中全会在京召开，会议通过《中共中央关于全面推进依法治国若干重大问题的决定》。这份有关依法治国的重要决定在第四部分以“保证公正司法，提高司法公信力”为题，用很大的篇幅论述了司法改革的方向：

（一）完善确保依法独立公正行使审判权和检察权的制度。各级党政机关和领导干部要支持法院、检察院依法独立公正行使职权。建立领导干部干预司法活动、插手具体案件处理的记录、通报和责任追究制度。任何党政机关和领导干部都不得让司法机关做违反法定职责、有碍司法公正的事情，任何司法机关都不得执行党政机关和领导干部违法干预司法活动的要求。对干预司法机关办案的，给予党纪政纪处分；造成冤假错案或者其他严重后果的，依法追究刑事责任。

健全行政机关依法出庭应诉、支持法院受理行政案件、尊重并执行法院生效裁判的制度。完善惩戒妨碍司法机关依法行使职权、拒不执行生效裁判和决定、藐视法庭权威等违法犯罪行为的法律规定。

建立健全司法人员履行法定职责保护机制。非因法定事由，非经法定程序，不得将法官、检察官调离、辞退或者作出免职、降级等处分。

（二）优化司法职权配置。健全公安机关、检察机关、审判机关、司法行政机关各司其职，侦查权、检察权、审判权、执行权相互配合、相互制约的体制机制。

完善司法体制，推动实行审判权和执行权相分离的体制改革试点。完善刑罚执行制度，统一刑罚执行体制。改革司法机关人财物管理体制，探索实行法院、检察院司法行政事务管理权和审判权、检察权相分离。

最高人民法院设立巡回法庭，审理跨行政区域重大行政和民商事案件。探索设立跨行政区划的人民法院和人民检察院，办理跨地区案件。完善行政诉讼体制机制，合理调整行政诉讼案件管辖制度，切实解决行政诉讼立案难、审理难、执行难等突出问题。

改革法院案件受理制度，变立案审查制为立案登记制，对人民法院依法应该受理的案件，做到有案必立、有诉必理，保障当事人诉权。加大对虚假诉讼、恶意诉讼、无理缠诉行为的惩治力度。完善刑事诉讼中认罪认罚从宽制度。

完善审级制度，一审重在解决事实认定和法律适用，二审重在解决事实法律争议、实现二审终审，再审重在解决依法纠错、维护裁判权威。完善对涉及公民人身、财产权益的行政强制措施实行司法监督制度。检察机关在履行职责中发现行政机关违法行使职权或者不行使职权的行为，应该督促其纠正。探索建立检察机关提起公益诉讼制度。

明确司法机关内部各层级权限，健全内部监督制约机制。司法机关内部人员不得违反规定干预其他人员正在办理的案件，建立司法机关内部人员过问案件的记录制度和责任追究制度。完善主审法官、合议庭、主任检察官、主办侦查员办案责任制，落实谁办案谁负责。

加强职务犯罪线索管理，健全受理、分流、查办、信息反馈制度，明确纪检监察和刑事司法办案标准和程序衔接，依法严格查办职务犯罪案件。

（三）推进严格司法。坚持以事实为根据、以法律为准绳，健全事实认定符合客观真相、办案结果符合实体公正、办案过程符合程序公正的法律制度。加强和规范司法解释和案例指导，统一法律适用标准。

推进以审判为中心的诉讼制度改革，确保侦查、审查起诉的案件事实证据经得起法律的检验。全面贯彻证据裁判规则，严格依法收集、固定、保存、审查、运用证据，完善证人、鉴定人出庭制度，保证庭审在查明事实、认定证据、保护诉权、公正裁判中发挥决定性作用。

明确各类司法人员工作职责、工作流程、工作标准，实行办案质量终身负责制和错案责任倒查问责制，确保案件处理经得起法律和历史检验。

（四）保障人民群众参与司法。坚持人民司法为人民，依靠人民推进公正司法，通过公正司法维护人民权益。在司法调解、司法听证、涉诉信访等司法活动中保障人民群众参与。完善人民陪审员制度，保障公民陪审权利，扩大参审范围，完善随机抽选方式，提高人民陪审制度公信度。逐步实行人民陪审员不再审理法律适用问题，只参与审理事实认定问题。

构建开放、动态、透明、便民的阳光司法机制，推进审判公开、检务公开、警务公开、狱务公开，依法及时公开执法司法依据、程序、流程、结果和生效法律文书，杜绝暗箱操作。加强法律文书释法说理，建立生效法律文书统一上网和公开查询制度。

（五）加强人权司法保障。强化诉讼过程中当事人和其他诉讼参与人的知情权、陈述权、辩护辩论权、申请权、申诉权的制度保障。健全落实罪刑法定、疑罪从无、非法证据排除等法律原则的法律制度。完善对限制人身自由司法措施和侦查手段的司法监督，加强对刑讯逼供和非法取证的源头预防，健全冤假错案有效防范、及时纠正机制。

切实解决执行难，制定强制执行法，规范查封、扣押、冻结、处理涉案财物的司法程序。加快建立失信被执行人信用监督、威慑和惩戒法律制度。依法保障胜诉当事人及时实现权益。

落实终审和诉讼终结制度，实行诉访分离，保障当事人依法行使申诉权利。对不服司法机关生效裁判、决定的申诉，逐步实行由律师代理制度。对聘不起律师的申诉人，纳入法律援助范围。

（六）加强对司法活动的监督。完善检察机关行使监督权的法律制度，加强对刑事诉讼、民事诉讼、行政诉讼的法律监督。完善人民监督员制度，重点监督检察机关查办职务犯罪的立案、羁押、扣押冻结财物、起诉等环节的执法活动。司法机关要及时回应社会关切。规范媒体对案件的报道，防止舆论影响司法公正。

依法规范司法人员与当事人、律师、特殊关系人、中介组织的接触、交往行为。严禁司法人员私下接触当事人及律师、泄露或者为其打探案情、接受吃请或者收受其财物、为律师介绍代理和辩护业务等违法违纪行为，坚决惩治司法掮客行为，

> 防止利益输送。
>
> 对因违法违纪被开除公职的司法人员、吊销执业证书的律师和公证员，终身禁止从事法律职业，构成犯罪的要依法追究刑事责任。
>
> 坚决破除各种潜规则，绝不允许法外开恩，绝不允许办关系案、人情案、金钱案。坚决反对和克服特权思想、衙门作风、霸道作风，坚决反对和惩治粗暴执法、野蛮执法行为。对司法领域的腐败零容忍，坚决清除害群之马。

《中共中央关于全面推进依法治国若干重大问题的决定》发布后，我很惊讶。我说："哎哟，这文件里面很多提法，同我们的文章相当一致啊！"

我让博士生牛颖东把《中共中央关于全面推进依法治国若干重大问题的决定》同我们的文章加以对照，把表述接近、观点一致的内容，列出一个表。包括"以审判为中心"在内，原来都是提审判中心主义、检察中心主义，但我同龙宗智这篇文章，就提"以审判为中心"。"以审判为中心"是在那次决议中提出来的。

另外，这里面尤其明显的查明事实真相、客观真相，有的人连这个都不愿意提，认为讲法律真相，就不讲客观真相。但是中共中央十八届四中全会的公报《中共中央关于全面推进依法治国若干重大问题的决定》中，有一段论述跟我的观点完全一致："推进以审判为中心的诉讼制度改革，确保侦查、审查起诉的案件事实证据经得起法律的检验。全面贯彻证据裁判规则，严格依法收集、固定、保存、审查、运用证据，完善证人、鉴定人出庭制度，保证庭审在查明事实、认定证据、保护诉权、公正裁判中发挥决定性作用。"显然，比如证人出庭、鉴定人出庭范围的扩大，还有查明事实真相等，这些表述强调司法要做到以证据认定来查明事实，要符合客观真相。除此之外，还有程序公正、实体公正。其中有的部分，不仅内容接近，文字表达也很接近。

尽管不能说十八届三中、四中全会公报同我们的观点完全一致，但可以明显看出，中央的文件同我的观点是基本一致的。尤其是十八届四中全会关于司法改革的那一部分，相当一部分，或者说至少若干处提法，同我们原来在文章中的提法是非常一致的。

最高人民法院原副部级专职委员胡云腾参加过十八届四中全会公报的起草。起草期间，他就客观真实、法律真实问题打电话征求过我的意见。当然，出于保密要求，他当时并没有说是在起草十八届四中全会公报，而是说在起草司法解释过程中碰到了疑难问题，问我如果要求司法人员保证公正司法，对事实认定究竟是要求做到法律真实还是客观真实。我的意见很明确，那就是客观真实，我也向他详细地作了解释。

在我九十周岁贺寿文集中，胡云腾的文章比较详细地回忆了这段历程：

> 第一件事是在 2014 年的夏秋之际，我参与起草一个文件，工作中遇到了一个法学理论问题，当然也是一个法治实践问题。即在评判一个案件的事实认定是否符合客观实际时，是用“客观真实”还是用“法律真实”来表述，对此颇有争议。查阅学术界和实务界的观点，专家学者的说法不一，政法各部门的意见也不一致。通过进一步了解，把案件的事实真相分为“客观真实”和“法律真实”的观点似乎已成定论，办案要坚持法律真实的论点似乎占了主导地位。一些学术型的法官、检察官和律师对此深以为然，认为执法办案就是通过证据发现和认定案件事实，即法律真实，而不可能脱离证据来认定或判断客观事实，故有一分证据说一分话，有两分证据说两分话，除此之外没有什么客观真实。所以很多人把坚持法律真实作为圭臬，而把追寻客观真相也就是坚持客观真实弃如敝屣。这种观点从逻辑上讲是有道理的，故在当时很有市场。
>
> 为了准确表述并统一认识，我便以起草司法解释遇到疑难

问题的名义，打电话请教陈先生等刑事诉讼法学大咖们，询问如果要求司法人员保证公正司法，对事实的认定究竟是要求做到法律真实还是客观真实？大咖们的意见果然也有分歧，但陈先生的意见则非常明确："我主张符合客观真相！"陈先生电话里的语速虽然很慢，重要的地方有多次重复，但他反复强调，法律真实也好，客观真实也好，最终都必须符合客观真相，不符合客观真相就可能出冤假错案，就可能危害司法公正。陈先生的意见为我们提供了有力的理论指导，最后形成的文件里明确写上了"健全事实认定符合客观真相、办案结果符合实体公正、办案过程符合程序公正的法律制度"。后来，陈先生在一个贯彻十八届四中全会司法改革精神的场合，特别强调说这段话是新时代关于公正司法的新标准、新要求，要按照这个新标准、新要求开展研究和贯彻落实等，对之给予了充分肯定和高度评价。事实上，陈先生并不了解形成这段话背后的一些故事，以及他坚持的学术观点对于形成这段话的贡献。

现在我们已经越来越能看出坚持客观真相说的正确性。司法人员认定的案件事实只有与客观发生的事实相符合，司法公正才能立得住。因为公正往往藏在事实真相之中或者站在事实真相之上。如果我们只满足于证据证明的所谓法律真实，而对案件的客观真相不予深究，就可能导致司法认定的事实与客观发生的事实相背离，那些因误解受骗、证据灭失或举证不能的当事人就可能得不到公正。判断法律真实主要靠证据，而追寻客观真相还需要靠良知。故有些国家的宪法或诉讼法规定，法官要根据良知进行裁判。我国诉讼法规定司法人员办案"以事实为根据、以法律为准绳"，没有明确良知处于什么位置，但这并不意味着办案除了事实和法律之外不再需要良知等"主观法律"。我以为可以把"以法律为准绳"的法律理解为"双重法律"，即作为文字法条的"客观法律"和作为内心良知的主观法律，二者都是公正裁判的准绳。实践中一些司法人员和律师办案常常引发公众对于人性、良知的质疑或拷问，虚假诉讼案件一度十分猖獗，这与有的法律人有意无意地把良知或真相抛在一边很有关系。

最后，十八届四中全会公报的起草组经过研究，不用“客观真实”，用“客观真相”。胡云腾说，这个客观真相应该是受到我的影响。

办案如果抛开客观真相会出问题的，办理刑事案件会增加发生冤假错案的概率。这是明摆着的事情。我一再强调，只有查明客观真相，才能不枉不纵。当然，是最大限度地查明，而不是都能查明，但只有追求最大限度的客观真相，才能不枉不纵。否则，不是冤枉，就是放纵。

不客气地讲，后来中央文件基本上是接受了我的观点，或者说起码是同我的观点相符合。中央文件发布以后，现在都在讲追求客观真相，原来坚持其他观点的人回避这个问题，不再讨论，因为公开的讲话违背中央的文件；但是他也不愿意纠正，基本上是采取了沉默的态度。

中共中央十八届四中全会决议发布后，我又针对该决议中的一些新提法，比如“以审判为中心”从学术角度作了阐释和解读，也对“以审判为中心”理念的真正贯彻落实，提出了一些建议。

对于刑事诉讼法律机制来说，“以审判为中心”理念具有特别重要的意义，对于解决实务中的若干问题，不管是减少冤假错案，还是改革传统以侦查为中心的刑事司法体制，都有重要的推动作用。这些学术上的努力，主要体现在2015年1月21日我在《人民法院报》上发表的文章《推进“以审判为中心”改革的几个问题》以及发表在《政法论坛》2015年第2期上的论文《审判中心与相关诉讼制度改革初探》等。

2015年12月1日，我与龙宗智教授共同完成的《关于深化司法改革若干问题的思考》，获得第七届教育部高等学校科学研究优秀成果奖法学论文类二等奖。

在申报的时候，我们就在材料里陈述：我们的文章发表在先，中共中央十八届三中全会、四中全会在后。即便没说中央公报文件参考了我们的文章，但是观点是一致的，我们还就相关情况列了个表。

我的学术观念里面有一条，就是“学以致用”。而“学以致用”的关键，就是观点要被立法机关或中央司法政策所吸收。因为只有被立法或者中央的有关文件吸收了，才有可能直接在实务部门贯彻。从这个意义上讲，这篇论文中的部分观点获得中共中央十八届三中全会、四中全会公报的肯定和吸收，我十分高兴。

# 第二十六章　严防力纠冤假错案：从行动到主张

## 聂树斌案：一案两凶，谁是真凶？

这几年，我国刑事司法领域出现的一些冤假错案，受到媒体和公众广泛关注，特别是聂树斌案、佘祥林案、胥敬祥案等。各方面的呼吁和关注，最终也使这些错案得到纠正。

在错案纠正方面，我有行动也有主张。可以说，参与冤案的平反，是我关注实务的重要方面。我直接参与的有几个案件，这里先谈谈聂树斌案。

1994年8月5日，河北石家庄西郊玉米地发生一起强奸杀人案，康某某遇害，聂树斌被警方列为重点怀疑对象。在审查过程中，警方搞刑讯逼供，聂树斌被迫认罪。最后，聂树斌因故意杀人、强奸妇女罪，于1995年4月27日被执行死刑。

聂树斌的父母亲聂学生、张焕枝确信儿子是被冤枉的。十多年来，聂树斌的父母亲一直在奔波，祈望能够为儿子讨个清白。

2005年1月，河南省荥阳市公安局在一次抓捕行动中，意外抓获了一个名叫王书金的网上逃犯。河南方面将王书金移交给河北广平县警方。

时任河北省邯郸市广平县公安局副局长的郑成月负责审讯。王书金主动供认，聂树斌被执行死刑的那个“石家庄西郊玉米地奸杀案”是他干的，他才是奸杀被害人的真正凶手。广平警方将情况逐级上报给河北省公安厅，请求重启对“聂树斌案”的调查。

2005年3月17日，河北省公安厅决定组织专案组，重启对“聂树斌案”的调查。原来侦办聂树斌案件的侦查人员，询问了王书金。他们认为，王书金交代的犯罪现场情况，同现场勘察有明显误差。他们得出结论认为，王书金的交代是假交代。河北警方坚持的背后，就是当时办案已经认定聂树斌是凶手，而且聂树斌已经被杀掉，不能给他平反。

在河北省警方重新调查“聂树斌案”的过程中，王书金案也在按照流程推进。2007年3月12日，河北省邯郸市中级人民法院以故意杀人罪、强奸罪等，判处王书金死刑，剥夺政治权利终身。王书金不服，上诉到河北省高级人民法院。2013年9月22日，河北省高级人民法院作出二审裁定，驳回王书金的二审上诉，维持原判，并对王书金供述的石家庄西郊强奸杀人事实不予认定。

2013年6月26日，《河南商报》以《一案两凶，谁是真凶?》报道了该案，由此也引发了舆论对“聂树斌案”的特别关注。消息传开后，舆论大哗。舆论关注的，不仅仅是王书金案会怎么判，更是已经被执行死刑的聂树斌案怎么办。

## 《焦点访谈》的倾向性

在舆论压力和各方努力下，2014年12月12日，最高人民法院决定将河北省高级人民法院终审的聂树斌故意杀人、强奸妇女一案，指令由山东省高级人民法院复查。

整个复查过程持续整整一年半。在正常复查期限外，复查期限先后四次延期，累计延期近一年时间。

我也是在报纸上看到相关报道后，才开始关注这个案件。在这个过程中，各种机缘凑巧，让我有机会亲身参与该案。

2015年4月28日下午，为依法复查聂树斌故意杀人、强奸妇女一案，山东省高级人民法院召开了一场听证会，听取了聂树斌案申诉人及其代理律师，来自河北省公、检、法系统的原办案单位代表的意见。

除了当事各方外，现场参与听证的还有山东省高级人民法院委托第三方邀请的十五名听证人员，其中有专家学者五人和全国人大代表、全国政协委员、法院监督员、妇女代表、基层群众代表等各二人。这场听证会上，中国政法大学的洪道德是应邀莅会的专家学者之一。

洪道德是我的学生。洪道德回京后，某天中午，我和几位同事上午有事，开完会一起小聚，我记得有我、刘玫等人。洪道德就到我们餐桌来了。我们当时就问洪道德："情况怎么样？"他给我们讲了一下听证会的过程和各方大致的观点。他认为这个案件可能不是冤案，聂树斌说他不是强奸犯，这个很难认定。他认为这个案件有很多矛盾，平反不了。

洪道德当时的看法，属于他个人的观点，可能是受到会上各方陈述的影响。听证会上的观点比较复杂，除了聂树斌亲属及其代理律师、原来承办聂树斌案的警方，还有山东省高级人民法院的观点。山东那边的观点也是比较模糊，更倾向于不平反。

当时听了洪道德的观点，我就同他讲："这个事你要慎重。作为学者代表，你的观点很有代表性，你要慎重发表你的见解。"我当时就劝告他，应当慎重。

我们是中午一起吃的饭，下午就有中央电视台《焦点访谈》栏目采访他，他就讲这个观点。

2015 年 4 月 30 日晚上，中央电视台《焦点访谈》播出节目《聚焦聂树斌案听证会》。这期节目共有近十分钟。除了主持词、画外音外，洪道德出现了三次。洪道德的观点，包括《焦点访谈》节目的整体基调，都倾向于接受原办案机构的证据体系和解释说明，认为聂树斌案不能平反。

在当时的情况下，中央电视台《焦点访谈》报道聂树斌案，并非无意为之，显然有一定的背景，也有明显的倾向。当时我还觉得很奇怪，为什么当时中央电视台《焦点访谈》最后播出的是采访洪道德的片段。

总之，中央电视台播出来以后，聂树斌的母亲和代理律师就急了。也可以说，因为中央电视台播出这个倾向于不平反的节目，社会舆论便开始沸腾了。

## 聂树斌案的“五大疑点”

接下来几天，民意汹涌，暗流涌动，各方博弈和角力十分焦灼。

2015 年 5 月 5 日，聂树斌这边的律师专门召开了一场“聂树斌案研讨会”，也邀请了我。会前我们已经有过初步沟通，律师团队也知道我的基本立场和看法。后来我提议，这个会放在中国政法大学召开。所以会后有媒体报道，说这个会是“中国政法大学刑事法律援助中心与北京市尚权律师事务所联合召开”的。

我的学生魏晓娜在我九十岁的贺寿文章中，提到过这一细节：“5 月 5 日，吴宏耀和尚权律师事务所的张青松律师张罗了一场小型讨论会，邀请聂案的辩护律师、一些青年学者和律师参加，原本他们抱着试试看的心态给先生发了邀请，没想到八十五岁高龄的老先生真的就来了。”

在发言中，我明确表达了我的观点。

> 聂树斌案复查听证后，社会舆论高度关注，强烈期待司法机关作出公正处理。我认为，聂案迷雾重重，疑点很多，在证据事实和法律理由上均已符合立案再审要求，山东省高级人民法院应当在最高人民法院的支持和指导下，通过再审，极力查清聂案重大疑点，对案件作出公正处理，满足社会的热切期望，并借此提高司法公信力。
>
> 我认为聂树斌案件存在以下五大关键疑点：

## 一、存在刑讯逼供的重大可能性

聂树斌被拘禁后前四天的讯问笔录不翼而飞，内幕如何？这是本案关键问题之一。因为聂树斌被拘禁后，公安办案人员不可能不讯问，当时的刑诉法规定，拘留后二十四小时内必须讯问被拘留人。而且事关命案，公安人员急于破案，在正常情况下，必然会连续突击讯问，而且有可能使用违法手段。据办案人员说，聂树斌口吃，需多次讯问才能完成案件全过程的讯问任务。因此前面四天讯问笔录失踪极不正常。也可能由于聂树斌开始不招认，或者“胡说八道”，办案人员就将其隐藏了或者毁掉了，如果这样做，就违反了刑诉法规定的办案人员必须忠实于事实真相的要求，“故意隐瞒事实真相的，应当追究责任”。四天讯问笔录失踪是查明聂案的重要突破口，决不能以原办案方说一句“没有发现刑讯逼供”就不了了之。何况申诉律师找到曾与聂树斌关押在一起的纪某，他转述了聂树斌亲口对其说的被残酷刑讯的具体情节：“他们不让睡觉、不给饭吃、不给水喝，还用电话线电我、用皮管子抽我，打到精神恍惚、精神崩溃的时候，就把写好的讯问笔录拿来直接让我签字。”讯问笔录缺失和纪某的证言表明聂树斌很可能受到刑讯逼供。要查清这个问题，必然会遇到重大阻力，那就看司法机关及有关领导的决心了。而且河北原办案方有责任讲清这个关键问题，否则山东省高级人民法院就应当作出有利于聂树斌的处理。

## 二、花衬衫的重大疑点并未合理排除

一是花衬衫来源不明，聂树斌口供虽多次说花衬衫是从三轮车上拿的，但也有几次说是从破烂堆中捡的，聂树斌的口供离案发时间很近，怎么会发生明显差别。至于三轮车车主梁某则说根本记不清三轮车上是否有花衬衫。

二是由于被害人尸体腐烂，其颈部留痕已消失，现场勘验笔录只是说“窒息死亡”，而无法鉴别是用手掐死或者是用花衬衫勒死。

三是花衬衫作为物证应尽量保留原貌，即便需要清洗辨认，也应当在清洗辨认时有见证人在场，否则谁证明你辨认的是原物呢？

**三、被害人尸体是否有骨折问题没有真正查清**

据现场勘验笔录，康某尸体没有骨折迹象；而申诉代理律师将尸体照片给著名法医专家（庄洪胜和胡志强）鉴别，他们联合出具意见书，认定有三根肋骨缺失。由于法医对被害人尸体未作解剖，只从腹背表面观察，难以准确认定是否有骨折，这是聂树斌和王书金口供的一个关键分歧。但是据申诉律师说，被害人尸体不是火化而是土葬，则按法医常识，如果开棺验尸，是否骨折，可望一锤定音，真相大白。

**四、为什么不提取被害人阴道精子**

法医学常识告诉我们，发现女尸，法医验尸，必定要考虑是否为强奸杀人，必须在女尸阴道内提取液体，检验是否有精子。发现康某尸体离康某死亡仅一周，虽然在高温天气，尸体已腐烂，但精子仍会保留，应当提取作为生物样本。遗憾的是现场法医没有这样做。聂树斌的供述说，他的生殖器已进入阴道并射精。即便在聂供述之后再解剖尸体，仍然存在在阴道提取精子进行鉴定的可能性。但是这些机会都被公安法医人员放弃了。现在能证明聂树斌犯强奸罪的只有聂树斌本人的口供，而没有其他任何实物证据可以印证。如此单薄的证据能证实聂树斌犯有强奸罪吗？聂案强奸是因，杀人是果，因果相连，互相依存，因之不在，果何能存？

**五、书记员假签名问题**

经笔迹鉴定，已经证实，有六份重要诉讼文书是办案人员（书记员）代聂树斌签名的，指印是聂树斌本人的。代签的“理由”是防止聂树斌在签名时用钢笔刺人或自残，这种理由似乎有点滑稽，实在难以令人认可。进而追问一下，聂树斌的真手印是怎样捺上去的？真叫人不敢想下去。案件有时于细节上显真相。聂树斌案在办案程序上漏洞实在太多，作假也罢，草率也罢，都让严肃的司法形象黯然失色，通过这样的程序认定的事实确实较难符合客观真相！

在简要分析了上面五大疑点之后，我再表达下面两点看法：

第一，聂树斌案现有材料和疑点已符合立案再审条件。聂树斌案发生和处罚于二十年前，其办案是否违法应当以当时的法律为准绳，但是聂树斌案是否提起再审（审判监督程序），应当适用2012年修正的《刑事诉讼法》，该法第242条规定："当事人及其法定代理人、近亲属的申诉符合下列情形之一的，人民法院应当重新审判：（一）有新的证据证明原判决、裁定认定的事实确有错误，**可能影响定罪量刑的**；（二）据以定罪量刑的证据不确实、不充分、**依法应当予以排除**，或者证明案件事实的主要证据之间存在矛盾的；（三）原判决、裁定适用法律确有错误的；（四）**违反法律规定的诉讼程序，可能影响公正审判的**；（五）审判人员在审理该案件的时候，有贪污受贿，徇私舞弊，枉法裁判行为的。"

以上用黑体的三部分文字都是2012年《刑事诉讼法》修改时新增加的内容，而且都是有利于实现申诉人立案要求的。譬如在聂树斌案中发现的法医专家提供的认定被害人有骨折现象的证据、纪某作证聂树斌曾经被刑讯逼供的证言，这两个新证据都说明原审法院可能定罪错误。另外，前四天讯问笔录的缺失与纪某的证言说明可能存在刑讯逼供现象，聂树斌的口供可能应当依法予以排除。特别是第四项，办案"违反法律规定的诉讼程序，可能影响公正审判的"，此处公正审判主要是指实体公正，即从结果公正来讲的。综合聂树斌案情况来看，对聂树斌定罪的证据，是以聂树斌的口供为主线，以一定的实物证据和证言配合印证而形成证据证明体系的。而此案现有的五大疑点（此处尚未包括申诉律师强调现场发现被害人钥匙的新证据）已经撕裂了原裁判“证据确实充分”的证据证明体系，因此完全符合提起再审的条件。而且也只有启动再审才能进一步采取必要的措施，如查明原办案人员是否有刑讯逼供行为、被害人是否存在骨折现象、为什么不提取被害人阴道内精液、花衬衫的来源不明等情况。总而言之，严格适用2012年《刑事诉讼法》第242条，就要毫无疑问地决定提起审判监督程序，重新审判聂树斌案。

第二，应当在聂树斌案件的重新审判中坚决贯彻疑罪从无原则。该原则在1979年《刑事诉讼法》中没有规定，1996年《刑事诉讼法》就明确规定了，十八届四中全会《中共中央关于全面推进依法治国若干重大问题的决定》中强调了证据裁判与疑罪从无这两项重要原则。根据此原则，聂树斌案与王书金案最后的处理应该有三种可能性（只从强奸杀害康某案来看）：一是王书金是真凶，聂树斌无罪；二是聂树斌是真凶，王书金不是；三是根据疑罪从无原则，聂树斌与王书金都不能认定为真凶。第三种可能表面上看来或许难以理解，甚至部分社会公众也难以认同，但这正是用法治思维、法治方式来审判案件的一种选择。无论是哪一种选择，都必须立足证据，于法有据，做到公开、公平、公正。坦诚地说，如今这个案件进一步如何处理，是否提起再审，以及再审的结果如何，万众关注，社会热期，对山东省高级人民法院以及相关司法领导部门既是一个严峻的挑战，也是一个重振司法权威、提高司法公信力的难得机遇。

我在研讨会上作上述发言时，当时就有人把我的观点整理出来，发在网上。

很明显，我的观点同中央电视台的观点是不同的，而且当时正需要有人来从专业方面发表不同意见。因为我的学术影响，当时我的观点作为另外一种声音迅速传遍全国。

回过头来看，在这种情况下，我发表“五大疑点”的观点，还是很重要的，带有一定的纠正性。

## 聂树斌案的法医视角

我的“五大疑点”观点传播开以后，影响比较大。尤其是聂树斌方的律师，如获至宝，马上在网上把我的发言要点发表，用“法学泰斗”的观点之类的语言传播。

考虑到聂树斌案中涉及好多法医问题，我一直想着从法医学的角度展开进一步咨询。5 月 5 日的研讨会上，我就鉴定意见提出了几点疑惑，并表达了希望能就这些问题咨询专业法医的意向。

除了上述发言外，我又专门找了一位法医学专家，请他围绕聂树斌案发表了意见。

为什么找法医呢？中国政法大学张保生教授看了我的意见，正好他们也有个法医鉴定研究所，他给我发微信说，有些涉及法医鉴定的部分，应该找法医专家来发表意见，这样会更有说服力。

这个建议启发了我。然后我就找吴宏耀商量这件事。具体法医的人选，是吴宏耀帮我提供的。吴宏耀刚好认识天津市公安局主任法医师宋忆光主任，并颇为赞赏宋忆光主任的专业素养，向我大力推荐。于是，我就让吴宏耀想办法把这个人请过来。

宋忆光曾任天津市公安局刑事科学技术研究所副所长、法医室主任，也是主任法医师，国家一级法医鉴定官、中国法医学会常务理事、损伤委员会副主任、专家委员会委员、中国刑事技术协会特邀研究员、公安部刑侦专家。那时候他刚退下来没多久。

2015 年 5 月 21 日上午，我们围绕“关于聂树斌案的法医问题”，展开了比较有深度的对话。参加对话的除了我和宋忆光外，还有中国政法大学的吴宏耀。当时在场的还有中国人民大学的魏晓娜。我的学生牛颖东负责记录。

下面是当时我们一个多小时对话的内容纪要：

**陈光中教授**：聂树斌案受到社会广泛关注，我之前写过一篇文章谈论了聂树斌案的几个问题，但在法医问题上自感知识欠缺。聂树斌案目前尚无定论，希望与法医专家交流一下，将法医方面的问题搞得清楚些。

**陈光中教授**：第一个问题：聂树斌案中康某于 8 月 5 日失踪，尸体于11 日被发现，法医在11 日上午现场检验了尸体，但是尸体检验报告的形成时间却是 10 月 10 日，而聂树斌于 23 日被带走，至 10 月 10 日尸检报告形成前已经有了六份聂树斌的供述笔录。原办案单位解释说，因为尸检报告需要通过领导审查批准后才能出具。请问上述情况在公安界、法医界是否正常?

**宋忆光主任**：我是 1972 年开始从事法医职业。那个年代，公安办案的总的思路是“不破不立”。何谓“不破不立”，就是发案了，勘查完现场后，有的案子暂时没有结果的话，就会将相关材料汇总后存档，直到案子有了线索，尸检报告才会出。我分析这是聂树斌案报告出得晚的主要原因。

对于尸检报告的审批问题：无论是那个年代还是现在，一般情况下，尸检报告的审批都是在本技术部门内完成的，而且无须经过多道手续，没有必要到局长处审批，检验者本人签字就可以出。

即使需要审批，也应该保留原始审批材料，即有拟稿人、修改人、审批人的签字，程序要求这样做。

**陈光中教授**：当场勘验的有多少人?最后出书面报告需要有几人签字?尸体检验报告同现场勘查报告是否必须同时出具?

**宋忆光主任**：当时对于现场勘查中的人数方面没有明确的规定，但是勘查现场人员至少不会低于五个人。有照相的、录像的、法医的、痕迹的，还有现场做勘查笔录的，绝大部分情况下，勘查命案现场的法医至少是两个人。书面报告需要两个人签字。尸体检验报告同现场勘查报告不一定需要同时出。勘查笔录放侦查卷，尸检报告一般是破案后再放在卷中。

我再说一下现场勘查笔录需要什么内容：现场勘查笔录是需要将接到案子后，谁报的案、什么时候到达的现场、天气情况、周围环境情况、到达现场后干了什么、发现了什么、提取了什么、何时结束、这个现场谁指挥的、这个现场勘查都有什么人参加……总而言之，勘查笔录就是把开始接到案件到勘查结束整个过程记录下来。而聂案的勘查笔录中，发现、提取、检验的过程等细节没有反映；痕迹检验报告、尸体检验报告、物证检验报告、毒物检验报告都需要有，而聂树斌案中并没有全部涵盖。

**陈光中教授**：第二个问题，康某的尸体从死亡到发现大约六天时间，在夏天高温多雨的情况下，是否会腐烂到无法解剖的程度？即使高度腐烂，法医应不应该解剖尸体？

**宋忆光主任**：第一，发现康某尸体时，尸体已经高度腐烂，在经过六天高温雨水天气后是完全可以达到这种程度的。第二，尸体无论腐烂到何种程度，法医必须按照程序进行解剖检查。

我们解剖尸体的过程是这样的，如果尸体有头发，我们用镊子拢头发，每隔 0.5cm 梳头，还必须立着梳。这个检测完，还要用镊子敲脑袋，听声音，这是规定动作，必须要完成的。还有的规定动作是，对称逐条按压肋骨，然后整体按压，这样就能知道肋骨是否骨折、骨折的部位、多少根以及方向。肋骨骨折非常复杂，方向不同，创伤机制就不同，有间接骨折，有直接骨折。根据这些就可以知道伤是怎么形成的。不仅颅骨、肋骨需要检查，四肢也是必须要检查的。而聂树斌案的法医不仅没有按照规定动作去做，甚至连基本动作都没有。

**陈光中教授**：原侦查单位说康某死亡时间是五六点钟，这个时间是如何确定的？胃内容物解剖出来，能否检测出死亡时间？

**宋忆光主任**：早期二十四小时内的死亡我们根据尸斑、尸僵、尸冷来判断死亡时间；晚期看腐败程度；更晚期的看蛆虫，到现场从尸体上取几只蛆虫用开水烫一下，或者用酒精，然后量它的长度。由于苍蝇是积温物种，同样的苍蝇品种，从蛆虫到苍蝇需要十五天，盛夏天气下需要七天左右的时间。通过蛆虫状态及天气状态来分析和确定尸体的死亡时间。

胃内容物提取出来后，我们将之过筛，通过消化残渣看吃了什么东西，通过消化残渣的消化程度来判断食物在胃内的消化时间。此案经过六七天后，胃内容物会腐烂，但是容量不会减少很多。以此可以推断出餐后的死亡时间。

**陈光中教授**：现在有一个争论，王书金的供词说康某死亡时间是一两点，如果是这个时间，她刚吃过午饭，那么胃内食物是基本保留的。如果是办案方所说的五六点，那么食物就消化得差不多了。如果通过解剖可以检测出死亡时间，那么当时法医不解剖尸体是草率的。

**宋忆光主任**：是的。胃部检测必须做，胃壁要检测，毒物也要检测。在死者死因不明的情况下，法医必须穷尽所有的检测方法。法医的分析方法有直接证据法和排除法，排除法的前提就是穷尽所有的检测方法，穷尽之后才能排除，这样得出的结论才是有依据的。仅凭自己主观臆断是不行的。

**陈光中教授**：第三个问题，通过现场照片，可以看出围在死者脖子上的花衬衫，但留下的痕迹已经看不出来了，这能够得出窒息死亡的结论吗？仅凭尸体图片能否看出肋骨有骨折现象？辩护律师请的两位法医专家说，可以看出尸体断了几根肋骨，并且具体到第九、十一、十二根肋骨缺失，是否可靠？

**宋忆光主任**：我从事法医工作到退休，已经检验过13000多具尸体。尽管文证审查也是法医鉴定的重要内容，即通过对照片、文证材料的审查，作出文证审查意见，但是，在文字描述不清、照片反映不明确、其他佐证不能证明的情况下，仅通过照片不好确定是否存在骨折。从人体解剖学角度来看，人体两侧对称十二根肋骨，尸体的软组织腐烂后，肋软骨可能会随着腐烂的过程液化，同时将钙化的肋骨露出来（包括肋骨与肋软骨结合处的断端），这样可能会被认为是骨折。但是七天时间是不会造成肋软骨完全腐败的，这种情况下，如果胸廓完整的话，是不易通过黑白照片，特别是远景拍摄的照片看出骨折的。而且肋骨骨折通常是一片，也就是连续几根骨折，不会跳着断、隔着一根断一根。

**陈光中教授**：也就是说，原尸检法医在没有做进一步检查的情况下，难以确定是否骨折。现在两个法医专家认为有三条肋骨缺失的意见也是根据不足的。

**吴宏耀教授**：在尸体腐败的情况下，经过七天的尸体，肋骨如果骨折，胸腔处会不会塌陷？

**宋忆光主任**：肋骨的特点与其他地方不一样，它是圆弧弓的形态，即使断了也有支撑力，所以通常不会坍塌。临床肋骨骨折，一般也不用手术接骨，因为不会塌陷，只需粘布固定就可以了。

**陈光中教授**：第四个问题，康某当时是土葬，那么时隔二十年，尸体骨骼能否有效保存？开棺验尸是否可以认定肋骨完整或者骨折？

**宋忆光主任**：尸体骨骼保存时间长短，要看埋葬尸体的土壤酸碱度和湿度，一般认为，在缺氧条件下，天气、土壤比较干燥，骨骼能够比较好地保存。这种条件下，经过二十年甚至更长的时间，我们都可以看到骨骼是否有损伤。结合聂案的情况，我认为：如果康某的尸体埋葬得比较深，土壤干燥，可以看出肋骨是否存在骨折，以及骨折的数量、骨折的形成机制。

**陈光中教授**：也就是说，现在开棺验尸还存在验证康某当年是否骨折的可能。原办案单位说没有骨折和有的法医说发生了骨折都不能说是准确的。尤其是当时仅仅通过表面看了看就确定没有骨折的情况，说明当时的法医是草率的。

**宋忆光主任**：对。当时法医的行为不仅仅是失误、草率，而是不负责任的表现。失误每个人都会因思虑不及而造成，而许多应该做的工作却没有去做，这就是不负责任。

**陈光中教授**：第五个问题，当时应不应该从尸体阴道内提取液体，以检测精子？高度腐烂的尸体能否提取到有效的精子进行检测？当年的技术条件下，是否可以进行 DNA 检测及比对？

**宋忆光主任**：尸体无论腐败到什么程度，法医都不能主观臆断，必须对尸体进行检验。不仅限于阴道擦拭物，还要提取检测头发、阴毛、唾液等。从那个年代到现在都在用的两种检验方法，一是精子直接检验方法，直接通过显微镜看精子，有时精子腐败后其精子的尾部脱落，仅留下头部，我们用 H. E 染色，将精子头部的后半部核的所在部位染成蓝色，前半部分不染色或浅着色，精子的中间部及尾部染成红色，以此确定精子。二是我们会做抗人精试验来证明检材是否存在或存在可疑精斑的预实验。而这些工作当时的法医显然都没有做，其臆断成分太多。

关于那个年代 DNA 检验的问题，1985 年英国的杰弗里斯是最早的 DNA 指纹分析及 DNA 特征测定技术发展者，其技术首次在 1983 年到 1986 年间的谋杀案中应用。我国公安部 126 研究所在 1987—1988 年已经引进此项技术，并陆续承办案件。辽宁、天津、北京、上海等地在 1990 年前后，相继通过国家验收，开展了此项鉴定工作。但是，这项技术耗资巨大。1990年以后，由于地区发展不平衡，河北当时还没有开展这种检测，但是公安部可以做这个检测，而且不收费。也就是说我国当时是有条件做这个鉴定的。

**陈光中教授**：当时石家庄还没有这项技术，但是如果当时取了检材送到公安部去检测是完全可能的。

**陈光中教授**：第六个问题：按照现场的勘查，有花衬衫围绕死者颈部，当时认定死者为窒息死亡，你认为能不能这样认定？

**宋忆光主任**：这里的窒息死亡主要指机械性窒息，法医学上指掐、勒、闷、堵、缢，不管哪种方式，首先是把颈部的颈动脉、颈静脉、气管、椎动脉压迫住，使大脑供血不足，进而大脑缺血缺氧，造成窒息死亡。一种情况是，把浅表的动脉、静脉压迫住了，深部没有压迫，还能继续供血。还有一种情况是都没有完全压迫住，这个就达不到窒息死亡的效果。理论上讲，颈静脉压迫住需要2公斤的力量；颈动脉压迫住需要3.5公斤的力量；气管压迫住需要15公斤的力量；还有一个是重要的椎动脉，为什么颈椎病人头晕、视力不好，就是因为椎动脉供血不足。若都同时压迫住，需要的力量是十分大的，也只有上吊这一个方式可以达到这种效果。其次就是掐颈，掐颈还需要以被掐人后背相对固定为前提条件，如果后背不固定，例如到墙角掐就不能达到效果。尽管这些方式都能达到窒息效果，但是阻断的位置不一样、阻断速度不一样、持续时间不一样，就可能发生不死亡或者死亡时间延长的情况。这几种方式中，勒与缢不一样，缢的话，单位每平方厘米的压强特别大，而勒尽管比较紧，但是单位平均作用在颈部血管、气管上的力量比较小，所以勒正常成年人一般是达不到目的的，它只是一种加害行为，通过其他方法致死后，怕没死而采取的继续加害行为。

用小棒将衣服绞紧了勒可以达到窒息效果。所以说，单位每平方厘米的压强大小很重要。因此，我的意见是：这种条件下，用花衬衫勒达不到窒息死亡的效果，即使聂树斌使用了花衬衫，也是先使用了其他手段使死者昏厥后再勒的。

**陈光中教授**：聂树斌供述说，他用拳头把康某打晕了，怕他醒来，然后用花衬衫勒她。而且，康某还是会点武术的。

**宋忆光主任**：我看了聂树斌的笔录，他用拳头打脸部、眼部、头部七八下，这样打是不会导致人昏厥的。我不知道花衬衫是什么质地的，在有反抗的情况下用花衬衫勒，花衬衫竟然完好无损，这概率太低了。

另外，我补充一点，根据当时的破案报道，有人看见，聂树斌总是在发现有女同志上公共厕所时便跟过去，以及根据聂树斌第一次供述，他曾偷窥女工上厕所并跟踪洗澡后的女工。据此分析聂树斌可能有窥视癖，法医学上称之为性欲倒错症，这种性变态的人一般没有与被偷窥女性发生性关系的要求。在偷窥情况下，这类人绝大部分是不会强奸杀人的。他们在窥视等方式下就已经得到了性满足，反而强奸过程是满足不了他的性欲需求的。

**陈光中教授**：第七个问题，在尸体腐烂的现场取出花衬衫让聂树斌辨认，从法医角度看，物证花衬衫是否必须原物辨认？是否允许对花衬衫清洗后进行辨认？辨认过程中，除了侦查人员外，是否需要见证人？

**宋忆光主任**：辨认前是要进行清洗的，因为清洗干净后好辨认。实际情况中应该这样做的。

从我们法医学角度分析，证据分为侦查证据和诉讼证据，辨认侦查证据无需复杂的程序，但是若从侦查证据转变为诉讼证据，那就必须走程序，譬如说明辨认人是哪个、在什么情况下辨认等都有规定的，不但有规定，还一定要有辨认笔录，包括人像辨认、物品辨认等。

**陈光中教授**：请以1994年当时的条件为前提，讲一讲这个案件中法医方面存在的问题。

**宋忆光主任**：我对这个案子大体有以下三种感觉：

第一，原办案法医经验不足。首先，对于裸体，以及下身呈八字形态的尸体，不能机械地认定为强奸杀人。同时，亦不能看到颈部有索物就认定为窒息死亡，应当通过检验来确认。其次，即便是尸体腐败，加之天气环境的影响，对于强奸案件现场，也一定要在尸体的周围仔细寻找物证，否则一定会出纰漏。我们的经验是：经验不足细上凑，即通过全面、细致的检查来弥补。

第二，工作不细。新中国成立后就对法医工作程序有要求。1979年，原卫生部第1329号文件规定：尸体解剖分为三种：普通解剖、病理解剖、法医解剖。其中法医解剖是这样叙述的：法医解剖限于人民法院、人民检察院、公安局以及医学院校附设的法医科室施行。凡符合下列条件之一者应进行法医解剖：涉及刑事案，必须经过尸体解剖始能判明死因的尸体和无名尸体需查明死因及性质者；急死或突然死亡，有他杀及自杀嫌疑者；因工、农业中毒或烈性传染病死亡涉及法律问题的尸体。由此可见，对于涉及刑事案，必须经过尸体解剖始能判明死因的规定并没有得到执行和落实。这类案件需要法医解决的基本问题有死亡时间、死亡原因、死亡性质。而这些问题必须解剖尸体并提取相关物证才能得到答案。不管怎么去做，至少死因调查必须要排除毒物，这个就必须要进行尸体解剖；骨骼检查，无论是头部、四肢、肋骨也都是有要求的。而当时的法医都没有按照最基本的要求去做，而且现场检查工作也没有穷尽。

第三，主观臆断太多。尸体腐烂了，表面看一下，就不去解剖了；尸体腐烂了，就认为阴道提取物没有检验的价值；颈部有衣物就认为是窒息死亡；下雨了，现场被破坏了，就认为没有意义了；根据尸体姿势就认为是强奸杀人……臆断太多！

**吴宏耀教授**：请宋主任谈一下对聂树斌案的看法。

**宋忆光主任**：我粗略地看了聂树斌案的材料，给我有以下两个印象：

第一，王书金描述的情况符合杀人手段产生的法医学效果。其一，王书金叙述的杀人过程描述得很细致，没有用相关手段杀过人的是不会叙述这么细致的，虽然不能肯定王书金就是杀害康某的凶手，但是至少可以肯定王书金是用这种手段杀过人的。其二，王书金描述死者"死不瞑目"的情况符合法医学知识。导致"死不瞑目"的情况有窒息和大失血两种。窒息导致"死不瞑目"不是用手抹一下双眼就会闭住，这是在窒息致死过程中必然出现的。其三，王书金在掐康某的过程中，发现康某脸部发紫。按照法医学知识来讲，体内的氧在被完全阻断的情况下，只够供应一分钟，一分钟后即由氧合血红蛋白形成还原血红蛋白，还原血红蛋白意味着缺氧了，血液变成了黑紫色，因此会出现脸发紫的情况。所以王书金描述的情况是符合这种杀人手段的。除了这个行为过程符合，时间也符合，窒息死亡的时间是4—6分钟，但是到6分钟后基本是不可逆的。窒息开始时，并不是呼吸困难，1分钟到2分钟时是吸气困难，接近3分钟时是排气困难，王书金对被害人喘气的描述符合法医学知识。所以说，如果王书金没有用这种手段杀过人，不可能描述得这么准确。即使医学专业的学生也未必能描述得这么清楚，我是问了几十起案件当事人的描述才了解到这些情况的。

第二，聂树斌的四次供述都不一样，而且所描述的杀人情况不完整，手段达不到致死的效果。聂树斌对死者面对面施暴，死者肯定会垂死挣扎。我们研究的这类犯罪，犯罪分子身上大部分都有挠伤，而且这种挠伤都会非常明显，有的甚至半年后还存在痕迹，但是该案中没有对被害人反抗的描述，也没有聂树斌被挠伤的证据，不符合常理！

**陈光中教授**：我想咨询的问题，宋主任已一一详细回答。宋主任实事求是的解释对我启发很大，对整个聂树斌案的分析也有很大的帮助。非常感谢宋主任能够在百忙之中参加这次咨询交流会！

我听了宋忆光主任的分析和研判后，感觉很有利于聂树斌方。

我让牛颖东按照录音加以整理，然后我又对文字作了修改润色，最终形成近七千字的《中国政法大学终身教授陈光中与天津市公安局主任法医师宋忆光就聂树斌案法医问题咨询交流会内容纪要》。

## 呈送给最高人民法院的“会议纪要”

这份“会议纪要”定稿后，加上我公开发表的聂树斌案“五大疑点”，2015 年 6 月 2 日，以我个人名义，一起呈报给最高人民法院。当时还特别征得宋忆光主任的同意。

当然，有的人比较难做到这一点。我的学术地位和影响，最高人民法院还是很重视的。而且这两份材料，我当时都以个人名义呈送，也比较客观中立，没有加个人明显的倾向观点。我只是说，就聂树斌案中法医相关的专业问题，法医学专家发表了对这个案件的学术见解，很有启发帮助，所以上报给最高人民法院院领导及办案的相关法官，请他们看一看，可能有助于查明案件。

随后，最高人民法院表示收到了。当然，当时案件还是在山东省高级人民法院复查，在那个节骨眼儿上，最高人民法院不会表态。

在给我九十大寿的贺寿文章中，最高人民法院胡云腾法官特别提及了这一段过往：

大约是 2014 年秋冬之际的某一天，领导把我叫去，问我对于贯彻落实十八届四中全会提出的“健全冤假错案严格防范和及时纠正机制”有什么意见和建议？我便说，聂树斌案现在是笼罩在公众头上最大的一片乌云，社会各界普遍关注，都想知道这个案子究竟是怎么一回事，连我也想知道究竟是怎么一回事。现在申诉复查迟迟没有下文。而每到全国两会召开之时，质疑和炒作这个案子的舆情就非常汹涌，最高人民法院和河北省高级人民法院就像“过关”一样招人指责。与其这样，不如下决心启动再审，是真是假做一个了断。领导听了以后对我说，这个案子比较敏感、争议很大，你讲的只是一个方面。如果你有时间就去了解一下学术界的看法，特别要听听高铭暄教授、陈光中教授和刑法学研究会、刑事诉讼法学研究会两位会长的意见，然后再说。这样我便给刑法学研究会会长赵秉志教授打电话，请他组个饭局请高铭暄老师、陈光中老师和卞建林会长吃饭，赵秉志教授当即答应，并很快就告诉我，已经与几位老师约好，周五晚上在北京师范大学的京师大厦餐厅共进晚餐。

在餐叙过程中，我们先谈了十八届四中全会规定的刑事司法改革问题，谈的过程中自然就讲到了聂树斌案。有点意外的是，几位教授对于这个案子的发言都非常谨慎。陈先生说，关于聂树斌案子当中存在的问题，被告方的申诉如何处理，我已经说过多次了，我的观点非常明确，今天就不再说了。以后我会给你一个书面意见，让学生转给你。从陈先生的讲话中，似乎还能听出有点不大高兴的意思。我当时就纳闷。过后问赵秉志教授是怎么回事，他说：“我们谁也不知道你这家伙的意思，现在社会上的传言很多，有人说这个案子由于各方面的意见分歧很大，你们院不会再审了。所以我们以为你是来让我们表态的，两位老先生当然就不想多说了。”最后我只得解释今天是顺便听听各位老师的意见，没有任何倾向性。聂树斌案虽然早就进入申诉复查程序，但最终是再审还是不再审，都纯系谣言，不足为信。

记得过了没多长时间，陈光中先生派学生送来了两份材料，一份是他与天津市公安局宋忆光主任法医师就聂树斌案的法医问题进行咨询交流的记录，另一份是他写给最高人民法院有关院领导建议再审聂树斌案的信。我认真看了陈先生的两份材料，了解到很多信息，留下了深刻印象，感到他讲的很多问题比当时网上流传的东西要可靠得多。他本来就德高望重，精通刑事诉讼法学，却很谦虚地一一向宋法医咨询聂树斌案的法医学鉴定和证据认定问题，让人看到了他坚持求真务实的大师风范。针对聂树斌案原审证据存在的“三大缺失”之一即聂树斌被抓获后前五天的供述缺失问题，陈先生分析认为这极不正常，存在刑讯逼供可能！他的这一分析判断我们后来也是赞同的，再审时采纳的也是这一观点。又如聂树斌案的现场勘验和尸体检验存在的“五个没有检验”问题，即被害人的身份没有检验、被害人的伤情没有检验、被害人的死亡时间没有检验、被害人的死因没有检验、被害人是否受到性侵害没有检验等，陈先生与宋法医几乎都讨论到了并一一进行了分析，其分析意见与我们后来的再审意见也基本一致。陈先生和宋法医还讨论了聂树斌作案工具花衬衫存在的疑点、辨认程序存在的瑕疵、案卷材料签字中存在的问题以及王书金与聂树斌哪个嫌疑更大等，都抓住了问题的要害，对我们很有启发。在给最高人民法院院领导的信中，陈先生更是明确提出了聂树斌案原审存在的五大疑点并提出了两个重要建议。不久之后，我把包括陈先生在内的学界意见向领导作了简单汇报以后，就去第二巡回法庭埋头办案了。后来，聂树斌案从指定山东省高级人民法院作申诉复查到最高人民法院决定再审，我想这中间就有陈光中先生的呼吁和建言之功。

## 最高人民法院决定再审

2015 年 6 月 15 日，聂树斌案在山东省高级人民法院的异地复查期限就届满了。我们的“咨询纪要”提交给最高人民法院之后没几天，大概就是十多天时间，山东省高级人民法院报请最高人民法院批准，将复查期限延期三个月，到9月15日。

接下来，该复查程序又连续获得三次延期，一直到2016年6月15日。四次延期下来，一年时间就过去了！

到第四次延期即将届满前，山东省高级人民法院复查合议庭终于在2016年6月8日形成复查结论：“本院经复查认为，原审判决缺少能够锁定聂树斌作案的客观证据，在被告人作案时间、作案工具、被害人死因等方面存在重大疑问，不能排除他人作案的可能性，原审认定聂树斌犯故意杀人罪、强奸妇女罪的证据不确实、不充分，建议最高人民法院启动审判监督程序重新审判，并报请最高人民法院审查。”

同日，最高人民法院经审查，同意山东省高级人民法院的复查意见，认为原审判决据以定罪量刑的证据不确实、不充分，决定聂树斌案由最高人民法院提审，并指定第二巡回法庭审理。

2016年6月20日，最高人民法院党组决定：原审被告人聂树斌故意杀人、强奸再审一案，由最高人民法院第二巡回法庭审理。最高人民法院审判委员会专职委员、第二巡回法庭庭长胡云腾大法官担任再审合议庭的审判长，夏道虎、虞政平、管应时、罗智勇等担任合议庭成员。

这是一个值得肯定的进步。第一次延期距离我这个材料提交也就十来天左右。这两者之间有没有因果联系，不好说。

在最高人民法院再审判决聂树斌无罪之前，我并没有对外公布这些事情。

当时，网上只有前面提到的我的“五大疑点”，但给最高人民法院报送法医座谈纪要这个事，外界完全不知道。

一直到最高人民法院判决聂树斌无罪后，我的学生魏晓娜发了个朋友圈说这个事。正好她有个学生在《法制日报》(现为《法治日报》），看到之后做了报道。然后人们才知道在聂树斌案平反过程中，还有一个有功人士是陈光中先生，他还是做了一些比较关键的事情，他不仅发表了“五大疑点”的意见，还跟法医就专业问题进行座谈。也正是在这前后，这份座谈纪要的内容才对外正式公开。

魏晓娜在给我九十大寿的贺寿文章中，也提到了相关细节：“5月21日，先生特意将宋忆光主任邀请到北邮科技大厦第三会议厅，开展咨询交流，会后形成一问一答式的咨询意见纪要，呈递给最高人民法院有关领导、法官。我虽然没有在那份纪要上签名，但全程在场，算是这一历史事件的见证人。至于这份纪要在聂案平反过程中发挥了什么样的作用，不好妄加揣测，因为聂案之平反，是体制内外的各种力量长期努力、综合发挥作用的结果。然而这份纪要上报后不久，山东高院第一次延长了审查期限，也是事实。”

## 为聂树斌案再审提供专家意见

再审程序启动后，最高人民法院尤其是第二巡回法庭合议庭成员做了很多工作。

其中之一就是确定聂树斌案再审中需要处理的若干问题，比如再审程序的法律适用、再审的方式、能否公开审理、如何评判有关材料缺失、关于原附带民事诉讼原告人是否出庭、如何看待“自认真凶”王书金的供述等问题。

为做好再审工作，2016年10月9日，最高人民法院召开关于聂树斌案法律程序适用问题的专家座谈会，邀请部分刑法、刑事诉讼法领域的学者，围绕上述问题展开论证。

这次座谈会的参加者除了我之外，还有高铭暄教授、中国人民大学的陈卫东教授、中国政法大学的樊崇义教授、北京大学的陈瑞华教授、北京师范大学的赵秉志教授和中国社会科学院的王敏远教授等。

这里最复杂的问题是法律适用问题。整个聂树斌案，涉及我国三部《刑事诉讼法》的适用：聂树斌案发生在1994年，一、二审宣判是在1995年，当时适用1979年《刑事诉讼法》；河北省高级人民法院开始复查聂树斌案是在2007年，当时适用1996年《刑事诉讼法》，而且跟以前相比经历了十分重大的修订；山东省高级人民法院异地复查聂树斌案是在2014年，而2012年我国《刑事诉讼法》又经历了一次较大幅度的修订。关于法律适用问题，刑法上有“从旧兼从轻”原则，但刑事诉讼法上并没有类似的原则和规定。这就留下一个比较难处理的问题：聂树斌案再审，到底应该适用于哪一部《刑事诉讼法》？经过我们几位学者论证，大家还是达成共识：从有利于原审被告人权益的角度看，适用2012年《刑事诉讼法》是比较合适的决定。最高人民法院再审合议庭后来也接受了这个观点。

胡云腾前述贺寿文章中，提到过这个会议的细节：

> 这次会议讨论的主要程序问题有：
>
> 其一，聂树斌案再审程序是适用1979年《刑事诉讼法》还是适用2012年《刑事诉讼法》问题。最后一致同意按照程序法从新原则，适用2012年《刑事诉讼法》，但在评价办案人员的行为时，适用1979年《刑事诉讼法》。
>
> 其二，本案能不能开庭审理问题。大多数专家认为可以开庭审理，因为法律没有禁止性的规定；少数专家认为本案的被告人和被害人都死亡了，实际上无法开庭审理。讨论的意见是由法院自行决定。
>
> 其三，如果本案开庭审理，能不能公开开庭审理问题。多数意见认为能够公开开庭审理，少数专家认为本案还涉及当事人隐私，不宜开庭审理。讨论的结果是不公开审理，但宣判必须公开。
>
> 其四，如何看待原审的证据缺失及能否进行非法证据排除问题。专家们对此也有分歧。形成的结论性意见是不知道原审缺失了哪些证据，也难以认定当年的司法人员办案违法，所以

很难搞非法证据排除。

其五，应不应该把王书金案也纳入一并审理的问题。有的专家认为王书金不是本案当事人，所以不能纳入本案审理范围；有的专家则认为，聂树斌案进入再审，皆因王书金自认真凶而起，王书金至少是本案的关键证人，故应当把王书金的供述纳入本案审理范围。讨论的结果是，本案再审旨在解决聂树斌有罪还是无罪的问题，王书金如何供述与聂树斌有罪无罪没有多大关系，故不应当把王书金的供述纳入本案审理范围。再审过程中，我们已经把王书金的供述及其他证据材料作为相关证据纳入审理范围，连草拟的判决书都专门写了这个问题，最后去掉了这个部分。

这次座谈会为聂树斌案再审的程序法律适用定了调、把了脉，意义重大。陈光中先生作为刑事诉讼法学界的掌门人和权威学者，他的发言和观点在其中发挥了重要作用。

## 聂树斌无罪！

2016年12月2日，周五，历史性的一天。这一天上午，最高人民法院第二巡回法庭对原审被告人聂树斌故意杀人、强奸妇女再审案公开审判，宣告撤销原审判决，改判聂树斌无罪。

在这一天之前，最高人民法院尤其是第二巡回法庭聂树斌再审合议庭一行，做了大量的工作。他们不仅多次接见申诉人及其代理律师，观看山东省高级人民法院的复审录像，前往河北当地探访案发现场、听取原办案机关的说明和解释、提讯另案被告人王书金，甚至前往重庆拜访李昌钰博士寻求专业意见。

经过前期艰苦卓绝的努力，合议庭上上下下围绕再审判决书的措辞，经历了多轮次精雕细琢，最终形成了这份配得上“伟大”二字的判决。

第二巡回法庭宣判的时候，最高人民法院特别邀请部分专家学者和社会知名人士前往旁听，我是列席旁听的学者代表之一。我旁听后，立即口述并由学生整理成文章，旁听后对外发出的第一篇文章就是我的文章。

胡云腾大法官的文章中忆及：

> 我们特别邀请了部分全国人大代表、全国政协委员、著名专家学者和基层群众代表等出席宣判活动。陈光中先生不辞辛劳出席了宣判活动，是应邀出席宣判活动的代表中年龄最大者，也是最资深的专家学者。当时可以看到，当我宣告聂树斌无罪时，陈先生的脸上也洋溢着胜利的喜悦。他在庭审结束后法庭宣判的现场即接受了媒体的采访，对最高人民法院最终按照疑罪从无原则宣告原审被告人聂树斌无罪，给予了高度赞扬和很高评价，特别对再审判决给予了充分肯定，让我们很受鼓舞、深受感动。

应当说，最高人民法院最后改判聂树斌无罪，这是可以载入中国司法史册的适用疑罪从无原则的标志性案件。

我很高兴能够在此案平反中有所贡献。聂树斌案平反以后，人们也说，我算是有功之臣。但我实事求是地说，我只是在后期做了这么两件事：一个是在关键时刻发表了我的意见，另一个是同宋忆光对话，从专业、学术层面对聂树斌案的疑点搞了个鉴定。实际上大量的前期工作，是聂树斌的母亲张焕枝和其代理律师李树亭等做的，他们搞了很多年。另外，还有包括《新京报》在内的好几家报社的广泛报道，也发挥了很大作用。

## 冤假错案平反不易

说实在话，即便是现在，一个冤假错案要真正平反是很不容易的，实务部门要反复斟酌。有的是一个案件确实有了真凶，发现新的真凶，这是硬碰硬的，不平反不行。有的是没有发现真凶，但原审证据不足、疑点很多，这种案件平反是比较困难的。聂树斌案就是如此。

即便最高人民法院最终宣判聂树斌无罪，也始终没有确定康某被奸杀的真凶是谁。聂树斌之所以被宣告无罪，只是说凭现在的证据，主要证据之间存在矛盾，达不到事实清楚、证据确实充分的证明标准。

按理说，逻辑上王书金案必然要作疑案处理，因为聂树斌案已经作疑案处理了。王书金如果是真凶，聂树斌确实是无辜者，那就不是"疑案从无"了。如果聂树斌案是"疑案从无"，那从逻辑上推理，王书金案必然是疑案从无。但王书金案却被推迟了三年左右才按疑案处理。

聂树斌案平反不久，我记得有一次在某个会议上发表见解时，有人就问我，王书金案怎么办？可能因为聂树斌案我有参与，这个问题显然是用心准备的。

我当时就很明确地回答，王书金案应该也是按照疑案处理。当时王书金案的材料，证据之间也有矛盾，另外也有逻辑上的毛病。我认为并不是那么难处理。但是法院拿不定主意，拖了三年，才按疑案处理。如果王书金案不按疑案处理，就要改判聂树斌案，这是明摆着的事儿，还拖那么久，主要是对内部的逻辑关系没有一个清晰的判断。前面平反了，后面必然是这样。但原来河北省公、检、法系统对聂树斌案的平反阻力始终很大，可以说非常大，不得不交到山东去。但在山东，形势一度不是很乐观。直到最后，最高人民法院有了定论，山东方面才根据最高人民法院的意见作出决定。

显然，聂树斌案拖了一段时间，在我看来可以早点处理。

这也说明，冤假、错案平反没那么简单，没那么容易，有很大阻力。连山东方面审查时，他们也有犹豫，要不然也不会有后面的很多争议。

## 聂树斌案应当载入史册

在聂树斌案平反后，《法律适用》约我写一篇文章点评一下。在文章中，我对最高人民法院指定异地复查以及再审聂树斌案、宣告聂树斌无罪的所作所为，给予了充分肯定。在我看来，聂树斌案应当载入史册。

最高人民法院平反此案，体现了证据裁判、独立审判的价值，再审判决书不回避问题，细致回应聂树斌家属及律师的质疑，是努力追求司法公正的体现，值得肯定。回顾聂案整个过程，2014年12月，最高人民法院为确保司法公正，回应人民群众关切，应河北省高级人民法院请求，指令山东高院对聂树斌案进行异地复查，并要求复查过程依法公开，充分体现客观公正。山东省高级人民法院经复查认为，原审认定聂树斌犯故意杀人罪、强奸妇女罪的证据不确实、不充分，建议最高人民法院启动审判监督程序重新审判，并报请最高人民法院审查。最高人民法院对山东省高级人民法院的复查意见进行了审查，于2016年6月6日作出再审决定，提审聂树斌案。最高人民法院作出这样的决定，体现了最高人民法院在深入司法改革的背景下，坚持严格司法、公正司法，敢于担当，敢于独立审判。

……

法律适用 2017第2期　　案例聚焦

编者按：党的十八大以来，各级法院依法纠正了多起有重大影响的冤错案件，"聂树斌案"无疑是最受关注的案件之一。该案的依法纠正，彰显了司法机关直面历史疑案、坚决纠正错案的决心，充分展示了司法体制改革的成果。在推进以审判为中心诉讼制度改革的今天，落实罪刑法定、证据裁判、疑罪从无等原则显得尤为重要，而这在聂树斌案中都有生动体现。为此，我们特邀五位嘉宾，就该案涉及的相关问题发表看法，以期能引起大家的思考。

[聂树斌案三人谈]

## 聂树斌案应当载入史册

陈光中*

最高人民法院平反此案，体现了证据裁判、独立审判的价值，再审判决书不回避问题，细致回应聂树斌家属及律师的质疑，是努力追求司法公正的体现，值得肯定。回顾聂案整个过程，2014年12月，最高人民法院为确保司法公正，回应人民群众关切，应河北省高级人民法院请求，指令山东高院对聂树斌案进行异地复查，并要求复查过程依法公开，充分体现客观公正。山东省高级人民法院经复查认为，原审认定聂树斌犯故意杀人罪、强奸妇女罪的证据不确实、不充分，建议最高人民法院启动审判监督程序重新审判，并报请最高人民法院审查。最高人民法院对山东省高级人民法院的复查意见进行了审查，于2016年6月6日作出再审决定，提审聂树斌案。最高法院作出这样的决定，体现了最高法院在深入司法改革的背景下，坚持严格司法、公正司法，敢于担当，敢于独立审判。

最高人民法院指令山东高院开启异地复查，并同意山东高院在复查过程中召开听证会，听取申诉人及其代理律师以及原办案单位意见，以保障复查工作客观公正。该听证程序本身具有一定的创新性，因为我们的法律没有规定这个程序。这种创新性审查程序在决定是否启动再审上更加体现程序公正，更有利于查明案件事实，实现实体公正，且不违背法定再审程序之精神。这在我国刑事诉讼历史上是第一例，也就是说，指定异地复查，特别是公开听证是一项创新性试验。听证会后，我曾就该案证据存在的五大疑点，包括不能排除刑讯逼供等问题撰文呼吁应该通过再审程序查清聂树斌案的重大疑点，对案件作出公正处理。

现行《刑事诉讼法》规定的定罪标准是"事实清楚，证据确实、充分"，聂树斌案再审判决认为原审判决没有达到"两个基本"的要求，认定有罪必须达到"基本事实清楚，基本证据确凿"，旨在强调办案不要纠缠案件事实证据的细枝末节，而要卡死案件的基本事实和基本证据，这是对证明对象的适度缩小，不是证明标准的降低。"两个基本"与1979年《刑事诉讼法》实施以来我国一贯坚持的"证据确实、充分"的证明标准并无实质差异，只要准确理解，严格把握，同样能够防止发生错案。再审判决书要表达的意思是，聂树斌案原审不仅没有达到"事实清楚，证据确实、充分"的证明标准，甚至连"两个基本"都没有达到。

推进以审判为中心的诉讼制度改革主要是为了公正司法，严防冤假错案发生，提高司法公信力。这就必须努力做到庭审所作出的"事实认定符合客观真相"。案件事实客观真相或者称案件本源事实是指客观存在的案件发生时的事实情况，它不以办案人员的意志为转移，办案人员不能否认、改变案件的客观真相，而只能对其加以发现、查明和认定。案件本原事实是过去发生的，办案人员只能以证据作为唯一手段来认定案件事实、还原案件事实真相。依据证据准确认定案件事实，这就是证据裁判原则之要义。冤假错案绝大多数错在司法机关认定的案件犯罪事实不符合客观真相。可以这样说，冤假错案的具体情况是各色各样的，而司法机关对案件事实的认定背离客观真相则都是一样的。1979年刑事诉讼法虽然没有明确规定疑罪从无原则，但规定了事实清楚、证据确实充分的证明标准。聂树斌案就是按证据不足作出无罪判决的。

聂树斌案的再审改判表达了最高人民法院有错必纠的立场和态度，凸显了纠正冤假错案的决心与担当。最高人民法院在复查和提审上非常下功夫，特别是对证据里面存在的一些问题给出了合理解释，而不是为当时的历史条件原因而开脱责任，这是一种对历史负责的态度。聂树斌案不仅以其案情复杂离奇、平反过程曲折引起世人瞩目；而且能够起到警示、宣传、教育的标杆作用。这个案件应当载入史册。

*陈光中，中国政法大学终身教授，中国刑事诉讼法学研究会名誉会长，最高人民法院案例研究院专家委员会主任。


5

图26-1　充分肯定聂树斌案的平反

现行《刑事诉讼法》规定的定罪标准是“事实清楚，证据确实、充分”，聂树斌案再审判决认为原审判决没有达到“两个基本”的要求，认定有罪必须达到“基本事实清楚，基本证据确凿”，旨在强调办案不要纠缠案件事实证据的细枝末节，而要卡死案件的基本事实和基本证据，这是对证明对象的适度缩小，不是证明标准的降低。“两个基本”与1979年《刑事诉讼法》实施以来我国一贯坚持的“证据确实、充分”的证明标准并无实质差异，只要准确理解、严格把握，同样能够防止发生错案。再审判决书要表达的意思是，聂树斌案原审不仅没有达到“事实清楚，证据确实、充分”的证明标准，甚至连“两个基本”都没有达到。

推进以审判为中心的诉讼制度改革主要是为了公正司法，严防冤假错案发生，提高司法公信力。这就必须努力做到庭审所作出的“事实认定符合客观真相”。案件事实客观真相或者称案件本源事实是指客观存在的案件发生时的事实情况，它不以办案人员的意志为转移，办案人员不能否认、改变案件的客观真相，而只能对其加以发现、查明和认定。案件本原事实是过去发生的，办案人员只能以证据作为唯一手段来认定案件事实、还原案件事实真相。依据证据准确认定案件事实，这就是证据裁判原则之要义。冤假错案绝大多数错在司法机关认定的案件犯罪事实不符合客观真相。可以这样说，冤假错案的具体情况是各式各样的，而司法机关对案件事实的认定背离客观真相则都是一样的。1979年《刑事诉讼法》虽然没有明确规定疑罪从无原则，但规定了事实清楚、证据确实充分的证明标准。聂树斌案就是因证据不足作出无罪判决的。

聂树斌案的再审改判，表达了最高人民法院有错必纠的立场和态度，凸显了纠正冤假错案的决心与担当。最高人民法院在复查和提审上非常下工夫，特别是对证据中存在的一些问题给出了合理解释，这是一种对历史负责的态度。聂树斌案不仅以其案情复杂离奇、平反过程曲折引起世人瞩目；而且能够起到警示、宣传、教育的标杆作用。这个案件应当载入史册。

## 张志超案的背后

“张志超案”也值得说一下。

2022年6月23日，山东省临沂市人民检察院工作人员当面告诉张志超，在检察院系统对“张志超案”追责处理过程中，山东省检察院系统共有十人因该案被追责。该案基本尘埃落定。

2005年1月10日，山东临沭县二中高一年级的一位女生高某突然在学校失踪。一个月后，警方在校内一个废弃的洗手间内发现了其尸体。

在侦破案件过程中，警方、校方发动知情者检举揭发。有人提出，张志超那个时间点在案发现场，有重大作案嫌疑。张志超时年十五岁，当时是临沭县二中高一24班班长，与被害人同班。

随后，张志超被羁押。2006年3月，临沂中院以强奸罪判处张志超无期徒刑。同年级的王广超，被控犯包庇罪，判处有期徒刑三年，缓期三年执行。一审宣判后，张志超未上诉。

但在张志超入狱五年后，2011年，张志超在母亲马玉萍前来探视时，突然开口喊冤，称其遭到刑讯逼供，否认该案是其所为。其母亲即提起申诉，踏上漫漫平反路。

马玉萍的申诉举步维艰。整个2012年，马玉萍在山东当地的申诉，先后被临沂中院和山东省高院以各种理由驳回。

2013年年底，万般无奈的马玉萍，来到北京，委托北京市尚权律师事务所代理申诉。

2014年5月，中国政法大学刑事法律援助研究中心与尚权律师事务所共同发起“蒙冤者援助计划”，“张志超案”是首批五个受援案件之一。后来，北京市大禹律师事务所律师李逊、北京京师律师事务所律师王殿学先后接受委托，为张志超案的申诉提供免费法律援助。

在律师和媒体的帮助下，“张志超案”总算柳暗花明。2015 年 5 月，先后有大型媒体报道该案：5 月 27 日，《中国青年报》率先发布报道《迷雾重重的中学生奸杀案》；5 月 28 日，《南方周末》也以一篇《校园奸杀案疑云十年待解》重磅报道，把该案呈现在世人面前。这两篇报道出来后，“张志超案”迅速成为舆论关注的焦点。

“张志超案”在社会上逐渐广受关注，但申诉却没有明显转机。2016 年 4 月，山东省检察院复审期限即将届满。代理律师们另寻对策，准备在北京发起相关研讨会。

这个时候，我接到了当时《民主与法制》杂志的记者李蒙的邀请。李蒙在总结文章中，这样写过这段过程：

> 2016 年 4 月下旬，山东省检察院复查张志超案的 6 个月时限快到了，李逊律师、我和后来加入代理的王殿学律师变得焦虑起来。
>
> 我们担心山东省检察院驳回申诉，也担心会延期审查，心里没底。三人商议，再组织召开一次学术研讨会，请更多的专家学者前来研讨，把张志超案研究得更透，为下一步的申诉工作做准备。
>
> 我尝试着想邀请德高望重的中国刑事诉讼法学泰斗、原中国政法大学校长、八十五岁高龄的陈光中先生参与研讨。之前，我有了陈光中先生的微信，但没有任何私交，担心陈老是否还记得我。抱着试一试的态度，我把张志超案的材料通过微信发给了陈老，并发出了与会邀请。
>
> 邀请发出后，当天没有任何回应。两天之后，陈老回复了一行字：“材料我看了，你们的研讨会我可以参加。”
>
> 看到这一行字，我欣喜若狂，没想到邀请他老人家会这么顺利。

王殿学律师也带来好消息，他邀请到了中国人民大学陈卫东教授和清华大学张建伟教授。参与过上一次研讨活动的李奋飞、陈永生、李轩老师都是一口答应，让我们很感动。

北京召开研讨会的消息，很快就传到了临沂当地。此前，临沂方面一直以视频设备有问题为由，拖延最高人民法院的视频接访。就在这个研讨会即将召开前，临沂中院的视频设备突然就好了。2016 年 4 月 25 日，最高人民法院通过远程接访系统第一次接访“张志超案”代理团队，了解案情并立案。

北京这边，研讨会还是如期召开。2016 年 4 月 27 日下午，由律媒百人会主办、北京大禹律师事务所承办的“完善刑事案件申诉启动程序高端论坛——以山东省张志超案件为例”研讨会顺利召开。

在这个研讨会上，我更详细地了解了这个案件。我当时就认为，这个案件疑点很多，是个证据不足、证据有矛盾的案件，应该立案再审。当时我就明确表态，根据现在律师有关方面的介绍，“张志超案”非常可能是个冤案。

我在会议发言中指出，从现有证据材料来看，张志超案应该提起再审，应该达到了可以平反的地步。此案定罪的证据主要是口供，被告人张志超和同案犯王广超均已翻供，两个关键证人的证言反复变化，同实物证据发生很大矛盾。另外，从现有证据材料看，张志超没有作案时间。判决书认定，被告人张志超作案后去小卖部买锁锁门，但作案时间是 6 时 20 分左右，小卖部 7 时 10 分左右才开门；包裹尸体的编织袋始终无法查清来源；临时起意的中学生强奸杀人案，从现场及受害人尸体上却无法找到被告人张志超的精液、汗液、唾液等身体物质或脚印、指纹等痕迹……明显超出了正常生活经验和合理逻辑。显然，如果是强奸案，张志起起码同受害者身体接触时间相当长，然而却没有任何留下来的身体接触上的体液，这是很可疑的。另外，媒体引用我在会上说得比较多的一句话，即：“第一次强奸，第二次又回来奸尸，这是一个十六岁的小孩啊，按照我们平常的生活经验，这种现象非常反常，明显超出了正常的生活经验和合理的逻辑。”

总之，我认为“张志超案”存在几个疑问：在案证据主要是口供、当事人口供反复变化、张志超没有作案时间、现场编织袋无法说明来源、认定强奸案却无任何生物学痕迹、认定“二次奸尸”明显违背生活经验。

我在这次研讨会上，也讲了再审与平反的体制性问题。在党的十八大前，我国司法实践中对很多疑难案件一直采取不杀、留有余地的判决，虽然避免了错杀，但增大了发生冤案的可能性。现在在监狱里服刑、申诉不断的并非少数，而是有相当一部分，这是客观事实。再加上“命案必破”等政策，导致多年来积累了相当多的冤案。2012 年《刑事诉讼法》修改，把立案再审的标准同正式改判的平反，从法理上进行区别，正式的平反比立案再审的证据要求高一些。但在司法实践中，一旦再审就会引起社会舆论广泛关注，如果不平反，法院就骑虎难下，所以客观上导致只要再审必然平反，反而增加了立案再审的难度。我认为今后修改《刑事诉讼法》时，应该把再审条件再往下降一点，进一步提供审查的机会。

而且，完全靠法院、检察院自觉地自查自纠，平反的力度是有限的，远不能满足真正的申诉要求，客观上也很难让真正蒙冤的人都平反。平反后的错案责任追究，会增大冤案平反的阻力。

如果真正为平反冤案创造条件，应该有一个类似平反委员会的机构，比法院、检察院中立，在党委领导下，由社会人士包括人大代表、政协委员等来组成，这个机构有一定权力，能够先提起再审。而且还需要注意，平反冤案中社会力量不可低估。从美国、西欧其他国家的经验来看，应该容许支持一些类似蒙冤者洗冤计划这样的组织，让它们发挥更大的作用。

此次研讨会后，多家媒体都对研讨会上我和其他专家学者的发言予以报道。也是从这个时候开始，有一段时间我持续地接受媒体采访为“张志超案”发声。比如在接受中央人民广播电台“中国之声”采访时，我明确表示：“我看了这个材料，现在的证据主要是口供。总的看法是，我认为这个案件应该提起再审。而且我认为，现有的材料有几条材料站得住，就应该‘平反’。”在客观上，这些努力推动了相关司法机关对张志超案的关注和审查。

经过大家的共同努力，推动了“张志超案”的最终平反。2017年12月28日，最高人民法院作出再审决定，认为此案事实不清，主要证据之间存在矛盾，指令山东高院另行组成合议庭再审。

2019年12月5日下午，经过六次延期后，“张志超案”在山东淄博中级人民法院再审开庭。2020年1月13日，山东高院再审改判张志超无罪。

对此，我当然乐观其成。当天，封面新闻采访我，我表示：“张志超案”的平反，说明过去确实存在少数错误冤案。希望司法机关本着实事求是的原则，让更多冤案尽快得到平反。我也告诉该媒体，“张志超案”的平反也说明，司法机关在贯彻十八届三中、四中全会的决定、保障司法公正方面，取得了新的进步。

图26-2　张志超母子为陈光中先生赠送的锦旗

张志超案平反后，张志超的母亲马玉萍和张志超本人，还共同给我送了锦旗，上面写着“法学泰斗名垂史册，正义灵魂寿与天齐”。

2021年1月，在张志超平反一周年之际，参与代理的律师团队组织了一次正式会议，邀请参与张志超案的学者参加，其中也有我。在那次会议上，受张志超案牵连的王广超，也给我送了个锦旗“法学泰斗，洗冤恩人”。我当时过去，以为他们只是邀请我参会，我都不知道有锦旗。

图 26-3　王广超为陈光中先生送来的锦旗

这些锦旗现在都还在我家里挂着。实事求是地说，这些锦旗我受之有愧。但作为当时在场的当事人，他们同我一起合影，还是发自内心地感恩。在平反以前，他们得到各界人士的帮助，对他们来说非常难得，所以他们事后都是十分感谢。

### 陈满案

当然，有的冤案我也有参与，但是影响小一点，比如陈满案。

1992 年 12 月 25 日，海南海口发生一起杀人焚尸案。从四川辞掉公务员工作前往海南寻找机会的陈满，因与被害人熟识而被列为犯罪嫌疑人羁押受审，其间受到刑讯逼供，屈打成招。1994 年 11 月 9 日，海口市中级人民法院以故意杀人罪、放火罪，数罪并罚，判处陈满死刑，缓期二年执行，剥夺政治权利终身。

后来，陈满本人及其家人一直在申诉。随着媒体的关注和律师团队的接力介入，陈满案受到广泛关注，也算是有名的冤案之一。

在陈满案申诉后期，我的学生易延友和王万琼律师成为他的代理律师。通过易延友，我了解了陈满案的情况，也参加了律师团队召开的论证会，在会上发表了支持陈满平反的意见。

在各方面的合力影响下，经最高人民检察院抗诉并经最高人民法院指定浙江省高级人民法院再审，陈满案最后总算平反昭雪。2016年2月1日，浙江省高级人民法院对陈满故意杀人、放火再审案，依法公开宣判，撤销原审裁判，宣告陈满无罪。后面，陈满和海南省高级人民法院也就国家赔偿问题达成了一致。

王万琼律师写的《陈满回家记》中，提到了我的参与："著名法学家陈光中老先生也十分关注陈满案申诉。记得最高检抗诉前，我和李金星律师曾专程前往中国政法大学陈老先生办公室，请陈老师帮助呼吁陈满案申诉。陈老先生虽近九十岁高龄，仍精神矍铄，十分健谈，近一个小时的交谈给了我们许多启发，后来陈老先生还抽出时间参加律师团队组织的专家论证会，为申诉工作提供了有力支持。"

## 我参与冤案平反都是自愿、自发的

在这十多年来我国部分著名冤案的平反中，聂树斌案、张志超案、陈满案等，我都有直接参与。当然，聂树斌案和张志超案平反过程中，相对参与的更多；陈满案也表过态。

我参与这些案件，都是自愿、自发的，并没有任何其他方面来找我恳请帮助，甚至也没有亲属来找我帮忙。尤其是聂树斌案再审前后，我邀请天津市公安局宋忆光法医座谈，或者自己参加聂树斌案件座谈会并发表意见。这些意见整理成文字发表以后，产生了重要影响。

总的来说，我介入这些案件，就是在可能的范围内发挥自己应有的作用。作为刑事诉讼法研究的专家，冤假错案平反是我在学术理论上关注的重点问题之一。在学术研究之外，实践中的这些案例我也都在关注，关于冤假错案平反的典型案例，都在系统搜集。我自己没有去做冤假错案平反的太多实际工作，只是发表过这方面的文章；但在学术演讲中，我都有讲到冤假错案问题。应该说，这些言论在冤假错案平反中起了一些作用。人们也认为，我这方面的学术研究和演讲，给实践中的冤假错案平反提供了舆论支持，都给了我比较高的评价。

## 冤案是最大的司法不公

在我的学术生涯中，关于冤假错案的防范问题，我始终很关注。在身体力行推动冤假错案平反的同时，我也一直在从学术角度展开研究，推动司法进步。

这体现在我的不少论文和访谈中：有的时候是专门撰文讨论防止冤案问题，比如我和于增尊合写并发表在《法学家》2014 年第 1 期的《严防冤案若干问题思考》；但更多时候，是在论及其他主题时，因为相关主题可能与冤案有关系，故而提及冤案的防范问题。

对冤案的界定，国际范围内存在不同标准。根据联合国以及其他国家的规定，结合中国实际，我认为冤案是指已生效的裁判将无罪者判定为有罪的案件，即“无过而受罪，世谓之冤”。因为刑事诉讼是一个过程，从立案、侦查到起诉，从起诉到审判，后面的环节总是在审查、纠正前面的环节，程序尚未结束，就不能说是冤案。因此通常所说的错捕、错诉乃至一审的错判均非严格意义上的冤案。只有如佘祥林案、杜培武案、李化伟案、赵作海案、张氏叔侄案等，才是已生效裁判认定其为有罪而后平反的典型冤案。

司法实务中还存在这样一个问题，有的案件程序进行得过于缓慢，甚至在证据不充分、无法认定犯罪嫌疑人、被告人有罪时，将案件先挂起来，尽管最后可能宣告被告人无罪，但作出判决的时间却非常久。在全国人大常委会于 2000 年组织的“刑事诉讼法执法大检查”中，发现了大量久拖不决、超期羁押的案件。如河北杨志杰涉嫌爆炸罪一案，杨志杰被超期羁押七年后才被起诉，进入审判程序后又被关押五年，最后检察机关以证据不足为由作出不起诉决定。河南李怀亮案，也是被关押十二年才宣告其无罪。此类案件，即便被告人最终未被法院定罪，但长达十几年的关押已经与有期徒刑的执行类似，公众对此也是强烈不满的，他们是“无罪而受过”，因此这种案件不叫冤案，但也近似冤案。

司法实践证明，冤案多错在事实认定上。所谓事实认定上的错误，是指已生效裁判根据证据认定的案件事实，与案件的客观事实不一致或完全背离。或者是犯罪事实没有发生，但判决认定发生了，如佘祥林案；或者是犯罪事实客观上发生了，但行为主体不是判决认定的被告人，如杜培武案。

就刑事诉讼而言，犯罪事实是否已经发生，是谁实施的犯罪，如何实施犯罪等，是不以办案人员的主观意志为转移的。办案人员不能否认它、改变它，而只能发现它、认识它。办案人员发现、认识案件本原事实的过程，就是证明的过程，或查明案件事实真相的过程，而证明的唯一手段就是证据。因为案件对办案人员来说永远发生在过去，只能通过证据来再现过去的案件事实。当然，对再现的案件事实需要用法律来衡量，例如发现了一具死尸首先要判明是他杀还是自杀，只有在他杀的情况下根据法律才可能存在犯罪，需要进一步立案侦查。侦查的结果可能是发现了真凶，也可能长期破不了案，在后一种情况下并不是客观上没有真凶，只是办案人员主观上还没有发现真凶。办案人员主观上已经认定的真凶也可能是假“真凶”，如果这种认定成为已生效裁判的结论，就是冤案。冤案就是在收集、运用证据证明案件事实的过程中发生了背离案件客观事实的错误。从司法实践来看，诸多悲惨的冤案昭示了查明案件事实真相的必要性和重要性。

冤假错案是司法程序中最大的司法不公。而导致这种司法不公的原因，一般都是刑讯逼供。

## 如何严防冤案的发生？

冤案，特别是判处死刑的冤案，一方面是对无辜者权利的残酷侵犯，另一方面放纵了真正的罪犯，而且对司法公信力造成巨大的伤害。从理想的角度，我们希望任何一起冤案都不要发生，但在现实世界中，冤案又难以避免。古今中外，没有哪个国家、哪个历史时期从未发生过冤案，只是冤案多少的区别。

一般而言，制度民主化、科学化、法治化程度越高，冤案就越少；反之，冤案就越多。冤案发生的多少，与诉讼程序保障直接相关。但程序再完善，也难以完全避免发生冤案。

承认冤案的客观存在，并不意味着可以用时下学术界流行的所谓“可错性”“难免论”作为借口来推脱办案者的责任，而不主动严防冤案的发生。相反，我们的任务是要通过制度的完善、办案人员素质的提高和观念的转变等举措，千方百计地防止冤案错案的发生。

理性对待冤案，还涉及对冤案中司法人员的责任追究问题。应当承认，冤案的发生，往往与司法人员不同程度的过错有关，但也不能一概而论，要根据不同情况，分别对待。因此，并非所有涉及冤案的司法人员都要承担法律责任，只有在司法人员具有主观过错的情况下，才能追究其责任。

具体包括两种情形：一是故意徇私枉法造成冤案；二是疏忽大意、没有尽到谨慎义务，即因为渎职导致冤案。至于在办案过程中的认识问题，不应作为追究司法人员责任的理由，因为只要是事实与法律的评价者、裁判者，都拥有一定的自由裁量权，只要其根据法律和案件证据确信被追诉人有罪就是依法履行职责的表现，而不应该追究其责任。至于有的案件司法人员曾主张无罪处理，只是迫于压力服从领导决定，办了冤案错案，则更不应由其负责。

导致冤案的因素是错综复杂的。转变理念，切实贯彻“尊重和保障人权”的宪法原则，真正树立被称为刑事诉讼中“皇冠之珠”的无罪推定意识，是有效防止冤案的前提条件。除此之外，严防冤案，还涉及几个方面的任务：

其一，要实施无罪推定原则。无罪推定是现代法治国家的一项重要刑事司法原则，被称为刑事法治领域的一颗王冠明珠。我国《刑事诉讼法》虽然吸收了无罪推定原则的基本精神，但对该原则没有明确加以规定，在实践中贯彻也不彻底。

对于存疑的案件，司法实践中往往采取“疑罪从轻”的做法，对于重罪案件更是如此。在一些死刑案件中，如果出现存疑时，司法机关有时会放弃“疑罪从无”原则，仍然判决被告人有罪，但又不判死刑，而是留有余地地判死缓、无期或有期徒刑。正是这种“疑罪从轻”“留有余地”的做法，导致了冤案错案的发生，佘祥林案、赵作海案、浙江叔侄案、萧山冤案等，就是这种做法所形成的典型冤案。因此，当务之急是要摒弃疑罪从轻、留有余地的做法，坚决贯彻“疑罪从无”、存疑有利于被告的原则。

无罪推定原则被世界上众多国家刑事诉讼和刑事证据立法所采用，对尊重和保障人权发挥了重要作用，其科学性和可行性也经受住了许多国家司法实践的检验。我国《刑事诉讼法》仍然没有完全确立无罪推定原则。除了我国刑事司法资源等客观条件限制之外，法律观念滞后是一个主要原因。在刑事立法和司法实践中，应当确立无罪推定原则，将刑事司法中的人权保障提到更高水平。

其二，要坚决杜绝刑讯逼供。我国过去发生的冤案中，几乎都有刑讯逼供的影子，可谓“有冤案必有刑讯”。这与我国的案件侦破方式有很大关系。侦查机关习惯于走“破案捷径”，从口供入手，然后以其他证据来印证犯罪嫌疑人的口供，进而得出有罪的结论；但无罪的人，极少会承认自己有罪（除非是故意顶罪等例外情况），即便是真正的犯罪分子也会为自己开脱，于是侦查讯问人员就采用各种方法，逼取口供。这是我国刑讯逼供屡禁不止的根源所在。

近年来，无论是立法还是司法政策，都在遏制刑讯逼供方面做出了很大努力。但刑讯逼供仍未绝迹，特别是变相的刑讯逼供时有出现。

特别需要指出，现行法律规定仍然存在漏洞，让办案人员有空子可钻。举其要者，如在犯罪嫌疑人进入看守所之前，仍有实施刑讯逼供的可能；在指定居所监视居住期间的讯问如何合法进行，是否必须在指定居所内进行、是否需要同步录音录像等，刑诉法和相关司法解释均缺乏明确规定；对于取保候审和在住处执行监视居住的犯罪嫌疑人，侦查机关有权传唤到其所在市、县内的指定地点讯问，在讯问中也可能发生刑讯逼供行为。这些程序漏洞如不及时修补，很可能削弱立法遏制刑讯逼供的效果。

其三，要确保辩护权的切实行使。辩护权是被追诉人的核心权利，是实现司法公正、避免冤假错案的有力保证。当前的问题在于，一方面要落实刑诉法关于辩护制度的新规定，另一方面要弥补现有制度的某些不足。要保证法定辩护权真正到位，提高辩护质量，确保律师辩护权的有效行使。我国的律师数量仍不能满足实际需要，但更主要的问题是律师专业素质参差不齐，有的律师职业能力有限，无法提供有质量的辩护服务。在法律援助案件中，律师责任心不强、怠于履行辩护职责，也是一个亟待解决的问题。

在司法实践中，律师权利实际上受到一定限制，有时难以有效开展辩护活动。例如，由于侦查阶段律师取证权的法律规定模棱两可、相互矛盾，使侦查阶段律师的取证权遇到困难。又如，法律规定辩护律师有权申请启动非法证据排除程序，但在符合条件的情况下，启动程序不易，成功排除的更为少见。

更重要的是，公安、司法机关的少数办案人员对辩护制度的重要性认识不足，对辩护人警惕有余、信任不足，对合理的辩护意见不仅不采纳，反而认为其影响惩罚犯罪而打击辩护人，如此等等。广西北海案就比较典型。修改后的《刑事诉讼法》刚刚实施，又发生在法庭审理中辩护律师被强行带出法庭或被处以司法拘留，导致法庭上出现的不是控辩对抗，而是审辩对抗的不正常现象。尽管律师队伍中确有个别律师素质不高、自律不严，应当加强教育，但律师队伍总体上说是值得信任的。不正确地对待律师辩护，是造成司法不公乃至铸成冤案的一个重要原因。

## 司法机关依法独立行使职权是防范冤假错案的重要机制

时至今日，部分地方的党委特别是地方政法委，仍然在搞协调办案。由政法委协调办案、拍板定案，显然存在严重弊端：一是违背了宪法规定的法、检、公三机关办理刑事案件“分工负责、互相配合、互相制约”的原则，通过协调使三家实际上变成了一家。二是违背了司法的亲历性，造成“审者不判、判者不审”的不合理现象，加大了冤案、错案的风险。如佘祥林案、赵作海案等冤、错案的酿成，都与当地政法委直接干预有关。三是政法委对因其插手发生的错案不承担任何法律责任，违背了权责相结合的原则。现在一些地方的政法委书记或副书记是由公安机关负责人兼任，由政法委协调案件并决定处理结果，无异于将公安机关置于法院、检察院之上。

在司法实践中，不仅法、检、公三机关的关系往往不能正常维持，司法机关依法独立行使职权更难以得到保障。为此，应着重解决以下三个问题：

第一，党委政法委领导司法工作的方式需要改进。

近些年发生的一些冤案，或多或少都与党委政法委的不当介入有关。特别是政法委召集公、检、法三家开会协调办案、拍板定案，办案效果往往适得其反。例如，在佘祥林案件中，在湖北省高级人民法院以事实不清、证据不足为由发回重审之后，荆门市委政法委召开由荆门市法院和检察院、京山县政法委和有关单位负责人参加的协调会议，决定对佘祥林判处十五年有期徒刑，从而导致了“亡者归来”冤案戏剧性地发生。

在案件纠正后召开的“湖北省政法座谈会”上，荆门市委政法委认为佘祥林“杀妻”冤案的教训是十分深刻的，其中第一项就是要深刻吸取教训。党对政法工作的领导主要是指导、协调、督促政法部门开展工作，支持、监督政法部门依法独立行使职权。

坚持党对政法工作的领导是完全必要的，但具体的领导方式有待改进，特别是政法委协调办案、拍板定案，应当予以取消。

第二，正确处理被害人及其家属的诉求。

在刑事案件特别是故意杀人等严重刑事案件发生后，被害人及其家属遭受犯罪行为侵害，具有强烈的追诉欲望。如果公安、司法机关不能理性对待、正确处理这种诉求和压力，就可能酿成冤案。如佘祥林案之所以政法委出面协调，就与“死者”张在玉亲属上访要求严惩杀人凶手的压力有关。河南李怀亮案件中，法院甚至为被害人亲属出具了“死刑保证书”。

正确处理被害人及其家属的诉求，一方面，要求公安、司法机关必须顶住压力依法办案，特别是法院的有罪裁判必须严把事实关、证据关；另一方面，公安、司法机关必须做好相应的安抚救济工作，向被害人及其家属宣传疑罪从无的道理，防止出现“冤平而事不了”的局面。

另外，应当尽快制定刑事被害人救助法，帮助被害人及其家属摆脱因遭受犯罪侵害而陷入的生活困境。

第三，理性对待社会舆论。

与来自被害人家属的压力类似，可能导致司法机关无法独立做出正确处理的还有来自社会舆论的压力，也就是俗称的“民愤”。特别是当今社会进入自媒体时代，借助网络与新闻媒体的宣传，社会舆论的影响日益巨大，党政机关和司法人员的压力空前增加，使得司法人员对某些疑案不敢下决心作无罪处理。

应当清醒地看到，涉及刑事案件的社会舆论存在诸多问题，主要表现为：一是非理性。作为舆论参与者的个人，往往不是根据案件事实与法律规定表达自己的观点，而是结合自己的经历、感情表达观点。二是偏颇性。自媒体时代，公众对案情的了解主要基于各种报道和网络爆料，获取信息的完整度、可信度存在很大问题，作出的评论难免偏颇。三是易变性。随着网络爆料和新闻报道的进一步展开，舆论可能会在被追诉人和被害人之间来回倾斜。

为保证公正司法，必须理性对待社会舆论。一方面，要看到社会舆论的形成是公民行使言论自由权的结果，也是其道德情感的一种宣泄，应当予以尊重并择其善者而纳之。另一方面，要加强法治宣传教育，努力培养全社会的法治思维，对社会舆论予以正确引导，提高其法律理性成分。

现在强调办理案件要实现法律效果和社会效果相统一，其中社会效果的重要标志就是舆论。但如果法律效果与社会效果无法兼顾，则必须坚持法律效果优先，不能为迁就社会效果而违反法律底线作出疑罪从有的处理。

## 强化证据规则是防止出现冤假错案的关键保证

依法定程序收集、审查判断证据，准确认定案件事实，是实现司法公正，防止出现冤假错案的关键性保证。重点需要做到以下几点：

第一，要全面、合法地收集证据。如果侦查人员、检察人员、审判人员能够客观全面地收集、对待有利于犯罪嫌疑人、被告人的证据，那么很多错误就会及时暴露，冤案也就不会发生。

第二，证据应当在法庭上展示、质证。根据证据裁判原则的精神，为保证事实裁判者正确评价证据、准确认定案件事实，现代法治国家均要求在法庭上出示证据，并经过控辩双方的质证、辩论，这也就是所谓传闻证据排除规则或直接言词原则。

为切实减少乃至杜绝冤案的发生，必须明确，控辩双方对于言词证据有分歧并且影响定罪量刑，而辩方要求证人出庭的，一般应当让证人本人出庭接受询问。这样做有利于向审判者揭示案件事实真相，防止无辜者被错误定罪。实际上，证人不出庭是有利于控方而不利于辩方的，因为公诉人在开庭之前对有利、不利辩方的证人都有权询问，而辩方在庭审前对部分证人没有当面询问、对质的机会，只能依靠在法庭上的询问辩驳证人不真实的证言。

如果说防止冤案的最后一道防线是审判，那么防止事实错误的最重要程序，就是将定案证据在法庭上出示并质证。越是重要的证据、越是控辩双方有分歧的证据就越需要经过质证，越是言词证据就越需要其提供者接受当庭质询。也只有这样，才能把我国的刑事诉讼结构从侦查中心主义真正转变为审判中心主义。

第三，正确把握证明标准，坚持疑罪从无，而不是疑罪从轻。

疑罪，包括因证据不足导致的事实疑罪，和对法条适用存在疑问的法律疑罪。这里讨论的疑罪仅指因证据不足导致对犯罪嫌疑人、被告人是否犯罪存在疑问的情况。

在司法实践中，特别是故意杀人案件中，受种种因素制约，在罪与非罪存疑时法院往往不敢直接作出“从无”的认定，而是选择疑罪从轻，采取一种降格处理、留有余地的判决。疑罪从轻的做法与现代司法理念是背道而驰的，因为从轻建立在定罪的基础上，只是在量刑时降格处理，实质上仍然是疑罪从有、有罪推定。而且现在看来，留有余地的判决中确实有一部分属于冤错案件，某些案件之所以没有发现错误可能是由于“死者未复活”或真凶尚未落网。

显而易见，在疑案问题上采疑罪从无还是疑罪从轻，乃是产生冤案与否的关键所在。必须承认，不是每一个案件都能侦破。“命案必破”的要求不仅违背诉讼规律，而且强压之下必然增加刑讯逼供和冤案的概率。面对不能侦破、不能查明事实真相的案件，只能在宁枉不纵或宁纵勿枉两种相对立的价值取向中选择其一。要充分认识到冤枉无辜的危害比放纵罪犯大得多，不仅严重侵犯了人权，而且损害司法公正，破坏司法公信力。因此，在不枉不纵不能兼得的时候，应当选择宁纵勿枉，对“疑案”坚决作出“从无”的裁判。只有这样，才能有效防止冤案的发生。

# 第二十七章　学以致用：我的治学经验

## 毕生笔耕不辍

2018年12月15日，由《中国新闻周刊》杂志社主办的“影响中国”2018年度人物荣誉盛典在北京举行。在主旨发言中，我说改革开放造就了我，改革开放成就了我的法治人生。在改革开放以前，我是壮志未酬。改革开放以后，我的才能得到了充分的发挥。

总的来说，我做学问有几个特点：一个是勤奋治学，一个是学以致用，还有一个是独立思考。

就“勤奋治学”而言，我从年轻时开始，一生做学问，一直干到老。从二十多岁参加工作，一直到九十一岁，确实是勤勤恳恳。我是非常勤奋的人。除了在“五七干校”期间被迫中止学术研究外，其他时间，我确实白天、黑夜都在做研究。近一两年身体不好，干得少点，但脑子里依然在思考一些东西。

在我九十岁以前，除中间因为反右、“文革”等一些客观因素的干扰以外，共有两段学术上的黄金时期：一段是从1952年我大学毕业到1957年反右运动开始；另一段是从1978年改革开放一直到现在。应该说，在这两段黄金时期，我尽了最大的努力。

在一定程度上，我在科研上也算是高产。有一段时间，我基本上每年在核心期刊大约发表三四篇文章，有时候也会在权威期刊发表，大部分年轻学者都做不到。中国政法大学搞科研统计，每次我都是排前两名、前三名。他们都好奇：年轻人都做不到，为什么老同志一年能写好几篇？学校领导开会，好几次讲到这个问题。他们推举我为学术研究的模范，我坚定地拒绝了。我说："我现在老了，这些头衔都给年轻人。"我就是尽我的能力，在有生之年，再做点自己能够做的贡献，那些头衔、桂冠我都不要。

我确实毕生在做学问，毕生笔耕不辍。我从少年时代就开始写作了。除了遭受政治打击那几年没法写以外，其他时间我一直都在努力。这也是我做学问的特点。

就"学以致用"来说，我比较崇尚对具体问题的研究，纯理论探讨比较少。我几乎所有的学术研究都是结合实际问题展开探讨。

我一直认为，做学问分两种：一种是更注重理论一点，一种是更注重实务一点。但不管更注重理论还是更注重实务，都需要具有真理性。真理性是理论上的高度成就，不仅适用于法学界，最后推动人类社会的进步，从实际层面也能够推动国家法治的发展。如果学问"克里空"，最后于实际无补，这学问归根结底不一定具有真理性。凡是具有真理性的东西，它应该有利于社会，差别只是直接或者间接而已。有的学问是直接推动社会进步，有的学问是间接推动社会进步。但是归根结底，只有具有真理性，才能推动社会进步。

所谓独立思考，就是既不考虑国内学者的压力，也不考虑外国同行的看法。我曾经有一句豪言，我说我敢跟世界上最权威的学者华山论道，我不相信我的观点站不住脚。在这一点上，我确实有自信。

我习惯于从实际出发，从自己的想法出发。一些观点、理论确实是人家提出来的，但我如果研究后认为可能当时不符合诉讼法的实际和规律，我也不会人云亦云。

我的学术观点，应该说受益于两点：一个是独立思考，一个是借鉴外国，但是不照搬照抄外国。我不是不参考、不吸收西方的观点，而是我要坚持独立思考，结合我国刑事司法的实际，对西方的提法，不管对与不对，都认真思考。有的是是非问题，有的是适用、不适用于中国的问题。对于这两个问题，我都经过自己的独立思考，然后形成学术观点。这在我的学术思想里，是很鲜明的。

这是我一辈子治学的基本理念。这些理念，一般都结合学术研究中的分歧、争论，体现在我的学术成果中。

## 学术的独立性与引领性

刑事诉讼法是一门实务性很强的学科。正因为比较务实，尤其是跟国家刑事司法体系密切相关，往往也有一定的敏感性。如何在学术研究的前瞻性和刑事诉讼法的现实性之间保持平衡，很考验学术功底和智慧。

简单说来，我就是从刑事司法的实际出发，从具体问题出发，来推动刑事司法的进步。我可能不那么激进，但我从来不会维护我国刑事司法领域保守的一面。这是我的学术指导思想。

这一点充分体现在我的《陈光中法学文选》中。只看文章标题，就能对我的学术风格看出十之七八。结合内容看，我基本上都是结合刑事司法领域的问题，从学术研究的角度推进。

1996年《刑事诉讼法》的修改，有我较大的功劳，这一点学界、实务界都是承认的。在这次修订之前，全国人大常委会法工委主动委托我展开研究，形成专家意见稿。从这一点也能看得出来，在有些学术层面的分歧上，我的学术观点相对来说更能够被上面接受，而且能够推动国家法治的进步与刑事司法实务的发展。

## 推进改革是学者的责任

当然，我能够做成这些事，也有特殊身份的因素。我曾经的主要身份有两个：一个是中国政法大学校长；另一个是诉讼法学研究会的总干事、会长。这两个身份，既有行政职务，也有学术地位，加重了我建言的分量。

图 27-1　在学术会议上发言

但我一贯的学术风格，是寻找刑事司法中的问题，不断地推动制度和实务前进。这就是我自己的“踩线但不过线”的原则。踩线是我始终踩着这个线，站在国家法律和政策的最前线；但我没有过线，不能说我这个有问题、那个有问题，不能说我的主张公开违反上面的政策。

在“踩线但不过线”策略的指引下，我的大部分学术观点都得到了决策层的重视或采纳，最终成为刑事诉讼法领域具体的制度。总的来说，我的学术文章基本上都能够发表，学术思想基本上都能够传播，学术观点有一些被决策层采纳。

当然，不是所有学术观点都被采纳。我同学生讲：你发表的文章可能有上百篇，其中的十个、二十个观点中，只要有一个被立法采纳，就很成功了。

学术论文、文章的作用，同立法是不一样的。立法是学术观点的制度化，是学术见解的付诸实施。而文章往往是舆论阶段的准备。我们的学术文章，一定程度上是制造舆论，最后力争被立法部门重视或者采纳。

我很注意自己的文章怎么被立法部门采纳。如何不断利用自己的学术影响力，打磨提出问题的角度，精心论证，最终使立法部门能够接受自己的学术主张，这有个策略问题。我比较注意这方面的细节，应该说效果比较好。

我自己感觉，内心还是有一种推进改革的责任，还是应该坚持学者的良心。否则，写了半天，学不能致用。学以致用，怎么“用”？那就是推进改革。

## 这一生留下什么？

一个人的人生，不是为自己活着，而是为社会、为人类活着。这是根本的人生目标，属于价值观、人生观问题。

就我的人生观而言，我觉得人的一生可能很长，也可能很短，“人生难百岁”。但是最后，还是要给人类、给社会留下一鳞半爪。这个一鳞半爪，就是对社会有用的贡献。

越到老年，我越想这个问题：这一生留下什么？人到老年，必然要思考自己这一生。中年时候，正在干，考虑不多。一到老年，为时不多了，要考虑自己这一生，难免有一些总结。

这一生，你留下点什么？

当然不是说留下多少钱。说实在话，学者挣不了太多钱，没有什么挣大钱的渠道。从我来说，除了工资以外，也就是偶尔参与案件论证。现在案件论证，一个案件给个两三万元，也就是这样了。别人不找你论证，也就是拿点工资，其他没有什么收入。除了生活开销，剩不下多少。

因此，我这一生留下来的财富，主要就是精神财富。我们做学者，衡量一生成功与否，就是看留下来的精神财富有多少。实际上，如果能有点精神财富留下来，这就是最好的人生。这点我自觉地意识到了。至少是人生的后半段，我鲜明地意识到精神财富的重要性，在这方面也做出了实实在在的努力。

## 文章不写半句空

我带学生也好，自己做学问也好，可以概括成十六个字，即：先博后精、业精于勤、文以载道、学以致用。

我经常强调的就是“文以载道”和“学以致用”。我们写文章，不能“克里空”，一定要有一个道理想要表达，想表达自己的想法。文章不是为写而写。在写文章之前，一定要思考清楚：这篇文章要提出什么问题、解决什么问题，这篇文章对实际工作能不能起到推动作用？有的时候是间接推动，理论化多一点；有的时候是直接推动，更偏重实务。特别是我们搞刑事诉讼法研究的学者，实务性很强，尤其需要注意对实际工作的推动。

文以载道，要求你写文章，不能写得不明不白。我们在大量阅读、研究基础上，先有主张、思想、观点和创新，然后再来写。写文章的关键是要讲自己的思想，而不是为写文章而写文章。有时候，学生写文章写得绕来绕去，“雾里看花”看不清。对这种文章，我不喜欢，我自己更不会写这样的文章。学生写文章时，我都强调：“你不要写那种云里去、雾里来的文章，说了半天，不着边际。”我主张文以载道、学以致用，文章讲得比较清楚，对实际有推动作用。我的文章，不管是哪一篇，目的性、宗旨性都比较强。当然，有的问题需要提高到理论层面上争论。但归根结底，这些理论争议实际上都是从实践中提炼出来的。我会再三提醒学生，你要考虑清楚，首先是写清楚是什么问题，然后再说写得深入。

法学家切忌坐而论道。真正的法学家应该具有实干精神，闭门造车的学术研究对于一个有志于推动中国法治建设的法学家来说，实在无甚意义。法学研究应面向现实、面向社会，这样方可提出有实用价值的自主创新思想和观点。

业精于勤，那就是做学问一定要勤奋。

学以致用，即做学问的最终目的，归根结底是要造福人类、造福人民。我个人写文章，都比较倾向于有学术上的针对性。这种针对性就是要从实践出发。从我发表的第一篇文章开始，我写文章都是坚持结合中国的实际，针对中国司法存在的问题，这种文章占绝大多数。包括我的专著在内，哪怕部分专著比较侧重于全面论述，比较侧重于探讨刑事司法的理论问题，但是整体来说，我都强调学以致用。

我一直主张：刑事诉讼法学是应用型学科，同法理、法哲学有点不一样。对于刑事诉讼法学科来说，哪怕文章写得很深奥，理论性很强，好像同实际工作不紧密联系，但文章还是要能够推动司法的进步，有利于司法改革。

实际上，做学问千条万条，最后一条，都要落实于造福社会、人类。黑格尔也好，你讲辩证法也好，哪怕你写出来的作品读者看不懂，当然《资本论》更不用说了，实际上归根结底都是为人类服务。因此，在指导博士论文时，我比较强调学以致用，不能做了半天，做出来的学问对社会、对人类没什么用。

这几条经验，是我的学术人生体会和经验的概括。

## 为文之道：宏观与微观

我认为，文章可以分为两类：

有的文章微观一点，现实性非常强，有的是约稿。比如当前刑事诉讼法领域有新闻、有什么新的法律公布，新闻媒体或者学术期刊让我从学者角度发表看法，想请我予以点评，把我认为好的地方、不足的地方都清清楚楚地指出来，告诉读者。这时候，我评价一个新闻事件，根本标准就是是否有利于社会进步、是否有利于司法进步。

有的文章宏观一点，带有一点理论色彩，或者说比较理论化。但即便是比较理论化的文章，我也始终认为，再艰深的理论，归根结底还是要学以致用，不管是直接“致用”还是间接“致用”。

图 27-2　《陈光中法学文集》书影

在法学领域，也有一些学者对部门法哲学比较关注。外国的哲学也好，中国的哲学也好，哲学是比较抽象的。很多人讲哲学，讲得非常玄妙；但实际上，哲学上的玄妙也是实践的高度抽象化。法哲学更是如此。

图 27-3　《陈光中法学文选》书影

我对这些学问，带有根本性的看法。除研究刑事诉讼法领域比较具体的问题外，法学上比较宏观的问题我也关注。

甚至对社会科学领域的问题，我也关注。我年轻的时候，花了相当多的时间，学习冯友兰的《中国哲学史》。中华人民共和国成立前冯友兰的《中国哲学史》就有名，后来又作了改编。冯友兰的学问是很深的。他对中国哲学史应该说是非常了解，资料的掌握很有深度。我学习冯友兰的《中国哲学史》，花了不少时间才通读完。

讲这段经历，我就是想说，尽管我做学问呈现出来的表象是关注的具体问题比较多，但实际上，我也经常注意从宏观的角度思考问题，不是单纯就微观说微观，微观里面也有宏观。

从马克思主义上讲，哲学上的分歧，归根结底是唯物主义和唯心主义的区分。唯物主义讲辩证法，唯心主义讲形而上学。但实际上，包括黑格尔在内，这些东西看来很难懂。黑格尔的作品我也拜读过，还是有点难懂。但是难懂、抽象背后，不是纯粹的逻辑推演，与其产生的对象、服务的对象有直接或间接的关系。

所以我更多是从实际出发来写文章。我的学术口碑，更多是因为我针对刑事诉讼法领域具体问题发表了相当数量的文章，而且这些文章对实务部门有帮助。这些努力使得我成为学界有影响力的学者。

## 当官不忘治学

从我每年发表文章的数量来看，在担任中国政法大学校领导期间，我发表的文章数量偏少。那时候实在没时间。

但我有一条信念，那就是当官不忘治学。我的学生们，有不少在高校教书育人的同时，也逐渐走上行政工作岗位。我就告诉他们我的体会：做行政一定不能忘记学者本分，要学会两条腿走路。

我们每个人的经历都差不多。都是先认真做学问，有一定的成就，或者说小有成就后，可能就有一些机会，兼做管理工作。我就是这样，先是学术上有点小成就，然后就开始担任社科院法学所刑法室主任。这是我第一次担任行政领导。然后调回中国政法大学后，又担任研究生院副院长，然后成为中国政法大学副校长、校长。但我从当官的第一天开始，我有个座右铭，即：当官不忘治学，两条腿走路。

在担任中国政法大学研究生院副院长、副校长、校长期间，工作岗位都要求我坐班，我基本上每天都在上班。但即便这样，我也不忘治学。具体来说，有几项工作我一直没放下：坚持给学生讲课、坚持指导研究生、坚持写文章。时间怎么分配呢？就得刻苦努力，就得在日理万机中挤时间。

## 我的“高产”秘诀

前几年大家发现，我发表论文的频次很高，我自己也发现了。我在法学核心期刊上发表的文章，每年都有好几篇。有些年份，基本每年都是三篇以上，在整个中国政法大学可以排在前几名，年轻人都写不过我。

他们很好奇，问我怎么取得这样的佳绩。我说，我没有追求什么效率，也没有追求多写、多发论文。我是顺其自然，在做学问的过程中，自然而然地感觉有东西要写，然后我就找学生合作，完成具体研究的任务。

在发表方面能够取得不错的成绩，我还有一些其他“技巧”：

一方面，我十分注意论文质量，层次、逻辑、段落，包括语言文字，都认真推敲，后期基本上不需要怎么修改。每次投稿，我都是认真修改后再投出去，这个也是要花不少时间的。

另一方面，经过大半辈子的潜心治学，我已经成为知名学者，我的文章学术期刊一般都想要登，而且是“抢”着要登。但是，期刊“抢”着发表，不等于我自己不把关、不掌握质量。我自己已经发表的文章，既有丰富的学术文献和资料，文字上的推敲也还是比较严谨的。这一点是法学期刊界公认的，我的文章发给他们，他们的编辑都很省力气。

因此，就治学来说，我的经验可以总结为两条：一条是千方百计挤时间，一条是同学生合作。时间确实紧张，需要很努力地挤时间。我做学问比较勤勤恳恳，这么多年一直很努力，一定程度上也实现了年轻时树立的“立言”志向。人生三立：立功、立德、立言，我自己要留下一些成果“立言”，传之后世。

## 天赋和勤奋都很重要

就治学来说，需要具备一些条件。我过去也讲了，做学问想要有成就，必须具备几大要素，天赋和勤奋都是其中之一。

既要有天赋，也要勤奋。如果你只讲勤奋，没有天赋，做学问空间并不大。如果有一定天赋，就能够比较灵敏地看到问题、发现问题，能够表达出来。有的人尽管很努力，但是天赋不够，所以搞出来的东西不够水平。这个必须实事求是地讲。

我从高中开始，就有一定的写作能力。这就不仅是爱好。我还发现，写文学类、描述性的东西，非我所长；政论性、思辨性的文章，我写得比较好。那时候还没学法律，只发表过一些议论性的文章。这种议论性的文章，略有文采，写起来比较符合我的风格。

高中时，我也试图写过小说。年轻孩子嘛，大都喜欢写小说、写散文。我高中时，在温州当地的一家报纸上发表过一篇散文。高中时，我喜欢读古诗词，有空就念一段古诗词。后来有点感想，就动笔写了一篇读后感。也没人推荐，就自发地向温州当地的报纸投稿，后来还真发表了。那时我正读高中二年级。这是我的文章第一次正式见报，可惜没保留下来。

我第二篇见报的文章，是在上大学后发表的。当时我已经在中山大学借读。那年高考发榜，有人欢喜有人愁。我想起来我的高考，写了一篇题为《献给高考失败的读者》的短评，对高考失利者予以关切和劝导。我印象中，当时是在中山大学教室里写了一个下午。那时候还是用笔写，都还是一笔一画写出来的。写出来后，投稿给当地的一家报纸副刊，也给登出来了。我都没有保留原稿。对于早期不多的散文作品，我很珍惜。

回忆这段经历，就是说，我当年就是喜欢动笔的人，只要有空就希望写一点。但那时候都是文学性描写。转入刑事诉讼法专业后，有了学术领域，但这个爱好和习惯保留了下来。我还是坚持，有空就想、就写。这个习惯，可以说是保持了一辈子。

2020年以来，身体越来越不好。在这以前，我还在做学术研究，前几年每年都有几篇文章发表。身体越来越差后，就没怎么写过了。现在能够发出来的，基本都是生病前酝酿、找东西、看资料，后面完成的。现在因为身体和年龄因素，学术研究不得不终止，基本上就不写了。

## 我的学术研究主要是写文章

对于学术研究，实际上早期我并没有专门规划过。

唯一的例外，是这几年陆续出版的中国司法制度史系列。其中包括已经由北京大学出版社出版的《中国古代司法制度》和《中国现代司法制度》，还有尚未出版的《中国近代司法制度》。

《中国古代司法制度》的成书经过和背景，前面已经介绍过，已于2017年出版。因为三卷各自成书，《中国现代司法制度》完成时间早于《中国近代司法制度》，故先行出版。这几本著作自成系列，是有规划的。

我的其他专著，基本上都是各种文章的汇编，则不属于规划好的作品。包括最近的《司法改革与刑事诉讼法修改》，也是作为《陈光中法学文选》（第4卷），在我九十岁之际出版。而里面的内容，则是对我八十岁后所写的文章的选编和分类。

选编过程中，学生帮忙做了很多工作。这些过去的文章，有的是我提供的，有的是在中国知网上下载的。这本书编了差不多两年。学生做好分类编排后，我又删减了一部分内容，但保留了大部分文章，这本书也不薄。整体感觉，这十年留下不少学术成果，觉得自己没有浪费这十年。

严格说起来，我的学术研究主要是写文章，而不是像有的同行，集中精力完成一本著作。我多少觉得，写论文稍微省力气一点，而且短平快，看到什么问题，我就议论什么问题、研究什么问题。

当然，写文章也需要有学术基础。你要想写出一定数量和质量的文章，需要有一定的学问功底。我每年发表的文章，都保持一定的数量。我的学生也好，朋友也好，觉得我岁数都往九十岁奔了，怎么还能写那么多文章、发那么多文章。我的学生就说："我们年轻人都写不出来。"我说："你们有个问题，是写出来发表不了。我只要能写出来，就有人要，而且有人抢。"当然我自己有要求，要保证质量，没有达到质量要求我不会去发表。

## 在校博士生发表文章的要求应取消或降低

前几年博士研究生毕业，每人都需要发表两篇核心期刊论文。这既是毕业的前提要求，也是未来求职时各高校普遍看重的指标。对于部分学生来说，要他们独立在核心期刊发表文章有一定难度。

我现在越来越意识到，在招录学生的时候，没有写作能力的真不能收。现在各高校普遍要求毕业要完成发表文章的任务。如果在核心期刊发表两篇文章的任务完成不了，第一关就过不了。

核心期刊"发表难"是个大问题，现在的博士生导师普遍都面临这个问题。有几次，我们学校开研究生培养工作会议时，我都讲发表文章要求的取消或降低标准问题。强制要求博士生完成发表文章任务，这个明显不合理。而且，即便有其他著作，也不能顶替论文。

但是研究生院也很无奈。他们说各高校都以在核心期刊发表文章的数量作为评估要素之一，不管是在校学生还是老师，核心期刊发表文章篇数、引用率都是衡量指标。如果中国政法大学不这么要求，就会很吃亏。所以在职称评审、博士毕业等条件设置上，在核心期刊发表文章的数量要求就越来越高了。现在部分高校已经松动，大家你看我、我看你，但都还没有取消。这个问题涉及研究生培养体制，教育部应该出面系统总结和改革。

## 学术与课题

除了在核心期刊发表文章的数量，课题也逐渐成为高校之间横向比较的指标之一。你这个学校有多少课题，代表着你在学术界的地位。而且课题还有不同级别，有国家级的，有市级的，还有校级的。高校之间横向比较，既比课题数量的多少，也比课题级别的高低。课题当然要求你做出来。课题做出来后，委托方还要审查通过，看课题是否确实已经做完。

我的情况也许有点特殊性。我在一些已经完成的科研项目里，会通过致谢的方式表明对课题委托方的感谢。比如经常会注明某个研究是受福特基金会赞助，对其表达感谢。这种项目比较多。我的著作里标明国家资助相关课题的，相对比较少。

在我的学术生涯中，我也申请课题、做课题，但在我的研究过程中，课题占的比例很小。

过去，我长期做福特基金会的课题，那个课题不需要国家审批。而且，我长期同福特基金会保持良好的合作，他们对我的研究能力以及学术成果给予充分信任，每年拨款都有十来万元，包括专业领域的国外考察在内，经费基本花不完。

当然，基金也受国别限制，比如福特基金会是美国的，它就不太希望资助你去欧洲考察，更青睐去考察美国的法律制度。每一次行程，都帮你联系好，过去后有专人负责对接，也很省心。

我在不担任校长之后，除了福特基金会，还有好几个国外基金资助，比如加拿大国际教育基金会、德国的马普研究所等都是比较固定的合作。因此，我个人不太需要申请国内的课题。但我偶尔也按照中国政法大学的动员，申请国家或者北京市的基金项目。

我觉得，如果一个学者确实需要系统地研究某方面的问题，搞课题是可以的。但是现在在课题上，也有点“为课题而课题”的倾向。也就是说，把这课题申请同职称评审挂钩，如果没有课题就不能参评，这样的话，就是有点唯课题论了。

课题和科研经费挂钩。因为很多人手里有课题，有经费支持，才能够开展某一个方面的专门研究。目前来说，完全取消课题不现实，但确实要改革。不要把课题作为评定职称的绝对标准，更不能过分地机械化。

现在我老了，身体比较弱，也慢慢退出科研一线了。

## 参与编辑《中国大百科全书》（第三版）

在我的学术生涯中，参与编辑《中国大百科全书》，是比较重要的一部分。

百科全书关键是普及人类的基本知识，也代表一个国家本身的学科水平和学科特点。大百科全书是每个国家宣传人类知识的方式，代表这个国家的学科发展的水平，特别是反映这个国家的特点。各个国家普遍都很重视大百科全书。在全世界范围内来说，主要发达国家都有百科全书。最早是英国在搞，《大不列颠百科全书》可以说是样板。

改革开放初期，我国就把《中国大百科全书》的编纂摆上重要地位，为此专门成立了中国大百科全书出版社。开始的时候，是国务院直接立项的国家工程。《中国大百科全书》的编辑是在国家层面的推动下的工作，不同于一般具体项目，是综合宏观的研究，其重要性不言而喻。

《中国大百科全书》（第一版）1993 年出齐。1995 年 12 月，国务院批准《中国大百科全书》（第二版）正式立项。《中国大百科全书·法学卷》（第二版）的主编是江平，我是副主编之一，另外的副主编还有沈宗灵和高铭暄。2009 年 8 月，《中国大百科全书》（第二版）正式出版。

2015 年 6 月 1 日，《中国大百科全书》（第三版）编撰工作正式启动。中国大百科全书出版社成立新的中国大百科全书编委会，我是编委会委员之一，同时又是法学分卷的主编。副主编由时任中国政法大学校长黄进、中国人民大学常务副校长王利明、北京大学常务副校长吴志攀以及中国社会科学院法学所所长李林担任。其中，只有黄进兼任国际私法分卷主编，其他都不兼学科分支的主编、副主编。

《中国大百科全书》（第三版）有几个方面的特点。最大的特点，就是先出网络版，后出纸质版。按照媒体的报道，“基于新技术条件，百科三版实现了编纂平台数字化，写、编、改、发布等重要环节都在软件系统中完成，大幅提高了编纂效率。依托数字化，采用开放编写方式，网络版实现了多媒体配置，通过文字、图片、音频、视频和新媒体交互产品，生动活泼地展示人类创造的科学文化知识”。原来我们没有网络版，只有纸质版。纸质版大幅度地少于网络版。

《中国大百科全书》（第三版）的法学卷，分为法理学、宪法学、行政法学、刑法学、民法学、刑事诉讼法学、民事诉讼法学、司法鉴定学、商法学、国际公法学、国际私法学、国际经济法学等十八个学科分支。法学卷里我们也介绍英美法系、大陆法系，重点内容都要介绍。究竟如何体现我国法学学科发展的水平，确实比较费思量。在第三版编撰过程中，有近三分之一的条文都需要重新编辑。

我作为《中国大百科全书》（第三版）法学卷的主编，一些重点辞条，我要直接承担把关责任。一般辞条那么多，我也看不过来，但一些重大的、有争议的辞条，我还是要亲自看，提出方向性的意见。

重点词条里面的重中之重，我们必须要搞好。其他辞条即便有点小问题，问题也不是很大。这里面比较难把握的，是不同时期党和国家领导人的法治思想。原来最早编辑第一版时，是潘念之牵头负责，张友渔把关。后来编辑第二版，是在沈宗灵他们的努力下，继续展开。到了我们编辑第三版，我们就委托社科院的李林来把关。

但是总的来说，大百科全书的学术性要求比较高。因为大百科就等于词典的扩大。词典的文字解释要经典，还得更扩展一点。长一点的辞条，需要几千字的篇幅；短一点的辞条，一般也得七八百字、三五百字。这个都要写得规范、标准，给读者作为知识性、学术性的代表性的东西。所以编辑《中国大百科全书》，任务还是很重的。

《中国大百科全书》（第三版）的出版需要好几年。纸网同步、纸网互动是《中国大百科全书》（第三版）的最大特色。现在我们的网络版大多数内容已经上网了。据报道，截至2022年年底，《中国大百科全书》（第三版）已发布50万个网络版条目、10卷纸质版图书和部分英文条目，主体建设任务已经完成。将来纸质版质量怎么保证，还要筹划。条目的名称基本定得差不多了。我希望在有生之年，能够看到纸质版的出版。

# 第二十八章　桃李天下，学有传承

## 执教一辈子

从 1952 年进入北京政法学院，我一直当老师，当了一辈子。

从入校时起，我就是青年教师；而且，我还担任过中国政法大学的校领导。如果说广义的学生培养，可以说北京政法学院、中国政法大学的所有校友，都是我的学生。

自从担任中国政法大学研究生院副院长之后，我就没有给本科生上过课，只给研究生上课。因此，如果以是否给学生上过课为标准，那么可以说中国政法大学研究生院的校友，都是我的学生。

如果说狭义的学生培养，那就只能指博士生培养。在我的整个执教生涯中，硕士生我没带过几个。按照中国政法大学现在的研究生培养方案，博士生导师都可以兼任硕士生导师，硕士生名额也比较多。但在当年，我长期做行政领导，行政事务比较多。另外，那时候研究生数量比较有限，而硕士生导师相对比较多，而且硕士生导师中能带博士的毕竟是少数，大家基本都要带硕士。因为我可以指导博士生，我就把指导硕士生的名额和机会，尽量留给其他同事。因此从一开始，就指导学生而言，我就只带博士，基本上没有招硕士生。

鉴于上述原因，尽管我当了一辈子老师，但从狭义的学生培养来说，我就是招博士生、指导博士生。所以关于培养学生，我主要讲培养博士生的情况。我的教育思想，也主要体现在指导博士生的过程中。

图 28-1　2001 年被聘为中国政法大学终身教授

## 创建全国诉讼法博士点

按照国内现在的博士生导师评审体系，谁能当博士生导师，由学校评审和确定。学校有专门的评审程序，有权确定谁可以指导博士研究生。像中国政法大学，原来是教师必须有教授以上职称，而且在相关专业领域要有足够的权威，核心期刊发表文章的数量也要达到一定标准，学校才可以认定其为博士生导师。现在条件稍微宽松点，如果承担课题要求和在核心期刊发表文章的数量达标，副教授也可以获得博士生导师资格。

同现在明显不一样的是，全国刚开始搞博士点的时候，学校既没有权力设定博士点，也没有权力评定博士生导师。博士点的设定和博士生导师的评选，全部由国务院学位委员会下面的评定小组在全国范围内统一进行。

改革开放初期，我国恢复研究生制度。1980 年全国人大常委会正式通过《中华人民共和国学位条例》，初步建立学士、硕士、博士三级学位制度。1980 年 12 月，国务院学位委员会正式启动，并在短短几年间为研究生教育和学科布局做了大量工作。

1985 年 2 月，国务院学位委员会在京召开第六次会议，审议通过第二届学科评议组成员名单。在这次评选中，我被聘任为国务院第二届学位委员会法学评议组成员。《光明日报》1985 年 3 月 18 日第 2 版正式公布评议结果。

学科评议组是代表学术地位的重要标志。除我之外，同一届担任法学学科评议组成员的还有：王叔文、刘铮、江流、沈达明、沈宗灵、宋蜀华、张国华、张晋藩、郑北渭、赵宝煦、胡华、袁方、高放、高铭暄、宦乡、韩德培、谢怀栻等。第二届后，我又连任第三、四届评议组成员。

当时，国务院学位委员会学科评议组还不像现在这样各个学科分别设立，法学学科组还没有独立出来。法学在人文社会科学组，有七位评委。高铭暄和我代表法学专业。七个评委中，高铭暄是召集人之一，另一个召集人是哲学专业的。后来，才变成独立的法学学科评议组。

韩德培在世时，也是学科评议组成员。一开始我们开会，还没有一个人一个房间。即便我们算是有名望的学者，还是两人一个房间。有一次在京西宾馆开会，我和韩德培一个房间。我还跟韩老说，"韩老啊，很荣幸和您共同住在一个房间"。后来，韩德培因为年龄渐大，也就退出这个评议组了。

1986 年，国务院学位委员会召开学科评定小组会议，批准中国政法大学成立诉讼法学博士点，我也被评为中国政法大学诉讼法学博士点的博士生导师。

当时，只有中国政法大学有诉讼法博士点；而中国政法大学诉讼法学博士点的博士生导师也只有我一个。那个时候，我占了两个“唯一”：全国唯一的诉讼法博士点、全国唯一的诉讼法博士生导师。

这种情况，在全国范围内持续了近十年。这在法学界其他领域，应该说是绝无仅有的。其间，我一直是国务院学科评议组成员。开始的时候，不管谁想当博士生导师，都要国务院学科评议组同意。后来权力下放，评博士生导师的权力下放到高校；但哪个单位能够设诉讼法的博士点，还是要国务院学科评议组批准。

从其他学科来说，这种情况比较少见。像刑法开始评博士生导师的时候，先后有高铭暄、马克昌，一北一南，“北高南马”，后来又加上王作富。所以，当时刑法专业有三位博士生导师，不像诉讼法，全国就我一个。

就诉讼法博士点和博士生导师来说，不是说我想卡人家，不让大家上去，而是条件比较严、各家统一评。一开始卡得比较严，就是拉不上去。每一次法学学科组开会，下面要么报不上来，要么报上来评议的时候通不过。

一直到十年以后再次评定时，增加了两个博士点，博士生导师也有所增加：一个是中国人民大学诉讼法博士点，增加了博士生导师程荣斌和江伟。另一个是西南政法大学诉讼法博士点，博士生导师先加了常怡，后来加了徐静村。也在那同一年，中国政法大学诉讼法专业的博士生导师，增加了杨荣新，这才打破了我的“独家垄断”。

所以我九十岁生日时，西南政法大学孙长永教授有封长篇的贺信，就讲在西南政法大学诉讼法博士点设立过程中，得到过我的大力支持，说他们永远不会忘记。

我对西南政法大学博士点的支持力度确实比较大。他们的博士生答辩，博导的力量有些不够，有一段时间我同江伟几乎每年都去参加他们的答辩，互相当他们答辩委员会主席。现在的几个名家，龙宗智、孙长永等都是经过我们评议最终通过了答辩，而且他们的论文都被评为优秀论文，后来又获得“百优”。

## 我的第一届学生

1987 年，我开始招收博士研究生。因为刚开始招博士生，很多人还没搞清楚是怎么回事，报名也不是很踊跃。

第一届我招了两个学生：一个是卞建林，另一个是谢正权。他们都是研究生毕业留校，在研究所做科研，我就把他们直接招进来培养。所以两个人都是先留在研究所，然后读我的博士。时代也在变化，那时候硕士毕业就可以留校当老师，现在不行了，博士毕业都很难直接留校。

谢正权原来学刑法专业，同卞建林一起报我的博士生。我招了之后不到一年，谢正权申请去美国进修。我当时还是校领导，也支持他去美国深造。当时我们国家经济条件不好，学生的收入比较低。1989 年，谢正权去了美国。他到美国之后，就不愿意回来了。美国给的待遇比较高，当时他家里条件也差一点。他后来在美国佐治亚州立大学法学院获得法学博士学位。

我一贯比较开明。学生不愿意回来，我也不能强迫。所以，谢正权现在还在美国。他刚开始只是打工，后来取得美国的律师资格，在美国做执业律师。他的业务主要在投资和移民相关领域，开了一个以自己名字命名的律师事务所，做得不错。

因此，尽管我第一届招了两个博士生，但国内只留下一个。

卞建林作为我的第一个博士生，在我的门下资格最老。他不是高中毕业应届考上大学的。在上大学前，他当过几年工人，所以跟同届同学比，他年龄明显比别人大，也显得更老成持重，本科期间就当学生干部。博士生招生前，我看他的材料，觉得文笔比较清晰，文字比较利索，就决定录取他了。那时候博士招录，要求没那么高。

卞建林在 1991 年顺利获得博士学位，四年完成学业。卞建林后来在教学、科研上也都有所成就。

## 35 年，124 个博士

我从 1987 年开始带博士，一般来说，每年差不多都招两个博士生，个别时候招三个。

这方面学校也有限制性规定，担心博士生导师多带博士质量保证不了。普通博士生导师每年带一个博士生，我们几个终身教授是两个名额，最多的三个名额。只有极其个别情况下，会突破这个名额限制。2000 年，学校有特殊情况，突然增加了几个名额，那年我独立指导加联合指导，一共招了七位博士研究生。

图 28-2　参加博士生论文答辩

截至 2022 年 6 月，我担任博士生导师已经整整 35 年。在这 35 年里，经我指导并拿到博士学位的学生，应该是 110 个左右。全部合起来，我门下已毕业和未毕业的博士研究生共有 124 个，硕士研究生 16 个。总体来看，除了个别没有毕业的之外，我的博士生大都在学术界、实务界发挥着骨干作用，整体还是有比较优秀的表现。

另外，我门下还有博士后 14 个，访问学者 3 个。博士后是后来才开始带的，刚开始没有博士后。因为指导博士后有个回避原则，既不能是自己的博士，而且必须来自别的学校。就我的教学生涯来说，我的重点还是带博士，指导博士后和访问学者相对来说就不是重点了。

我招收学生，也不是什么人都招。在决定要不要录取之前，我会先了解一下。不是看他们的学术观点，而是看他们的道德修养，主要是从品德角度考察。当然品德行不行，一开始也只能简单了解他过去是不是出过什么问题，更深层次的了解也谈不上。但是一般的品德怎么样，还是要有初步了解。

每年报考我的博士研究生的大概有 3~5 个人，我现在每年带两三个博士生，基本上是 2∶1 的录取比例。我比较注意生源质量。

## 全国三大诉讼法第一位博士都是我的学生

前面说过，刚开始的时候中国政法大学诉讼法学博士点的导师就我一个人。这种状况持续了十多年，后来才逐渐增加。所以在早期，我们几个导师就组成联合导师组，对博士生展开集体指导。

当时不管是刑事诉讼、民事诉讼还是行政诉讼，都在诉讼法这个大目录下招生，民事诉讼和行政诉讼也没有专门的导师。我刚开始指导博士生的时候，只在刑事诉讼方向招。后来觉得刑事诉讼生源不太理想，改成民事诉讼、行政诉讼也招。

这就形成一个历史事实：不仅全国第一个刑事诉讼法博士是我指导的，全国第一个民事诉讼法博士、第一个行政诉讼法博士，也都是我的学生。第一个民事诉讼法博士是陈桂明，第一个行政诉讼法博士是马怀德。

就指导博士生而言，上课不是重点，博士生基本上不上课。当时诉讼法学博士点都是联合招生，每年有若干名额。只有在新生入学的第一学期，我们几个导师才会参与上集体指导课，每个人讲2—3次。这种方式一直坚持到现在。在集体指导课上，我原来都坚持讲2—3次，从2019年开始每学年我就只讲1次。每次都是我开一个头，主要是别人讲。

整体来说，在博士生培养环节，上课是次要的。就博士生的培养方式来说，我一直坚持集体上辅导课，下面再个别指导。

除了上集体指导课之外，学生还要阅读我指定的参考书。

另外，还有一个很重要的指导方法，就是让博士生跟着我当科研助手，在配合我完成科研任务的同时，提高科研能力，在科研工作中学习。对学生来说，在协助我完成科研工作的过程中，能够得到我及时的指导，也能够在科研方面增长才干。自从开始指导博士生后，我的课题都是带着博士生一起做。在这个过程中，我不仅感觉到教学相长，学生也是我得力的助手。

## 合作撰写论文

除了集体指导课、课外阅读、协助我完成科研任务外，我指导博士研究生还有一个很重要的方法，就是和学生合作撰写学术论文。我的不少学生，在博士研究生阶段都同我合作发表过文章。

我的文章，相当一部分是同学生合作完成的。一方面是因为时间紧张，但另外一方面更多是技术性问题。我们老一代学者，都不太会使用电脑，写文章都是一笔一画写出来的。我的有些观点、主张，如果完全靠自己手写，不管是资料的搜集还是论文的写作，就慢多了。这样的速度，显然不行。电脑上搜集资料、写东西，一些数据、引文一下子就搞过来，速度明显快很多。所以我就带着学生一起做研究。

在学术上，我同学生完全是合作关系。我带着学生一起做研究，并不是说学生写好文章，我只是签个字、署个名。这个不会！我不会这么做。实事求是地说，这些文章没有一篇是学生自己写好，来

图 28-3　2006 年与博士生毕业合影

找我联合签字署名就发表的。

我和学生联合署名的文章，基本都是我先思考，有一些初步思路和想法后，再找学生好好聊一聊。聊完后，让学生根据打算研究的这个问题，先提交上来一个题目和提纲。然后，安排学生搜集资料并写作初稿。

在我看来，对于在读博士研究生来说，合作撰写学术论文也是很重要的指导方式。因为笼统地指导他，比较泛泛，不容易提高真正的科研能力、写作能力。整体来说，学生们比较有锐气，但文字往往比较粗糙，论证严谨性不足。一旦学生和导师合作完成一篇文章，从问题提出、谋篇布局、篇章结构乃至字词句段，都需要通力完成。

在这样的合作中，老师对学生的指导会比较具体，不光是论文的题目、框架需要商量，包括最终统稿，我们需要坐在一起，对着电脑，或者字号调大一点打印出来，我们一起一段段、一句句修改。

就这样，我和学生联合署名发表的论文，从题目到内容我们都共同商量、认真推敲。我通过这种方式直接指导他们，他们也觉得有提高。

初稿完成后，我们再逐字逐句一起修改。一般来说，我和学生合作的文章，从初稿到定稿，至少都得修改三遍。每一遍都是逐字、逐句、逐段修改。

这样做有两个好处：从我的角度，既表达了我的学术见解，同时也节省了我一些时间；从学生的角度，没有谁天生就善于写论文，但经过我手把手指导，学生慢慢在学术上也就有了独立研究的能力。

在我九十岁生日时，魏晓娜的贺寿文章，就提到这么一个细节：

> 那是我第一次与先生合作，印象深刻。后来跟着先生做课题，又有过文章上的合作，在这个过程中亲身体会到先生治学的严谨。当时流行的风气是学生写稿当第二作者，导师直接缀上名字当第一作者。然而与先生合作全然不是这么回事。先生年事已高，电脑上码字有诸多不便，篇幅较长的文章通常会与学生合作。说是合作，学生的角色其实主要是助手。整个文章思路、核心观点、大的框架结构，统统都是先生确定，往往是先生口述，学生记录。学生的作用，还在于搜集一些相关的中外文献资料，佐证先生的观点。初稿形成后，先生会打印出来，细细品读，字斟句酌，反复修改。以我个人的经验，与先生合作写文章，没有修改过四五稿，通常都不可能罢手。这样一遍遍下来，等定稿的时候你会发现，通篇行文，不仅观点，连语气都是先生自己的了。

最近还有个学生，正好期末考核，写了篇很好的论文，我做了较好的评价，分打得高一点。后来又修改了一下，然后问我能不能联合署名发表，说是和我联合署名发表，刊物级别比较高。我拒绝了。

我坚持的联合署名发表，都是在我的课题研究过程中，需要学生参加并定下来相关题目后，我和学生一块商量，学生在我的指导下搜集资料并做好各方面的准备，我们商量好以后，学生才开始写作。从起意到最终定稿，都是在我的指导下。如果我没有参与研究，由学生独立写作、我签字署名就可以发表更好的期刊的话，这样的联合署名发表，我是不会同意的。

## 支持学生有不同的学术见解

对于导师来说，如何处理跟学生的观点差异，也是一个需要注意的问题。

就学术研究而言，本身就不可能完全一致。正常情况下，可能围绕某个问题就有争议。有的问题，可能本来没有争议，但如果你发表了创新的观点，也难免会引起争议。学术本身不可能铁板一块，这是学术研究的规律。

那么对于导师的观点，学生可以支持，也可以不支持。尤其是学生不支持的时候，从内心里不愿意接受导师的观点，但又不便或者不好直接表达，很难办。我觉得，学生在大多数情况下会尊重老师的观点。在一定程度上，因为他尊重你，他可能也会吸收、支持你的观点。但是只要真正秉持学术自由的原则，必然会有不同的观点。所以在我看来，导师和学生的观点不一致，十分正常。

在指导博士论文过程中，导师和学生的观念差异主要分两种情况：

一种是学生的观点不科学，产生了一些知识性的错误，或者是学生研究的深度不够、科学性不够。这个时候，导师要义不容辞地指导学生改正。

另一种是学生已经形成自己的主张。这个主张或者是和主流的观点不一样，或者是学界还没有围绕相关问题系统论证过。学生的主张，导师可能并不赞成。对于这种差异，导师和学生之间可以交换意见，但导师要尊重学生本人的观点。在这个问题上，我还算比较注意，也算是比较开通，绝不强求学生的观点跟我完全一致。

这种情况，在国内外都有。有的导师可能认为，你既然跟着我学，客观上就属于我这个学派。那么就应该按照这个学派的观点体系来研究、写作，真正成为这个学派的成员，把这个学派发扬光大。国内有这种情况，国外也有这种情况。

我国现在的体制，不完全是这种情况，毕竟博士生招生不是按学派来招生的。但是也有人主张，既然形成了学术观点，一家之言，就可以成为学派了。你招生的时候，同你的观点相同，你就收；同你的观点不同，你就不收。这样的话，学生如果能够学有所成，那就是为你的学派添砖加瓦；而作为学生，也有职责要把这个学派发扬光大。

在实际指导学生的过程中，还有这样的情况：在选择导师之前，学生很多时候并没有做充分的调查和了解。学生也是稀里糊涂，并没注意导师的某些观点，只是大体知道导师一般性的学术主张。等考试、录取、入门后，开始博士阶段的深入学习，他才知道学术领域还有学派，每个学派还有相对独立的观点。

对于这些观点，有的学生考博士之前可能就知道，有的学生先前并不知道。他只知道你是知名学者，我就跟着你学，他是这样来读博士的。像这样的学生，可能有的观点明显同我的观点不一样，也可能会在未来的博士论文中呈现出来。有的学生意识到同我的观点不一样，在博士论文中可能会主动回避这种差别。

就个人而言，我的主要职责是从导师角度，对学生的论文在学术尤其是论证层面把关，确保学术论证符合要求。我从未要求学生的观点必须跟我一致。对于博士论文中同我的看法不一样的观点，我会尊重并保留其观点。

对于这种分歧，我很看得开。天下文章这么多，你的观点、我的观点，都要被今后的历史检验。谁也不能说自己的观点就百分之百正确。我的观点，经过严密论证后，自己认为正确的才会坚持。

但就学术本身来说，并不代表一定正确，更不代表永远正确。因此，我乐于看到学生支持我的学术观点；但是如果学生不同意我的观点，我也采取包容的态度，绝对不压制。

## 合理处理和学生的观点分歧

在学术见解上，指导学生或者同学生合作，难免会涉及学术观点的分歧，有时候甚至会涉及学术流派之争。

那么，如何妥善处理学生观点和我的观点的差别呢？我向学生表明两点：第一，表明、坚持我个人的观点。指导学生，不能人云亦云，我有自己的主张。我的主张是什么，会跟学生讲清楚。而且，我的主张不仅口头说，也多次见诸文章。第二，不要求学生写文章一定要按照我的观点。学生经过认真思考，认为应该怎么写就怎么写。再说了，录取时我也不是看你是什么观点才录取的，录取时可能只有一些学生已多少有自己的观点，大部分学生观点不明确。

2020 年，我迎来九十岁生日，有一些学生在贺寿文章中提及跟我读博士的经历。易延友在其贺寿文章中讲到他的亲身经历："读博士期间曾经一度迷恋'法律真实'论。居然一度想以证明标准为题作为我的博士论文。经向先生详细汇报一上午，先生不赞成我的观点，我亦不能说服先生。先生虽然不赞成我的观点，却也没有强求我改变自己的观点，只是让我换一个题目。后来，我把题目改成了《陪审团审判与对抗式诉讼》。听人说，先生认为这个题目有点可惜了我的才华。嗯，不知道是夸奖呢，还是批评呢。"

他在该贺寿文章中，还讲了两件事：

一件是讲他为什么报考我的博士研究生。他注意到我前面招的学生，不管原来怎么样，只要笔试分数第一，一定会录取，第二、三名再考虑，很注意笔试的分数。他说他看到这个，才决定报考我的博士研究生。他确实也考了第一名，说明我招生还是很公正的。

另一件是他报考我的博士的时候，坚持法律真实，公开在不同场合发表过意见，但不是在读博士期间。后来他在清华大学当老师，也当博士生导师。十多年后，他出版了一本关于证据法学的专著《证据法学：原则 规则 案例》，专门送给我。在观点变化上，他有专门叙述。他说："多年来，我一直念念不忘当年一度要作为博士论文的那个题目，也一直在思考法律真实和客观真实的问题。读的书越多，思考越深入，越倾向于先生主张的客观真实论而不是法律真实论。十七年过去后（2017 年），我在写作《证据法学：原则 规则 案例》这本教材时，毅然选择了以客观真实理论作为自己的学术主张。"他表示，经过长期的思考探索，他这本书的观点是站在客观真实的基本立场；原来他是不赞成客观真实的，经过长期考虑，他转变了，办案时不讲客观真实还是不行。

他的例子比较典型。这也反映出我带学生，并不会因为他原来的观点跟我不同而不收他、不带他。他学习还是蛮优秀的，写作能力也比较强，也在美国进修过。他还有一本小册子，用英文介绍中国的刑事诉讼法，美国一些学者想了解中国刑事诉讼法的基本情况，都看这本书。

另外比如像张建伟，一直坚持客观真实。在我还没有表态的时候，他就持这个观点。因为张建伟是严端的学生，严端主张客观真实，而且他有点固执，不能辩证地看问题。张建伟多少有点受严端的影响。当客观真实被否定的时候，张建伟比较有代表性的论文都是支持客观真实。张建伟和易延友现在都在清华大学，都是教授，都比较有名气。

在教学过程中，我也很注重让学生勇敢地、充分地表达自己的观点。2000 级博士魏晓娜就在其文章中写道：

> 2000 年前后，证据法渐成刑事诉讼法学界关注的热点，有关刑事证明标准的两种不同观点——"客观真实"与"法律真实"学说正处于酝酿和逐步成形的过程中。先生自己思考这些问题，也在课堂上提出开放性的问题，让博士生们发表看法。

当时同届的刑事诉讼法方向的博士生有先生指导的顾永忠、汪海燕、郭志媛和我，有樊老师指导的史立梅、胡常龙、范培根、马越常，还有先生和刚升任博导的卞建林老师和宋英辉老师联合指导的谭森、吴卫军，一共十个人。这十个人，有硕士毕业直接读博的，有在法院工作或者做律师后读博的，背景不同，观点各异，唯一的共同点是各不相让，经常在课堂上你来我往，针锋相对，吵得不可开交。先生在边上一边维持秩序，一边认真聆听，有时候几个人实在吵嚷得不像话，先生会示意我们暂停，让跟他观点不同的同学详细陈述理由。先生这种教学法，事后看对我们大有裨益，有时在争论中突然意识到自己论据的短板，然后跑图书馆查文献，订正观点；有时又在辩驳交锋中灵光乍现，思想的火花毫无预兆地在头脑中频频闪现，捕捉到了，随手记下来，就是一篇小文章。现在回想，博士研究生阶段大概是我一生中的学术富矿。毕业之后，因家事牵绊，学术上荒废了差不多十年时间，而后竟能重新拾起，唯一的解释是博士研究生阶段打下的扎实基础。而这些，均是受益于先生开放、包容和辩论式的课堂。

在学术问题上，我和我的学生们的观点有相同的地方，也有不同的地方。比如在程序公正、法律真实等问题上，我和有的学生的观点就不一致。

在学术争论中，因为我既是老师，又是学术权威，这难免会产生一些关系上的不协调。但是我始终把这视为正常的现象。

在学术观点上，师生之间互相都很难妥协。特别是关键的、基本的学术观点。从学生来说，我爱我师，我更爱真理。从老师来说，也是这样的，我爱我生，我更爱真理。在学术的真理性上，老师和学生很难说谁迁就谁，这是没有办法迁就的。我始终都是坚持我的基本立场。而且这些东西，不是技术性的，不是枝节问题，而是涉及根本性、原理性的问题，没法协调。

人们都知道我的这种态度，我的学生当然就更知道了。但有的学生考我的博士时，刚开始稀里糊涂。被录取之后，看到我的一些代表作，就明白了。

## 指导博士论文要尽早抓、从严抓

博士生培养，要把好两关：一关是入学的时候，要从严把好学术关。这里主要是指学术能力的把关，而不是学术观点的把关。另一关就是要从严把好博士学位论文关。带好博士，最重要的是指导学生写好博士学位论文。在整个博士研究生培养过程中，最关键的是指导和把好博士论文这一关。

这是我的深切体会。实际上，西方学者带博士，核心也是确保博士论文过关。

站在学生的角度，博士生不管是三年还是四年毕业，实际上没多少课。学生的绝大部分时间和精力，都是在准备博士论文。

在过去几年里，我们要求博士生在上学期间要在核心期刊发表两篇论文。对这个要求，我实际上不太赞成。学生发表不了文章，急得要命，让导师想办法、跟导师合作。然后把大量的时间和精力，都忙于完成发表文章任务，真正用于写博士论文的时间显然太少了。这有点本末倒置。

究其本质而言，博士研究生在攻读博士学位期间，并不需要上什么课，只要他认真读点东西、勤于动笔、勤于思考即可。因此，对导师而言，博士生培养的重点是指导学生写好博士学位论文。

我还有个经验，就是博士论文指导要提前抓。有的学生，一方面要发表论文，另一方面还得分身找工作。越到写博士论文关键时刻，越要找工作。有的学生甚至直接跟我说，宁可博士论文凑合着，但是工作一定要找。高校求职很花时间精力，天南地北，东跑西跑，要参加面试、试讲。博士论文如果不提前抓，到最后就写不出好东西了。

我经常跟学生讲：博士论文在整个学术生涯中都具有代表性。从世界范围内来看，有的著名法学家，他一生最有代表性的作品就是其博士论文。博士论文不是一个人学术生涯唯一的作品，但博士论文在人生中有很强的代表性，很多人终其一生的代表作就是他的博士论文。他们靠博士论文成名，后来终其一生也没有写出比博士论文更有质量和特色的专著、论文。

博士论文是检验学生的学术水平、写文章质量最重要的标志之一。我跟学生讲：博士论文如果写不好，这一生很难写出更好的文章。

为什么这么讲呢？第一，博士论文写作过程中，尽管当时可能还不成熟，但基本上是全力以赴，两三年时间全部用来写博士论文，时间是充足的；而工作以后的学术研究，都是一边工作一边写作，没那么多时间。第二，博士论文写作阶段有导师指导，有整个学术环境支撑。第三，有答辩的压力。这种环境下，如果博士论文达不到一定的水平，学术生涯就很难有更好的作品。我经常给学生讲这个道理，主要是要让他们重视，鼓励他们尽全力写好博士论文。

基于这个考虑，我作为导师，也是严格把握博士论文关。我所指导学生的博士论文，从选题到最后签字答辩，总的来说要求还是比较严格的。对于学生的博士论文，从选题到写作，最后衡量论文能不能达到博士论文的要求并参加答辩，我还是很注意把关的。

在我签字之前，不可能不通读博士论文。有的博士论文看了一半，我就说，这论文需要作重大修改。在我指导的上百篇博士论文中，至少有那么两三篇，出现过这种情况，感觉思路不太对。大部分情况下，我都是看完再说，个别是没看完就说了。我所指导的每一篇博士论文，不敢说看得多么认真，但每一篇必看。如果时间宽裕，就看得细一点；有时时间紧张，就看得粗一点，这种情况是有的。但是不可能不通读，闭着眼睛瞎签字。

我指导的博士生，通常是三年按时毕业。但四年甚至更久毕业的情况也有，而且也不是个别的，最长的也有达到六年最长期限毕业的。

博士能够读六年，主要就是博士学位论文被我否定的比较多。学生更加谨慎，也不敢随便给我看，因为又怕被我否了。学生想认真思考，写得成熟点；而且因为在职，写得相对比较慢。我不具体提人的名字，但确实有这样的情况。

但不管是三年按时毕业，还是延长到四年甚至六年毕业，终究还是要确保博士论文符合质量要求。有的学生的博士论文刚开始被我否了，有的学生拖的时间比较长，但最后给我看的博士论文，质量确实明显有提高。

所以我切身体会：博士论文一定要保证质量，一定要认真看，要从严把关。

前一段教育部抽查博士论文的质量，学校也在搞抽查。我也看了下抽查情况，很多博士论文不是完全不合格，但多少都有些问题。抽查是随机的，我的学生也被抽查，但审查结果是符合要求。我比较有信心，因为每一篇论文我都是负责任地看，认为达到要求了，我才让参加答辩。

对于博士论文，导师把关很重要。细看博士论文抽查提出的意见就能发现，有的问题导师如果稍微认真看一下，应该就会发现。如果导师工作不严谨，随便看一看，甚至看都没怎么看，学生本来水平不高，又马马虎虎不认真，导师不认真把关，随便翻一下就签字，必然会出问题。

这种情况在我指导博士研究生的过程中不可能出现。说实话，我不敢乱签字。实事求是地说，我责任心比较强，我治学的态度以及对学生，可以用“严谨”两个字概括。而要做到“严谨”，首先是要下工夫。我指导的博士生，他们都知道。

张建伟的例子很典型。开始我比较放松，我认为张建伟比较能写，论文应该能写出来。他的初稿快写完时，我一看，结构太散，有点乱。我把他找来，我说："这个不行啊，这也没有达到你应该有的水平。"我同他商量，重新梳理思路、重新安排框架，对原来的框架作了很大的改动。他当时也接受了我的意见，修改之后，质量明显提高。

张建伟博士毕业论文答辩时，正好周国均参与了答辩。当时周国均在《中国法学》担任总编辑，觉得有一部分写得不错，要把这部分内容拿去发表，就是张建伟早期在《中国法学》2000 年第 4 期发表的那篇《现代刑事司法体制的观念基础》。

我讲这件事，就是想说，作为博士生导师，要真的对博士论文把好关，博士论文必须要有指导。

## 好文章都是改出来的

当然，博士论文完稿后，到最后还要抓一抓，这个也很重要。

我曾有个学生，博士论文初稿完成了，大体也能够达到答辩要求，但感觉还不是很理想。所剩时间不多。我就跟他说，你要不要高质量要求自己？如果高质量要求，在现有基础上突击修改，还有时间，还可以提高。当然也要同我商量，修改哪儿、突击哪儿，要修改、突击的地方不少。有的博士论文，经过两三周的突击，质量上有十分明显的提高，最后答辩时也能以优秀的成绩通过。

我个人还有个体会，就是写文章不要怕改。大部分人可能觉得，文章写出来了，差不多就行了。但文科同数学不一样。数学你灵感来了，难题就解出来了。但文科的文章，不仅要抓到主题，还要想方设法把主题抓得更好。文章写出初稿，必须要修改。经过修改，甚至反复修改，文章才能达到高质量。

我甚至跟学生说，好文章都是改出来的。写出初稿难度不大，修改难度更大。改一稿质量提高一点，再改一稿质量再提高一点，多改几次，文章质量同原来确实就不一样了。

所以博士论文写出来后，导师要看，学生要改。当然这有个前提，需要投入时间。

这几年整体感觉，学生的时间不够用，没办法兼顾。占用时间、精力比较多的是找工作。学生也知道博士论文需要修改和提高，但是没时间。在这种情况下，把博士论文写好也不容易。我的学生中，大多数还是比较不错的。个别是勉为其难，也没有办法。你再提出更高的要求，他没时间，答辩不了，也是个问题。但也要求质量大体差不多。如果质量特别差，我绝对不会签字同意答辩的。

## 因材施教

在帮助学生选择博士论文题目问题上，最重要的一条经验，就是针对不同学生的特点确定不同的选题。

学生并非完全一样。特别是两类学生有明显不同：一类是硕士毕业直接读博士的。这类学生有共同点，比如读书比较多、文字表达能力也可以，但社会阅历比较少，对实际工作不了解。另一类是在职攻读博士学位的。这些学生对本职工作和司法工作有直接经历，直接体会多一点，但是他们时间紧，另外在职博士研究生往往有个问题，就是在学术写作方面的锻炼和能力不够。

从我指导的在职攻读博士学位的学生来看，能够按照学制要求四年应届毕业的，几乎没有，甚至有两三个拖了五六年还没毕业。对这些学生，我也很难催。说实在话，真写不出来，那就不写。因为在职博士当时有一种推荐制，在职的博士大都是单位推荐过来的。推荐过来，我们导师也要接受。在这些学生中，有少数人在推荐的时候很想读博士，态度还是很积极的；但是开始读博士，尤其是开始写论文后，就不知所措了，因为这方面欠缺训练。这些推荐来的博士生，大小是个领导。像推荐给我的，至少是个中级法院院长或副院长、检察院分院检察长或副检察长这个级别，一般都是地市级法院、检察院的一把手，最差也是副职。甚至有的是省一级法院的院长、副院长或检察院的检察长、副检察长。他们日常工作比较忙，而且有的确实写作方面训练不够。这些学生中，有的自己很努力，经过我耐心地反复指点，最终也通过了博士论文答辩。也有的到现在都写不出来，就放在那儿。

我指导的在职博士中，2011 级博士马泽波就比较典型。他来读博士之前，是四川省资阳市中级人民法院院长。刚开始的时候，他确实很努力，能够感觉到他确实想好好读博士。后来，他还邀请我到他们法院考察。但是真正到了写博士论文的时候，就发生了困难。他开始选了题目、写了提纲，论文也写了一部分，发给我看。我把他的提纲否了。我说，“你这个不行”。因为他在实务部门，他想写的内容理论性比较强；但是理论性比较强的又非他所长。所以最终结构比较乱。我坦率告诉他，“如果现在这个写出来，可能答辩不了”。

我要他改题目。我说，你在中级人民法院，你们中级人民法院天天在干什么、你在干什么，就写什么。我告诉他，实务部门在职攻读博士也有比较成功的，我把以前学生的论文给他看。比如有一个某省高院的法官，他就写省级高院的上诉制度。我说人家写的都是实务中的问题，很多数据来自实务部门，理论性不算强，但是写得很实在，最后还作为“优秀”博士论文通过。我拿这个启发他。

刚开始被我否了后，他不知道怎么办才好。我就鼓励他，我说你把题目重新选好了。

他改题后，写审判委员会。审判委员会他很熟悉，也一直在主持审判委员会的工作。最后，他不仅顺利写出博士论文，也顺利通过了答辩，很高兴。

但是也有个别在职博士生，入学以后写不出博士论文，一直拖到现在。后来我也不轻易接收实务部门的领导干部攻读博士学位的学生了，整体来说毕业比较困难，有时候很难办。

从经验和教训两方面来看，来自实务部门的博士研究生，应该结合实务部门的工作来选定题目，这样把握比较大一点，尽量不要写纯理论的题目。这就涉及因材施教的问题。

## 我希望学生能够多读书

我要求学生要多看多读，通过大量的阅读，先实现“博”，而后再聚焦于某一个专题或者方向上，实现对所研究话题的“精”到把握。这是一个先博后精的过程。我不太主张学生刚开始就把眼光集中到一个小问题上。如果刚开始就集中钻研一个点，知识面不广博，研究的深度会有局限。

我经常跟学生讲，除了有关实务问题的书要看，同行专家的书要看，人类文明成果的经典作品也要读。

像孟德斯鸠的《论法的精神》、卢梭的《社会契约论》，就属于人类文明的经典。这两本书都属于法学院学生必读的经典。孟德斯鸠的《论法的精神》，属于鸿篇巨制，涉及的主题很多，他主张社会演变论，在此基础上又提出理性论，他认为法律是人类的理性，各国法律都是人类理性在特定地域的适用，因此法律、地质、气候、人种、风俗、习惯、宗教、人口、商业等因素息息相关，这些相关性最终构成“法的精神”。在书中，他讨论了与“法的精神”密切联系的各种话题，比如，自然法和人为法的区分，共和、君主、专制三种政体的区分和原则，气候、土壤对法律的影响等，对于打开我们对学术研究的想象力很有助益。孟德斯鸠提出的三权分立理念，对于刑事司法体系中公、检、法之间互相约束、互相制衡的关系也有启发。另外，孟德斯鸠在《论法的精神》中也对一些刑事法律问题作出比较深入的阐述，既涉及实体法，也涉及程序法。

相比之下，卢梭的《社会契约论》是个小册子，但特别强调了主权在民的理念，很好地阐述了个体和国家的关系，也为我们理解法治社会提供了基本的观念。

另外，我也会向学生推荐中国古代儒家经典，比如《大学》《中庸》《论语》等，这些经典作品一样要多看。

在刑事法领域，像贝卡里亚的《论犯罪与刑罚》，是我反复阅读的经典之一。贝卡里亚 1738 年生于米兰，跟孟德斯鸠、卢梭相比晚了一两代人。正因为如此，包括“社会契约论”等社会思潮，奠定了贝卡里亚思想的根基。

《论犯罪与刑罚》出版于 1764 年，当时贝卡里亚只有 26 岁。尽管只是一本薄薄的小书，但在当时的欧洲社会备受追捧和关注。在这本小册子里，贝卡里亚依据人性论和功利主义的哲学，提出了罪刑法定、罪刑适应和刑罚人道化等现代刑法的三大原则，并且呼吁废除刑讯逼供和死刑，提倡无罪推定，提出了预防犯罪的重要性以及具体措施。

这些思想，在当时也引起卫道士的攻击，甚至被视为异端邪说。尽管贝卡里亚在同道的保护下未受到宗教迫害，但这本书依然被天主教会列为禁书近两百年。就刑事司法领域的人权保障来说，贝卡里亚当时能提出如此完备的思想，确实非常伟大。我们作为刑法、刑诉法研究的学者，像这种经典作品应该经常读。

现代一点的学术著作，我也经常给学生推荐。我所看的书中，对我有启发而且我认为写得比较好的，像达马斯卡的名著《漂移的证据法》。达马斯卡出生于 1931 年，年龄跟我差不多。他原来是南斯拉夫人，后来去了美国，在比较法、刑事诉讼法领域都有很多著作。他的《司法和国家权力的多重面孔：比较视野中的法律程序》，从比较法的视角看司法程序，翻译成中文比较早，影响也很大。但我看得更多的，是他的《漂移的证据法》。

《漂移的证据法》最早源于达马斯卡关于普通法系证据法的一次演讲。演讲结束后，达马斯卡将演讲稿修改成了一篇论文。据说开始投到《耶鲁法律评论》，被学生编辑直接毙掉，连外审程序都没进入，发表不太顺利。后来在布鲁斯·阿克曼教授的鼓励下，扩充成一本专著。

在《漂移的证据法》中，达马斯卡放弃了原先在统一框架下论证英美证据法的思路，而是针对英美证据法中的具体特征撰写文章，并结合阿克曼的建议，对英美证据法作出全面系统的论述。

我读了《漂移的证据法》后，很有启发。这本书也不厚，集中讲证据法。达马斯卡对两大法系的起源、特点都有比较深刻的把握。达马斯卡能够比较客观、深入地分析两大法系证据法的基本特点，以及其各自的优势、发展趋势。我认为分析得比较客观，也比较深刻。

读书要通读和精读相结合。就阅读来说，现代的书比较多，但不是说所有的书都应该精读。有的书浏览一下就可以了，比较经典的作品则要精读，甚至需要反复读。

## 我十分支持学生出国

我十分支持学生出国。一般来说，除了极个别学生，跟我学习的三年中，我的学生大部分都有机会出去看看。

应该说，博士研究生阶段出国带来的好处很明显。这里我举两个例子，一个是肖沛权，一个是郑曦。他俩都是2010级的博士。他们都是在美国学习期间，选定了博士论文的题目。

肖沛权选定的题目范围是“排除合理怀疑”。他在美国搜集了关于排除合理怀疑的起源等大量资料，在国内确实没有这样的资料。他在美国期间，已经写了部分章节。我看到后，马上就表扬他，我说：“这些东西国内都没写过，你写就是创新。”现在我们都知道西方的排除合理怀疑，我们后来的法律也把排除合理怀疑写进去了。但如何精确地理解“排除合理怀疑”，怎么把握“排除合理怀疑”的边界，学界、实务界都很关注。肖沛权就针对这个知识点，从“排除合理怀疑”的文字起源、西方怎么掌握、百分之九十几等展开研究，写得比较细。最后，肖沛权还结合中国怎么运用“排除合理怀疑”提出自己的建议。肖沛权博士毕业后，博士论文修改后以

《排除合理怀疑研究》为名，由法律出版社于2015年出版。像他这样写“排除合理怀疑”并成为专著的，应该是唯一的一本，而且他写完后，后面这个题目也没有人再写。

郑曦的题目比较务实，聚焦于侦查阶段对犯罪嫌疑人的讯问程序。美国讯问犯罪嫌疑人时，对于人权保障比较周全，有沉默权、律师在场权等各种限制。在我国，那时候还没开始研究这些东西。郑曦这个题目，我觉得选得也挺好。他在美国期间，把美国的讯问程序搞得很细致。为了进一步搜集资料，他还专门申请去参加实务工作，跟着警察，观察他们的讯问程序，也看了一些原始的材料。

肖沛权和郑曦都是在博士研究生期间去了美国，对美国的东西研究得比较认真，也取得比较好的成绩。后来他俩的博士论文，都被评为“优秀博士论文”。

总的来看，美国刑事司法制度有许多优点，程序规则比较完善。长期以来，我们重实体、轻程序，在程序规则方面比较落后，学习美国的先进经验有必要。但是美国有的东西也在修改。不管是程序规则，还是“非法证据排除”，都太绝对化。后来美国学界也觉得这种绝对化会影响实体公正，也都作了一定程度的调整。比如如何把握“非法证据排除”，后来也增加了一些灵活性。所以美国的制度，关键看你怎么去借鉴。

当然，在博士研究生阶段出国学习，不是很成功的也有。美国有的制度于中国不太适合。最近有一篇博士论文，是关于辩护制度的，开始是参考美国的辩护制度，我就不很赞成。我说，美国同中国的国情不太一样。学生改了一下，但还是坚持要写这方面的题目，我最终还是同意了。后来，这篇博士论文写出来，不是特别理想，答辩通过了，但没有得优秀。

## 陈氏学堂

我的学生，主要都在法学界。他们大都是各个高校或者科研单位的刑事诉讼法学科的学术骨干和中坚。在实务界，也有一些学生做得也不错，有的甚至在职能部门还担任比较重要的领导职务。

作为教授，教书育人是天职所在。学者既要有自己的学术著作，尽可能提高自己的学术成果和学术影响力；同时，还有很重要的任务，就是带出来好学生，让学生们成为法学领域理论和实务的促进者、创新者。因为一个人的能量毕竟有限，多带出好学生，才能够一代一代传承下去。

图 28-4　跟学生一起 K 歌放松

网络尤其是微信，现在成为我和学生们保持联系的主要渠道。我的学生们在微信上有个“陈氏学堂”微信群，以毕业的博士生为主，也有部分硕士。只要是我的学生，就可以加入。“陈氏学堂”现在已经成为我和学生之间以及学生之间交流的主要平台，我几乎每天都看。截至 2022 年 10 月，共有群成员 114 人，都是我直接带出来的博士、硕士。

在“陈氏学堂”，大家聊的话题比较多元。比如说我已经毕业的学生，哪个获奖了、哪个提升了，在“陈氏学堂”都会有信息，大家会表示祝贺。“陈氏学堂”还有人在每天早上8：00左右，就开始报道新闻，早知天下事。通过不断地信息沟通，大家互相鼓励。

## 两代校长的佳话

我的学生中，每个人都有故事，有一些很有代表性。像1990级的马怀德，也是比较有代表性的学生之一。

马怀德是我指导的第一个行政诉讼法博士。原来没有行政法导师组。我在行政诉讼法和民事诉讼法专业都指导过学生。带了几年以后，行政法导师组成立，行政诉讼法专业才归行政法导师组指导。

马怀德是应松年的硕士。但他读博士时，应松年还不是博导，所以他由我指导。马怀德给我的印象就是少年老成，思路清楚，说话稳重。后来他的博士论文写的是国家赔偿，博士论文答辩也顺利通过了。

他读博士期间有点曲折，还有个小插曲。在博士论文答辩通过后的公示阶段，有人向研究生院提出质疑，说国家赔偿不是诉讼，他这个博士论文算诉讼法吗？

为这个事，我开始作了一个简单的答复。国家赔偿当然不全部是诉讼，但是包含诉讼。

为了正式起见，我们还召开了有若干导师参加的一个论证会，应松年、罗豪才等都在，我们一起论证国家赔偿算不算诉讼。论证的结论是，国家赔偿本身就有程序问题。国家赔偿不全部是诉讼，但是也不能否认，国家赔偿中有相当部分的诉讼。因此，有关国家赔偿的学位论文，可以放在行政法专业答辩，也可以放在行政诉讼法专业答辩。

这个论证报给研究生院后，相关质疑才平息，马怀德才正式获得博士学位。

2016年5月17日，习近平总书记在北京主持召开哲学社会科学工作座谈会并发表重要讲话。在这次会议上，马怀德作为法学界的代表应邀参加，介绍了法学学科和领域的研究进展，并就如何推动哲学社会科学工作创新发展提出了意见和建议。

再往前，马怀德在2005年12月20日受邀进入中南海，为十六届中央政治局第二十七次集体学习讲授《行政管理体制改革与经济法律制度》。

由于马怀德既给中央政治局讲过课，又代表法学界在哲学社会科学工作座谈会上发言，他在法学界的地位就明显提升了。这也跟他后来担任中国政法大学校长有直接关系。

## 陈光中诉讼法奖学金

从培养学生的角度，还有一件比较重要的事，就是设立陈光中诉讼法奖学金。

设立奖学金的想法，最早并不是我提出来的。大概是2001年前后，时任中国政法大学校长徐显明找到我，建议我设立陈光中诉讼法奖学金。

当时学校想在科研上做些事情，不仅是对我提出建议，对其他几位同事也提出类似的建议。2001年10月17日，中国政法大学聘请江平、我和张晋藩为终身教授，希望我们为学校的科研作出更大贡献。

学校明确表示，可以从外边拉一点赞助。如果通过奖学金的形式能够帮学校拉来一些赞助基金，对于提高学校声誉有重要作用。当时学校之间的评比中，一个学校有多少对外赞助是很重要的指标。

设立陈光中诉讼法奖学金时，我拿出来10万元人民币。开始时，我自己手里头钱也不多。说实在话，我担任校长期间及以前，手里头基本没钱，没有机会赚钱。我那时候既不当兼职律师，也不做案件论证，所以钱比较少。那个时候，让学生们出一点钱也有困难，真正有钱的学生基本没有。大家都拿出一点，数额都不大。开始感觉有点难度，后来慢慢就奠定了基础、打开局面了。

外面募集的钱总额不到 200 万元。当时我们是以 5 万元作为参与单位的基准，这样凑了十多个高校的法学院系。其他都是我的学生们个人自愿捐赠的。后来，外面赞助的钱慢慢就多起来了。

图 28-5　2014 年 5 月第二届陈光中诉讼法奖学金颁奖典礼

开始时也不是那么容易，现在困难时期已经度过了。在我 2020 年迎来九十岁生日之际，陈光中诉讼法学奖学基金账面上大概有 100 多万元。我同基金管理委员会主任卞建林商量，要趁着我九十岁生日，再发起一轮募捐。我们计划以已经工作的学生为基础，号召学生人人捐助，不论多少。我个人带头捐了 100 万元，其他学生捐几万元的、几十万元的都有，最多的捐了 90 万元。还有一笔来自外面的捐款，有 500 万元。全部加一起，陈光中诉讼法学奖学基金就有了 1000 多万元。现在 1000 多万元放在银行里，每月利息就有三四万元，一年也有几十万元，就拿这个几十万元来做奖学金，也就足够了。

陈光中诉讼法学奖学金主要面向全国刑事诉讼法专业的硕士生、博士生发放。关于这个奖学金，有人也提议扩大到青年教师。后来我觉得，对老师评奖比较难办。青年教师参评的话，不管怎么设定标准，都有争议。所以考虑半天，陈光中诉讼法学奖学金就专门面向在校学生。

现在，陈光中诉讼法学奖学金每两年评选一次，评奖对象的名额在中国政法大学和其他各学校按照事先商定的比例分配，凡是为这个基金出钱的高校，有固定名额。

中国政法大学每一评选年度申报 12 名硕士研究生参加评选；其他参评单位每一评选年度申报 28 名硕士研究生参加评选，其中每一参评单位每一评选年度申报 4 名硕士研究生参加评选。

中国政法大学每一评选年度申报 6 名博士研究生参加评选，其他参评单位每一评选年度申报 2 名至 4 名博士研究生参加评选。

这两年新加上了博士后评选。博士后同博士生、硕士生不一样。博士后也是每两年评一次，全国不分学校，投票评出 5 人。

按照《陈光中诉讼法学奖学金评选办法》，陈光中诉讼法学奖学金每一评选年度授予 20 名硕士研究生、6 名博士研究生。硕士研究生奖学金金额为每人 3000 元，博士研究生奖学金金额为每人 6000 元。

现在陈光中诉讼法学奖学金评奖还比较活跃，效果还不错。从我的角度来说，还是希望通过设置奖学金，给年轻人一些鼓励，能够多培养一些年轻的诉讼法专家和人才。

# 第二十九章　我的家人

## 新婚燕尔

2019 年 11 月 6 日，《新京报》对我做了个专访。其中一个问题问我："这一路上，一直陪伴你的是什么？"对这个问题，我毫不犹豫就回答说，"于公是对国家法治建设事业的忙碌，于私是营造温馨家庭的幸福"。

我的第一任妻子叫张一宽。她毕业于北大经济系，跟我是同一届校友。

我们怎么认识的呢？她原来是北大经济系团支部委员，我是北大校团委会宣传委员，工作上偶尔要联络，在校期间应该见过面，但没有什么印象。1951 年我们去广西参加土改时，各大学、各院系都打乱分配在不同乡镇。她正好跟我分配在同一个乡、同一个大组，看上去有点面熟。我们这个大组里，有北大的同学，有辅仁大学的同学，也有地方干部。在土改期间，我是一个乡中心组组长，全乡的一把手；给她安排的是一个村的小组长。我们在乡下工作，同甘共苦度过半年，关系自然比较熟，但是没有恋爱关系。当时有规定，土改时不允许谈恋爱，我们只是比较熟悉而已。

土改结束回北京以后，我们都是大学四年级，面临着毕业分配。

北大在新中国成立前有个党的外围组织，叫"民先"。她参加了"民先"，新中国成立后转为团员。作为团干部，她在土改期间表现不错，后来土改后，她就申请入党并获得批准。所以她在教育部工作以前，就入了党。

我在土改期间表现也挺好。但前面讲过，因为我的家庭背景，也提交过入党申请，但组织不予批准。

我们是1952年大学毕业。毕业后，我留校，在北大法律系担任助教，后来因为院系调整，来到北京政法学院教书。她则被分配到教育部，在教育部机关做行政工作。因为有土改期间的熟悉和共同经历，大家工作后还是有联络和接触，后来才慢慢开始恋爱。

图29-1　1950年代结婚照

毕业后的下半年，我和张一宽逐渐接触、恋爱。到了1953年10月左右，应该是在国庆节前，我们就正式结婚了。

在同年级同学中，我的年龄偏小。尽管是同级同学，实际上她的年龄比我大。女孩子年龄大，谈恋爱就喜欢快点结婚。我当时就觉得自己小，不太着急结婚，可是女方希望早点结婚，所以我们1953年秋季就结婚了。

## 家有儿女

我们结婚后，1954年我的大儿子陈烽就出生了。我那时候才二十四岁，当爸爸还是比较早的。

陈烽初中毕业前后，正赶上“文革”。所以高中都没念，初中毕业后，就去了房山的一个工厂当工人，后来也提干了。那时候初中毕业能有一份工作，也算是比较幸运了。

其间，他还在法院工作过一段时间。有一段时间，房山法院的院长也是北京政法学院的学生，我问这个学生要不要人，房山法院毕竟地处郊区，还缺干部。我就问我儿子，要不要转到法院工作？他想了想，说到法院参观一下，先到法院旁听。他在工厂那边先请了假，到法院实习。后来觉得还不错，愿意到法院工作，就这样调到了法院。

图 29-2　1958 年与已故夫人及儿子

之后不久，我国开始重建律师制度，恢复律师资格考试。因为这是全国第一次律师资格考试，不太考一般的业务知识，更侧重考实践、案例。他在法院不同的庭都转了一遍，对不同的案件都熟悉，他尽管没有学习过法律，但对案例比较熟悉，所以参加中国恢复律师制度后组织的第一次律师资格考试，他就考过了。后来他就转做律师，作为天达律师事务所的合伙人，一直干到退休。

老大出生之后没多久，就开始了反右派运动。我被认定为右倾错误。这对我来说，在政治上是一个比较大的挫折，也影响了心态。接下来又是三年严重困难时期，大家生活普遍很困难。所以一直到 1964 年，三年严重困难时期过去后，我被处分的心态也已经平衡了，我们才又生了女儿陈烨。

陈烨出生于 1964 年 3 月，比我儿子整整小十岁。

我女儿后来上了大学，学的是工科。1980 年代，中国政法大学曾短暂开设两年制法律专修班，当时不需要正规高考就可以上，培训学习两年后，也发文凭。我女儿后来就在中国政法大学法律专修班学习了两年法律，后来也参加了全国律师职业资格考试，也通过了。

刚开始，我女儿在北京市一个大学教政治课。后来，恰好国家工商管理总局面向社会招聘，要的人数比较多。她就直接去参加招聘考试，而且顺利考取。后来，陈烨就一直在国家工商管理总局干到现在。

2018 年，新一轮国家机构改革启动，国家工商管理总局并入国家市场监督管理总局。由此，我女儿也进入市场监管总局，现在担任国家市场监督管理总局注册登记局副局长，享受正司局级待遇。

## 缅怀张一宽

我和张一宽共同度过了 35 年时光。1988 年 2 月 14 日，张一宽罹患癌症，不幸去世了。

我这个人还是很实在的，对自己的爱人、孩子，都是一种比较纯真的感情，没有花里胡哨的东西。很多人都知道，我在这方面是没什么可挑剔的。我从年轻时开始，除了中间几年在“五七干校”颠沛流离的生活外，我一辈子都在大学里搞教学工作，主要在做学问，家庭生活很正常，我们的关系都很好。

我原来的老伴儿得癌症后，在她去世之前，她知道自己快不行了。她同我讲心里话，说同我结合，她一生没有遗憾。

图 29-3　与家人合照

说实话，我家务活干得很少。我原来的老伴也知道我这人就是喜欢做学问，不爱做家务活。所以从结婚第一天起，家里的活，都是她一手操办、一人承担。包括我们结婚的筹备，都是她一个人张罗的。

我们有孩子后，她妈妈过来一起带。但我们在北京只有一间房子，实在太狭窄。后来，就把老大送到天津让姥姥带了。

我岳父是个高级药剂师，中华人民共和国成立前的技术人员，中华人民共和国成立后他的工资待遇保留。尽管中华人民共和国成立后大部分人工资很低，他的待遇还是比较好。所以我儿子到那边去，岳母赔着钱带，我们就是隔一段到天津去看一看。

我女儿出生后，家里条件好一点。但我也基本上没怎么管过孩子。

我之所以能够取得当前的成绩，跟家务活不占我时间有一定关系。我就是一心一意做学问。当然这样做，得有前提条件，就是家里人愿意照顾我，她们也不打扰我。

至今，我很怀念原来的老伴张一宽。现在每年清明节，我都带着我的儿子、女儿、女婿、外孙女，去八宝山祭奠。

## 重组家庭

我原来的老伴去世后，中间隔了近一年，通过别人的介绍，我认识了现在的夫人陈淑英。

当时，她是高级工程师，在中国人民大学农业经济系教计算机。她是天津大学电机系计算机专业毕业的第一代学生。她也结过婚，但丈夫因为生病去世了。大学毕业后，她分配到电机单位，后来调到中国人民大学当老师。

图 29-4　在山西壶口瀑布与夫人合照

图 29-5　2018 年与夫人
陈淑英银婚纪念

图 29-6　2007 年与夫人在敦煌

互相认识后，我们都觉得比较合适，便在 1988 年年底结婚，重组家庭。她脾气比较温和，人比较善良，我们相处得比较好，一直到现在。

我们结婚时，我五十八岁，膝下一儿一女；她四十八岁，有个儿子。我们没有共同的孩子，原来各自的孩子们也都长大了。

我的感情生活，大体就是这样。

## 我家的情况

现在我自己有一儿一女。

儿子做律师，至今独身。他原来做律师的时候，主要从事金融相关业务，偏信贷、金融，收入比较不错。尽管现在退下来了，收入还可以。

女儿是国家市场监督管理总局注册登记局副局长。我女婿是个正高级的建筑工程师，搞建筑设计。

他们有一个女儿，也就是我唯一的外孙女。外孙女现在二十五岁了。她高中毕业后，没有在国内念大学，她在美国读的本科、硕

图 29-7　全家福

士，前后加在一起差不多六年。因为她是独生子女，我女儿女婿就要求她，不许在美国谈恋爱，一定要回国。她比较听话，在美国六年，没有谈恋爱，按时毕业后就回国，在国内工作、结婚成家了。

图 29-8　2019 年时九十大寿全家福

一般情况下，我儿子、女儿每隔两周来看我一次，不是周六就是周日。现在我生活上需要什么，都是女儿在管。有时候自己带过来，有时候邮寄过来。

晚年的生活，大体上就是这个样子，应该说还不错。

# 参考文献

## 一、图　书

（一）陈光中作品及相关图书

陈光中、臧嵘编著：《中国历史》（第一册），人民教育出版社1981年版。

陈光中、臧嵘编著：《初级中学中国历史第一册教学参考书》，人民教育出版社1982年版。

张子培、陈光中、张玲元、武延平、严端：《刑事证据理论》，群众出版社1982年版。

陈光中、沈国峰：《中国古代司法制度》，群众出版社1984年版。

陈光中、徐益初等：《外国刑事诉讼程序比较研究》，法律出版社1988年版。

陈光中：《陈光中法学文集》，中国法制出版社2000年版。

陈光中主编：《中国法学会诉讼法学研究会历次年会综述汇编》，中国人民公安大学出版社2001年版。

陈光中主编：《〈公民权利和政治权利国际公约〉批准与实施问题研究》，中国法制出版社2002年版。

陈光中主编：《〈公民权利和政治权利国际公约〉与我国刑事诉讼》，商务印书馆2005年版。

陈光中主编：《〈联合国反腐败公约〉与我国刑事诉讼法再修改》，中国人民公安大学出版社 2006 年版。

陈光中主编：《联合国打击跨国有组织犯罪公约和反腐败公约程序问题研究》，中国政法大学出版社 2007 年版。

陈光中：《中国古代司法制度》，北京大学出版社 2017 年版。

陈光中主编：《公正审判与认罪协商》，法律出版社 2018 年版。

陈光中先生法学思想研讨会暨九十华诞庆典筹备组编：《陈光中教授九十华诞贺寿文集》，2020 年 6 月，非公开发行。

（二）其他图书

陈素农编著：《大军统帅学》，陆军第八十八师、陆军大学校 1933 年版。

佚名编：《北京政法学院第一次科学讨论会论文集》，1956 年版，非公开发行。

〔苏〕楚贡诺夫：《苏维埃刑事诉讼法讲稿》，北京政法学院 1957 年编印。

广西大学中文系《桑弘羊的故事》编写组：《桑弘羊的故事》，广西人民出版社 1975 年版。

南京大学校庆办公室校史资料编辑组、南京大学学报编辑部编辑：《南京大学校史资料选辑》，1982 年版，非公开发行。

中国法学会编：《中国法学会成立大会会刊》，1982 年 7 月，非公开发行。

广东革命历史博物馆编：《黄埔军校史料（1924—1927）》（第 2 版），广东人民出版社 1985 年版。

广西大学校友会秘书处编印：《广西大学校友通讯录（1928—1985）》，广西大学校友会 1985 年编印，非公开发行。

张子培主编：《刑事诉讼法学》（第 2 版），群众出版社 1987 年版。

中国人民政治协商会议浙江省温州市委员会文史资料研究委员

会编：《温州文史资料》（第 3 辑），浙江人民出版社 1987 年版。

广西大学校史编写组：《广西大学校史（1928—1988）》，1988 年 11 月，非公开发行。

政协柳城县委员会学习文史委员会编：《柳城文史资料特辑》，1990 年版，非公开发行。

《大事记》编辑组：《人民教育出版社大事记（1950—1990）》，人民教育出版社 1990 年编印，非公开发行。

温州中学九十周年校庆筹备委员会编：《温州中学九十周年校庆纪念刊》，1992 年版，非公开发行。

中国法学会诉讼法研究会编：《刑事诉讼法的修改与完善》，中国政法大学出版社 1992 年版。

〔意〕贝卡里亚：《论犯罪与刑罚》，黄风译，中国大百科全书出版社 1993 年版。

陈以沛、邹志红、赵丽屏编：《黄埔军校史料（续篇）》，广东人民出版社 1994 年版。

李海东主编：《日本刑事法学者》（上），法律出版社、成文堂 1995 年版。

宋英辉：《刑事诉讼目的论》，中国人民公安大学 1995 年版。

〔法〕卢梭：《社会契约论》，何兆武译，商务印书馆 1997 年版。

〔法〕孟德斯鸠：《论法的精神》（上、下册），张雁深译，商务印书馆 1997 年版。

中共广州市委党史研究室编：《广州解放史录》，广东人民出版社 1999 年版。

陈素农讲授：《二次世界大战简史：地中海战争之部》，中央陆军军官学校印行，时间不详。

〔美〕米尔建 · R. 达马斯卡：《漂移的证据法》，李学军等译，中国政法大学出版社 2003 年版。

中央大学南京校友会、中央大学校友文选编纂委员会编：《南雍骊珠：中央大学名师传略》，南京大学出版社 2004 年版。

李贵连等编：《百年法学：北京大学法学院院史（1904—2004）》，北京大学出版社 2004 年版。

〔日〕松尾浩也：《日本刑事诉讼法》（上卷），丁相顺译，中国人民大学出版社 2005 年版。

〔日〕松尾浩也：《日本刑事诉讼法》（下卷），张凌译，中国人民大学出版社 2005 年版。

佚名编：《人民教育出版社建社五十五周年大事记（1950—2005）》，人民教育出版社 2005 年编印，非公开发行。

浙江省永嘉县政协文史委员会编：《济时中学七十年》，2007 年版，非公开发行。

罗平汉：《“文革”前夜的中国》，人民出版社 2007 年版。

民革温州市委会、《温州民革 50 年》编委会编：《温州民革 50 年》，团结出版社 2008 年版。

王年一：《大动乱的年代》，人民出版社 2009 年版。

《温州律师志》编辑委员会编：《温州律师志：1916 年—2008 年》，2009 年版，非公开发行。

广东革命历史博物馆、中共广州市委党史研究室编：《我与广州解放》，广州出版社 2009 年版。

江平口述、陈夏红整理：《沉浮与枯荣：八十自述》，法律出版社 2010 年版。

中央大学南京校友会、中央大学校友文选编纂委员会编：《南雍骊珠：中央大学名师传略再续》，南京大学出版社 2010 年版。

刘长敏主编：《甲子华章：中国政法大学校史（1952—2012）》，中国政法大学出版社 2012 年版。

林小波、郭德宏：《“文革”的预演——“四清”运动始末》，人民出版社 2013 年版。

中国法学会办公室编：《光荣的历程：纪念中国法学会恢复重建

30周年征文获奖文集》，新华出版社 2013 年版。

宋英辉等：《刑事诉讼法修改的历史梳理与阐释》，北京大学出版社 2014 年版。

张化、苏采青主编：《回首“文革”——中国十年“文革”分析与反思》(第 2 版)，中国党史出版社 2014 年版。

蒋钦辉：《广西大学史话（1928—1949）》，广西师范大学出版社 2015 年版。

〔美〕米尔伊安·R. 达马什卡：《司法和国家权力的多重面孔：比较视野中的法律程序》，郑戈译，中国政法大学出版社 2015 年版。

朱明勇：《无罪辩护》，清华大学出版社 2015 年版。

徐坚主编：《钟灵毓秀　英奇学思：浙江省温州中学 50 位校友的成长故事》，华东师范大学出版社 2017 年版。

易延友：《证据法学：原则、规则、案例》，法律出版社 2017 年版。

中国人民大学档案馆编：《20 世纪 50 年代苏联专家在中国人民大学》，中国人民大学出版社 2017 年版。

罗平汉：《土地改革运动史：1946—1948》，人民出版社 2018 年版。

张绍春：《五七干校研究》，人民出版社 2018 年版。

秦前红、叶海波等：《国家监察制度改革研究》，法律出版社 2018 年版。

郭德宏、宋淑玉、张艺编：《我与“五七干校”》，人民出版社 2009 年版。

胡云腾主编：《记载中国法治进程之典型案件：聂树斌案》，人民法院出版社 2019 年版。

黄瑶等：《百年传承：中山大学法科学人（1924—1953）》，中国法制出版社 2019 年版。

秦前红主编：《监察法学教程》，法律出版社 2019 年版。

〔德〕埃里克·希尔根多夫主编：《德语区刑法学的自画像》（上下卷），何庆仁等译，社会科学文献出版社2019年版。

秦前红：《监察改革中的法治工程》，译林出版社2020年版。

芮沐：《芮沐文集》，北京大学出版社2020年版。

孙亚夫、李鹏等：《两岸关系40年历程（1979—2019）》，九州出版社2020年版。

王万琼：《陈满回家记》，清华大学出版社2020年版。

《当代中国》丛书编辑委员会编：《中国的土地改革》，当代中国出版社2020年版。

曾东红主编：《中山大学法学院口述历史——法学学科复办前期纪实》，中山大学出版社2020年版。

孙长永主编：《中国刑事诉讼法制四十年：回顾、反思与展望》，中国政法大学出版社2021年版。

乐黛云：《九十年沧桑：我的文学之路》，中国大百科全书出版社2021年版。

夏海豹、陈伟玲编：《一代师表金嵘轩》，文汇出版社2022年版。

董坤：《监察与司法的衔接：理论、制度与机制》，北京大学出版社2022年版。

## 二、论　文

（一）陈光中论文

陈光中：《苏联的辩护制度》，载《政法研究》1955年第2期。

陈光中、时伟超：《关于刑事诉讼中证据分类与间接证据的几个问题》，载《政法研究》1956年第2期

陈光中：《钱端升是政法界的右派阴谋家和章罗联盟中的大将》，载北京政法学院院刊编辑委员会、北京政法学院教学简报编辑部合编：《反击右派斗争专刊》，1957年9月。

陈光中：《我国古代刑事立法简述》，载《政法研究》1963 年第 4 期。

邬名扬、陈光中、薛梅卿：《在社会主义教育运动中自觉地改造自己》，载《政法研究》1966 年第 1 期。

陈光中、陈梧桐：《孔子是没落奴隶主阶级的卫道士》，载《广西大学学报（哲学社会科学版）》1973 年批判孔子专辑。

陈光中、陈梧桐：《孔子是奴隶主贵族的反动教育家》，载《广西大学学报（哲学社会科学版）》1973 年第 00 期。

陈光中、臧嵘：《谈谈中学〈中国历史〉第二册古代部分的几个问题》，载《历史教学（下半月刊）》1979 年第 3 期。

陈光中、臧嵘、李隆庚：《关于修改初中〈中国历史〉课本情况的介绍和说明》，载《历史教学（下半月刊）》1980 年第 8 期。

陈光中、臧嵘：《初中〈中国历史〉课本第一册修订本的答问（一）》，载《历史教学（下半月刊）》1982 年第 6 期。

陈光中、臧嵘：《初中〈中国历史〉课本第一册的答问（二）》，载《历史教学（下半月刊）》1982 年第 9 期。

陈光中：《清除法学领域精神污染的重大意义》，载《中国政法大学学报》1983 年第 4 期。

陈光中、王舜华、徐益初、肖贤富、严端、傅宽芝：《日本的刑事诉讼法——赴日考察报告》，载《法学研究》1985 年第 6 期。

陈光中、王洪祥：《关于修改刑事诉讼法问题的思考》，载《政法论坛》1991 年第 5 期。

陈光中等：《修改我国刑事诉讼法笔谈》，载《政法论坛》1994 年第 4 期。

陈光中、熊秋红：《刑事诉讼法修改刍议（上）》，载《中国法学》1995 年第 4 期。

陈光中、熊秋红：《刑事诉讼法修改刍议（下）》，载《中国法学》1995 年第 5 期。

陈光中、李福成等：《修改与完善刑事诉讼法（笔谈会）》，载《中国法学》1995 年第 5 期。

陈光中：《论刑事诉讼法修改的指导思想》，载《法制与社会发展》1995 年第 4 期。

陈光中：《加强司法人权保障的新篇章》，载《政法论坛》1996 年第 4 期。

陈光中：《联合国〈公民权利与政治权利国际公约〉与中国刑事诉讼》，载《法制与社会发展》1999 年第 5 期。

陈光中、陈海光、魏晓娜：《刑事证据制度与认识论——兼与误区论、法律真实论、相对真实论商榷》，载《中国法学》2001 年第 1 期。

陈光中、胡铭：《〈联合国反腐败公约〉与刑事诉讼法再修改》，载《政法论坛》2006 年第 1 期。

陈光中：《比较法视野下的中国特色司法独立原则》，载《比较法研究》2013 年第 2 期。

陈光中、龙宗智：《关于深化司法改革若干问题的思考》，载《中国法学》2013 年第 4 期。

陈光中、张佳华、肖沛权：《论无罪推定原则及其在中国的适用》，载《法学杂志》2013 年第 10 期。

陈光中：《应当如何完善人权刑事司法保障》，载《法制与社会发展》2014 年第 1 期。

陈光中、于增尊：《严防冤案若干问题思考》，载《法学家》2014 年第 1 期。

陈光中：《国家治理现代化标准问题之我见》，载《法制与社会发展》2014 年第 5 期。

陈光中：《证据裁判原则若干问题之探讨》，载《中国浙江省委党校学报》2014 年第 6 期。

陈光中、郭志媛：《非法证据排除规则实施若干问题研究——以实证调查为视角》，载《法学杂志》2014 年第 9 期。

陈光中、魏晓娜：《论我国司法体制的现代化改革》，载《中国法学》2015 年第 1 期。

陈光中、步洋洋：《审判中心与相关诉讼制度改革初探》，载《政法论坛》2015 年第 2 期。

陈光中、王迎龙：《司法责任制若干问题之探讨》，载《中国政法大学学报》2016 年第 2 期。

陈光中、朱卿：《中国古代诉讼证明问题探讨》，载《现代法学》2016 年第 5 期。

陈光中、唐彬彬：《深化司法改革与刑事诉讼法修改的若干重点问题探讨》，载《比较法研究》2016 年第 6 期。

陈光中：《关于我国监察体制改革的几点看法》，载《环球法律评论》2017 年第 2 期。

陈光中、邵俊：《我国监察体制改革若干问题思考》，载《中国法学》2017 年第 4 期。

陈光中、郑曦、谢丽珍：《完善证人出庭制度的若干问题探析——基于实证试点和调研的研究》，载《政法论坛》2017 年第 4 期。

陈光中、姜丹：《关于〈监察法（草案）〉的八点修改意见》，载《比较法研究》2017 年第 6 期。

陈光中、兰哲：《监察制度改革的重大成就与完善期待》，载《行政法学研究》2018 年第 4 期。

陈光中、曾新华：《中国刑事诉讼法立法四十年》，载《法学》2018 年第 7 期。

陈光中：《动态平衡诉讼观之我见》，载《中国检察官》2018 年第 13 期。

（二）其他文献

郝双禄：《关于刑事证据的几个问题》，载《政法研究》1955 年第 2 期。

戈风：《关于间接证据》，载《政法研究》1955年第4期。

胡复申：《关于刑事证据的分类问题》，载《政法研究》1955年第4期。

张景明、阮伟昕：《刑事诉讼中间接证据与犯罪事实间是不是都存在着因果关系?》，载《政法研究》1956年第4期。

郝双禄：《刑事诉讼中证据的分类问题和间接证据问题》，载《政法研究》1957年第1期。

杜川：《刑法学研究会和诉讼法学研究会召开成立大会》，载《法学研究》1984年第6期。

季卫东：《法律程序的意义——对中国法制建设的另一种思考》，载《中国社会科学》1993年第2期。

陈瑞华：《海峡两岸法学交流的新篇章——'93海峡两岸法学学术研讨会述评》，载《政法论坛》1993年第6期。

郑伯平：《〈刑事诉讼法新论〉评介》，载《中国人民大学学报》1994年第4期。

赵平：《章亚若在桂林——长篇调查、采访纪实连载（一）》，载《文史春秋》1995年第1期。

赵平：《章亚若在桂林——长篇调查、采访纪实连载（二）》，载《文史春秋》1995年第2期。

赵平：《章亚若在桂林——长篇调查、采访纪实连载（三）》，载《文史春秋》1995年第3期。

赵平：《章亚若在桂林——长篇调查、采访纪实连载（四）》，载《文史春秋》1995年第4期。

赵平：《章亚若在桂林——长篇调查、采访纪实连载（五）》，载《文史春秋》1995年第5期。

陈瑞华：《刑事审判程序价值论（上）》，载《政法论坛》1995年第5期。

赵平：《章亚若在桂林——长篇调查、采访纪实连载（六）》，载《文史春秋》1995 年第 6 期。

陈瑞华：《刑事审判程序价值论（下）》，载《政法论坛》1995 年第 6 期。

陈瑞华：《程序价值论的四个模式》，载《中外法学》1996 年第 2 期。

中国政法大学刑事法律研究中心：《在京部分教授关于刑事诉讼法实施问题的若干建议》，载《政法论坛》1996 年第 6 期。

赵平：《章孝慈回到“母亲”身旁》，载魏华龄、王玉梅主编：《当代名人在桂林（一）》（桂林文史资料第 34 辑），漓江出版社 1996 年版。

陈瑞华：《程序正义论——从刑事审判角度分析》，载《中外法学》1997 年第 2 期。

陈瑞华：《论程序正义价值的独立性》，载《法商研究》1998 年第 2 期。

赵朝、李忠诚、岳礼玲、陈瑞华：《英国刑事诉讼制度的新发展——赴英考察报告》，载《刑事法评论》1998 年第 2 期。

樊崇义：《客观真实管见——兼论刑事诉讼证明标准》，载《中国法学》2000 年第 1 期。

张建伟：《现代刑事司法体制的观念基础》，载《中国法学》2000 年第 4 期。

陈瑞华：《从认识论走向价值论——证据法理论基础的反思与重构》，载《法学》2001 年第 1 期。

张建伟：《证据法学的理论基础》，载《现代法学》2002 年第 2 期。

中国政法大学刑事法律研究中心、中国法学会研究部：《关于批准和实施〈公民权利和政治权利国际公约〉的建议》，载《政法论坛》2002 年第 2 期。

张建伟：《崇法弘道育人的杰出法学家——陈光中教授的法学生

涯》，载《比较法研究》2002 年第 3 期。

孙维萍、露卡 · 露巴利亚：《意大利刑事诉讼法的主要特色及最新修订》，载《政治与法律》2003 年第 5 期。

易延友：《证据法学的理论基础——以裁判事实的可接受性为中心》，载《法学研究》2004 年第 1 期。

张建伟：《认识相对主义与诉讼的竞技化》，载《法学研究》2004 年第 4 期。

陈卫东、刘计划、程雷：《法国刑事诉讼法改革的新进展——中国人民大学诉讼制度与司法改革研究中心赴欧洲考察报告之一》，载《人民检察》2004 年第 10 期。

陈卫东、刘计划、程雷：《德国刑事司法制度的现在与未来——中国人民大学诉讼制度与司法改革研究中心赴欧洲考察报告之二》，载《人民检察》2004 年第 11 期。

陈卫东、刘计划、程雷：《变革中创新的意大利刑事司法制度——中国人民大学诉讼制度与司法改革研究中心赴欧洲考察报告之三》，载《人民检察》2004 年第 12 期。

顾永忠、薛峰、张朝霞：《日本近期刑事诉讼法的修改与刑事司法制度的改革——中国政法大学刑事法律中心赴日考察报告》，载《比较法研究》2005 年第 2 期。

刘仁文：《法学家为什么没有忏悔》，载《观察与思考》2006 年第 10 期。

元轶：《程序分流视角下的意大利刑事诉讼改革》，载《比较法研究》2011 年第 5 期。

李立轩：《简析福特基金会与中国政府的关系》，载《社会主义研究》2014 年第 1 期。

龙平平、张曙：《邓小平与恢复高考》，载《湘潮》(上半月) 2014 年第 1 期。

马怀德：《国家监察体制改革的重要意义和主要任务》，载《国家行政学院学报》2016 年第 6 期。

马怀德:《〈国家监察法〉的立法思路与立法重点》,载《环球法律评论》2017 年第 2 期。

马怀德:《再论国家监察立法的主要问题》,载《行政法学研究》2018 年第 1 期。

## 整理手记

能够有机缘跟我国刑事诉讼法学泰斗、中国政法大学终身教授陈光中先生合作，协助他完成这本口述自传的整理工作，我深感荣幸。我既非其亲传弟子，亦非刑诉同行，按说这样的天赐良机轮不到我。然而，我三生有幸，居然成为那个被选中的幸运儿！

这既是先生对我的厚爱，也是冥冥之中上苍对我的眷顾。

就口述历史的操作而言，口述者就是一座富矿，但能否通过最终口述历史作品，挖出口述者背后的宝藏，取决于时缘、机缘、人缘，非得天时、地利、人和全占尽而不能成。成功的口述历史合作是相似的，不成功的口述历史合作各有各的失败。正因为如此，在口述历史领域，每一次合作机会都弥足珍贵。感谢先生的信任，把这黄金般的合作机会留给我。

我们展开这项合作时，先生已九十高龄，我也已届不惑。我们之间相差五十岁。我们的访谈与交流，可以说是一场跨越半个世纪的对话。

萧乾有本书叫《人生采访》。在我看来，协助先生完成其口述自传，恰恰是一次漫长的“人生采访”之旅。这次弥足珍贵的合作机会，不仅满足了我的好奇心，同时也为读者展开了先生九十多年的人生画卷。偶尔神游，我深感幸运：作为后学晚辈，我不可能重复先生的人生；但通过口述访谈，我又有机会深度走进先生的人生，近距离感受他这一生的坎坷，观察他这一生的成败。正如苏芮的歌曲《牵手》的歌词，“因为路过你的路，因为苦过你的苦，所以快乐着你的快乐，追逐着你的追逐”。这一切，犹如给我一个机会，让我去模拟先生波澜壮阔的一生。

自始至终，我都是怀着这样一种感恩的心态，尽可能认真地完成这本书的所有工作。我很荣幸作为一名采访者、记录者、传播者，用文字刻画更为真实和丰满的先生形象，把先生漫漫人生路上的喜怒哀乐，用尽可能清通的文字，呈现给读者。

陈光中先生是1930年生人。他的成长经历，恰恰与中华民族历史上波诡云谲的一段历史重叠。改革开放之前，他的人生在历史和政治的惊涛骇浪中浮浮沉沉，有时卑微如蝼蚁，有时坚韧似金刚。好不容易迎来改革开放，年过半百的先生枯木逢春，致力于在学术界立功、立德、立言。机缘凑巧，则执掌学务，为公共学术事业开拓疆土；功成身退，则回到书斋，潜心治学，通过一本本专著、一篇篇论文，为我国刑事诉讼法制的现代化和人权保障事业殚精竭虑。先生后来之所以能够通过学术生涯拓展人生的厚度与高度，与其早年的磨练不无关系。

陈光中先生的人生经历与学术生涯，有比较明显的个性化特征，也有自己安身立命的智慧。在绝大部分事情和问题上，先生不属于激进主义者，但他绝对不是保守主义者。在大是大非问题上，他不是一个和稀泥的人，不会左右逢源、八面玲珑，他有自己的立场和态度。作为刑事诉讼法学领域的泰斗，他乐于看到自己的学术观点转化成改革措施，但不会为了自己的观点被采纳而曲意迎合、“自废武功”。如果一定要选个界线，他更多的是站在相对中庸的立场上，往前一点。他心里始终有个“红”线，可能踩线，但不会越线。这种风格，使得他的学术视野具有开放、前沿的一面，高瞻远瞩，立意高远；也有“接地气”的一面，求真务实，脚踏实地。

在中国这样一个具有两千多年封建传统的国度，刑事诉讼法承载了社会各界太多的诉求，其现代化历程注定步履维艰。刑事诉讼法律体系既是治国重器，又是民权宪章；既要打击犯罪，又要保障人权；既要限制权力，又要保障权利；既要程序正义，又要实体正义；既要强调国情，又要顺应大势……在这样一个价值多元、诉求混杂的“荆棘丛”，先生就像盗火惠人的普罗米修斯，默默忍耐，久久为功，“功成不必在我，功力必不唐捐”。

陈光中先生的这种分寸感，与其早年经历有关，也与其长期浸淫历史研究有关。坚守底线、知道进退、有所取舍，关键时刻不含糊。这些特质，使得先生能够在各种政治风浪中屡屡化险为夷，逆境时能自保，顺境时能成事。当然，这种风格也不容易被标签化，不容易成为靶子，也不太容易成为吸睛的焦点。在人生的大舞台上，他笑到了最后，也笑得最好！

口述历史是个技术活。2020 年 8 月 20 日，我和先生正式达成合作意向。原本打算一年左右就完成的工作，因为杂事缠身、新冠疫情隔三岔五阻隔，再加上我骨子里的完美主义情结，采访还算快，但整理进度特别慢，不期然拖沓了近三年时间。

这本口述自传的撰写工作，大体分为四个阶段——

第一阶段，访谈。

在前期沟通时，我曾冒昧但认真地对陈光中先生提出一个要求：在口述访谈中，应力求做到知无不言、言无不尽，哪怕有的内容将来不能体现在书稿中。从技术层面，“我”作为口述历史的整理者，需要成为距离历史真相最近的观众。对于历史作品来说，求真是第一前提，任何隐匿、回避或者粉饰，都会与历史的本质背道而驰。先生一度精研史学，对此当然了然于胸，因此爽快地答应了这个要求。在整个访谈中，对于我提出的问题，哪怕是有点尖锐问题，先生也从不回避。

整个访谈过程中，陈光中先生十分配合。每一次访谈前，我们会提前商量并确定好采访的大致主题，我也会做基本的背景材料阅读和问题准备。在访谈时，先生通常会先按照我们事先确定的主题展开口述。在口述过程中，我则视必要，通过问题、激将、评论、回应等采访的“雕虫小技”，引导先生在我认为有趣或者重要的问题上多驻留片刻，尽可能打开话匣子。我则一面细心聆听、认真记笔记，一面随时准备适时提出下一个问题。

跟文艺界诸多前辈的自传相比，在整个口述历史访谈过程中，先生更多展现出作为学者严谨的一面。熟悉先生的人都知道，先生并不是一个讲故事的高手。在大部分情形下，先生都习惯言简意赅，平铺直叙，严谨周全，滴水不漏。另外，毕竟先生年事已高，对于一些细节不记得或者想不起来，也是常有的事。

当然，偶尔聊到特别熟悉的细节和经历，先生兴之所至，讲述时也会眉飞色舞，绘声绘色，动心动情，我相信读者诸君在阅读过程中，一定会从那些灵动的片段中感受到这些瞬间。

在访谈陈光中先生的中后期，当时还在清华大学攻读博士研究生的路旸，成为我访谈的小伙伴。这段缘分的背景在于：在口述自传项目启动之前，先生已同中国大百科全书出版社约定出版其传记，并确定由其高足张建伟教授撰写。路旸是张建伟在清华大学指导的博士研究生，受导师委托，为先生传记的撰写开展前期资料搜集工作。为避免先生对经历的重复讲述，我把前期独立采访的部分录音直接提供给路旸，后期的采访则是我们一起完成的。

这里还需要提及的是，在与我达成合作意向前，陈光中先生曾安排他的不同博士研究生，对其部分人生经历，完成初步的采访与整理，形成了一些素材。先生表示，这些素材可以直接使用，我和先生的合作协议中也对此作了明确约定。但在具体采访和撰写过程中，我基本还是按照自己对相关问题的理解重新访谈。在本书撰写过程中，除了由张建伟教授执笔完成的 1996 年《刑事诉讼法》修改内容部分成为我整理的底稿外，我基本没有使用原有的素材。但无论如何，这些“先驱者”的前期工作，一定程度上还是节省了我大量时间和精力。在这里向参与这些前期工作的陈门高足张建伟、唐彬彬、谢丽珍等，致以谢意和敬意。

第二阶段，整理。

在整理过程中，我需要结合口述访谈的文本，辅以资料和文献，在线性叙述的文字中，延伸先生的经历与传奇。唐德刚尝言，口述历史是“三分口述，七分史料”。不管如何安排比例，都需要在原始访谈和文献参酌之间找到平衡。尽信口述，容易被可能的记忆误差带偏、带错；尽信文献，容易隐去细节和故事，让本该鲜活灵动的口述史，变得死气沉沉。另外，过多参引学术著作，也会使得口述自传丧失其灵气。尤其像陈光中先生这样的口述历史访谈对象，更需要在简洁的访谈、等身的著述以及林林总总的文献中，合理安排各自的比例。这毕竟是一部口述自传，而不是一本学术专著。所以在整理过程中，面对先生卷帙浩繁的著述，我尽可能避免过多参引。先生学术思想的精华，在其诸多专著以及四卷本《陈光中法学文选》中都有辑录，感兴趣的读者自可以移步阅读。

在这本口述自传整理期间，席卷全球的新冠疫情反反复复，尤其是 2022 年 6 月，北京疫情再起，中国政法大学封闭月余。当时我正全力以赴撰写这本书稿。稿“债”缠身，有校难返，我心急如焚。感谢北京京理律师事务所杨大勇律师收留，为我在该所会议室辟出一块可在疫情期间“上自习”的宝地。

初稿的整理工作，在 2022 年 12 月底告竣，共计 38 万字。初稿完成前后，国家疫情管控措施调整转段，整个社会似乎也都迎来希望的春天。

还需要感谢陈光中先生的学术秘书刘旭红。按照先生的指示，刘旭红在整理阶段提供了先生的部分著作。

第三阶段，联合校订。

经过“阳康”和春节期间的短暂休整，2023 年 2 月到 5 月间，我又和先生通力合作，共同完成校订工作。

对于口述历史作品来说，校订是一道不可或缺的工序。我和先生都希望能够通过共同校订，确保定稿的内容和质量。但对于九十多岁的先生来说，38 万字的初稿，要逐章、逐句、逐字审阅，工作量不可谓不巨大。我甚至一度心里暗忖，这是不可能完成的任务。但先生并不畏难，也不偷懒，信心满满，坚持通读。对此，我感佩万分，当然乐观其成、乐助其成。

因此，在近四个月的时间里，除了必要的出差，几乎每天 15：30—18：00，我都风雨无阻，准时来到先生府上，跟先生共同工作。共同校订的过程给了我另一个特权，让我可以更加深入地与先生一起共度时光。这也算是一段学界奇缘。

在技术层面，通读书稿面临的最大问题，是如何确保陈光中先生能够看清书稿。随着年事增高，先生视力衰退。四号字打印我们通常看来已经够大了，先生阅读起来还是十分困难。经过几次尝试，我们发现二号字打印，可以确保先生能够看清。我把全部书稿打印出来后，第一次感觉到一本书原来真能厚可盈尺。

在校订的时候，先生审读，我则抱着电脑在一旁恭候。先生凝神细读时，我几乎一言不发，偶尔顺手处理点不需要特别专注就能完成的冗务。先生若有疑问，我则随时解释。先生若认为有些句段词章需要删减调整，我则按照先生的想法加以润色。如果有重大改动，我会大声朗读，待先生确认后，再统合到书稿中。

当然，先生的意见也不是都会被采纳。我也会从书稿质量和读者阅读体验的角度，提供管见。有的时候甚至是力陈己见。好在先生虚怀若谷，对于我比较合理的“反驳”，常会从谏如流。

对于校订阶段先生提出修改意见较多或者需要较大改动的篇章，我会按照先生的意见，较大幅度重新修订并请先生再度审阅确认后，再统合到书稿中。

为便于存档，在共同校订过程中，我对哪儿有改动、怎么改、先生怎么解释、删节了哪些字词句段等细节，都做了翔实的笔记。这些校订笔记，加起来也有近 15 万字了！

第四阶段，统稿。

和先生共同校订结束后，我在前期共同校订的基础上，又逐字逐句通读全文，在文字上作了技术性的润色。在这个阶段，我只是专注于文字润色、内容调整以及冗赘信息的删削，内容上没有大的改动，更未擅作加法。

完成这些工作后，全书定稿，进入出版流程。

从作者的角度，完成了绝大部分工作后，到了该向读者谢幕的时候。用使徒保罗的话说，“那美好的仗我已经打过了，当跑的路我已经跑尽了，所信的道我已经守住了”。这些工作的质量如何，读者诸君当然最有发言权。愿每一位读者都能够从先生波澜壮阔的人生经历中，汲取到生命的养分。

写下这段文字的时候，我刚刚度过四十二岁农历生日。在先生四十二岁的时候，中国正在“文革”的暗夜，先生远走南宁，正在广西大学教历史。在此之后，先生则迎来命运转机，为后面五十年的人生历程写下了浓墨重彩的记录，达到人生的新高度。先生用他的亲身经历教导我们，随遇而安，顺势而为，甘于寂寞，不怕重担，每个人都可以拥有自己想要的人生。

因为这本书的撰写，客观上确实少了很多陪伴家人的时间。很多时候我只能在朋友圈里带娃，绝大多数时候，我都青灯黄卷，运指如飞。感谢海艳、看看、笑笑的理解与陪伴，感谢所有家人们的支持。

感谢北京大学出版社蒋浩副总编及陈康编辑为本书出版所做的所有努力。先生年轻时求学于北京大学，其晚年口述自传由北京大学出版社出版，正好形成人生的闭环。

陈光中先生的绝大部分人生经历和学术生涯，都是在中国政法大学度过的。蓟门桥畔的小月河边，京郊昌平的军都山下，都留下了他的背影。在此，诚挚地祝福先生：福如小月长流水，寿比军都不老松！

陈夏红

2023 年 5 月 31 日于京郊昌平慕风斋

**图书在版编目(CIP)数据**

陈光中口述自传/陈光中口述；陈夏红整理. —北京：北京大学出版社，2024.2

ISBN 978-7-301-34634-1

Ⅰ.①陈… Ⅱ.①陈… Ⅲ.①陈光中—自传 Ⅳ.①K825.19

中国国家版本馆 CIP 数据核字(2023)第 257463 号

| | |
|---|---|
| **书　　名** | 陈光中口述自传<br>CHENGUANGZHONG KOUSHU ZIZHUAN |
| **著作责任者** | 陈光中 口述　陈夏红 整理 |
| **责任编辑** | 陈　康 |
| **标准书号** | ISBN 978-7-301-34634-1 |
| **出版发行** | 北京大学出版社 |
| **地　　址** | 北京市海淀区成府路 205 号　100871 |
| **网　　址** | http://www.pup.cn　http://www.yandayuanzhao.com |
| **电子邮箱** | 编辑部 yandayuanzhao@pup.cn　总编室 zpup@pup.cn |
| **新浪微博** | @北京大学出版社　@北大出版社燕大元照法律图书 |
| **电　　话** | 邮购部 010-62752015　发行部 010-62750672<br>编辑部 010-62117788 |
| **印 刷 者** | 三河市北燕印装有限公司 |
| **经 销 者** | 新华书店 |
| | 650 毫米×980 毫米　16 开本　36.75 印张　500 千字<br>2024 年 2 月第 1 版　2024 年 5 月第 2 次印刷 |
| **定　　价** | 118.00 元 |

---